国際的にみた
外国語教員の養成

編集代表　大谷　泰照
編　　集　杉谷眞佐子
　　　　　橋内　武
　　　　　林　桂子

東信堂

この国の教育的熱意
―― 「まえがき」に代えて ――

教育的熱意のバロメーター

　日本政府は2001年3月、第2期科学技術基本計画において、「[今後]50年間にノーベル賞受賞者30人程度」を輩出することを国の明確な目標として掲げた。1901年にノーベル賞が創設されて以来1世紀、その間、日本人のノーベル賞受賞者は9人（内、自然科学系は6人）という当時の状況であった。

　ところが日本政府は、目標だけは声高に掲げておきながら、その国家目標の達成のために、たとえば、それら9人のノーベル賞受賞者を生み出してきた国立大学に対して、肝心の教育研究環境の改善、とりわけ教育研究費の増額・充実などという実質的な支援は、その後もほとんど行われることはなかった。教育研究費の増額・充実どころか、逆に2004年以後は、事実上、国立大学の教育研究活動を支える予算である国立大学運営費交付金を、毎年1％ずつ削減するという信じ難い方針を打ち出した。さすがにここ数年、いくつかの大学に対して研究資金の重点配分を行う動きもみられるが、運営費交付金自体は、2004年度の1兆2,415億円から2013年度の1兆791億円まで、この10年間に実に13％も大幅に削減されてしまった。

　日本政府はまた2013年6月、日本再興戦略のひとつとして、「今後10年間で世界大学ランキングトップ100に我が国の大学が10校以上入ること」を国の目標として謳いあげた。*The Times Higher Education*の 'The World University Rankings, 2013-2014' によれば、2013年現在、世界の大学トップ100には、わが国からは東京大学（23位）と京都大学（52位）の2校が入っているにすぎない。ところが、OECD加盟34か国中の統計可能な30か国についてみると、GDPに対する高等教育への政府財政支出の割合は、ひとり日本だけは並外れて最低

の第30位で、実に0.5％にすぎない。OECD加盟30か国の平均は1.1％、最高はフィンランドの1.9％であるから、日本政府の高等教育に対する教育研究予算の貧弱さは国際的にも際立っている（OECD: *Education at a Glance 2013*）。

しかも、年刊報告書OECD：*Education at a Glance* が1992年に刊行され始めて以来今日まで20年以上もの間、この傾向は一貫して変わっていない。1992年版の内容は1989〜1990年現在の実情を反映したものであるから、わが国は、ふるさと創生事業（1988〜1989年）として全国の3,300の市町村にもれなく１億円ずつをばらまいていたバブル全盛期の当時でさえ、こと高等教育に対する政府の財政支出については、国際的にみればいかに乏しいものであったかがよくわかる。

わが国政府の教育に対するこの姿勢は、単に高等教育に限らない。GDPに対するわが国の教育全般への政府財政支出の割合も、これまたOECD加盟の統計可能な30か国中では最下位の第30位で、わずかに3.6％である。OECD加盟30か国の平均は5.4％、最高はデンマークの7.6％であるが、4％にも満たない国といえば、日本以外にはただ１国、チリ（3.9％）があるのみである（OECD: *Education at a Glance 2013*）。国の教育的熱意を測る何よりのバロメーターは、一般には国家予算に占める教育関係費であると考えられているが、わが国の教育行政の実態は、まさに以上の通りである。

日本政府のこのような教育的熱意の希薄さに対して、たとえば、イギリス政府はどうか。イギリスでは、特に国力の衰退傾向が目立ち始めた1970年代以降、歴代首相が国の教育の改革・強化に決定的な役割を果たすことが多くなった。1988年、サッチャー首相はイギリスの歴史に残る画期的といわれる教育改革法を制定した。地方分権の伝統が根強いイギリスの教育に、強力な指導力をもって国家統一カリキュラム（National Curriculum）を導入し、教育の中央集権化を推し進めた。メージャー首相も、その路線を忠実に引き継ぎ、特に、教育水準局を創設して、国全体の教育水準の向上に一定の成果を挙げた。ブレア首相に至っては、政府の３つの最優先課題は「１に教育、２に教育、３にも教育」であると宣明して「政策のトップに教育を掲げた最初の首相」として記憶される。「教育の改革なしにはイギリス国民の未来はない」と強調して、国の教育予算を軍事費の２倍にまで増大した。

アメリカでも、カーター、レーガン、ブッシュ、クリントン、ブッシュJr.、オバマと、やはり1970年代以降の歴代大統領はいわゆる「教育大統領」が続く。カーターは『知恵の力』(1979)、レーガンは『危機に立つ国家』(1983)、ブッシュは『アメリカ2000年計画』(1991) など、強い危機意識をもって教育改革を推進したことでよく知られる。クリントンは「情報の時代とは教育の時代」であり、教育こそがアメリカの最重要課題であると強調して、教員を増やし、幼稚園、小学校の学級規模の縮小まで実現した。ブッシュJr.もまた、教育を新政権の最重要課題に掲げて、イラク戦争を戦いながらも、国家予算の中で教育関係予算の増加率を最大とする政策を断行した。オバマは、2009年9月には有名な教育演説を行い、2012年度予算では、教育関係予算を前年度比で11％の増大を行い、教育の充実・強化に対する強い決意を国の内外に示した。

　ところがわが国では、国民の圧倒的な支持を受けて就任したあの小泉首相でさえも、2001年5月の就任初の所信表明演説でも、その年9月の第2回目の所信表明演説でも、まことに信じがたいことに、教育に関する所信の表明は、文字通りただの一言もなかった。先進国の首相としては、きわめて異常というほかはない。その後、次々と入れ替わって、安倍、福田、麻生、鳩山、菅、野田、そして今日の安倍政権に至るまでの7人の首相についても、所信表明演説の中で明確に教育に触れて所信を述べた首相はただの一人もなかったといっても言い過ぎではない*。

　21世紀をひかえた1999年6月のケルン・サミットでは、異例にもサミット史上初めて教育が主要議題として取り上げられ、その結果がケルン憲章として発表された。その憲章で日本を含むG8の首脳は、「21世紀は教育の世紀」であると謳いあげ、あらためて新しい時代の教育の一層の充実・強化の必要を全世界に向けて宣言したはずである。事実、21世紀を迎えて、各国の指導者たちがそれぞれに、新時代の教育のあり方を熱っぽく語っているその時期に、ひとりわが国の指導者だけはこの国際的な合意に逆行して、教育に関しては一貫して冷淡な姿勢をとり続けているようにみえる。ただ単に、所信表明演説で教育について無関心であっただけではない。次の表からも明らかなように、近年のわが国の国家予算に占める教育関係費そのものも年を

日本の国家予算に占める教育関係費の割合（%）

年度	1975	1980	1985	1992	1996	2000	2005	2010	2014
割合	12.4	10.6	9.2	7.9	8.3	7.7	7.0	6.1	5.7

（調査・作成：大谷泰照　各年度の「所得税の確定申告の手引き」（税務署）による）

追って確実に減少を続けている事実が、わが国の政治家の教育に対する関心の希薄さを何よりも具体的に示している。

新時代の教員養成体制

　ケルン憲章は、新時代の教育のための具体的な施策を提唱しているが、その優先事項の第一が教員問題である。教育の質的向上のために、教員こそが最も重要な「資源」であり、資質の高い教員の養成がとりわけ新しい時代の大きな課題であることを強調している。

　今世紀に入って、特に教育的熱意の高い欧米の先進諸国における教員養成体制の改革は目を見張るものがある。いまや、国の教員養成は、明らかにかつての大学学部から、より高度の大学院へ移行している。しかも、教職の一層高度の専門職化、言い換えればプロ（専門家）の一層のプロ化が追求されて、学部卒業ののち、さらに大学院や教員養成機関などで3年間以上もの研究・実習を必要とする国まで現れ始めた。

　ところが、わが日本では、今世紀に入っても、教員養成体制については旧態依然として、特段の変革の動きもない。たしかに、一部大学の教職大学院は発足したが、教員養成一般の大学院化については、むしろ消極的な世論が強い。それどころか、外国語教育の現場には、専門職としての訓練も受けていない完全なアマチュアのALT（外国語指導助手）が大量に招致されて、一般には、その「指導助手」のALTこそが「本場の先生」で、日本人英語教員はALTを補う「補助教員」とみられかねない実態である。さらに、小学校に「外国語活動」が導入されて以来、英語の完全な素人の学級担任が「英語を教え」させられ、同時に、教員の資格ももたない「外国語に堪能な地域の人々」をも教壇に立たせることを文部科学省は奨励している。そのうえ近年は、教育にはずぶの素人の「一般人」を、わずか3か月の研修を受けさせた

だけで学校全体の教育に責任を負う学校長職に任用することさえ行われるようになった。

　これはつまり、多くの先進諸国が、高度の専門職としての教職の、いわばプロの一層のプロ化を目指しているのとは対照的に、わが国では、教育をあまりにも軽くみた教職の組織的なアマ（非専門家）化が、確実に、しかも大手を振って進行していることを意味する。言うまでもなく、「プロ」と「アマ」とを明確に分けるものは、その仕事に対する「責任」の有無である。本来、「アマ」に対しては、「プロ」並みの重い責任を問うことなど、とうてい望むことはできない。それが「アマ」の「アマ」たる所以である。しかしこの国では、かけがえのない成長期の子どもたちの教育を、責任も誇りももてない立場の「アマ」の手に積極的に委ねようとしていることになる。

　小学校の「外国語活動」を担当する英語を専門としない学級担任について、文部科学省は次のように考えている。

　　　たとえ英語が流暢に話せなくとも、互いに関わり合って自ら英語に慣れ親しもうとする学級担任の姿勢こそが、児童の外国語学習に対する興味・関心を高める何よりも大切なきっかけとなる。（文部科学省『小学校外国語活動研修ガイドブック』旺文社、2009年）

　これについて、2009年に文部科学省の教科調査官に就任した直山木綿子らは次のように解説している。

　　　［外国語活動の指導者は］英語が苦手であることは問題ではありません。……英語は得意ではないけれど、英語を流暢に話せないかもしれないけれど、……「英語のモデル」ではなく、「英語を使おうとするモデル」［であること］が必要だということです。（直山木綿子他編『小学校学習指導要領の解説と展開　外国語活動編』54頁、教育出版、2008年）

　これでは、外国語活動を担当する「指導者」は、事実上、外国語指導に責任をもつ「教員」というよりも、外国語活動を一緒に学ぶ「クラスメート」

であると言うに等しい。これならば、教員でなくとも、まわりに意欲的なクラスメートがいれば、それで十分事足りる話である。外国語活動の指導者は、「プロ」でなくても、「アマ」で十分につとまるという文部科学省の考え方をよく示している。

　小学校の外国語（英語）活動の指導者は、「英語が苦手である」こと、「英語は得意ではない」こと、「英語を流暢に話せない」ことが、なぜ「問題ではありません」などと平然と言えるのか。そう言いながらも、直山らは同時に、以下のように、現状に対する不安をも率直に認めている。

　　学級担任の役割は、英語のモデルではなく、英語を使おうとするモデルですが、間違った英語より文法上正しい英語が、カタカナ英語より標準的な英語の発音が、できるに越したことはありません。そういう意味でも、……自身の英語運用力を高めること、高めようと努力することが大切です。（同上、91頁）

　わが国の教育界でも、かつては「教師も、医師や弁護士と同様に専門職である」と教えられ、信じられていた。教師は、「アマ」の追随を許さない文字通り「プロ」の仕事と考えられていたからである。第一、やり直しのきかない大切な成長期の子どもたちを、専門の知識・技能ももたない、したがって責任もとれない素人「教師」に教えられてはたまったものではない。今日でも、中学校以上の学校では、ALTを唯一の例外として、教員免許状をもたない人間を教壇に立たせようものなら、学校長は教育委員会から厳しい処分を受ける。2013年12月、静岡県の市立中学校で、音楽専門の教員が免許状のない英語を教え、また高知県の町立中学校では、音楽専門の教員が免許状なく美術を教えていたことが判明して、それぞれの学校長が処分を受けている。これは、言うまでもなく、子どもたちは単なる実験のための「モルモット」ではないという明確な考え方によるものである。

　この問題は、たとえば、こう考えてみるとよく分かる。厚生労働省が、もしも『医師研修ガイドブック』に、「たとえ医学の知識・技能は不十分でも、互いに関わり合って自ら医学に慣れ親しもうとする医療担当者の姿勢こそが、

患者の病気に打ち勝つ意欲を高める何よりも大切なきっかけとなる」と書いたとすればどうであろう。それを、厚生労働省の担当係官が「医療担当者は、間違った診断より正しい診断が、不完全な手術より完全な手術が、できるに越したことはありません」と解説することが、はたして実際に考えられるであろうか。「患者」と「モルモット」を混同したこんな担当者の姿勢が到底許されないのは、主として肉体的健康と知的健康との違いこそあれ、同じ人間の「健康」そのものに責任をもつはずの医学界でも教育界でも少しも変わることはないはずである。

　外国語活動の担当者だけではない。2013年4月、大阪市教育委員会は、928人の外部公募の応募者のなかから11人の一般人を「厳選」して、彼らをほとんどそのまま市立小・中学校「民間人」校長として採用した。ところが、選び抜かれた「最精鋭」であるはずの彼らは、「市立学校の教育に新風を吹き込む」どころか、就任半年もたたない8月末までに、すでにそのうち半数を超える6人もの「民間人」校長が、およそ「プロ」の教員には考えられないようなさまざまのスキャンダルを次々と引き起こし、退職したり「不適格者」とみなされたりと、教育現場を混乱させる深刻な事態に立ち至っている。世間は、いまさらながら「アマ」の「アマ」たる軽さをあらためて思い知らされた出来事であった。大阪市教育委員会が、「たとえ一般の民間人であっても、その適格性には問題はありません」と触れ込んで強行した「民間人」校長人事であったが、教育委員会自体の文字通りの無責任なまでの判断の甘さを、これほど鮮明に露呈した事件もめずらしい。「正師を得ざれば学ばざるに如かず」は古くから知られた先人の教えであるが、いまやこの国では、教育の責任官庁までが、この教えを身をもって踏みにじって、恬(てん)として恥じることもない。

　このような教育現場の現状は、元をたどれば、わが国の政治家や文部行政当局の教育に対する熱意の欠如ぶりが、「国家百年の大計」といわれ、いわば国の一大事業であるはずの教育と教職のあり方について、あまりにも専門性を軽視した安易にすぎる政策をとらせてきた当然の結果と考えないわけにはいかない。

本書は、このようなわが国の教育と、教員養成、とりわけ外国語の教員養成のあり方を、新しい時代の諸外国における教育的動向を考えながら、広く国際的な視点から問い直してみようとするものである。取り上げた海外の国・地域は、英語の母語話者が多数派を占める国々から、英語を第2言語、あるいは外国語とする国・地域まで合計22か国・地域に及ぶ。これらは、言い換えれば、英語に対する言語的距離と、さらには欧米による植民地経験の有無という、いわば主として英語教育・学習の環境別・難易度別に分類した代表的な国・地域である。

　そのうち、特に大胆な言語教育改革が進むEUの加盟国は、アイルランド、ベルギー、オランダ、スウェーデン、ルクセンブルク、イギリス、ドイツ、フランス、イタリア、フィンランドの10か国である。

　なお、とりわけヨーロッパの国々では、母語以外の学習言語は「外国語」と呼ぶよりも、むしろ単に「異言語」と呼ぶことがふさわしい場合が多いが、本書では、「外国語」に広くそんな「異言語」の意味をも含めて用いることとした。また、教育担当者一般については「教師」を、そして特に免許法にいう学校の教育職員が強く意識される場合には「教員」を用いたが、両者を厳密に区別することはしなかった。

　原稿は、それぞれの執筆者が国・地域別に担当した。でき上がった全体の原稿に、あらためて大谷が目を通し、必要に応じて手を加えた。

* 　本章擱筆後の2014年1月24日、安倍晋三首相は通常国会冒頭の施政方針演説で、近年のわが国の首相としては異例にも、教育についての自らの所信を表明した。

　　その演説で、首相が特に強調したのは、日本の教育のグローバル化の必要性であった。しかしながらわが首相は、自らが強調する「グローバルな視点」から見れば、当然、一目瞭然となるはずのわが国の教育・研究条件の劣悪さについては、一切触れようとはしなかった。しかも、OECD加盟30か国中、対GDP比では並外れて「最少」（第30位）の教育予算を組んでおきながら、わが国の児童・生徒の学力だけは逆に「世界一」を目指すのだという（『平成25年度　文部科学白書』第2部第4章）。

考えてみれば、これほど無責任で身勝手な政策もめずらしい。これは、対GDP比で日本よりもはるかに多くの教育予算を組んで、地道に教育の充実に取り組んでいる諸外国・地域の努力を愚弄するものと言われても仕方があるまい。

　首相はその演説で、ただひたすら「何事も、達成するまでは、不可能に思えるものである」「わずかでも「可能性」を信じて」「やれば、できる」と、実に4回にもわたって繰り返し「やれば、できる」を強調した。これは、「足りぬ、足りぬは工夫が足りぬ」「武器が無ければ、竹槍で戦え」「やれば、できる」と、やはり「やれば、できる」を繰り返して国民を叱咤したかつての軍部の「竹槍精神論」を思い出させるものである。その軍部が、日本軍の砲撃精度は英米の3倍以上であり、わが軍の大砲1門は英米軍の大砲3門にも勝ると豪語していたことはよく知られている。しかし、あの戦艦大和の自慢の46サンチ主砲でさえも、実は、その命中率は限りなく0％に近かったという事実が戦後になって判明している。戦後70年近くも経て、われわれは、日本人だけは特別であり、日本人だけはたとえ教育費は世界最低であろうとも、世界最高の教育を達成できないはずはないという、あの悪夢の時代の自己中心的な過信や妄信から、いまだに目覚めてはいないのか。

　いうまでもなく教育問題の改善は、単なる声高のスローガンや竹槍精神論で図れるはずもない。まずは、改善すべき問題の根源を正確に把握することである。そして、それに対する単なる「スローガン」や、うわべの「対症療法」ではなく、合理的で具体的な「原因療法」をほどこす明確な意志をもつことである。この点で、先述の英米の政治的指導者たちの教育的熱意との大きな落差を、改めて深く思い知らされたわが国首相の施政方針演説であった。

（大谷泰照）

国際的にみた外国語教員の養成／目次

この国の教育的熱意――「まえがき」に代えて　　　大谷泰照　*i*

■外国語教師とは何か　　　大谷泰照　*4*

■各国・地域の外国語教員養成体制　　　*27*

1．アジアの非印欧語圏で印欧語国の植民地経験がない国・地域

　　1　韓　国　　　山本元子　*30*
　　2　台　湾　　　相川真佐夫　*43*
　　3　タ　イ　　　植松茂男　*56*
　　4　中　国　　　相川真佐夫　*68*
　　　コラム①　教師の日　*81*

2．アジアの非印欧語圏で印欧語国の植民地経験がある国・地域

　　5　シンガポール　　　橋内　武　*84*
　　6　マレーシア　　　植松茂男　*98*
　　7　フィリピン　　　河原俊昭　*109*
　　8　香　港　　　橋西ヘイゼル　*123*
　　　コラム②　教師像の変遷――聖職者・労働者・専門家　*137*

3．ヨーロッパの印欧語国で複数言語が共存する国

　　9　アイルランド　　　大谷泰照　*140*
　　10　ベルギー　　　奥（金田）尚子　*152*
　　11　スイス　　　二五義博　*165*

4．ヨーロッパの印欧語国で英語が事実上第2言語である国

- 12　オランダ　　　　　　　　　　　　　　　　　　林　桂子　*180*
- 13　スウェーデン　　　　　　　　　　　　　　　　林　桂子　*192*
- 14　ルクセンブルク　　　　　　　　　　　　　　大谷泰照　*204*
  - コラム③　教員の給与　*216*

5．英語の母語話者が多数派である国

- 15　アメリカ　　　　　　　　　　　　　　　　石川有香　*218*
- 16　イギリス　　　　　　　　　　　　　　　　米崎　里　*232*
- 17　オーストラリア　　　　　　　　　　　　　濱嶋　聡　*245*
- 18　ニュージーランド　　　　　　　　　　　　岡戸浩子　*257*
  - コラム④　教育的熱意のバロメーター──学級規模から　*269*

6．EUの言語教育政策を牽引する国

- 19　ドイツ　　　　　　　　　　　　　　　　杉谷眞佐子　*272*
- 20　フランス　　　　　　　　　　　　　　　　松浦京子　*284*
- 21　イタリア　　　　　　　　　　　　　　　中村秩祥子　*297*

7．近年、PISAなどで教育的に注目されている国

- 22　フィンランド　　　　　　　　　　　　　　　米崎　里　*312*
  - コラム⑤　CAN-DOリストと日本　*325*

8．本研究を通して、教員養成体制の改善を検討しようとする国

- 23　日　本　　　　　　　林　桂子　杉谷眞佐子　橋内　武　*328*

国際的動向から何を学ぶか──「あとがき」に代えて　　　大谷泰照　*354*

- 索引　（*367*）
- 執筆者の分担・現職　（*374*）

国際的にみた外国語教員の養成

外国語教師とは何か

外国語教師とは何か

大谷泰照

文部科学省の英語教材を見直してみると

　一国の政府の実際的な教育姿勢は、いわゆる「学習指導要領」などの政府の公式の教育指針などよりも、むしろ政府編集の教材や、政府の検定を経た教科書類のありようにより具体的に、そしてより鮮明に顕れるものである。当然、学校の教育現場は、「学習指導要領」などの政府公式文書よりも、日常、教室で使われるそれらの具体的な教材・教科書類によってはるかに大きく影響を受ける。

　最近のわが国で、その恰好の例が、平成23年度から全国の公立小学校5、6年生に「外国語活動」が必修として導入されたことにともない、平成24年度から政府が配布を始めた文部科学省教材 *Hi, friends!* である。

　この教材の編集が決して生易しい作業でなかったことは、外国語の教師ならば、だれでも容易に想像がつく。「教科とは位置付けない」「週1コマ相当」の活動のなかで、「日本と外国の言語や文化について、体験的に理解を深めさせ」、さらに「道徳の時間などとの関連を考慮しながら」、しかも外国語を専門としない「学級担任の教師」でも指導可能な教材でなければならないからである。

　そんな編集上の困難な条件をかかえて出来上がった *Hi, friends!* であるが、そこにはやはり、外国語教育に対する文部科学省の基本的な姿勢が明瞭に顕れている。

　たとえば、*Hi, friends! 2*, Lesson 1, pp.4f. の英語の表示を使った街の鳥瞰図などはその1例である。Restaurantの入り口で、その店のコックさんと思われる人物が、店頭にぶら下げる'OPEN'と'CLOSE'の2枚の掲示札を取り替えている最中である。この掲示札は紐がついていて店の入り口にぶら下げ

ているところをみると、これは単に「開店」「閉店」という動作を示すものではなく、「開店（営業）中」「閉店（休業）中」という状態を示すものであることは明らかである。少なくとも、児童たちはそう考えるのが自然であろう。

しかし、英語では一般に、「開店（営業）中」は We are open. / Restaurant is open. と考えて'OPEN'と表すが、「閉店（休業）中」は We are closed./ Restaurant is closed. と考えて'CLOSED'と表す。普通には、まず、'CLOSE'とはしない。実際の英・米の restaurant では、片面に'OPEN'、裏面に'CLOSED'と書いた1枚の掲示札を、時間に応じて裏返して使うことが多い。ところがこの教材では、児童たちは、「閉店（休業）中」を示す掲示は'CLOSE'であると思い込まされ、しかも、その「アルファベットの表示を書き写そう」という指示まであって、わざわざ筆写してそれをしっかりと記憶することになっている。

英語を専門としない学級担任の教師は、少しも疑うことなく教材の通りに「閉店（休業）中」を'CLOSE'と教え込もうとするであろう。英語を専門とする教師なら、待てよ、本当にこれでよいのかな、と'CLOSE'と'CLOSED'の間で思い悩むことであろう。もしも英語を母語とするALTならば、彼らは迷うことなく、即座に'CLOSE'を訂正して'CLOSED'と書き改めさせてしまうであろう。小学生を相手に、ON, OFFやUP, DOWNと同様にOPEN（開く）, CLOSE（閉じる）の反意語の「文字指導」を行うためであれば、教室を混乱させかねないこんな restaurant をあえて例に取り上げることは、決して適当な方法とは思えない。

少なくとも、文法偏重の学習よりも、実際に使われる「生きた英語」の指導を唱導する文部科学省が、自ら編集した教材では、実際に日常使われるとは思われないこんな英語の指導を臆面もなく英語教師に求めていることになる。

『桃太郎』教材の何が問題なのか

特定の語や語法に関わるこんな問題よりも、はるかに深刻に現場の教師たちを悩ませるのが *Hi, friends! 2*, Lesson 7 のような教材であろう。ここでは、日本の昔話『桃太郎』が、本文全40ページの教材中、実に10ページものス

ペースをとって登場するのには驚かされる。「郷土や我が国の伝統と文化を大切にし、……郷土や国を愛する心をもつ」という「学習指導要領」の趣旨に沿うものなのであろう。たしかに『桃太郎』は、室町時代から語り継がれてきた日本五大昔話の筆頭昔話で、「我が国の伝統・文化」のひとつであることに間違いはない。しかし、これがそのまま、小学校の、特に「外国語活動」の教材としてふさわしいかどうかについては、もう少し慎重な教育的吟味が必要ではないのか。

　『桃太郎』は、日本五大昔話のうちでもただひとつ武器を使った戦闘物語である。桃太郎は剣を抜き、鬼は金棒を振りかざして、ともに'We are strong!'と叫んで相戦い、結局、桃太郎は武力をもって鬼を屈服させることに成功する。つまり、武力で「強い」('strong')桃太郎が武力で弱い鬼を打ち負かすことになる。その結果、鬼は宝物の山を差し出して桃太郎の許しを請う。武力で勝った桃太郎たちは敗れた鬼から宝物を奪い、それを戦利品として、意気ようようと故郷に凱旋する。敗れた鬼の側はさぞ無念であろうが、そんな相手の気持ちなどにはお構いなく、一方的に「桃太郎たちと鬼たちは非常に仲良くなった」('We are good friends!')と考え、「めでたい、めでたい」「こんなめでたいことはない」('We are happy. We are happy.' 'We are very happy!')というお話になる。そして、このお話を参考にして、児童は各自の「オリジナルの『桃太郎』を作って演じよう」という指示まである。

　しかし、考えてみれば、新しい「外国語活動」を小学校に導入するに当たって、「学習指導要領」は「日本と外国との生活、習慣、行事などの違いを知り、多様なものの見方や考え方があることに気付くこと」を重要な指導内容と定めているはずである。これは、言い換えれば、自分たちとは異なる様々な見方や考え方があることも積極的に認めようとする広く寛容な態度を培うことを目指す「活動」である。自分の見方や考え方だけが正しく、自分とは異なる他の見方や考え方を、ただちに邪悪なものとして排除しようとはしない態度である。そんな目的をもつ「外国語活動」の教材として、自分の国の桃太郎は絶対の「善」であり、たとえ狼藉を繰り返すとはいえ、海のかなたの外国人は鬼であり、絶対の「悪」であると極め付ける教材は、はたして本当に望ましい外国語の教材といえるのか。狼藉（と思われる所業）を働く

外国人にも、われわれには気づかない彼らなりの言い分がないと言いきれるのか。

『桃太郎』的発想から、つい60数年前、われわれ日本人は、アジア各地に植民地を広げるアメリカ人やイギリス人を文字通り「鬼」「畜生」（戦時中の国民的スローガンは「鬼畜米英！」「見敵必殺！」であった）と呼び、「武力」に訴えて相戦った過去があることを忘れてはならない。われわれ日本人は、桃太郎気取りで、自分たちだけが正義であり、したがって自分たちだけが「天に代わりて不義（鬼）を撃つ」ことができると思い上がり、そんな軍歌を大合唱していた。つまり日本人は、自分たちとは異なる発想をもち、自分たちには不都合な行動をとる民族を「敵」と見做し、簡単に「鬼」と呼んだ。奴隷解放を行ったリンカーンを生んだアメリカの国民や、世界最高の文学ともいわれるシェイクスピアを生んだイギリスの国民をも「鬼」と呼ばせる教育を実際に行った。

中国にもまた、「鬼子」という蔑称がある。中国人も当初は、アジアに進出してくるイギリス人、アメリカ人、フランス人、オランダ人など西洋人を「鬼」と見做していた。そして今日では、彼らは「鬼子」をもっぱら日本人に対する最大級の蔑称として使うようになった。中国人にとっては、自分たちの国に侵攻した歴史を持つ日本人、いわば「桃太郎」こそが、逆に「人でなし」であり、文字通りの「鬼」にみえるのである。

さらに、特に「言語を用いてコミュニケーションを図ることの大切さを知ること」を「学習指導要領」の重要な指導内容とする「外国語活動」でありながら、肝心の「言語」には全く頼ろうとはせず、もっぱら「武力」によって決着をつけることを当然と考えるような教材が、はたして本当に学校の言語教育にふさわしい教材といえるのであろうか。このような物理的「力」によって勝った側が負けた側の財産・領土を自由勝手にわが物とするという、いまだに世界の一部にみられる古い帝国主義的な覇権思想が、今日の世界の平安をいかに脅かしていることか。今日のわが国の教育界では文字通り「グローバル教育」の大合唱であるが、『桃太郎』教材には、こんな視点がどれほど自覚されているのか。

国の内外の新しい動きをどうみるか

いささかでも「グローバルな」視点に立てば、3度の独仏戦争の反省が生んだ「不戦共同体」のEUでは、かつては憎みても余りある不倶戴天の敵同士であったドイツ人とフランス人が、いまやともにEUの強力な牽引車として両国史上最良の隣人関係にあることに気付く。今日、EUでは、加盟28か国の「武力」は、ほとんど相互に何の意味ももたない。加盟国間での戦争や領土紛争の可能性は、今日では限りなく小さくなった。EUの公用語は、国力や武力の大小にかかわらず、加盟28か国の公用語、計24言語である。いわゆる「国際語」の英語でさえも、EUでは単一の統一公用語にはなり得ない。EUでは、エラスムス計画やソクラテス計画などによって、国境や言語的境界を超えた大規模な文化交流が繰り広げられ、「母語＋2言語」の習得をハイスクール卒業までの目標とするまでになった。

そんなEUには、もはや「鬼」も「桃太郎」も存在する余地はない。もしも文部科学省教材の *Hi, friends!* に、本気で「グローバル人材の育成」に立ち向かう意志がいささかでもあるとすれば、本当に向き合うべきは、いまだに一方が他方を武力で制圧して万々歳を唱える『桃太郎』的世界ではない。むしろ、それとは逆に、各国の国家主権さえも大幅に制限することによって、国や民族相互の非暴力的なコミュニケーションを積極的に図ろうとしているEUのような新しい言語状況の世界ではないのか。

今日、「我が国の伝統・文化」のひとつである『桃太郎』が、そのままの内容では、学校の教材どころか、すでに子どもたちの一般の読み物としてさえもふさわしくないという見直しが、徐々に進んでいるという事実に、異言語・異文化理解の教育にかかわるわれわれは気づく必要がある。たとえば、現在では、桃太郎が鬼から宝物を奪って凱旋するのではなく、「車には、おに　から　かえして　もらった　ざいさんが、たくさん　つんでありますよ」（小学館）と、桃太郎自身が宝物を元の持ち主に返して歩く話に手直しされている。あるいは、「宝物はいらん。お姫様を返せ」（福音館）と、宝物には目もくれず、拉致されたお姫様を奪い返すという新しい物語にもなっている。

これを、「我が国の伝統・文化」に対する毀損とみる見方もあろう。しかし、このような「伝統・文化」の見直しは、実は、近代国家における意識の

「改革」であり、教育姿勢については明らかに「進歩」と考えるべきではないか。特に、20世紀の後半以後、教育の民主化の進展とともに、こんな傾向は国際的にも抗うことのできない新しい現象となった。

　たとえばRobert Louis Stevensonは、*Treasure Island*や*Strange Case of Dr. Jekyll and Mr. Hyde*などで知られるイギリスを代表する小説家・詩人の1人である。その彼に、'Foreign Children' という有名な童謡がある。

Little Indian, Sioux or Crow,	スー族、クロー族の、インディアンの子どもよ、
Little frosty Eskimo,	寒さのなかのエスキモーの子どもよ、
Little Turk or Japanee,	トルコの子どもや日本の子どもよ、
Oh! don't you wish that you were me?	一体、君たちは、私のようになりたいとは思わないの。
・・・・・	・・・・・
You have curious things to eat,	君たちは奇妙な食べ物を食べているのに、
I am fed on proper meat;	私はまともな食べ物を食べているよ。
You must dwell beyond the foam,	君たちはあわ立つ海のかなたに住んでいるんだろ、
But I am safe and live at home.	だけど、私は心配もない、快適な暮らしをしているんだよ。

（大谷泰照試訳。「日本人」は押韻のために 'Japanee' となっている）

　この童謡は、かつてはイギリスの子どもたちの間で広く愛唱され、いわばイギリスの一種の「伝統・文化」となっていた。しかし、民族的偏見に満ちたこの童謡が、21世紀の今日、学校の教育現場で歌われることは、もはやあり得ないといってよい。

　イギリスでは1992年以後、National Curriculumの導入によって、国民的文化遺産であるシェイクスピアの劇を、義務教育段階で少なくとも1点は読むことを義務づけた。ところが、シェイクスピアの作品には、女性蔑視や他

民族差別の表現を含むものがみられることはよく知られている。当然、今日のイギリスの学校では、たとえ世界に誇る国民的文化遺産であろうとも、シェイクスピアのその種の作品を、特に教室で教えることには一般に慎重である。

今日、わが国の教育現場の深刻な問題の一つが「いじめ」である。「力」のあるもの、それも特に物理的「力」をもつものが、「力」の弱いものをさまざまな形でいじめ、追い詰め、時には金品を奪い、果ては死に追いやることさえめずらしくはない。海外からの帰国児童・生徒たちにいたっては、実にその8割以上が何らかの「いじめ」に苦しむという。

そんな今日の学校で、「力」をもつ子どもが 'We are strong!' と胸を張り、「力」をもたない子どもに金品を貢がせて 'That's OK.' とうなずき、それでいて加害者意識もなく、'We are good friends!' 'We are very happy!' などとうそぶく自作の『桃太郎』劇を、たとえ文部科学省教材には「オリジナルの『桃太郎』を作って演じよう」と指示されていようとも、決して演じさせてはならないであろう。いじめられっ子は、往々にして「ウジムシ」「ゴキブリ」など、聞くに堪えない罵声を浴びせられるというが、これに新たな罵声 'ONI' が加わるようなことがあってはならない。とりわけ、「道徳の時間などとの関連を考慮しながら指導すること」を重視することを明確に謳った新しい「外国語活動」なのだから。

「英語信仰」と「英語道具論」を考える

あれほど「生きた英語を」と強調しながら、実際の教材では、日常一般に使われるとはとても思えない英語を教えようとする。「言語を用いてコミュニケーションを図ることの大切さ」を教えようと言いながら、実際の教材では、言語を用いるコミュニケーションどころか、有無を言わせず武力によって決着をつける、いわば武力万能の物語を時間をかけて教えようとする。このようにみると、文部科学省の教材には、取り上げられた内容の適否よりも、何よりも英語で書かれていること自体に意味があるとみる対外国語姿勢がうかがえる。英語で書かれたものでありさえすれば、それだけで英語の教材になり得ると考える一種の「英語信仰」といえるかもしれない。

このような「英語信仰」は、文部科学省に限ったことではない。この傾向は、かつての「英語国語化論」以来、わが国の英語教育界にはいまなお広くみられる現象と言った方がよいかもしれない。たとえば、英語教員養成のためのよく知られた英語科教育法の指導書には、「外国語として英語を選ぶ理由」については、次のように書かれている。

> 要するに、英語は整然たる、精力的な、事務的な、真面目な言語であり、華麗と優雅とをさほど顧みず、論理的首尾一貫を求め、文法あるいは辞書の警察的規定や厳格な法則により、生活を局限しようとするいかなる企てにも反対している言語である。この言語あって、この国民がある[1]。

英語という言語の性格を論じたこの文章の日本語そのものの質は問わないとしても、この指導書は、世界の言語には、雑然たる、非精力的な、非事務的な、不真面目な言語が存在し、そんな言語を母語とする民族が実在すると大真面目に考えている。そして、英語はその対極にある言語であり、そんな「真面目」で、「論理的」な言語を母語にしているのがシェイクスピアやリンカーンを生んだイギリス国民やアメリカ国民であると述べられている。文部科学省ならずとも、そんな指導書で教育された英語教師の中に、指導書の記述そのままの「英語信仰」をもち続けている者がいたとしても、それは少しも不思議なことではない。

しかも、ここで忘れてはならないことは、わが国には、シェイクスピアやリンカーンの国のその同じ言語を、かつては「英語信仰」どころか、「鬼畜米英」の言語、いわゆる「敵性語」として蔑み卑しめた時代があったということである。ところが、われわれは現在、文字通り手のひらを返したように、その言語をほとんど無条件に賛美して恬として恥じない。この国の英語関係者の言語観は、これほどまでに心情的であり、時代の流れのままに翻弄され、揺れ動いて定まらない。

さらに *Hi, friends!* を通して気づくことは、グローバル人間の育成のための外国語活動と称しながら、さらに「日本と外国との生活、習慣、行事などの

違いを知り、多様なものの見方や考え方があることに気付くこと」をその重要な活動内容と謳いながら、一貫して国内の桃太郎側が「善」であり、海のかなたの人間の側が「悪」と思わせる『桃太郎』をあえて教材として取り上げた対異文化感覚である。そして、物語の挿絵21枚のうち、実に7枚に繰り返して「日本一」の幟が描かれ、殊更に国家意識が強調されている。文部科学省が提唱するグローバル (global) 化とは、実は、国相互の関係をいう国際 (international) 化をはるかに超えた全地球的・全人類的な概念を指すはずであるにもかかわらず。

　ここでもまた、Hi, friends! の教材は、その内容の適否や文化の差異についてはいかにも無頓着で、ただ単に日本の物語を英語に直して学べば、それで英語の学習になると思い込まれているようにみえる。これは、いわゆる個別の文化には関心をもたない、単なる自文化中心の「道具 (tool)」としての英語重視の姿勢と言えないか。

　全国の教員養成大学・学部の教官研究集会が、長年の研究討議の成果として出版したやはりよく知られた英語科教育の指導書がある。わが国大学・高専の第一線の英語教育の専門家たち38人が、いわばその総力をあげて世に問うた最先端レベルの指導書で、全国の大学の英語教員養成クラスで広く使われてきた。この指導書では、「英語教員のミニマム・エッセンシャルズ」について以下のように説かれている。

　　　このように英語教育から文化論、教養論を追放すると、英語教育実用論、機能論、道具論が残るが、これこそが中学校、高等学校の英語教育の中核であり、重要目的なのである。……したがってややもすれば軽視されてきた英語教育道具論を自信をもって実践し、また英語教育の文化的目的論をいさぎよく放擲することがよりよい英語教師の第一の条件なのである[2]。

　この指導書によれば、よりよい英語教師たるものは、英語をひたすら実用的な「道具」と考えるべきであって、間違っても英語教育の文化的意味や教養的役割などを考えることがあってはならないという。このような指導書に

忠実な英語教員の目には、文部科学省の「学習指導要領」には「言語を用いてコミュニケーションを図ることの大切さを知ること」を英語教育の重要な教育内容と謳いながら、実際の教材では、英語で書かれてさえいれば、そして実際には、もっぱら武力にものを言わせて決着をつけようとする内容であっても、少しも奇異には映らないのかもしれない。あるいは、「学習指導要領」では「日本と外国との生活、習慣、行事などの違いを知り、多様なものの見方や考え方があることに気付くこと」を英語教育の重要な教育内容と述べながら、教室で実際に使われる文部科学省作成教材では、われわれとは異なる考え方や行動をとる者を、簡単に「敵」と見做し、「鬼」と呼んでも、それが英語で書かれている限りは、取り立てて疑問に感じることもないのかもしれない。英語が、聞いて理解でき、口に出して言えさえすれば、すなわち英語が目先の実用的な「道具」として使えさえすれば、伝える内容が何であれ、たといいかに自文化中心的な内容であれ、それはほとんど問題にもならないということなのか。

わが国の英語の達人たちを考えてみると

よく考えてみると、戦前からわが国には、英語を単に自文化中心的な「道具」としか見做さない英語関係者が多すぎた。英語の達人と呼ばれた人々でさえ、その例外ではない。

戦前からわが国英文学界の指導的立場にあった大和資雄（日本大学教授）は、太平洋戦争勃発直後に著書『英文学の話』（健文社、1942）を出した。彼はその序文を、

　　屠れ米英　われらの敵だ！
　　分捕れ沙翁もわがものだ！

という特大活字のスローガンで書き始め、序文の最後もまた、再び同じスローガンで締めくくっている。

その序文の中で、大和は「獣性」をもつアメリカ人の「残虐さ」を非難し、「わが国の英語英文学徒」が「大和魂を鼓舞して」彼らを懲らしめる必要を

説いている。「獣性」をもつ敵国人を「大和魂」をもって殲滅し、彼らの宝物の「沙翁（シェイクスピア）」だけは分捕ろうという。イギリスやイギリス人を最もよく知るはずのわが国の代表的な英文学者が、この通り、大真面目に桃太郎の鬼退治気取りであった。

　一高でも京大でも、その抜群の英語の力で教師たちをも驚嘆させた菊池寛は、京大英文科の卒業論文には、彼のイギリス・アイルランドに関する知識の該博さを示す『英国及び愛蘭の近代劇』を書いた。その後、彼は小説家として身を立て、『文芸春秋』誌を創刊し、芥川賞や直木賞を創設して、戦前、戦中はわが国文壇の大御所と目された。その菊池が、太平洋戦争が始まると、自ら編集する『文芸春秋』誌上で、以下のような文章を次々と書き続けた。

　　米国がいくら軍備を増強しても、その国民性を鍛へ直さない限り、日本へ侵攻してくることなど至難であると考えられる[3]。
　　日本の文壇は、昔から……米国や英国の文学を認めていないのである……米国の文学などは、その水準において、世界の二流文学である[4]。

　当時は、海外に出かけた経験をもつ日本人はもとより、西洋人を実際に自分の目で見たことのある日本人でさえもまだ非常に限られていた時代である。そんな当時の日本人にとって、英文学の専門家とは、文字通り外国への窓口であり、外国人についての語り部でなければならなかった。しかし、言（英）語を単なる自文化中心的な「道具」としか考えない英文学者たちにとっては、言（英）語を通して先進文明を真似ることには熱心であっても、異国や異文化を謙虚に学び理解しようとする姿勢には著しく欠けていたと言わざるを得ない。

　大和や菊池だけではない。ドナルド・キーンは先年、戦時中の日本の文化人の日記を調べて『日本人の戦争』（2009年、文芸春秋）を書いた。そのなかでキーンは、特に日本を代表する英文学者たちが、確かに彼らは英語そのものの達人ではあったかもしれないけれども、その英語を通して英語国や英語国民のありのままの姿を学ぼうとする姿勢があまりにも希薄であったことに、あらためて大きな驚きを禁じ得なかったという。

たとえば、伊藤整は、戦後、『チャタレイ夫人の恋人』の翻訳で有名になる英文学者であるが、その彼は、日米の開戦を「日本人が世界で最も素晴らしい人種であることを示す好機である」と考え、戦争勃発に「狂喜」している。こんな伊藤の日記を読んで、キーンは「かなりのショックを受けた」と語っている。キーンが知る日本人の中では最も完璧な英語の使い手であった英文学者の吉田健一は、日米開戦を「これこそ久しい年月の間我々が待望して居たことなのである」と喜び、「我々の思想の空から英米が取り払はれたのである」と大きな感動を書き残していることも、キーンをひどく驚かせた。そしてキーンは、英米文学を専門とする人間ほど戦争を賛美し、正常な異文化理解や国際感覚を欠いていたという事実を、資料に基づいて具体的に明らかにしている。

　わが国の英語・英文学関係者の対異言語姿勢は、基本的には、戦後になっても大きく変化したとは考えにくい。それは、英語・英文学界の指導的立場の研究者たちが、戦後になってもなお、英語の学習者や教員たちに対して次のように自らの教えを説いていることをみればよく分かる。

　　　［英語教師を大工にたとえて］カンナひとつ満足にかけられないくせに、いっぱし住宅論をぶつような大工に、世間は用はないのである[5]。
　　　日本の学校教育での英語科を、教養のためだの、文化吸収のためだのと考えるとすれば、これはヘソの方で茶をわかすはず。およそ教養、文化などというものとは無縁のはずである[6]。

　これらの主張は、明らかに英語教育における異文化理解教育の否定である。英語教師は、わき目も振らずに、ひたすら「道具」としての「英語」の技能訓練に徹すべしということになる。こんな教えを受けて、わが英語教育界では、いまだに「英語の授業で文化を学ぼうなどとは、海へ芝刈りに行くようなもの」「英語の時間に外国の文化を理解させるという甘い幻想を捨てること」「異文化理解は地理や歴史にまかせればよい」などという声が平然と飛び交う。

英語が使えさえすればよいのか

　外国語関係者の間ではほとんど注目もされていないが、近年、こんな日本人の外国語教育の姿勢に厳しい反省を迫ったのが、実は、わが外務省である。戦前・戦中・戦後を通して「三流外交」と揶揄され、非難され続けてきた外務省は、2000年をもって、1894年以来、1世紀以上も続いてきた外交官試験（外務公務員採用Ⅰ種試験）の廃止に踏み切った。外交官試験の大きな特徴は、外国語能力を特に重視することで知られるが、2001年以後は、それを大きく改めて、特に外国語に偏らない国家公務員採用Ⅰ種試験の合格者の中から外交官適任者を選抜して養成することになった。その改革に深く関わった法眼健作、高野紀元の2代にわたる外務省研修所長と、それぞれにその改革のあり方についてお話し合いをして、お手伝いをする機会があった。それによれば、外交官試験の廃止に踏み切らざるを得なかったのは、「外国語が使えるだけの人間は使い物にならない」ことを、外務省は骨身にしみて思い知らされたからであるという。

　1941年12月8日、日本政府のアメリカ政府に対する宣戦の通告は、在米日本大使館の大失態により、日本政府の意図に反してパールハーバー攻撃開始の55分も後となり、そのために、日本人は子々孫々、国際法違反の「だまし討ち」攻撃の汚名を着せられることになる。1945年6月、在ソ日本大使館は、すでに2月のヤルタ会談でソ連の対日参戦が決定していたにもかかわらず、そんな重大な事実を察知することもできず、こともあろうに、すでに対日参戦を決意しているそのソ連を通して和平工作を働きかけ、ソ連の仲介にむなしく期待をかけ続けていた。

　わが外交官の不手際によるこんな「素人外交」は、戦後も一向に改まることはなかった。

　たとえば、1974年1月の田中角栄首相の東南アジア5か国訪問は、行く先々で思いもかけない激しい抗日デモに迎えられ、それを予知することもできなかった日本の外交官の無能ぶりを満天下に露呈することになった。1996年12月の在ペルー日本大使公邸人質事件もまた、長らく反政府左翼ゲリラに悩まされてきたペルーでの、日本の外交官の外交的無神経さを全世界に曝すことになった。

たしかに各国には日本の大使館があり、専門の外交官が駐在する。しかし、彼らは現地のことばは使えても、肝心のそのことばを話す人々の民意を理解することはできなかった。視野の狭い外国語技能教育が、これほどまでに国際感覚を欠いた外交官を生んできたことを、外務省は106年間の外交官試験の経験から痛切に思い知らされたのである。言うまでもなく、TOEFLやTOEICで測る単なる英語技能の問題ではないという厳しい反省であった。

ところがわが文部科学省は、外務省のこんな深刻な反省に学ぶどころか、外交官試験廃止直後の2003年に、まことに驚くべきことに、旧外交官試験の発想そのままの「英語が使える日本人」の育成のための行動計画を発足させた。ただひたすら、「国際共通語」の英語の「聞く」、「話す」、「読む」、「書く」の「総合的コミュニケーション能力」を身につけることを目標とする行動計画である。そして英検、TOEFL、TOEICなどを活用することによって「世界平均水準の英語力」の習得を目指すという。これは、文字通り目先の「道具」としての英語技能の教育であり、外務省が長年にわたる体験から学び取った貴重な教訓、つまり異文化理解教育を軽視した異言語教育の不毛さについての認識はほとんど感じられない。このような性格の「英語が使える日本人」の育成のための行動計画からは、*Hi, Friends!* の『桃太郎』のような教材が、何の反省もなく、したがって何の抵抗もなく生まれてくるのも、少しも不思議ではない。

異文化理解のプロとしての外国語教師

文部科学省主導で、文字通り国を挙げて「英語が使える日本人」の育成に血道を上げるわれわれには、とかく、英語を母語や第2言語として難なく使える人々が何ともうらやましく見え、一方、英語の習得に日夜苦労しなければならない自分たちがひどくみじめに思えてくる。

そこで、かつて、小渕恵三首相の諮問機関「21世紀の日本の構想」懇談会の河合隼雄座長などは、旧イギリスの植民地であり、現在も英語を公用語とするシンガポールを、われわれの英語教育の理想のモデルと考えるようになる。当時、シンガポールは、TOEFLの得点255点（1998－1999年）で、アジア23か国・地域中1位、世界153か国・地域中でも2位という高い成績を

あげていた。これに対して日本の得点は188点で、アジアでは21位、世界では139位という「不振」ぶりであった。

その上シンガポールは、IEA（国際教育到達度評価学会）の国際数学・理科教育動向調査（TIMSS）の数学テスト（中学2年生、1999年）の結果でも、604点という高得点をあげて、参加の38か国・地域中実に1位の成績であった。日本の得点は579点、順位は5位であった。この数学テストでは、第1回（1964年）以来、日本が最高得点を維持して、「日本の数学学力世界一」が世界の対日評価となっていたから、その日本をも凌いだシンガポールは、当時の河合座長の目には、アジアはもちろん、世界でも最も理想的な教育大国と映ったのであろう。

1999年秋、河合座長はわざわざシンガポールに赴き、シンガポール「建国の父」のリー・クアンユー上級相に面談して教えを乞うた。その結果、「シンガポールの実情などを見聞するうちに気持ちが変わった」（『朝日新聞』2000年4月4日）河合は、シンガポールに倣って英語をわれわれの公用語の1つにすることを検討しようという答申を出すに至った。しかし、そのシンガポールは、彼らの民族語（マレー語、中国語、タミル語）以外の完全な外国語である英語を、ほとんど教育的配慮もないままに統一的に国の教育言語としたことによる特有の教育問題を抱えているという事実に、河合はまったく気付いていなかった。実は今日、シンガポールの小学校・中学校のほぼ3分の1の児童・生徒が、英語と母語の能力がともに不十分であるという憂慮すべき状態に立ち至っている。

英語の教育言語化にともなうこのような事態は、決してシンガポールに限ったことではない。十分な教育条件の整備もないままに、母語以外の言語を強引に教育言語に採用したために、母語も学習言語もともに怪しくなったり、多くの学習脱落者を生み出す結果になることは、国際的に見れば決してめずらしいことではない。アジア（シンガポール以外にも、たとえばマレーシアや香港や台湾など）にもアメリカ（各地の移民のための統一的な同化教育など）にも、そんな例は枚挙にいとまがない。本年（2014年）1月の施政方針演説で、安倍首相は「やれば、できる。2020年を目標に、中学校で英語を使って授業をするなど英語教育を強化します」と力説したが、教育の強化はそんな掛

け声だけで簡単に成就するものでない。こんな事柄の本質を本当に理解するためには、おそらくは広く国際的な視野と、さらには異言語学習のあり方に対する深い洞察が不可欠であるといえそうである。そして、これこそ、プロの外国語教師に本来求められる基本的な条件であるといってもよい。

TIMSSの成績をどう考えるか

河合座長を大いに感銘させたシンガポールのTOEFLやTIMSSの高い得点も、考えてみれば、実は、必ずしも驚くには当たらない当然の結果であることが、プロの外国語教師ならば容易に理解できる。

たとえば、数学教育界では一般に、いまもなお数学は超民族的な普遍性をもつ教科であると信じて疑われない。TIMSSのテスト初級問題に出た2×3という簡単な数式1つをとっても、漢字文化圏では2の3倍と考えるのに対して、印欧語文化圏の英語では3の2倍（2 times 3）と考えて意味が逆転するという事実にも、いまだに気づいていない。算数の四則計算も、学習者の言語・文化の違いに関わりなく、全く同等に学習できるものであり、世界のすべての学習者にとって等距離・中立であると思い込まれている。

ところが、異文化理解のプロとしての外国語教師は、そうは考えない。簡明な数詞、徹底した10進法、記憶に便利な九九をもつ日本語など漢字文化圏の諸言語は、はるかに複雑な数詞体系を持つ印欧語に比べて、数計算では圧倒的に有利であるという事実に気付くはずである。たとえば91を、10進法そのままに九十一と簡明に考える日本語に対して、4×20＋11（フランス語）や1＋4½×20（デンマーク語）などと、20進法や分数までも使わなければならない印欧語の数計算の複雑さは、およそ日本人の想像を超えたものであることが分かるはずである。日本人の大学生なら、ほぼ100％が掛け算の九九は即座に口をついて出る。ところが、印欧語圏では、たとえば比較的数詞体系の簡潔な英語を使うアメリカ人の大学生でさえも、実際にはその40％近くが九九は言えない。フランス語やデンマーク語に至っては、九九の記憶はさらに一層困難である。基本的な四則計算ひとつをとっても、実はこれほどまでの大きな学習難易度の差がみられることを、いやしくも外国語教育の専門家ならば、容易に理解できるはずである。

こんな漢字文化圏と印欧語文化圏の差は、学習者の数学教育や数学能力の問題というよりも、明らかに彼らの言語・文化そのものの問題であると考えるべきである[7]。当然、英語で算数を学ぶ日系米人児童の算数学力は、一般に日本人児童には及ばないし、日本語で算数を学ぶ在日アメリカ人・カナダ人児童の算数学力は、日本人児童と少しも遜色はないという事実も筆者の調査で判明している。

　TIMSSの大規模な国際数学テスト（中学2年生）は、1964年以来2011年まで、すでに計7回行われた。しかし、そのすべてにおいて、シンガポール、韓国、台湾、香港、日本の漢字文化圏の得点だけは、他を完全に引き離して圧倒的に高く、得点順位の最上位は、ただのひとつの例外もなく漢字文化圏の独占的な指定席になっている[8]。これを、日本人の「数学能力の高さ」と思い誤ったわが中曽根康弘首相は、得点のはるかに低いアメリカを見下して「アメリカの知識水準は日本より非常に低い」という「世紀の妄言」を口走ってしまった。強い危機感をもったアメリカのレーガン大統領もまた、この「屈辱的な」テスト結果を米教育省報告書 *What Works* であえて取り上げて、全アメリカ国民の奮起を強く促した。TIMSSの結果に我慢ならない欧米諸国はまた、この不利を克服しようと、2000年には、ついに判定基準のまったく異なるPISA（OECDによる生徒の国際学習到達度調査）を新たに開発したとさえいわれるほどである。

TOEFLの成績をどう考えるか
　一般には、個別言語に影響されない高度の普遍性をもつと信じて疑われない数学の学習でさえも、実は、学習者の母語が決して無関係ではあり得ない。とすれば、言語そのものである英語の学習にあたって、学習者の母語が無関係であるなどと考えること自体が、とても尋常な感覚とはいえないことが分かるはずである。

　しかし、わが国の教育の専門家は、いまだに教育雑誌の巻頭言などで、堂々と次のように書く。

　　アメリカに留学を希望する学生に実施する英語テストで、日本は……

世界130か国で、110番あたりに位置する。つまり、日本の英語教育は、世界で最も駄目だということだ。

　日本の子どもの能力が低いわけではない。小・中学校の算数、理科の国際比較ではトップクラスだからである。

　このような、世界最低の英語教育をしてきた責任は、第一に「英語教師」にあり、続いて「英語教育」に携わってきた関係者にある[9]。

　つまり、世界最高の数学学力の教育ができる国ならば、当然、世界最高の英語能力の教育もできないはずはないという主張である。こんな意見は、いまやこの国の一種の世論であると言ってもよい。たしかに近年は、数学教師と英語教師の指導力の差を問う声まで高まって、こんなTOEFLの得点しかとれない日本の英語教師は「国賊的」（國松善次、当時滋賀県知事）や「犯罪的」（藤原正彦、当時お茶の水女子大学教授、数学）とまで非難される。

　しかしよく考えてみれば、こんな世論には、漢字文化圏以外の国々のTIMSS数学テストの低い得点を「国賊的」「犯罪的」と非難し、漢字文化圏の高い得点を「模範的」「愛国的」と自賛するのにも似た滑稽さが感じられるはずである。広く国際的な視点をもつ外国語教育の専門家なら、少なくとも、この程度の言語認識は欠くことはできない。

　TOEFLの得点も、大局的な立場から考えると、まぎれもなく学習者の言語・文化の反映であると考えざるを得ない。1964年のTOEFL発足以来、1998年まで35年間続いたPBTの得点をみると、一貫して以下のような結果がはっきりと読み取れる。

①英語と同じ印欧語族圏の得点は高い。最高は英語が属するゲルマン語系であり、続いてロマンス語系、スラヴ語系、ギリシャ語系、イラン語系と、ゲルマン語系から遠ざかるにつれて、TOEFLの得点もまた、ほぼそれに応じて低下する。

②非印欧語族圏でも、欧米の植民地経験国・地域の得点は高い。今もそんな国・地域の多くが英語を公用語や教育言語、いわゆる第2言語（SL）としている。

③非印欧語族圏で欧米の植民地経験のない国・地域の得点は低い。英語は

母語でも第2言語でもなく、単なる学校の教科の1科目、いわゆる外国語（FL）にすぎない。
④セム・ハム語族圏に属する国々の得点は極端に低い。エドワード・ギボンが『ローマ帝国衰亡史』でも指摘したとおり、アラブ人は古来、自らの民族語を過信して、外国語を学ぶことを潔しとしない傾向が強くみられる。

そして、言うまでもなく、これらの言語圏のうちでは、得点で世界2位のシンガポールは②群に属する言語環境であり、139位の日本は③群に属する言語環境である[10]。

このような、主として学習言語と学習者の母語との間の言語的距離の関係を、さらにはっきりと裏付けるのが、1984年以来、世界各地で行われてきた外国人留学生のための国際日本語能力試験（JLPT）である。このテストでは、TOEFLの得点の低い漢字文化圏の国・地域ほど高い得点をあげ、逆にTOEFLの得点の高い印欧語族圏の国ほど日本語の得点は低くなって、文字通りTOEFLの裏返しの結果を明瞭に示している。

同じ大相撲の外国人力士でも、来日50年の高見山や30年の小錦の日本語よりも、来日わずか3、4年目の頃の朝青龍や白鵬がはるかに見事な日本語を話したのは、ひとえに彼らの母語（英語とモンゴル語）と日本語との言語的距離の差によるものである。彼らの所属部屋の日本語指導法の巧拙によるものではない。また、日本の大学で朝鮮語（言語を政治的国境を超えた存在として「朝鮮語」と呼ぶ）を学ぶ日本人学生も、韓国の高校で日本語を学ぶ韓国人生徒も、1年もたてば、往々にして6年間学んできた英語より高い朝鮮語・日本語の運用能力を身につけるのは、日本語・朝鮮語間の言語的距離の近さによるものである。日本の朝鮮語教師や韓国の日本語教師が、同僚の英語教師たちよりもすぐれた指導力をもっているためではない。

TOEFLの得点の低さから、日本人や韓国人が本来、まるで外国語学習能力を欠いているかのように考えられることはめずらしくはない。1959年、日本をはじめて訪れたアーサー・ケストラーが、日本人を評して「手のつけられない外国語下手（hopeless linguists）」と断じて、当時、話題にもなった。その後も、エドウィン・O・ライシャワーをはじめ、同様の日本人評を口に

する「国際人」は後を絶たない。しかし、もしも本当の外国語教育の専門家ならば、日本の大学の外国人留学生のなかでは、韓国人留学生の日本語習得能力が飛びぬけて高く、また韓国の大学では、日本人留学生の朝鮮語習得能力の高さが他の国・地域を寄せつけないという事実を見落としてはならない。

　TOEFL開発機関のEducational Testing Service（ETS）は1980年、各国・地域のTOEFLの得点に関する研究結果を発表した[11]。そしてこの研究は、TOEFLのテスト項目の実に88％近くが、受験者の母語の性格によって影響を受けているという事実を明らかにした。これは、すべての学習者が、英語を同じ条件で同等に学ぶことができるという俗信をただし、学習者の母語次第で、英語学習の難易度に大きな差異が生じるという重要な事実を示すものである。

　その後、ETSのこの研究を追認する外国語教育における言語的距離（linguistic distance）に関する研究は格段に進んだ[12]。いやしくもプロの外国語教師ならば、自らの専門に関わるこのような重要な事実についての認識を欠くことはできないはずである。そして、プロの「外国語教師」のこんな認識こそが、「政治家」中曽根発言にみられるいわれのない優越感や、「教育学者」・「数学者」の向山・藤原発言にみられるいわれのない劣等感をはるかに超えた、文字通りの「グローバル」レベルの異文化理解のあり方を示すものとみるべきではないか。政治家や教育学者や数学者の、いわゆる「グローバル」化を声高に説く側自身の「グローバル」化が、いま、厳しく問われていると考えなければならない。

新しい時代の外国語教師とは

　カリフォルニア大学ロサンゼルス校（UCLA）英語学部の調査によれば、カリフォルニア在住の外国人で、英語を身につけるために母語を最も簡単に捨て去るのはメキシコ人と日本人である。そんなわれわれは、英語が母語でありさえすれば、国際コミュニケーションに不自由はないし、外国語の学習の必要もないと考えがちである。しかし、実際のアメリカは、1957年の宇宙開発戦争（スプートニク）と1960－75年のベトナム戦争の2度の敗戦を経験して、その敗因を、母語が「国際語」であることに由来する異言語・異文

化に対する関心の希薄さによるものであると考えた。両戦争の敗戦直後に出た国家防衛教育法（NDEA, 1958）も、大統領委員会報告書『知恵の力』（*Strength through Wisdom*, 1979）も、ともに、特にアメリカにおける外国語教育強化の必要を強い危機感をもって謳っているのは、そんな厳しい反省の結果である。さらに1999年、アメリカは、建国以来初めて『21世紀の外国語学習基準』（*Standards for Foreign Language Learning in the 21st Century*）という全国民向けの外国語の学習基準を作成した。それによれば、すべてのアメリカ国民は、英語以外にさらにもう1言語の運用能力を身につけることを21世紀のアメリカの言語基準とするという。「英語＋1言語」政策である。われわれが、とかくうらやむ英語国民が、実は「国際語」を母語にもつことの大きな陥穽に気付いた結果であった。

　同じ英語国のイギリスでもまた、長年にわたって、自分たちは「外国語の知識を必要としない」と錯覚し、「英語で間に合わないことは一つもない」と思いあがっていた。しかし、この英語文化中心主義こそが、異質の言語・文化に無関心な国民を生み、やがてはイギリスの文化的活力を奪い、結局、この種のいわゆる「イギリス病」がイギリスの国際的地位の低下をもたらしたという厳しい自覚を生むことになった。1988年の全国統一カリキュラム（National Curriculum）では、小学校の11歳以上の児童に対して、1992年を期して外国語の必修化に踏み切ったことはよく知られている。さらに2002年、イギリス教育技能省は、国家言語教育改革計画『外国語の学習：すべての国民が、生涯を通して』（*The National Languages Strategy 'Languages for All: Languages for Life'*）を発表した。この教育改革計画は、児童の外国語の学習開始年齢をさらに早めて、2012年までの10年以内に、7歳から10歳までのすべての児童に対しても、少なくとも1つの外国語を学ばせ、さらに、それを社会人にも及ぼそうという思い切ったものである。

　このようにみると、われわれ日本人が、とかく万能の「国際語」であるかのように思いがちな英語を、米英の英語国自身がどのように考えているかが明らかであろう。彼らは、英語が全面的に信頼を寄せるに足る「国際語」とは言えないことを、それぞれの国の、いわば屈辱的な歴史的体験から学び取ったと言うことができる。少なくとも、このグローバルな時代の多文化間

コミュニケーションのためには、あるいは全地球的に多様な異文化の理解のためには、唯一の万能な道具（言語）はあり得ないという認識である。言い換えれば、英語以外にもう1言語、つまり少なくとも2つの視点に立った多元的観点が不可欠であるという新しい認識である。

新しい時代のわが国の外国語教師のあり方を考えるためには、特に戦中・戦後の英語関係者の外国語教育的体験と、あわせて諸外国の外国語教育の動向を無視することはできない。言い換えれば、歴史的視点と国際的視点から得られる教訓に学ぶことである。わが国のかつての「英語の達人」たちが、なぜあれほどまでに国際的視野を欠き、なぜあれほどまでに自文化中心的であったのか。「国際語」の英語を母語にもちながら、アメリカ人やイギリス人が、なぜさらに別の言語の学習の必要を自覚するに至ったのか。

思えば、学校教育の数ある教科の中でも、およそ「外国語」ほど異質の性格をもったものは他にはない。その他のすべての教科とはまったく対照的であるとさえ言える。日本語を母語とするわれわれについていえば、「外国語」以外のすべての教科は、いわば日本語・日本文化の単一的な土壌のなかで、しかも日本流尺度だけを使って教えられ、学ばれると言ってもよい。教師も生徒もともに、それ以外の尺度を使うことは、一般には期待されない。

ところが、「外国語」は違う。学校教育における教科としての「外国語」は、日本語と外国語という、まったく異質の2つの言語・文化の土壌に立って、2つの文化的尺度を併せ使って学ばれる教科である。これは、言い換えれば、自文化中心の呪縛から抜け出して、異なる立場の存在を積極的に認めようとするほとんど唯一の教科と言うことさえできる。

そう考えると、おそらく外国語教育とは、本来、山の稜線を進むのに似て、いわば極めて慎重な配慮を要する危険な営みである。一歩誤って日本側斜面に足を奪われれば、外国側斜面は見えなくなり、外国側斜面に落ち込めば、外国にのまれてしまう。それは、かつてのわが国の英語関係者たちの姿を思い出してみるとよく分かる。学校教育における外国語教師とは、足元の左右に異なる言語・文化の斜面を望む稜線を、左右のいずれにも偏らず、しかも安全に学習者を導く重い責任を課せられた先導者であるといえる。少なくとも新しい時代のプロの外国語教師には、そんな自覚がいま厳しく求められて

いると考えるべきではないか。

注

1　清水貞助（1980）『英語科教育法――理論と実践』開拓社、pp. 16f.
2　片山嘉雄他編（1985）『新・英語科教育の研究』大修館書店、p. 311.
3　『文芸春秋』1942年2月.
4　『文芸春秋』1942年7月.
5　平野敬一（1967）「職業意識と英語教師」『英語文学世界』6月.
6　中野好夫（1970）「読む、書く、しゃべるということ」『学鐙』3-4月.
7　大谷泰照（1974）「言語の役割と「数学世界一」――日英語の対比を中心に」『英語教育』10月；Yasuteru Otani (1975). The influence of the mother tongue on achievement in mathematics. *Workpapers in TESL*. University of California, Los Angeles. No. 9, June .
8　大谷泰照（2014）「外国語教育のあり方を考えるために」『日本の科学者』9月.
9　向山洋一（2002）「小学校英会話の授業づくりは中学校英語が世界最下位の力しかつけられなかったことを直視することから始まった」『教育ツーウェイ』6月.
10　大谷泰照（1976）「国際的にみた日本人学生の英語学力」『英語教育』6月；大谷泰照（1997）「日本人と異文化理解」『国際教育センター研究紀要』2号、滋賀県立大学.
11　Alderman, Donald L., & Holland, Paul W. (1980). *Item performance across native language groups on the test of English as a foreign language*. Educational Testing Service.
12　Chiswick, Barry R., & Miller, Paul W. (2004). *Linguistic distance: A quantitative measure of the distance between English and other languages*. Institute for the Study of Labor. その他.

各国・地域の外国語教員養成体制

1. アジアの非印欧語圏で印欧語国の植民地経験がない国・地域
   - ●韓国、台湾、タイ、中国
2. アジアの非印欧語圏で印欧語国の植民地経験がある国・地域
   - ●シンガポール、マレーシア、フィリピン、香港
3. ヨーロッパの印欧語国で複数言語が共存する国
   - ●アイルランド、ベルギー、スイス
4. ヨーロッパの印欧語国で英語が事実上第2言語である国
   - ●オランダ、スウェーデン、ルクセンブルク
5. 英語の母語話者が多数派である国
   - ●アメリカ、イギリス、オーストラリア、ニュージーランド
6. EUの言語教育政策を牽引する国
   - ●ドイツ、フランス、イタリア
7. 近年、PISAなどで教育的に注目されている国
   - ●フィンランド
8. 本研究を通して、教員養成体制の改善を検討しようとする国
   - ●日本

1.

アジアの非印欧語圏で印欧語国の植民地経験がない国・地域

1　韓国 …………………………… 山本元子

2　台湾 …………………………… 相川真佐夫

3　タイ …………………………… 植松茂男

4　中国 …………………………… 相川真佐夫

コラム①　教師の日　　　　　　　　　（大谷泰照）

1　韓　国

山本元子

Ⅰ　韓国の概要と言語状況

　韓国（大韓民国）は、朝鮮半島の38度線以南に位置する共和憲政体制をとる国家である。「韓」は古代朝鮮半島南部の馬韓、辰韓、弁韓に由来する朝鮮民族の別名であり、高句麗、百済、新羅の三国時代を経たのち、Koreaの名の由来ともなった高麗王朝時代（918～1392）に入り朝鮮民族により半島全体が統一された。のちに約500年続いた李氏朝鮮の時代などを経て、1910年には大日本帝国（当時）による日韓併合、第2次大戦後のアメリカ軍政統治を経て1948年に韓国が成立した。

　韓国では、その後、1950年に朝鮮戦争が勃発して国土が戦場となって荒廃し、結果、世界でも最貧状態を経験することとなった。しかしながら、1965年の日韓基本条約による巨額の無償経済協力金や民間貸借とアメリカからの多額の経済支援を受け、いわゆる「漢江の奇跡」と呼ばれる高度経済成長を遂げた。また、その著しい経済成長に伴い、1996年にはアジアで2番目のOECD（経済協力開発機構）加盟国となった。このように韓国は名実ともに経済発展を遂げたが、1997年のアジア通貨危機により経済は大打撃を受け、IMF（国際通貨基金）の支援を受ける結果となった。この影響で、1984年に義務教育年限が6年（小学校6年間）から9年（小学校6年間＋中学校3年間）に延長されていたものの、延長分の無償義務教育化が完全実施されたのは2004年3月のことであった。

　民族構成については、韓国は古代朝鮮時代から様々な民族の移住が多かったが、近代にかけて民族の均質化が進み、そのほとんどが朝鮮民族の単一民族国家の様相を呈している。しかし、近年は中国人（朝鮮族）や中央アジア

出身の在韓外国人が急増している。

　公用語は朝鮮語で、文字は主にハングルを用いる。近年はハングルのみで読み書きを行う教育しか受けていない国民が増え、漢字を理解できるのは、一部の公務員や教育関係者という状況になってきている。

　歴史的に中国文化の影響を強く受けてきた韓国では、王族をはじめとする支配者階級の間で国教ともいうべき儒教が三国時代から政治や経済に関する学問として利用されてきた。その結果、儒教があまねく国民の思想として受け入れられ、それが近代まで長らく続いてきた。そのため、儒教が韓国を理解するために欠かせないポイントとなっている。宗族秩序、上下関係などの社会的な人間関係上の習慣、伝統的な役割意識や職業差別など、今日急速に変化しつつあるものの、その影響がまだまだ社会に色濃く残っている。

Ⅱ　学校言語教育の推移と現状

　学校教育言語は朝鮮語であり、文字はハングルを使用している。

　外国語教育については、1954年の第1次教育課程において、中学校の必修教科として英語を週当たり3～5時間配当、高等学校では週当たり5時間で、英語、フランス語、ドイツ語、中国語のうちから、1～2科目を選択することとなった。1974年の第3次教育課程では、それまでの4か国語に加え、スペイン語、日本語が、さらに1988年の第5次教育課程でロシア語が加わり、1997年の第7次教育課程では、アラビア語も選択できることとなった。このように、韓国では外国語教育として、世界で広く使用されている言語を複数学ぶ機会を設けている。

　日本の文部科学省にあたる韓国教育科学技術部の『高校生の第二外国語選択現状（2006－2010）』（2011）によると、高校生の9割が第2外国語で日本語か中国語を選択している。この調査は、韓国の高等学校1,561校を対象に行われ、日本語を選択した学生の割合は62.5％、中国語が26.7％、ドイツ語が4.9％、フランス語が4.8％、スペイン語が0.9％、ロシア語が0.2％であった。一方、アラビア語は2006年から5年間授業を開設した学校も選択した学生もなかった。

2011年の改訂第7次教育課程では、日本語は高校の選択必修科目からはずれ、中学校における第2外国語にベトナム語が取り入れられた。近年の社会的・経済的変化、韓国と日本や他国の関係を考えずにはいられない。一方でこのように世界情勢が変化する中、2008年に改訂された日本の中学校学習指導要領では、外国語の目標については、「第9節　外国語、第2　各言語の目標及び内容等その他の外国語」に、わずか1行「その他の外国語については、英語の目標及び内容等に準じて行うものとする」と記載されているだけで、事実上、「外国語≒英語」という英語一辺倒のカリキュラムが組まれており、英語以外の第2外国語を履修させることはまずない。言語を学ばせることがその言語の運用能力を高める指導だけにとどまらず、その言語の持つ社会的、文化的背景も併せて指導することにつながり、ひいては、学習者の様々な事象に対する複眼的思考を行うための一助となるにもかかわらず、である。

　続いて、韓国の経済的・社会的要因が英語教育に与える影響をさらにみてみる。韓国はその科学技術や経済の発展と相まって、この21世紀に世界で影響力、存在感を示す国家になることをめざし、「世界との経済交流」をその柱のひとつに位置付けた。韓国政府は、2003年に「経済自由地域の指定運用法」に基づき、仁川の永宗島、松島、青羅地区を、続いて釜山、鎮海・光陽湾を経済自由区域に指定し、仁川、釜山、鎮海・光陽湾の地域を「北東アジアのハブ構想」の拠点に据える計画を発表した。これに伴い2006年、外国企業誘致のため、これら地域内では英語を公用化した。これに伴い、公文書の受け付けと処理、看板には英語が併記されることとなった。

　このような流れが、第1次教育課程から反映されてきた韓国の国際化を促す具体的方略としての外国語教育、とくに近年の英語教育に大きな影響を与えたことは否定できない。1997年の第7次教育課程で英語が小学校の3学年から、1998年には3学年・4学年に週当たり2時間の正課となった。改訂第7次教育課程が施行された2011年以降は、小学校3・4学年では週当たり1時間、5・6学年では週当たり2時間、中学校1・2学年では週当たり3時間、中学3学年と高校1～3学年では週当たり4時間指導されることとなった。週当たりの時間数は、従前より一見少ないが、これは各校の実情に合わせて、科目や時間を「裁量の時間」の枠組みで指導することが可能になったためである。

この「裁量の時間」が導入されたことに伴い、国民の英語教育、特に小学校の早い段階からの英語教育を望む声に応え、ソウル特別市では「裁量時間を弾力的に運用する形」で小学校1学年から英語指導が行われている。さらには、就学前教育施設である公立の幼稚園、保育所等でも英語指導が週2～5回行われている。私立幼稚園では、英語指導をいかに充実させているかが園児獲得を左右するほどの過熱ぶりを呈している。

Ⅲ　学校教育制度

　韓国の初等中等教育段階の学校体系は、6-3-3制として国によって定められている。初等教育は6歳入学で、基礎的な初等普通教育を6年間の無償の義務教育（6～12歳）として行う。続く前期中等教育である中学校は、中等普通教育を修学年限の3年間（13～15歳）で行う。入学希望者はコンピュータ抽選により居住地から近い学校が決められる。義務教育を施す私立学校は、学校数、児童数ともに全体の1％程度である。

　続く後期中等教育の修業年限は3年で、中等教育および基礎的な専門教育を普通高等学校および職業高等学校で行う。高校受験は学区に基づく総合選抜制である。私立を含むすべての高等学校の普通高等学校の入学予定者は、共通適性試験を受験しなければならない。彼らの進学先については、ソウル特別市や釜山広域市などの地域では、広域自治体の教育庁が「平準化」政策に基づき、共通適性試験の成績と内申書および居住地域によって、学区内の学校に機械的に振り分けている。ただし、職業高等学校は学校別に入学者を選抜し決定している。

　1997年に発布された教育基本法には、第3章第19条に英才教育の項があり、普通高等学校には、各分野の英才を対象にした高等学校（芸術高等学校、体育高等学校、科学高等学校、外国語高等学校）がある（普通高等学校全体の約5％）。これらの高校は入学者選抜を実施するが、卒業生の多数がいわゆる名門大学に合格するため、エリートコースとして受験が激化している。

　教科書は科目によって国定教科書と検定教科書が併用されている。情報インフラの整備が進んでおり、ITを利用した授業が展開されている。

高等教育を行う大学への進学率の伸びはめざましく、4年制大学と専門大学を併せた進学率は実に9割を超えている。専門大学の修業年限は2〜3年で、理論と技術を備えた技術者の養成が目的である（現在150校あまり、うち10校は国公立）。4年制大学（医科歯科系は6年課程）は250校あまりでその大半が私立であり、総合大学としてさまざまな学科が開設されている。日本のニュースなどでも報道されるほど受験は熾烈を極めるが、これは韓国が学歴・学校歴社会であり、出身大学によって就職などその後の人生が決まるとまで言われているほど多大な影響が生じるためである。

なお、韓国では全国すべての学校で2学期制を採用しており、3月に1学期が始まる。1学期は3月〜8月（7〜8月中は夏休み）、2学期は9月〜2月（12〜2月中は冬休み）である。

Ⅳ　教員養成制度

韓国では、小・中・高校教員の資格は初中等教育法に定められており、小・中・高校の教員として校長、教頭、教員があり、教員には正教員（1級、2級）、準教員、専門相談教員、司書教員（1級、2級）、実技教員、保健教員（1級、2級）、そして栄養教員がある。各教員は、初中等教育法において個別に定める資格基準に該当する者で、教育科学技術部長官の検定・授与する資格証を受けた者とされている。たとえば、小学校正教員（2級）の資格基準は、教育大学の卒業者、教員養成学部の卒業者で初等教育課程を専攻した者などである。また、小学校正教員（1級）の資格基準は、小学校正教員（2級）の資格証を有する者で、3年以上の教育経歴を持ち、所定の再教育を受けた者などである。国立および公立の学校に勤める教員は特定職公務員とされ、資格・任用・報酬・研修・身分保障などについては、教育公務員法に定められている。

韓国の教員養成は小学校教員については全国11の国立教育大学と中等教員養成も担う国立韓国教育大学および私立梨花女子大学において、中等学校教員養成はソウル大学等国立、私立の一般大学において担われている。

教育大学の教育課程は教養課程と専攻課程に大別され、各課程には必須課

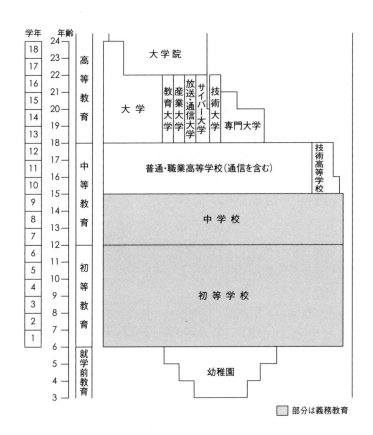

図　韓国の学校教育制度
（教育科学技術部および文部科学省の資料に基づき山本元子作成）

程と選択課程が置かれている。黄（1997）によると、教養課程は45単位で全体の履修単位（151単位）の30％、教養課程の必須課程は、人文学、社会科学、自然科学、体育の4領域、選択課程は、人文学、語文学、外国語、社会科学、自然科学、芸術の6領域からなる。教養課程は、必須課程65％、選択課程35％の比率で構成され、専攻課程は、教育学教育（21単位）、教科教育科・特別活動（59単位、芸・体能実技含）、深化課程（教科別に21単位）、教育実習（8単位で実習期間は8週間）及び卒業論文（1単位）の5領域で構成されている。

　韓国における小学校教員採用試験の内容を例にあげる。1次試験は教育学や初等教育に関連した5択の試験である。2次試験は1次の出題範囲に教養を加えた論述試験で、3次試験は、面接・授業実演・指導案作成など多様な試験方法を行ない、教員としての適正を見る。國分（2012）は、「教育現場・現職教員との関連から試験内容を検討すると、教師としての知識、思考、コミュニケーションを総合的に判断し、特に3次試験では、面接だけでなく、実際に授業の指導案の作成・模擬授業を行なうことで、採用直後から1人の現場教員として教壇に立てる実践的な能力を重視している」と述べている。そのため、教員養成機関では、教科内容の修得に加え、実践的な教員育成のため、面接や指導案作成、模擬授業などの教科教育に関する内容や方法を学ばせることが要求されている。

　次に教員養成機関の大学評価と現職教員の関係であるが、教育科学技術部では、1998年（当時は、教育部）から教員養成機関評価（全国師範大学評価）を行っている。2010年には大学と現職教員に関する評価内容に関して、大学生による模擬授業の評価を行うことと、教職課程の教員確保を専攻科目・教科教育・教職科目別に分類して検討することをあげた。これらから、大学における教員養成課程カリキュラムの構成員として、教育現場での経験豊かな現職教員をその指導にあて、学生の実践力を高めるねらいがあることがわかる。

　現行のソウル特別市や大邱広域市の小学校教員採用試験には、2科目の模擬授業、うち1科目は「英語による模擬授業」があげられている。つまり、小学校教員には小学生の発達段階に応じた英語教授理論とそれをふまえた授業展開のための英語運用能力が求められている。教育大学のカリキュラムか

ら英語指導に関する内容をみると、外国語としての英語だけでなく、英語教育ならびに英語指導に関する講義が必修科目として定められているのも頷ける。一方、日本では2020年度から小学校で英語が教科化され、3・4学年から外国語（活動）、5・6学年から英語（教科）の指導が行われる方針が出されているが、それに対しては、教員養成機関の一部において英語指導に関する取り組みが行われているに過ぎないのが現状である。

V　外国語教員の教育環境と研修

　教員研修の意義は、職務遂行に求められる知的・技術的側面での能力の修得向上を目指す「研究」という側面と、人間的・人格的側面での成長や向上を求める「修養」をあわせたものだと一般的に言われている。
　韓国の研修制度の歴史をみると、1961年の「教育公務員研修機関設置令」により、文教部（今日の教育科学技術部）長官の下に教育行政研修院と教育研修院を置き、国・公・私立の校長・教頭・教員を対象に研修を実施した。つづいて、1964年に制定された「教員研修院令」では、資格研修課程を2級・1級正教員課程、教頭課程、校長課程に体系化し、資格取得以外の研修を一般研修と分類した。1989年、従来の「教員研修院令」が全文改定され、大統領令第12891号で「教員等の研修に関する規定」となり、以後、現在まで10次の改定を経ながら今日の教員研修制度の柱として位置づけられている。なお、現在韓国で行われている教員研修は一般的に、機関中心研修、学校中心研修、個人中心研修に分けられ、機関中心研修が盛んである。教職経験よりも校長・教頭・1級正教員への進級や号俸の引き上げのための資格研修が中心で、これらの資格研修は144〜216時間（18日から27日の間）である。研修を終了後は、1号俸の昇給と教頭資格へ近づくことができる。韓国の教員研修の「2010年度教員研修の目標と重点推進方向」では、教員の授業における専門性を高めること、教育競争力の強化を掲げている。そのため、現職教員対象の修士課程の教育を行う教育大学院については、『アジアの教員』（ジアース、2012）によると、2010年現在122か所設置され、2011年には小学校教員の25.6％、中学校教員の35.8％、高校教員の39％が修士以上の学位

を取得している。

　続いて英語が教科になる以前に採用された教員対象の英語研修についてである。1997年に小学校3学年より英語が必修科目として導入された際には、教員に対する120時間の英語研修が、全国12か所の教育研修センターにおいて実施された。1996年度には、1997年度より小学校3学年の担任となる約3,200人の現職教員に対して、120時間の英語研修が実施され、教員の英語による意思疎通能力の向上に重点（研修時間全体の約7割）が置かれ、児童の発達に合わせた学習法の習得や英語教育のための教材や資料開発のためのスキル向上等（残り約3割）も盛り込まれていた。さらに各小学校の英語教育を総括する教員約550人に対して120時間の深化研修が実施された。その後も、2002年まで毎年約3,000人規模の研修が行われた。

　日本においても様々な研修が行われているが、韓国に比して不充分な感は否めない。ある政令指定都市を例にあげる。英語指導に関しては、各小学校1～2名の中核教員（校内研修等を担当する教員の意）が、研修センターや研究指定校で行われる講演、実践報告や研修を受講し、彼等がその内容を各勤務校に持ち帰り、後日伝達講習をする形式をとってはいるものの、小学校教員全員が、直接研修を受けるまでには至っていない。

Ⅵ　考察

　2013年の「教師の地位指数」報告書によると、OECD（経済協力開発機構）の加盟国を含めた主要21か国のうちで、韓国の教員は上位4番目である。これは、開発グローバル教育機関バーキーGEM財団と英国サセックス大学P・ダルトン教授が共同で研究・開発した指数で、米国、中国、英国など21か国で、職業・性別・年齢などによる1,000人の標本を対象に、学生の学業成就能力と教師の年棒の相関関係等を調べるために開発された。これによると、韓国の教員の平均年棒は上から3番目、「子どもに教師になることを勧める」では2番目の高さであったが、「学生が教師を尊敬している」に対する回答では最下位であった。これらの順位が意味するところは幾通りにも解釈できようが、韓国における教員の地位は、公立学校においては公務員とし

て身分が保障されており、4年制大学卒業生の就職難が厳しさを増すなか、給与水準も高く人気が高い職種であるのは、容易に推察できる。

　英語に限って言えば、児童にすれば就学前教育の段階から公立の幼稚園であっても週2〜4回程度指導を受けている。公募入札で選定された業者が派遣する英語指導法を学んだネイティブ、ならびに韓国人バイリンガル（「幼児教育と英語に堪能な」の意）に、3歳児（保育所を合わせた就学率は2012年度現在82％）のときから学び、小学校で1年から授業を受けるのである。多くの児童が様々な私塾等でさらに英語を学んでいる事実もある。このような現状を鑑みれば、教員としては、英語ならびに英語指導によほど熟達していなければ、児童はもとより保護者の教科指導に対する信頼を得られない結果となろう。現職教員の「教科指導力」を高めることは急務であると言えよう。

　このような状況を踏まえ、現状の資格研修主体の研修制度にも変化が見えはじめている。教育改革の一環として、政府は、教員の資質能力を持続的に向上させるよう教職経験に応じた再教育と、現職研修の活性化等の政策を推進し、深化研修や義務研修履修制など、多様な教員研修政策を導入した。この他にも、全国統一教員評価制度、英語コミュニケーション力認定制度、優秀な教員の役職として「首席教員制度」の導入などを行っている。教員評価制度には賛否両論あるものの、教員の資質能力に応じた研修機会の付与という方向へ研修政策を進めている。

　1998年設立の韓国教育課程評価院KICE（Korea Institute for Curriculum and Evaluation）は、初等中等教育の改善に資する研究をすすめ、教材開発を行っている。

　高校の英語に関しては、1993年に大学修学能力試験が導入された影響にも言及せねばならない。試験は、主題や筆者の感情、態度などを読み取る内容とリスニング（50問中17問）で、これにともない高校の指導において、高校教員の多くが大学修学能力試験の変化に応じて、文法中心であった教え方やテストの方法を変えているという。ベネッセ『韓国の高校英語教育の実態』（2008）によると、GTEC（Global Test of English Communication）の結果、リーディングでは52.3点、リスニングでは23.9点、日本より韓国の高校生の方が高かった（実施団体：ベネッセ、形式：スコア型英語テスト、各320点満点）。

大学修学能力試験がリーディングとリスニング重視の内容であり、韓国の高校生が、それに対応する英語指導を受けてきた結果の表れと考えられる。韓国教育課程評価院がNational English Ability Testを英語による国際競争力アップをめざして実施していることなども、「世界で通用する英語コミュニケーション能力を身に着けた人材」を育成するため、韓国における官民挙げての英語教育熱が、教育課程、入試、教員養成システム、教員研修すべてに変化をもたらしてきた結果といえる。

　ただし、前述の高校生へのアンケートでは、スピーキングなどは海外留学や学校以外の教育機関を通して学ぶものと考えているという。スピーキング力伸長のため、留学など学校外の教育機関を念頭に置かなくてはならない現状は、言い換えれば、学校や教員にその指導をあまり期待できない、とも理解できる。とすれば、教員としての専門性を高める研修の充実を考えるとき、今後の研修の柱のひとつは、生徒のオーラル面でのコミュニケーション能力の伸長を図るための具体的方策ならびに効果的な指導法の開発であろう。

　最後に、就学前教育の場で英語指導が行われている現状を注視したい。小学校以降は一貫した教育課程が存在し、それらに基づいて子どもは指導を受けるが、問題なのは、幼稚園等で英語指導に携わる者はほとんどが正教員ではなく、英語関連教材発行会社や英語学習塾などの関連業者から派遣される者が大半を占めることである。業者に所属する英語指導者たちに公的な研修が課せられることもない。カリキュラムも業者選定の入札段階で提示されたものを園長等の管理者が予算の範囲内で選ぶシステムになっている。そのため、指導方法や内容、回数に至るまですべてに大きなばらつきが見られ、小学校入学段階で「学力差」がついていることがすでに問題視されているという。この点においては、日本も同様で、多くの私立幼稚園等では、韓国に頻度や時間数は及ばないものの、何らかの形で英語を取り入れているところは多数ある。しかしながら、公立幼稚園等では、独自の予算配当を行っている一部自治体の幼稚園を除き、英語は指導されていない（山本、2011）。続く小学校英語指導の面においても、韓国では、小学校教員は一応「英語による模擬授業」をクリアして採用された者か、120時間の深化研修を修了した者たちである。しかしながら、日本ではそのようなことは行われておらず、教員

養成カリキュラムの設定や教員研修の充実・深化に関して、日本が先行導入を図った韓国を参考にすべき点は多い。

　以上みてきたように、日本と韓国の教育を取り巻く社会のニーズや問題点は多岐にわたる。これらに対し、近視眼的に拙速な対応をするのではなく、両国が互いに優れた点を学び、また、足らざるところを参考にしながら、より良い教員養成ならびに教員研修制度が構築されていくことを期待したい。

参考文献

大谷泰照（編著）（2004）『世界の外国語教育政策』東信堂.
小川佳万・服部美奈（2012）『アジアの教員』ジアース教育新社.
大学英語教育学会（JACET）関西支部（1999）.『東アジアの外国語教育』北斗プリント社.
山本元子（2011）『講義科目「幼児英語」に関する一考察』常磐会学園大学研究紀要、第11号.
外務省『国・地域の詳細情報（平成24年3月更新情報）』　http://www.mofa.go.jp/mofaj/toko/world_school/01asia/infoC10700.html（2013.11.6）
韓国教育基本法．www.mext.go.jp/b_menu/shingi/chukyo/.../020501hc.htm（2013.8.29）
韓国教育課程評価院（KICE）HP：Korea Institute for Curriculum and Evaluation http://www.kice.re.kr/en/index.do（2013.11.20）
バーキーGEMS財団（2013）『教師の地位指数』（原文は英語）http://www.varkeygemsfoundation.org/sites/default/files/documents/2013GlobalTeacherStatusIndex.pdf（2014.3.31）
ベネッセ（2008）VIEW'S REPORT『韓国の高校英語教育の実態』　http://berd.benesse.jp/berd/center/open/kou/view21/2008/09/07view_report_01.html（2013.12.10）
李惠敬（2008）『教職員研修制度の日韓比較研究』　http://www.hues.kyushu-u.ac.jp/education/student/pdf/2010/2HE09070R.pdf#search（2013.10.6）
黄義一（1997）『韓国の学校教育制度：教員養成制度を中心に』島根大学教育学部紀要，第29巻（教育科学）http://ir.lib.shimane-u.ac.jp/bull/bull.pl?id=1345（2014.4.1）
國分麻里（2012）『韓国の教員養成に関する研究——大学と現職教員の関係を中心に』東京学芸大学教員養成カリキュラム開発研究センター　http://www.u-gakugei.ac.jp/~currict/data/reports/s2_international/schoolteacher.pdf#search（2014.4.1）
文部科学省『教職生活の全体を通じた教員の資質能力の総合的な向上方策について』http://www.mext.go.jp/a_menu/shotou/miryoku/__icsFiles/afieldfile/2012/10/15/1326877_3.pdf（2013.9.5）
文部科学省『今後の教職大学院におけるカリキュラムの在り方に関する調査研究報告書』　http://www.mext.go.jp/a_menu/koutou/itaku/__icsFiles/afieldfile/2013/07/16/1337621_1.pdf（2013.9.5）
文部科学省『必修化に伴う条件整』　http://www.mext.go.jp/b_menu/shingi/chukyo/chukyo3/015/siryo/05120501/006/003.htm（2013.9.5）

Hi, Korea (2007).『外国人のための電子政府』 http://www.hikorea.go.kr/pt/InfoDetailR_ja.pt（2013.12.17）
OECD (2013). Education at a Glance 2013 - Country notes and key fact tables. http://www.oecd.org/korea/educationataglance2013-countrynotesandkeyfacttables.htm（2013.11.6）
OECD (2013).『日本－カントリーノート──図表でみる教育2013年版』 http://www.oecdtokyo2.org/pdf/theme_pdf/education/20130625eag2013_cntntjpn_j.pdf#search='OECD　（2013.11.20）
Seoul Education Training Institute HP：https://www.seti.go.kr/eng/ScheduleAction.do?.method=view（2013.11.20）

2　台　湾

相川真佐夫

I　台湾の概要と言語状況

　台湾の人口は約2,340万人、面積は約3万6,000km²で、九州よりやや小さい国土である。「中華民国」の名の下、台湾本島、澎湖諸島、中国大陸に近接している金門島、馬祖島、数々の属島を管轄区域としている。1971年、国際連合において中国代表権が中華人民共和国に移って以来、各国が次々と中華民国と断交し、2014年現在、国交を持つ国はわずか22か国である。そのような国際政治的には孤立した状況に置かれながらも、経済、文化、教育などあらゆる面において一国家としての機能を有している。電子機器、情報技術は"Made in Taiwan"のブランド力を世界に誇り、外貨準備高は世界第7位（2014年）、オリンピックはじめ国際スポーツ競技には"Chinese Taipei（中華台北）"の名で参加し、中国大陸とは異なる地域であることは暗黙の了解となっている。

　日清戦争後の日清講和条約（台湾では「馬関条約」）により、台湾は清国から日本に割譲され、1895年から約50年間日本の統治下にあった。台湾において日本統治の評価は功罪双方から語られ、とくに都市建設、道路、水道、ダムなどのインフラ整備と並んで医療や学校教育制度は「功」の部分として考えられることが多い。国立台湾大学をはじめ創立70年以上の歴史を持つ教育機関はその創立年を日本時代から起算し、100余年の歴史を誇る学校も存在する。

　戦後70年近く経た今日、台湾は中国大陸とは異なる歴史や文化を形成し続け、人の意識も変わりつつある。政治大学による帰属意識の調査によると、2013年には57.1％が自分自身を「台湾人」と考え、35.8％が「台湾人であ

り中国人」、3.8％が「中国人」という調査結果を得ており、自らを「台湾人」というアイデンティティを持つ人口が年々増加傾向にある（政治大学選挙研究中心, 2013）。1992年には、これらの数値はそれぞれ17.6％、46.4％、25.5％であり、この20年で帰属意識が大きく変化したことが分かる。その一方、貿易輸出相手国の第1位は中国の27.1％であり、第2位香港13.2％、第3位米国10.3％、第4位日本6.4％と続く（CIA, 2012）。政治的信条や帰属意識では一線を画しながらも、経済的には中国の市場を無視できない状態となっている。

　教育に対する国の姿勢は憲法第164条条文「教育、科学、文化の経費は、中央にあってはその予算総額の百分の十五以下、省にあってはその予算総額の百分の二十五以下、市県にあってはその予算総額の百分の三十五以下であってはならない。」が示している（台北駐日経済文化代表処訳）。この条項は現在、修正条項によって効力を失っているが、一般政府支出における「教育科学文化」の構成比は依然と高く、2012年は22.6％である（交流協会, 2012）。

　台湾の民族構成は、漢族が人口の約96％、先住民族2.3％、その他は東南アジアなどからの移民である。漢族の中にも、大きく3つの異なるグループが存在する。17世紀頃、中国福建省南部から移住してきた閩南（福佬）系漢族は、閩南語（通称、台湾語）を母語とし、人口の約7割を占める。また、広東省周辺から移住した客家系漢族は人口の約1割と少数であるが、帰属意識や団結性が強いことで知られており客家語を話す。これら漢族は「本省人」と呼ばれ、老人層には日本時代の教育を受けたことから日本語を流暢に操れる人が多い。一方、戦後、蒋介石とともに中国から渡来した「外省人」と称される人々がいる。国民党軍兵士、公務員、教師とその家族が多く、日本人と入れ替わるように支配構造の上に立った。彼らは中国各地の出身者で、多様な母語背景を持っていたので、北京語が共通言語となっていた（Tsao, 2000）。その北京語が「国語」となり、公用語として機能している。現在、「本省人」や「外省人」という意識はかつてほど鮮明ではないが、支持政党や中国との関係などの政治的な議論や、母語による意思疎通を行う際にその隔たりが浮き彫りになることがある。

　先住民族は2014年現在、14民族が政府により公式認定されている。漢族

が台湾に渡る以前に南方から移って来たと考えられており、それぞれ特定の地域に居住し、オーストロネシア語族に属する独自の言語を持つ。総人口は約53万3,000人で台湾総人口の約2.3％にあたる。比較的人口が多い民族がアミ族（19.8万人）、パイワン族（9.5万人）、タイヤル族（8.5万人）であり、サオ族（742人）、サキザヤ族（775人）などは少ない（内政部, 2014a）。人口は増加傾向にあるが、少人口の民族については、言語消滅が危ぶまれている。

　台湾の民族構成や言語事情を見る場合、近年、無視することができない数値が存在する。それは海外からの移民である。内政部（2014b）の報告によると、72.5万人が海外（中国、香港、マカオ以外）から流入しているが、その中で居留ビザ保有者が59.2万人である。2013年末のデータでは主にインドネシア、ベトナム、フィリピンなどの東南アジアの出身で出稼ぎ労働者が最も多く、48.9万人となっている。これらの移民は1990年初期からの台湾のIT産業やインフラ整備などを支えており、多くの外国人家政婦も共稼ぎの台湾人夫婦によって雇われている。先住民族が53.3万人であることを考えると、移民が同程度の人口を占めることになる。このように台湾の民族構成や言語事情について概観すると、比率の多少はあるが、台湾がまぎれもなく多民族・多言語社会であると言える。

II　学校言語教育の推移と現状

　台湾における言語教育は大きく「国語」、「郷土言語」、「外国語」の3種類に分かれる。台湾は公共の場所では国語（北京語）を使用し、家族や親しい仲間内では母語（閩南語、客家語、先住民族諸語）を使用する、いわば2言語の使い分けが起こる社会である。国語は公用語としての役割を担う言語であり、かつて中華民国の教育政策として学校での母語使用を禁じたほど、徹底して教育した言語である。しかし、1990年代頃母語を操れない子どもが問題視され、さらに中国とは異なる台湾独自の教育内容も徐々に教育に取り入れられるようになり、母語教育が「郷土言語」という包括的な呼称で教育課程に導入された。「外国語」は小学校から「英語」が選ばれている。日本と同じように一般生活ではほぼ使用することはなく、外国との接触のために必要と

される言語である。ただし、先述した外国人家政婦との会話で使われる機会があるとも言える。

　小学校と中学校を合わせた国民教育9年一貫課程において、「語文学習領域」という範疇に、「本国語文」と「英語」が含まれる。「本国語文」は、「国語」と「郷土言語」を示す。各学年とも領域学習時間数（3・4年は25、5・6年は27、7・8年は28、9年は30）のうち「語文学習領域（国語、郷土言語、英語）」は20〜30％を充当することになる（教育部, 2006）。学校差はあるものの、筆者のフィールド調査によると、英語の授業は小学校では週2時間程度、中学校では4〜5時間程度が一般的であると考えられる。小学段階と中学段階はそれぞれ原則として40分と45分授業で、2学期制をとり、毎学期20週で構成される。課程綱要（日本の学習指導要領に相当）では、英語は小学3年生が正式な開始学年ではあるが、地方自治体の方針により、台北市や高雄市などの都市部をはじめ、多くの自治体で小学1年生から英語の授業が導入されている。なお、小学段階で英語教育が全国的に開始されたのは2001年度であり、開始学年は5年生であった。しかし、多くの地方自治体の裁量で開始学年を早めていた状況から、2005年には開始学年を3年生にさらに早期化した。

　高級中学（教育部, 2010a）においては、「語文学科」の範疇に「国文」、「英文」が必修として併記されている。「英文」の週時間数は4時間で、これに選択必修科目「英文法」、「スピーキング・リスニング」、「英作文」、「リーディング・ライティング」が週1〜2時間分追加され、文系と理系で異なるものの、週時間数は合計5〜6時間となる。さらに「第2外国語」が選択科目として課程に組み込まれている。1999年、高級中学の第2外国語教育を推進する5年計画を開始し、第2外国語を開設する学校に補助金を与え、その数は伸びた。教育部（2013b）によると、台湾の公私立高校336校のうち244校（72.6％）で第2外国語が開講されており、総計2,008クラス分（53,508人）のうち、日本語が1,477クラス（38,080人）で71.2％、フランス語が208クラス（6,532人）で12.2％、ドイツ語114クラス（3,124人）で5.8％と続く。2000年度には99校のみが第2外国語を開講していたことから考えると、約10年間で約2.5倍の伸びを見せている。

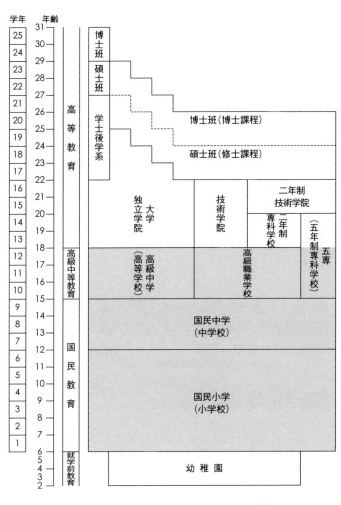

注
1) 高級中学から技術学院、高級職業学校から大学への進学も可能。

図　台湾の学校教育制度
(教育部統計所 (2012) に基づき相川真佐夫作成)

Ⅲ　学校教育制度

　台湾の学校教育制度は図に示す通りである。学年度は9月に始まり、2学期制をとる。2001年度以降、小学段階の6年間と中学段階の3年間を合わせ、9年一貫教育を実施している。その後、3年間の後期中等教育課程（高級中学または高級職業学校）に進む。実質的には中学生のほぼ全員が後期中等教育課程に進学することもあり、長い議論の結果、2014年度の高校入学生から12年義務教育が実現されることになった。なお、高級中学と高級職業学校を併せた綜合高級中学や、国民中学と高級中学との一貫校、中学を卒業後に「五専」と呼ばれる5年制の専門学校に入る方法もある。高級職業学校や5年制専門学校の中には外国語教育（応用外語系）を専門とした学校も存在する。

　教育統計によると、2011年、中学校から高校への進学率（高級中学、高級職業中学、五専を含む）は97.7％（1991年は86.1％、2001年は96.0％）、高等教育への進学率は高級中学で94.7％（1991年は52.0％、2001年は77.1％）、高級職業中学で82.0％（1991年は13.7％、2001年は42.7％）となっている（教育部統計所, 2012）。この20年で高級中学や高級職業中学から高等教育への進学率が2倍に伸びたことがわかる。その背景には、大学設置認可の緩和や技術系専門学校の大学への格上げが影響しており、大学の大衆化が懸念されている。

Ⅳ　教員（特に外国語教員）養成制度

　台湾における教員養成は1994年まで「師範教育法」を根拠とし、中学、高校の教員になるためには師範大学、小学校と幼稚園は師範学院、そして一部の教育学部を持つ大学のみが教員養成を行う閉鎖制であった。学費は公費により充当され、将来国家公務員の身分が保証されたため、貧困な家庭でも向学心が強い学生を惹きつけるものでもあったという（林・葉養, 2005）。1994年に「師範教育法」が「師資培育法」に置き換わり、一般の大学でも教職課程を持つことができる開放制となった。教職課程を選んだ学生は、おおよそ次のような過程により教員（「合格教師」と呼ばれる）として職を得ることになる。

①教員養成系機関、教職課程を持つ大学に入る。（教職課程を履修できる条件が各学校で定められていることもある。例：1年次の成績）
②教職課程とその学校で指定されている専門科目の単位を取得する。
③大学での4年間の課程を修了する。（学士号を得る）
④半年の教育実習（インターンシップ）に参加する。
⑤教育実習の評価により合格を得て、「職前教育証明書」を取得する。
⑥教員資格検定試験（5月）を受け、合格すると教員免許が与えられる。
⑦教員免許を取得後、教員採用試験を受け、合格すれば教諭（「合格教師」）となる。教員採用試験は各学校独自に行われるもの、地方自治体の連合試験の方式をとるものの両方がある。

　教職課程は中等教員免許（中学、高校）で26単位、初等教員免許が40単位である。その上に、一般教育や各学生専攻の専門科目が加わる。初等教員免許の取得においても、特定の学問分野を専攻する必要がある。初等および中等教職課程で共通する部分は、「教育基礎課程：教育概論、教育心理学、教育哲学、教育社会学」と「教育方法課程：教学原理、クラス経営、教育評価、輔導原理と実務、課程設計、教学媒体」である。初等教職課程には「教学基本学科課程」として小学校の各領域・教科の内容を学ぶ科目群と「教学実習課程」として小学校の各領域・教科の教授法を学ぶ科目群、教育実習があり、中等教職課程にも「教学実習課程」として専門となる教科の教授法を学ぶ科目と教育実習がある。さらに、教育系選択科目を履修することで所定の単位を満たすことになる。
　専門科目は教育機関によって異なるが、ここでは中等教育の教員免許で英語を専門科目とした場合として、国立台湾師範大学を一例として挙げる。当校での取得すべき「英文科」専門課程は42単位（必修26単位、選択16単位）であり、以下に示す通りである。（国立台湾師範大学, 2014a）

【必修科目】合計26単位以上　（　）内は単位数
言語学概論（4）、英語発音（2）、英語リスニング・スピーキング（2）、英会話（または語型練習）（2）、ライティング（2）、中英翻訳（2）、文学作

品導入（4）、英文学（4）または米文学（2）、統語論（2）、英語音声学（2）、英語教育概論（2）
【選択科目】合計16単位以上　各科目全て2単位
〈英語技能領域〉4単位分
文法と修辞、パブリックスピーキング、ディスカッションとディベート、初級通訳、上級通訳、研究方法、応用英語、職業英語、旅行ガイド英語
〈言語学領域〉4単位分
言語習得、言語と文化、言語と性別、音韻論、意味論、談話分析入門、対照言語学、言語分析、英語史、英語教育問題研究、英語テストと評価、CALL教育
〈文学領域〉8単位分
西洋文学概論、西洋文学入門、欧州文学、小説講読、英詩講読、児童と青少年文学、ドラマ講読、聖書講読、シェイクスピア、文学理論入門、性と文学

　上記の専門科目は教職課程における中等教員免許の専門科目として指定されたものである。よって、英語専攻者は上記以外にも英語系の専門科目を多数履修することになり、その数は必修科目が60単位、選択科目が40単位の合計100単位と非常に多い（国立台湾師範大学, 2014b）。

　初等教職課程において「英語」は「国語」「数学」などの他教科と横並びとなっており、「児童英語」「小学校英語教育法」の2科目4単位が位置づけられているだけであった。英語専攻者はさらに英語専門科目を必修50単位、選択科目30単位の合計80単位を取ることになるので、英語専科の教員が英語を教える台湾の小学校にとって英語専攻者は有力な人材となる。しかし、英語はとくに専門性を要する教科であるという考えから、英語の非専攻者については2科目では十分とは言えない。そこで、2012年度、小学校英語指導者として認定する方法を始動した。教職課程の学生に下記の科目26単位（必修18単位、選択必修8単位）を履修させ、小学校教員でありかつ英語専科教員として教えることができる「小学校教員・英語指導資格認定証（國民小學教師加註英語專長教師證書）」を発行し始めたのである（教育部, 2012）。

> 【必修科目】合計18単位 （ ）内は単位数
> 英語発音指導法（2～4）、英語リスニング・スピーキング指導法（2～4）、英語リーディング・ライティング指導法（2～4）、児童外語習得論（2～4）、英語児童文学（2）、小学校英語評価論（2）、小学校英語観察と実習（2）
> 【選択科目】合計8単位　全て2単位
> 英語ストーリー指導法、児童英語劇、音楽とリズム、マルチメディア英語指導、英語教育活動設計、小学校英語教育問題、発音と音声スキル、言語学概論

　この課程は小学校教員養成系大学で設置されている。教育部（2013a）によると、小学校教員在職者36,837人のうち548人がこの認定証を持っており、これは全体の1.5％にあたる。通常の小学校教員免許に加え、英語を特定教科とした指導資格が付加される形となり、この課程を設置する大学と認定証取得者の数は今後増えていくものと考えられる。上記の課程は、取得すべき単位数が異なるものの、現職の一般教員、小学校免許保持者で正式採用されていない講師、そして現職の小学校英語教員に対しても行われ、認定証が発行される。

　なお、いずれの学校種においても英語教員免許取得のためには、英語力を証明する語学検定試験が必要となる。その指標は「CEFRのB2レベル以上」と指定されており、その能力を証明する試験のひとつとして、台湾の英語検定である「全民英検（GEPT：General English Proficiency Test）」の「中高級」の2次試験合格証が指定されている。他にTOEFL iBT（L21, R22, S23, W21）やIELTS6.0など、それに相当する実力テストの一覧が台湾のテスト専門機関により示されているが、いずれも4技能を測定するテストが求められている。

V　外国語教員の教育環境と教員研修

　2012年度現在、中等教員の英語教員の年齢層を見ると、30歳台が42.1％と最も高く、40歳台が35.7％、20歳台が11.1％、50歳台は9.9％、60歳台は1.1％であり、平均年齢は39.3歳と若い（教育部, 2013aより筆者が計算）。日

本では40歳台が34.0％、30歳台が29.6％、50歳台が23.6％、20歳台が11.1％、60歳台が1.8％であり、平均年齢は40歳代後半と考えられる（文部科学省, 2011より筆者が計算）。また性別で見ると、台湾では女性の割合が小学校では88.1％、中学校では86.5％と、女性の採用が目立つ（教育部, 2013a）。これは台湾の英語教員の特徴とも言える。

現在の教員の権利、義務、待遇などは1995年に制定された「教師法」に基づいている。現職教員の研修への参加は義務であることがその第17条に明記され、林・葉養（2005）によると、その研修時間は少なくとも年に1単位（18時間分）であるとのことである。教員はそれぞれ「電子研習護照（電子研修パスポート）」と呼ばれる現職教員のためのポータルサイトを持ち、参加記録を管理している。かつては研修パスポートを台紙として「研習條」と呼ばれる細長い紙を糊で貼り付ける方式で、そこには研修名、日時、研修時間数、主催者が書かれており、研修時間が36時間になると上司に提出していた。しかし、近年は、研修パスポートが電子化され、教員研修も同時に全国的に検索できるようになっている。全国的に研修が検索できる「全国教師在職進修資訊網（http://www2.inservice.edu.tw/）」というサイトがあり、自分の身分証明書番号で管理されている。台北市、新竹市など、各地方自治体の教育局にも現職教員研修のサイトがあり、教育行政機関のみならず、各学校や大学などで行う研修の実施情報も掲載され、その時々に合った教育問題を取り上げた研修内容が並んでいる。また、学会なども研修として扱われ、英語教育系の学会では学術研究発表のみならず、現職教員が参加できるワークショップなども含まれている。教員研修の統計によると、2009年度何らかの形で教員研修を受けた教員は全学校種を含め96.3％であり、平均時間数は年間64.1時間である（教育部, 2010b）。

さらに、大学院の修士および博士課程に進学することを政府が奨励しており、教員の権利として考えられている。出勤時間の一部や週末を利用したり、夏期・冬期の長期休暇を利用したり、また国内外の大学で学ぶために一定の条件の下、有給で休職することなども可能である（林・葉養, 2005）。現職教員研修を奨励する法令「教師進修研究奨励辦法」第7条によると、研修に関わる費用の補助や、学位取得による給与体系のベースアップというインセン

ティブも与えられ、公立学校に勤務する教員にとっては、自己研鑽を行う教育環境が整っている。2008年度と2012年度の5年間で比較すると、中学高校の現職英語教員の修士号取得者の割合は32.0％（3,911人）から46.4％（5,688人）まで上昇し1.45倍の伸び率である。博士号取得者も0.6％（79人）から1.0％（127人）になっている。なお、科目の区分なく公立学校教員全体を見ると、修士号保持者の割合は小学校で42.3％、中学校で41.5％、高校で60.5％である（教育部, 2013a）。

VI 考察

　筆者は1998年以降ほぼ毎年台湾の英語授業を参観する機会を持ってきた。また、ある中学で英語教員全員が参加する研修に聴講する機会を得たこともある。これだけの経験で一般化はできないが、全体的な印象としては、台北市や高雄市などの都市部の学校を訪問すると、英語教員の発音とスピーキング能力の高さ、指導の落ち着き具合、年齢層の若さ、そして女性が多いことに驚く。授業では教員の音声面能力しか表に出ないため、単なる印象に過ぎないが、英語教員の口頭英語力が中学、高校含め、以前より数段良くなったと言われている。それでも、都市部を離れれば、英語教員の英語力にはまだ問題があると言われている。しかし、ここ数年、4技能を含む検定試験が教職課程の条件となったため、若い世代は少なくともテストを介しての英語力は証明されるはずである。英語力は決して必要十分条件ではないが、必要条件であることは否めない。日本では英語教員の英語力を免許取得の条件とすることに踏み込めていないが、この点は議論の上、結論を出すべき時に来ているのではないかと考えられる。

　また、2001年に小学校英語を正課として開始して以来、専科教員が教えてきた台湾では、小学校教員免許と専門的知識、技能、教授法を要する英語との整合性を議論してきた。2012年度から英語指導の認証を登録する小学校教員英語指導資格認定証の制度は、日本の小学校英語の教科化に伴い、参考に値する制度と考えられる。担任が教えるメリットもある一方、十分な英語力と英語指導の専門性は誰もが習得し得るものではないという認識が必要

ではないだろうか。

　教員教育という観点から、台湾の教員は常に研修することが義務づけられ、筆者の知人の教員を見ても研修の参加記録が非常に多い。広義で言えば、かつて1年間あり、現在は半年となった教育実習も教員になるための研修であり、単なる職業体験とは異なる。実習先の担当教員のみならず、出身大学の指導教官による指導もあり、常に省察を伴った研修である。日本で行われている2～3週間の教育実習は決して無駄ではないが、教育現場を知る上では非常に短期間であることは否めない。医師、薬剤師、管理栄養士などと同じく、教員は専門職であり、実務経験を教員採用試験の受験資格として取り入れる必要があろう。また、現職教員の有給による大学院進学制度は日本にもあるが、前節に挙げたデータから、台湾ではその数値は非常に伸びている。12年義務教育の開始に伴い教員教育にもより力を入れており、職前教員養成、教職の専門性の向上のため、教員の専門的地位の確保と教員評価の導入を検討している（教育部, 2013c）。現職教員が日頃経験する教育方法をクリティカルに見直し、専門職として自己研鑽できる制度の充実はわが国も見習うべきである。文部科学省が筆頭に立って、教育委員会、学校長と一丸となって進めるべき方向であろう。なにより、これらを可能にさせるためには豊富な教育予算が必要である。教育立国を目指す台湾から学ぶべき点は少なくない。

参考文献

CIA (2012). The World Factbook: Taiwan　https://www.cia.gov/library/publications/the-world-factbook/geos/tw.html（2014.5.26）
教育部（2006）『國民中小學九年一貫課程綱要』台北：教育部
教育部（2010a）『普通高級中學課程綱要』台北：教育部
教育部（2010b）『中華民國教師在職進修統計年報（98年版）』台北：教育部
教育部（2012）「國民小學教師加註英語專長專門課程科目及學分對照表實施要點」　http://edu.law.moe.gov.tw/NewsContent.aspx?id=1057（2014.5.26）
教育部（2013a）『中華民国師資培育統計年報（101年版）』台北：教育部
教育部（2013b）「90至101學年普通高級中學開設第二外語課程學校、班別及人數統計表」　http://www.2ndflcenter.tw/class_detail.asp?classid=1（2014.5.26）
教育部（2013c）『教育部人材培育白皮書』台北：教育部
教育部統計所（2012）『中華民國教育統計　民国101年版』台北：教育部

交流協会（2012）『2012台湾の経済Data Book』公益財団法人交流協会：東京
国立台湾師範大学（2014a）國立臺灣師範大學中等學校師資職前教育專門課程「英文科」科目及學分對照表（100学年度起入学者適用）http://tecs.otecs.ntnu.edu.tw/ntnutecs/images/customerFile/tep/specialized/5-2-2_1.htm（2014.5.26）
国立台湾師範大学（2014b）「83-98（以後）學年度英語系畢業學分一覽表」 http://www.eng.ntnu.edu.tw/course/super_pages.php?ID=uni（2014.5.26）
政治大学選挙研究中心（2013）Taiwanese / Chinese Identification Trend Distribution in Taiwan（1992/06~2013/12）http://esc.nccu.edu.tw/course/news.php?Sn=166#（2014.5.26）
台北駐日経済文化代表処「中華民國憲法（日本語訳）」 http://webarchive.ncl.edu.tw/archive/disk2/24/37/67/89/84/200806273073/20080721/web/www.taiwanembassy.org/JP/ctb900.html?xItem=18210&ctNode=3259&mp=202&nowPage=1&pagesize=15（2013.12.10）
内政部（2014a）「内政統計通報」103年第7週 http://www.moi.gov.tw/stat/（2014.5.1）
内政部（2014b）「内政統計通報」103年第5週 http://www.moi.gov.tw/stat/（2014.5.1）
文部科学省（2011）「中・高等学校英語教員数（推計値）」外国語能力の向上に関する検討会（第3回） 配付資料3 http://www.mext.go.jp/b_menu/shingi/chousa/shotou/082/shiryo/1301726.htm（2014.5.26）
Tsao, F. (2000). The language planning situation in Taiwan. Baldauf, R. B. & Kaplan. R. B (eds.) *Language Planning in Nepal, Taiwan and Sweden.* Clevedon: Multilingual Matters.
林雍智・葉養正明（2005）「台湾の教員養成」日本教育大学協会編『世界の教員養成Ⅰ：アジア編』pp. 59-85 東京：学文社

3 タイ

植松茂男

I タイの概要と言語状況

　タイ王国（正式名称Prathet Thai, Muang Thai）は、国土面積は約51万4,000平方キロメートル（日本の約1.4倍）、人口は6,774万人（2014年）[1]であり、東南アジアに位置する立憲君主制国家で、首都はバンコク（Bangkok）[2]である。この国は東にカンボジア、北にラオス、西にミャンマーとアンダマン海、南はマレーシアと接し、陸路、海路の要衝に位置する。

　現在のタイ王国の基礎は13世紀のスコータイ王朝（1238～1378）によって築かれ、その後アユタヤ王朝（1350～1767）、トンブリー王朝（1767～1782）を経て、今日のチャックリー王朝（1782～）に至る。アユタヤ王朝のナライ大王（1656～1688）のもと、文学などにおいて独自の文化的発展をとげたが、王の死後約200年間事実上の鎖国状態に入った。ラーマ5世（1868～1910）の治政下、主に英国の援助を受けて学校制度などの組織改革が行われた。1932年に絶対君主制から立憲君主制へと移行し（立憲革命）、以後今日まで立憲君主制を守っている。タイはこの地域では珍しく、欧米列強に植民地支配されたことがない。現在でも西側諸国とオープンな関係を保ちつつ、中国との交流も積極的に進めている。元首は、1946年即位のプミポン・アドゥンヤデート（ラーマ9世）国王である（2015年1月現在）。

　タイは、第2次世界大戦後、周辺諸国、たとえばベトナム、ラオス、カンボジアのように社会（共産）主義化されることもなく、1967年の東南アジア諸国連合（ASEAN）加盟で門戸を拡げ、全方位外交を展開して工業化への道を歩んだ。その結果、日本や欧米諸国の企業進出により1980年代には高度経済成長をとげ、1989年にはアジア太平洋経済協力会議（APEC）加盟をはたした。このような経済的発展は1990年代前半まで右肩上がりで続いたが、

1997年、米国のヘッジファンドを中心とした機関投資家によるバーツの大量空売りに端を発した通貨危機で、為替が変動相場制に追い込まれ、タイ経済は大打撃を受けた。その後、携帯電話事業で財をなしたタクシン・チナワットが2001年に首相に就任すると、輸出中心に国内産業を再生させ、2003年には上述経済危機時の対IMF債務を返済し、同時に6.9％と経済危機後最高の実質GDP成長率を記録した。

　タクシンは貧困撲滅策、農村振興策で農民や低所得者層を中心に支持を広げたが、他方で身内の優遇や性急な麻薬撲滅キャンペーンなどの強引な政治手法などにより、知識人をはじめ、富裕層や旧来の支持層に反感を抱かれた。2006年2月以降、親タクシン派と反タクシン派双方の大規模な集会が各地で開催されて社会的対立が激化し、同年4月の選挙は野党がボイコットする等、異例の事態となった。その後、憲法裁判所により選挙は違憲・無効と判断され、同年9月ソンティ陸軍司令官（当時）を中心とする軍部クーデターが発生し、軍事政権が成立すると共にタクシンは失脚、亡命した。

　一旦、軍に掌握された政権は翌2007年、国王の介入で民政へと復帰したが、それ以降もタクシン元首相支持の反独裁民主戦線（United Front of Democracy Against Dictatorship：UDD、赤シャツグループ）と、反タクシン派の民主化市民連合（People's Alliance for Democracy：PAD、黄シャツグループ）による対立は激化した。鈴木・稲村（2011）によれば、2006年のクーデターは、農村へのバラマキ型ポピュリズムに代表されるタクシンの政策に不満をもつ都市の住民に支持されたことから、都市（黄シャツ）と農村（赤シャツ）の対立図式としてもとらえられたが、「タイにおける市民社会化の視点からみると、単純な都市と農村の対立図式ではない。都市においても赤シャツはおり[3]、また農村においても赤シャツとは距離を置くケースも見られる」という(p.27)。

　2008年に、連立野党の力を借りて首相になったアピシット・ウェーチャチーワは、民族主義に基づいた強硬路線を内外に向けてとったが、バンコク都内において大規模な反政府抗議集会が続き、2011年5月下院を解散。同年7月に行われた総選挙に敗退し、タクシン元首相の実妹であるインラック・チナワットに首相の座を譲った。2013年夏以降、「恩赦法案」を巡ってタク

シン元首相派と反タクシン派の対立が再び深まっている。恩赦法案は、2006年のタクシン元首相追放クーデター以降に、政治事件などで逮捕、起訴された人々に恩赦を与える内容を含んでいる[4]。反タクシン派は、政府は同法を突破口にタクシン氏の恩赦・帰国を企図しているとして反発している。2014年5月7日、インラック・チナワット首相は高官人事をめぐり憲法に反する不当介入を行ったとして[5]、タイ憲法裁判所から違憲判決を出され、首相の座を追われることになった。その後、政治的混乱を防ぐ名目でタイ陸軍が5月20日に全土に戒厳令を発令、プラユット・チャンオチャ陸軍司令官がクーデターを宣言した。同国を立憲君主制に移行させた1932年の立憲革命以来、実に19回目のクーデターである。同年8月25日にプミポン国王の任命により、プラユットは正式に首相に就任した。

　民族構成は大多数がタイ族で、その他として華僑、マレー族、山岳少数民族等が含まれる。国語・公用語はタイ語である。宗教は仏教が約94.6％、イスラム教が約4.6％、キリスト教が0.7％を占める（タイ統計局、2013年）。公用語であるタイ語は、文字は13世紀末にクメール語、モン語などに範をとって作られたとされ、42の子音文字と30の母音文字からなり、これを組み合わせ、音節を作り、左から右へ横書きする。基本的に単音節を語幹として、五種類の声調を有するが、外来語の影響により複音節語も少なくない。語彙は3分の2近くが、サンスクリット・パーリ語、中国語、クメール語などの外来語である。なお、敬語表現が発達している。

Ⅱ　学校言語教育の推移と現状

　学校教育言語はタイ語である。1992年から初等学校（小学校）5・6年で、「特別教育活動」の一環として年間200時間の英語教育が選択できるようになった。1997年からは小学校1年生から英語が必修化され、さらに、発達段階に応じて他の外国語も追加履修できることになった。初等中等英語教育では一貫したナショナルカリキュラムを提示し、全体で4レベル（初等1年〜3年：準備、初等4年〜6年：初級、中等1年〜3年：発展、中等4年〜6年：拡大）を設け、各レベル修了時の達成目標を明記している。

小学校では1年生から20分きざみの授業が行われていることが特徴である。履修時間数は、小学校低学年で週6コマ（毎回20分：年間96時間相当）、中学年で同128時間相当、高学年では同320時間相当である。6年間で合計544時間の授業時間になる。中等学校（中学校）以降は「基礎英語」が週4回、「集中英語」が週2回組まれており、必修語数は初等学校卒業時に1,050語から1,200語、中等学校前期（中学校）修了時で2,100語から2,250語、中等学校後期（高校）修了時には3,600語から3,750語である（竹下、2011：155）。

　上述のように1997年から小学校で第一外国語として英語が必修化されたが、第二外国語は、原則として後期中等教育（高校）より開始する。ドイツ語、フランス語、日本語、中国語、アラビア語、パーリ語、スペイン語、イタリア語の8科目から1科目選択する。学校によって朝鮮語やインドネシア語を入れている場合もある。

　タイはアジア諸国の中でも比較的早期に小学校英語教育が必修化されているが、その実施にあたっては多くの問題点を抱えていた。こうした認識に立った上で打ち出されたのが、「国家の競争力向上のためのタイ国民の英語使用能力向上戦略計画（2005年～2015年）」である。同計画の目標は、義務教育終了時には英語によるコミュニケーションがとれることとし、中等教育、高等教育終了時には上記に加えて、進学・就職のために英語が使えることとなっている。同計画は、タイ国民の英語使用能力を向上させるために2015年までに改善・克服すべき項目として、政策、カリキュラム、学習教授法、教科書および教材、評価、教員、行政、の7領域に関する英語教育実施上の問題点も具体的に指摘した（鈴木、2005）。

Ⅲ　学校教育制度

　タイでは、1999年に制定された国家教育法により教育改革が実施された。タイの教育制度は日本と同じ6-3-3-4制（1978年より）で、初等学校（6年間）、前期中等学校（3年間）、後期中等学校（3年間）からなる。タイでは全ての集落（tambon）に初等学校があり、郡（amphoe）には中等学校がある。後期中等学校までの12年間は無償である。後期中等学校は普通科以外に、職業専

門学校（3年間）もある。

　現在、高等教育は、総合大学（4年間）、ラチャパット大学（Rajabhat University）（2〜4年間）、職業高等専門学校（2〜4年）などがある。ラチャパット大学は、師範学校が前身であり、1992年にRajabhat Institute（地域総合大学）となり、その後の省庁再編でRajabhat Universityとなった。全国に約40校あり、地元で学べる。近年、タイの大学は増加傾向にあり、2012年現在、国公立大学が79校、私立大学が71校、コミュニティー・カレッジが20校ある（タイ教育省、2012）。この点について、櫻井・道信（2010）は高等教育について、「エリート型」、「マス（大衆）型」、誰もがアクセスできる「ユニバーサル型」の3種に分け、日本、韓国に続いて、タイもマス型からユニバーサル型に移行しつつあると指摘している（pp.286-287）。

　義務教育は、1999年の国家教育法改正でそれまでの6年間から前期中等学校修了時までの9年間となった。授業期間は各学年、1年2学期制をとり、前期が5月16日から10月10日まで、後期が11月1日から3月15日までである。ただし、高等教育機関は6月に開始し、3月に終了する。就学率はユネスコ文化統計（2013）によると、初等学校97％、中等学校前期99％、同後期63％、大学等高等教育機関45％である。高等教育では女子の比率が57％と日本の42％（同）より高い。また、近年初等教育から高等教育まで、様々な形の遠隔教育（通信、TV、e-learning）が充実してきている。

IV　教員養成制度

　タイにおける教員養成は国内各地（約40校）のラチャパット大学の教育学部、および国立・私立大学の一般総合大学の教育学部において行われている。かつては、師範学校で2年間のコースをとれば、「高等教育資格」（Higher Certificate of Education, Associate's Degreeとも呼ばれる）を与えられ、初等学校・中等学校前期課程の教員になれた。2003年の制度改正で、教員になるためにはそれまでの「資格」（diploma）から「免許」（teachers' license）の取得が前提となった。条件としては、まず教員養成課程で4年間教育を受け、「教育学士」（Bachelor's Degree in Education：B.Ed）を取得する。

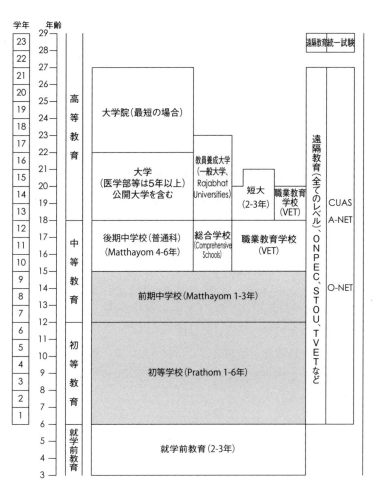

図　タイの学校教育制度
（タイ教育省資料（2012）に基づき植松茂男作成）

授業内容は「教授法」、「学校管理」、「特別教育」、人文、数学、コミュニケーション、外国語等の一般必修・選択科目、教育実習などである。教育実習の有無は学位によって異なっている。教育学士には1学期間、通常16週間の実習が課せられており、大学4年生の最終学期にこれを行うのが常である（竹下、2011：160）。さらに、1年間の教員インターンシップが5年目に新たに加えられた。現職教員で、上記の「学位」（B.Ed）がない者は2年間勉強（夜間、週末、通信コースが多くのラチャパット大学にある）して、学位を取るよう求められている。

　現在タイでは日本の「専修免許」のように、修士課程を使った6年制の教員養成制度の設置が検討されている。これは教員の質の向上を図るためであるが、そもそも「タイでは教員免許が校種別、教科別になっておらず、一般総合大学、ラチャパット大学のどちらも初等教員、中等教員を養成しているが、実際には両者の「レベル」差は大きく、ラチャパット大学の学生は初等教員に、一般総合大学の学生は中等教員になることが多いことが背景にあると思われる」（堀内、2013：26）ため、両者間のギャップを埋めようとする策とも考えられる。

　しかしながら、村田（2007）は、「教員の資格が高ければ、教科の内容に関する知識を持ち合わせ、新しい教授法も心得ている。小規模校や郡・村レベルの学校では、経済的余裕が整っていないため高い資格の教員は来たがらない上に、十分な手当が払えないので低い資格の教員を雇うことになる。また教員の社会的経済的状況がよくなければアルバイトに精を出し教育に力が入らなくなる」（p.58）と地域格差の存在を指摘している。また、櫻井・道信（2010）はタイには、大学院に現職の教員やサラリーマンが通う「継続型高等教育」が広く行きわたっている事実を日本との対比で指摘、「（タイでは）どの分野でも学位取得者は相応の社会的処遇を期待できる。だから、大学院生の評価が高く、彼らは日本と比べて相対的に高い教育投資を惜しまないのである」（p.311）と評価している。

V　外国語教員の教育環境と教員研修

　教育予算が大きいため（国家予算の約2割）[6]、インフラ整備等は都市部を中心に比較的進んでいる。タイの生徒は「教師を敬う」傾向があり、年長者のメンツを潰さないため、授業はやりやすい。その反面、英語を話すことには消極的な国民性を持つという（Saksith & Siam, 2012）。

　教員の給与体系は基本的に他の公務員と同じであるが、採用時の取得資格で異なる。教員の平均給与は国家公務員の給与をベースに職種と奉職年数に基づき、決定される[7]。外国人教員の平均は毎年更新制で月額約30,000〜40,000 THB（日本円で約11万円から14万円、2015年1月レートによる）[8]。初等学校、中等学校等は激務の割に賃金が安い（私学を除く）との理由で、高学歴の者からは敬遠されているため、一般によい人材が集まりにくいという。また、村田（2007：313）によると、「仏教社会で、教員は尊敬されているが教員の社会的地位・給与は低い」とタイの元研修先からのアンケートをまとめ、報告している。

　教員研修は、2003年度の改革以降、上述の通り学位を持たない教員への学位取得（修士課程なども含む）の奨励が主なものであり、約40か所のラチャパット大学を中心に現職教員が学んでいる。

　また、教育省の依頼でブリティッシュ・カウンシルが地域ごとの「英語リソース教育センター」（ERICs）所属の英語指導主事200人対象に、毎年3週間の研修（教科・教授法・カリキュラム改訂情報）を実施している。指導主事はこの研修内容や情報を、割り当てられた各地域の教員に責任を持って伝えることとされている。さらに2012年度には元イギリス首相トニー・ブレアを宣伝のために呼んで、全国34,000の学校（初等・中等・高等）に在籍する1,400万人の児童・生徒・学生に、英語が話せるようにラジオ・テレビ・インターネットなどを通じて学ばせる"2012 English Speaking Year"プロジェクトを実施した。また、教員が教室の中に「英語コーナー」を作ることを奨励した。2013年度にはThailand English Teaching Projectも開始した。これは300人の大学生および大学卒業生の英語母語話者ボランティアをイギリスからタイに派遣し、7月半ばから9月半ばまで、学校等でアシスタントとして教えるもの

である。しかしながら、このような取り組みは継続的なものではない。

VI 考察

　現地メディア[9]の報道も、タイの英語教育に対して否定的な指摘が多い。それらの代表的なものは主に次の3点に集約される。1. 国が英語教育に対し、継続的かつ体系的で長期的な戦略計画を持っていない。2. 給与が安い割に激務のため、優秀な人材が集まらず、英語力や教授技能のない教員が教えている。3. 教員研修、教育環境（1クラス50名）、教育慣習（理解するまで鍛えない）などの改善がなされていない。

　竹下（2011）も、タイの英語教員の資質について次のように指摘している。

　昨今の有資格教員不足の影響により、首都バンコクから遠い県では、特に英語の教員免許を持たない、他科目担当の教員が英語の授業を担当する例が少なくない。タイ全土についておしなべて言えば、英語の知識がある者ならば英語の教員になることができるのが現実である（竹下、2011：162）

　Bangkok Post（2012）では、初等教育・中等教育の質の低さのために、企業が求める人材が足らないとしている。同紙は職業学校の就職率は大学よりも高いものの、企業の求める水準の学生の確保が困難であることを指摘、その主な原因として「時代遅れの教員とその知識」と「初等教育の質の低さ」をあげている。一方、ポンテープ教育相は2013年6月の会見で、タイの教育制度が不十分で、ASEANの他国に後れをとっていると発言した[10]。この中で生徒の英語技能向上のためにより多くの英語（母語話者）教員をタイに呼ぶこと、暗記型から思考・分析型教育へと教授方法を切り替える提言を行った。

　この発言にタイで長年英語教育に携わっているSmith（2013）は、教育相が教育現場にはびこっている"no fail policy"（1人の生徒も落第させない評価制度）に言及していないことに苦言を呈している。さらに、*Saksith Saiyasombut & Siam Voices*（2012）は、初等教育の出口の「国家統一試験」（Ordinary National Education Test：O-NET）テストで英語が最低点であり、タイの学習者の最も苦手な科目であること、タイ人は日常生活の中で「英語を話すこと」に恐怖心

を持っていること、6年間英語を学んだ中等学校1年生でアルファベットが満足に書けない者がいることなどを指摘している。また、2006年にケンブリッジ大学によって行われた調査で対象となった400名の教員のうち、約6割がシラバス通りに教えるための英語力や教授法の知識を有していないこと、教員の英語テストスコアが、同テストを受験した初等学校の児童のスコアより低い結果を示したケースがあったことなどを報告している。

　2012年度には先述のように"The English Speaking Year"が実施され、どの学校も週1日英語を使う日を設定するように求められた。このように、タイでは次々と教育施策は出されるものの、あまり現場と有機的につながっているとは言えず、また政策に継続性が欠けるため、根本的な解決策にはなっていない。

　筆者が2013年にバンコック郊外の公立小・中学校を訪問した際も、英語教員間の英語力に差があり、英語による授業というよりほぼ母語による英語授業を展開しているケースもあった。授業観察では、小学校中学年あたりから、英語力のある児童とそうでない者の差が顕在化している印象も受けた。また、筆者による英語教員への英語によるインタビューに対しても、すすんで受けてくれる場合と、「英語は苦手」と固辞する場合とがはっきりと分かれた。

　また、筆者が参加したタイ英語教育学会の報告では、英語母語話者教員の質の問題が取り上げられていた。何年も実質的に給与が上がらないため、優れた英語母語話者教員が他国へ流失してしまうという。しかしながら、タイには欧米、南アフリカ、フィリピンなどから教育経験が乏しい（無資格者）の応募がふんだんにあり、学校は保護者からの要望もあって、こうした不適格な外国人を英語教員として雇う傾向があることを指摘していた[11]。

　わが国より15年ほど前に早期英語教育を開始し、しかも長年、国家予算の多くを教育に投資して教育の無償化やインフラ整備を進めるタイで、いまだ教員養成・確保がしっかりできていないため、児童・生徒が思うように英語が使えず、社会のニーズに応えられる英語教育ができていないのが現実である。また外国語教育に必須と思われる少人数クラスに対する配慮、レベルに応じた学習、コミュニケーション力と教授法の知識を持ったプロの教員の

育成も実現していない。そのような中、高等教育を受ける学生数はユニバーサル段階に達している。

欧米列強による植民地化経験がないことも、国民が心のどこかで「この国で生きてゆくのであれば英語を使う必要はない」と感じることに繋がるのかもしれない。政権交代による政策の継続性の欠如も含め、多くの日本との共通点について考えると、タイでなぜ英語力が定着しないかという理由を精査することは、今後の日本の早期英語教育の展開や教育制度の改善を考えるとき、大変示唆に富むと思われる。

注

1　統計は複数存在し、タイ統計局、UNESCO等の集計があるが更新されておらず、ここではCentral Intelligence Agency (CIA)のデータ The World Factbookを使った。https://www.cia.gov/library/publications/the-world-factbook/geos/th.html （2015.1.9）
2　表記正式名は以下の通りである。Krungthepmahanakhon Amonrattanakosin Mahintharayutthaya Mahadilokphop Noppharatratchathaniburirom Udomratchaniwetmahasathan Amonphimanawatansathit Sakkathatiyawitsanukamprasit
3　バンコクに住みながら都市下層民の生活を明らかにしようとした遠藤（2011）は「都市の中で、生成、変化、消失、再生を繰り返すインフォーマル経済を理解するためには、農村からの視点ではなく、都市の中でのダイナミズムに注目しなければならない」(p.267) と指摘している。
4　朝日新聞デジタル2013年8月8日記事『タイで反タクシン派の抗議行動激化　恩赦法案審議に反発』http://www.asahi.com/international/update/0807/TKY201308070513.html　の内容に従う。
5　2011年にインラックが、当時の国家安全保障会議（NSC）事務局長を異動させ、親類を後継ポストに就かせたことが職権乱用にあたると判断された。
6　参照記事　Thai National Budget (2013). http://www.bb.go.th/FILEROOM/CABBBIWEBFORM/DRAWER29/GENERAL/DATA0000/00000120.PDF p.71. (2014.12.26)
7　竹下（2011）は教員の待遇について次のように指摘する。「高い英語の運用能力を備えた大学卒業者が学校教育に携わらず民間企業などに流れていく現状を見ると、国家公務員である公立学校の教職は、少なくとも給与として得られる収入の面では決して魅力的な職業ではない」(竹下、2011:163)
8　参照記事　Improving the economic status of teachers: A case of Thailand.　http://www.edthai.com/reform/jan20d.htm　（2014.12.26）
9　参照記事　Education system in Thailand: A terrible failure in S.E. Asia.（2013）http://ireport.cnn.com/docs/DOC-985267（2014.12.30）

10　参照記事　National News Bureau of Thailand.（2013）2013.6.24 *Phongthep" admits Thai education system unsatisfactory.* http://thainews.prd.go.th/centerweb/newsen/NewsDetail?NT01_NewsID=WNSOC5606240010007　（2014.12.27）

11　参考記事　agarn（2012）2012.4.21 *How's the Thailand TEFL job market? Are salaries really going down?* http://www.ajarn.com/ajarn-street/articles/hows-the-thailand-tefl-job-market/　（2014.12.26）

参考文献

Bangkok Post (2013) 2013.8.17 Democrats, PDA set to link up. http://www.bangkokpost.com/news/politics/365018/democrats-pad-set-to-link-up　（2014.12.26）

遠藤環（2011）『都市を生きる人々――万国・都市下層民のリスク対応』京都大学学術出版会

堀内孜（2013）「平成23～24年度文部科学省先導的大学改革推進委託事業：今後の教職大学院におけるカリキュラムの在り方に関する調査研究報告書」『諸外国における教員養成カリキュラムの特質からする参考知見――タイ』pp.24-26, 兵庫教育大学. http://www.mext.go.jp/a_menu/koutou/itaku/__icsFiles/afieldfile/2013/07/16/1337621_1.pdf（2014.12.27）

村田翼夫（2007）『タイにおける教育発展――国民統合・文化・教育協力』東信堂.

Saksith Saiyasombut & Siam Voices (2012). Thai education failures - Part 4: Dismal English-language training. In Asian correspondent com, 2012.3.21 http://asiancorrespondent.com/78647/thai-education-failures-part-4-dismal-english-language-education/　（2014.12.30）

Smith, John. ajarn (Thai TEFL) (2013). 2013.6.27 The Thai education system. http://www.ajarn.com/ajarn-street/postbox/thai-education-system1/　（2014.12.26）

櫻井義秀・道信良子（2010）『現代タイの社会的排除』梓出版社.

鈴木規之・稲村務（2011）『越境するタイ・ラオス・カンボジア・琉球』彩流社.

鈴木康郎（2005）「中央教育審議会初等中等教育分科会　教育課程部会　外国語専門部会（第9回）議事録　資料4」『成果と課題――「英語教育改善のための戦略会議」に見る英語教育の課題』文部科学省　http://www.mext.go.jp/b_menu/shingi/chukyo/chukyo3/015/siryo/05120501/009/004.htm　（2014.12.30）

タイ教育省：Ministry of Education（2012）http://www.moe.go.th/moe.html　（2014.11.29）

タイ統計局（2013）National Statistical Office Ministry of Information and Communication Technology　http://web.nso.go.th/en/pub/e_book/YEARBOOK_2013/files/assets/basic-html（/page17.html（2014.5.1）

竹下裕子（2011）「タイ－底上げと発展を求めて」矢野安剛、本名信行、木村松雄、木下正義（編）『英語教育学大系　第2巻　英語教育政策』大修館書店，pp.149-167.

ユネスコ文化統計（2013）http://data.uis.unesco.org/Index.aspx?DataSetCode=EDULIT_DS（2015.1.5）

4　中国

相川真佐夫

I　中国の概要と言語状況

　中華人民共和国の面積は約960万km²で、日本の約26倍である。22省（台湾を除く）、5自治区、4直轄市（北京、天津、上海、重慶）を行政区画としている。人口は13.6億人、91.5％が漢民族であり、残りは少数民族である。少数民族は、チワン族の1.3％が最大で、その他、ウイグル族、モンゴル族、チベット族、朝鮮族などを含め55民族が中国政府によって公認されている（CIA, 2014）。

　1949年10月1日、毛沢東が北京の天安門にて中華人民共和国（以下、中国）の建国を宣言した。マルクス主義やソビエト社会主義共和国連邦（以下、ソ連）の社会主義に影響を受けた毛はソ連に倣い、農業の集団化や社会経済の工業化を試みた。建国当時の小学学齢児童の就学率が20％程度、非識字率が全人口の80％であることから、人民のための教育制度の整備も喫緊の課題とした（楠山, 2010）。建国当初はソ連の教育制度をモデルとしてカリキュラムや教材、学校行政管理を参考にし、体系づけられた。しかし外来の教育制度は当時の中国でうまく機能せず、1950年代後半に中ソ関係が悪化したこともあり、中国は独自の国家形成を探りはじめ、教育政策も大きく影響を受けることになる。

　毛は大躍進政策（1958～1960年）、文化大革命（1966～1976年）と独裁色を帯びながら中国独特の政策を行っていく。学校を増設することで就学率が上がり、教育普及の量的改善は一時的に果たされたものの、就学率の向上によって労働力が低下し、農業の生産にも悪影響を与え、調整政策を繰り返す

ことになる。後に、文化大革命の下では、労働者階級の教育は年限を短縮する方が良いとされ、教材や教師が批判の的となり、学校現場が混沌とした状態となった。それゆえに、質的には乏しいものであったと言われている（楠山, 2010）。

　その後、毛の死去により文化大革命の終焉を迎え、1978年を改革開放政策の開始年として中国の社会は大きな転換期を迎えることになる。「4つの現代化」と呼ばれる工業、農業、国防、科学技術の発展目標とともに、その基礎力として位置づけた教育の普及は、文化大革命で停滞した後の教育行政にとって大きな課題となった。1986年に「義務教育法」が制定された。同法は小学校と初級中学の9年間を義務教育と法制化し、国が義務教育費を負担することを原則としたものである。広大な中国では、地域によって経済的格差があり、たとえ法を制定しても、瞬時に全土への浸透は不可能である。また、義務教育学齢期の子どもは1.38億人と、日本の人口を上回るほど多い。発展の度合いによって地域に合った計画を立て、教育財政の困難な地域へは省の補助金を与え、長期間をかけた段階的な教育の普及が必要である。2006年の法改正では、貧困家庭や都市部に流入した労働者子女の就学保障が盛り込まれた。様々な方法で普及に努めた結果、現在でもなお格差はあるものの、2013年の統計では、学齢児童の就学率は99.7％、中学校粗就学率は104.1％（粗就学率とは、在籍者総数を学齢期の人口で割ったもので、留年生、再就学者などを含むと100％を超える）であり、中学校卒業後の進学率は91.2％となっている（教育部, 2014）。

　中国の言語事情に目を向けると、公用語は北京語を標準とした「普通話（英語はMandarin Chinese）」であり、その母語話者は8.4億人で世界最大の人口を誇る。各少数民族はそれぞれ独自の言語を持ち、ウイグル族、チベット族のように漢字とは異なる文字体系を持つものもある。彼らは、公用語である「普通話」の習得を奨励されている。同じ漢民族でも地方によって話される言葉は様々であり、上海市や浙江省、江蘇省南部、安徽省南部周辺で話される上海語や蘇州語に代表される「呉語」、広東省や香港で話される「粤語（広東語）」、福建省周辺で話される「閩語」など、いわゆる「方言」が数多く存在する。また、それぞれに下位方言も多く存在し、互いの意思の疎通は

非常に困難である。これらを「方言」と呼ぶ理由は、言語学的よりは伝統的、社会政治学的根拠によるものと考えられる。国内での意思疎通に「普通話」の果たす役割は大きい。中国はまさに多民族国家であり、多言語社会でもある。

II　学校言語教育の推移と現状

　1949年の建国直後、国家形成政策や教育制度についてソ連をモデルとしたことから、外国語教育は基本的にロシア語が中心となった。とくにロシア語は高等教育において建国のために重要な言語と考えられた。しかし、やがて中国がソ連と距離を置くようになり、言語教育も情況が変化する。周恩来が中国の科学技術と社会科学分野の発展のためにはソ連一辺倒では無利益であり、西側諸国の言語、とりわけ英語の重要性を提唱したことから、ロシア語教育の縮小と英語教育の拡大を図ることになった。1956年から英語教員の配置が可能なところに高級中学（高校に相当）1年から英語教育を増設するよう施したり、1954年から停止していた初級中学（中学校に相当）の外国語教育を1957年から再開し、各地で開講されるロシア語と英語の授業の割合をそれぞれ50％ずつにさせたりするなど、徐々に英語教育の割合を増していった（李・許, 2006）。1964年、「外国語教育7年計画綱要」が出され、学校教育における第1外国語を英語と位置づけた。そして、1970年までに全国40〜50％の初級中学と全高級中学に外国語を開設することや、英語とロシア語を学ぶ生徒数を同等数に調整することが計画された。さらに、1970年以降は徐々に英語とロシア語の割合を2：1、つまり英語を増やすよう数値目標を立てた。しかし、1966年、文化大革命が始まり、外国語教育は「崇洋媚外（外国文化を媚びて崇拝すること）」などと批判され、教員の粛清さえも行われた（李・許, 2006）。まさに暗黒時代であった。

　1978年、文化大革命の終焉を迎え、改革開放政策が始まり、外国語教育が復活する。1978年、『全日制十年制中小学英語教学大綱』と『全日制十年制中小学ロシア語教学大綱』(いずれも試行草案)が出され、小学3年生から高級中学卒業までの外国語教育の大綱ができた。しかし、教員不足により、都

市部の学校を除く大多数の地域では中学1年からの開始となった（付, 1986）。1982年、全国中学外語教育工作会議が行われ、初級中学の外国語教育を強化するための「意見書」が提出された。その中の次の意見により当時の様子をうかがえる。「全国の中学外国語教師は約26万人（うち、英語は約25万人）。大部分は中学卒業後、短期研修を受けただけの人、あるいはロシア語や他専攻から英語に変更した人である。師範学校英語専攻の卒業者で中学校に配置される人は少ない。現在の中学校英語教師の多くは言語力の水準が低く、教え方も良くなく、仕事の能力がない。ある重点中学でも、中堅の英語教師は全くいない。人数もかなり不足している。現在の中学校は1981年の教育計画が規定する外国語の時間数で行うが、それを充填するには少なくともさらに15万人の教師が必要で、相当な時間を要してやっと采配できる（李・許, 2006：418）」（翻訳は筆者による）。

　2001年、「義務教育課程設置実験方案」が出された。外国語は小学3年生から初級中学3年まで含まれ、9年間の総時間数の6～8％という割合が示されている。高（2013）は毎週平均4コマの授業で、義務教育段階の外国語授業は合計692コマになると計算している。方案の付記には、「英語は原則的に小学3年生から行う。各省の教育行政は実状と合わせ、当地区の小学校英語課程の目標と段取りを決定すること。中学段階で開設する外国語は、英語、日本語、ロシア語などの中から一種類を選ぶ。外国語学校や条件が整うところは第2外国語を開設することが可能である。（少数）民族地区にある小中学校は、外国語課程の開設を省レベルの教育行政部局により決めること。（筆者訳）」とある。高校については2003年に出された「普通高中課程方案（実験）」で、3年間の必修総単位数116のうち、10単位分が外国語に当てられている。高級中学でも英語、ロシア語、日本語からの選択となっており、条件が合えば、2種類またはそれ以上の外国語を奨励している。なお、後述する「課程標準」の中に中学と普通高校の英語授業を週あたり少なくとも4時間充当するよう提案されている。

　外国語（英語、日本語、ロシア語）教科内容の詳細なガイドラインは「課程標準」に示されている。英語の場合、2001年に「義務教育英語課程標準（実験稿）」が出され、2003年に高級中学を追加して「義務教育普通高級中学課

程標準（実験稿）」となっている。言語技能を9つの級（レベル）に、言語知識、関心態度、学習方略、文化意識についてはそれぞれ2級、5級、8級の3つの級に分け、小学校から高級中学卒業までの連続性を持った到達目標を示している点が特徴的である。小学6年生修了時には2級、初級中学修了時には5級、高級中学修了時には8級を基本的な到達目標として設定している。しかし、2011年に義務教育段階のみ正式版に改訂され、2012年の秋から適用されたが、高級中学修了時のレベルが8級から7級に下がっており調整が施されている。

Ⅲ 学校教育制度

　中国の学校制度は図に示すとおりである。義務教育は9年間であり、小学校と初級中学は「6・3制」または「5・4制」を採る。また、9年一貫制を採る学校も存在する。初等教育の小学校は開始年齢が6歳であるが、条件が整わない場合、7歳入学もあり得る。初級中学は前期中等教育課程にあたり、日本の中学校に相当する。その後は、後期中等教育段階へと続くが、普通教育を行う3年制の高級中学、職業中学（2～3年）、中等専門学校（3～4年）、技術労働者学校（3年）などに分かれる。高等教育機関については、学部レベルの大学・学院（本科）(4～5年)、短期の専科学校（2～3年）（専科）、職業技術学院がある。大学は一般的に総合大学であり、学院は単科大学である。

　現行の教育課程の基準となるものは、2001年に教育部から公布された「国家基礎教育課程改革綱要（試行）」と「義務教育課程設置実験方案」、そして15教科の教育課程標準（実験稿）である。高級中学については「普通高校課程方案（実験）」(2003年)と各科目の課程基準（実験）であり、先に出された義務教育の新課程に継続するよう意図されている。これらは日本の学習指導要領に相当するものであるが、中国の教育課程は試行案の形で出され、一部の地域で実験的に行い、その後の評価と調整を経て、全国に導入される。また、中央の教育部が原則となる基準を定めるが、各省、各地方、各学校で現地の事情に応じた裁量が可能で、融通性を持っている。画一的な枠組みに縛られない。

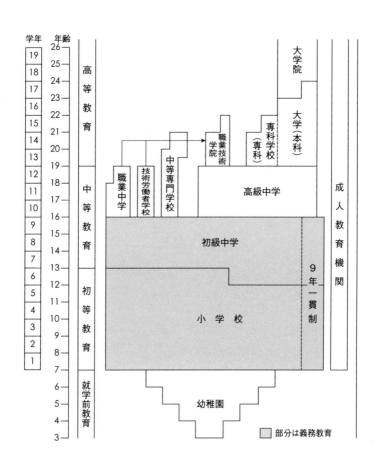

図　中国の学校教育制度

（文部科学省, 2013, p.369）

Ⅳ　教員（特に外国語教員）養成制度

　中国に「百年大計、教育為本、教育大計、教師為本」という標語がある。「百年もかける大きな計画には教育が基礎となり、教育という大切な計画を達成するためには教師が基礎となる（筆者訳）」という意味である。初等教育、中等教育を支える教員の数は1千万人以上が必要であり、その養成方法、採用方法、管理体制、配置、地域格差への対応など、システム作りは容易なことでない。

　2000年代以降、教員養成の改革が急速に加速している。とくに大きな改革が2つある。1つは非師範系総合大学に教職課程を設置する、いわゆる開放制である。開放制の導入は2000年以降大きな飛躍をし、1999年の時点では総合大学の教員養成は皆無であったが、王（2013）によると、2012年末現在、非師範系総合大学系の教職参加校が383校まで増加した。それにより、師範系学校が28.8％に対し、非師範系学校が71.2％となり、10年余りで一気に開放制が進んだ。これを学生数で見ると、2011年には52.7％が師範系、47.3％が非師範系機関を卒業したことになり、比率が半分になるほどの割合となっている。

　もう1つの改革は教員の質の向上であり、そのひとつとして学歴を上げることである。1994年、「教師法」が施行され、各学校種の教員資格、教員養成、採用、研修、待遇の原則が記載された。表はその第11条に定められている小・中・高で教員になるための学歴要件をまとめたものである。制度の上では、小学校教員の学歴は中等師範学校卒業以上としているが、それは後期中等教育いわば高校レベルに相当する。小学校教員は採用時に高等師範専科学校以上の学歴を、また初級中学教員も高等師範大学（本科）以上の学歴を持つための改革が推し進められている。そのために中等師範学校の数を減少し、高等師範系機関を増加することが求められた。その策として、中等師範学校を合併（周辺の大学と合併し教育学部を置く）、昇格（複数の中等師範学校を統合し師範専科学校を設立して格上げする）、制度転換（新しい教員養成機関へ改新する）させる改革を行った。王（2013）によると、中等師範学校の数は1999年には815校あったものが、2012年には132校まで減少し、専科師範学

表 初等・中等教育段階における教員の学歴要件

学校種	学歴要件
小学校	中等師範学校卒業以上
初級中学	高等師範専科学校、その他の大学専科学校卒業以上
高級中学	高等師範大学・学院（本科）、その他の大学本科卒業以上

（「教師法」第11条より抜粋、筆者の翻訳による）

校も140から44に減少した。そして、師範学校本科が87から111校に増えている。これは教員になるために専門科目だけを扱う専科師範学校の数が減少し、日本の総合大学に相当する本科師範学校の数が増加したことを示す。師範生の学歴の変動状況で見ると、1999年から2011年の間に、中等師範学校レベルが68.6％から11.0％まで57.6％も減少し、専科レベルでは21.5％から35％に13.5％の増加、本科レベルでは9.9％から54％へと44.1％増加し、教員養成の大学化改革は量的には着実に進行していると考えられる。さらに教員の専門性を高めるため、今後は修士課程、博士課程への奨励も行われ、教育学修士課程を持つ高等教育機関は1997年に16校だったのが2011年には83校となった（王, 2013）。

2007年、条件付きで師範生への無償教育制度が導入された。師範大学6校で行う教員教育支援制度であり、経済的に困難な状況にある優秀な人材を発掘できる制度となっている。入学前に地区の教育行政部局と協定を結び、卒業後はその地区の学校機関で10年以上の教育に従事することを承諾することが条件である。師範大学に入学し、在籍期間における授業料や宿泊費は公費で充当され、生活費の補助を受けとることができる。優秀な教員を確保することができる点と教師不足が生じる農村地区にその人材を送り込むことができ、一石二鳥の制度となっている。この制度を利用した2011～2012年の卒業者21,203人が全て小中高の教員になったということである（王, 2013）。

外国語教員、とりわけ英語教員の職前教員養成について、ここでは北京師範大学外国語言文学学院（高等師範大学本科）におけるカリキュラムを一例とする（北京師範大学, 2013）。在籍期間は4年で、総単位数は156単位以上、文学学士の学位が与えられる。内訳は、通職教育課程（思想政治理論、体育、軍

訓など）34単位、専業教育課程（専門科目）90〜91単位*、教師教育課程31〜32単位である。（*参考した資料には88〜89単位と記載されているが、誤植と考えられる）専業教育課程と教師教育課程は、次のような科目群である。

【専業教育課程】合計90〜91単位以上　（　）は単位数2/2は2学期分の内訳
〈相関学科基礎〉　合計8単位　各科目全て2単位
統計学、高等語文、西洋学と近代中国文化、人文経典選読
〈学科基礎〉　合計48単位
総合英語（10/8）、英語多読（4/4）、Speaking（2/2）、基礎Writing（4/4）、上級Reading（4）、翻訳（2）、上級Writing（4）
〈専業方向〉　合計34〜35単位　*は優先選択科目　#は検定試験の認定科目
Listening*（4/4）、英語音声学*（2）、英語教学語法（2）、上級Listening（1）、英語視聴覚（1）、英語報道時事選読（2）、ESP特別用途英語（2）、英語弁論（2）、論文Writing*（1）、一般言語学（2）、言語学専題（2）、社会言語学入門（1）、語篇分析導論（1）、文学導読*（2）、英国文学史*（2/2）、米国文学史*（2）、英語短篇小説*（2）、英国小説選読*（2）、米国小説選読（2）、西方文論選読*（1）、文学専題検討（1）、英語国家社会と文化（2/2）、西方文明史専題（1/1）、西方文明史専題（1/1）、専業英語検定#（1）、日本語/仏語（第二外語）*（10）
【教師教育課程】
〈教師教育基礎〉
必修（27〜28単位）：
教育心理学（2）、教育学（2）、現代教育技術基礎（3）、英語教学論（3）、教育観察（1）、教育実習（半年）(10)
職業信念と養成教育（2）、科研訓練と創造活動（0〜1）、卒業論文（4）
選択必修（4単位）：
英語教学技能（1）、英語教材分析（1）、英語テスティングと評価（1）、アクションリサーチ（1）、言語学習論専題（1）、マルチメディア教育教

材設計（1）、基礎教育英語課程改革―理論と実践（1）

　英語教員となる者は上記で示す専門科目を職前教育の専門科目として修得する。専門科目には英語技能、英米周辺の文学や言語学は当然のことながら入っているが、それに加えて履修する教師教育課程の中に教材分析やテスティングなど英語教育系の科目が多数組み入れられている。なお、中国では大学生に英語の大学出口試験が課せられている。英語専攻者が受ける試験は「英語専業学生的試験（TEM, Test for English Majors）」であり、2年次修了時に4級、卒業時には8級が必要である。これにより、原則的に大学を卒業していれば、いわばある一定の英語力を持っていることが証明される。

　教員の人事採用について、かつては教員養成系機関の卒業生の職場を政府が決定していたが、1994年に出された「教員法」以降、地方の教育行政機関か学校が教員を公募し、採用する招聘任用制が採られている（南部, 2005; 王, 2013）。一般的な方法として、学校が決める採用者数を学校の所管する県や区の教育行政機関に報告し、承認された上で公募を行う。教員定数の管理は2001年に教育部や財政部から出された通達「小・中・高校教職員定員基準制定に関する意見」により児童生徒数との積算により、適切に行うよう求められている。公募の志願者は面接、筆記試験、模擬授業を行い、採用の合否が決定する。契約任期制で一般的に1～3年であるが、最初の一定期間は試用期間であり、その評価によって契約が解消されることもあり得る（文部科学省, 2013）。

V　外国語教員の教育環境と教員研修

　1999年、「小・中・高校教員研修規定」が教育部により発表され、「教員研修に参加することは、小中高校教員の権利であり、義務である」と法的に明記された。また、同規定には原則的に5年おきに研修を受けることも含んでいる（王, 2013）。教員研修機関には「教育学院」「教師進修学院」「教師研修学校」などがあり、さらに師範大学なども含まれている。20世紀末以降、教員研修システムが強化され、多様な方法で行われるようになった。「全国

中小学教師継続教育網（http://www.teacher.com.cn/)」というサイトがあるが、教員研修は「継続教育」と呼ばれ、教員が継続すべき教育と解釈される。2002年から稼働したこのサイトには全国の教員研修の動向や情報、国の教員政策「国培計画」などを集中管理している。ここから大多数の省、自治区、直轄市で行われる研修の情報を知ることができ、中には英語力を高めるプログラムを紹介しているサイトもある（英語教師専業提高培訓項目　http://www.teacher.com.cn/yyhz/index.htm参照）。

　近年の教員研修の動向として、北京師範大学や華東師範大学で教員研修業務専用に行う「継続学院」が設立されたこと、また、多くの教員を対象に集中研修と遠隔研修を組み合わせて合理的に行う方法がシステム化していることなどがある。王（2013）によると、小中高の教員100万人（そのうち農村部の教員は80万人）に対し、日程を集中し、1,000余りの県を対象に、衛星放送ネットワーク、オンラインを使って行われたと報告している。さらに、国家の中長期教育改革として、教員資格の定期的な更新制度を確立することを進めている。実際に2011年に、浙江省、湖北省で試験的に行われ、合計2.9万人が教員資格試験を受験したという（王, 2013）。修士課程の教員教育、在職教員の修士学位取得なども実験段階に入り、徐々に研修制度のシステム化が進んでいる。

　現職英語教員の研修については、1999年から約1,100万人の小中高の教員に悉皆研修が導入され、100万人優秀教員の育成を開始した。また、その中から1万人を選抜し、3か月間の国内での集中研修を行い、模範教員を作り上げることが期待されたものであった。国家プロジェクトとして、全国現職英語教員研修が1990年から5年ごとに計画され、第1期（1990～1995）には、初任者英語教員研修（120時間）、初級英語教員研修（180時間）、中級英語教員研修（240時間）、高級英語教員研修（360時間）が、公費により行われたとのことである（石田, 2003）。さらに、文部科学省（2005）によると、2007年までに全教員を対象として行われた研修では、初任者は120時間、在職者は240時間以上の研修を受け、在職者研修には模範授業の見学、指導法に関するワークショップなどが含まれているという。

Ⅵ　考察

　中国は広大な国土と膨大な人口を抱えることもあり、全国的に均質な教育制度を普及させることは非常に困難なことである。しかし、教員養成機関の改革が比較的スピーディーに進められている点に驚く。たとえば、中等師範学校は1999年と2011年の約10年間で68.6％から11％へと大幅に減少し、高等師範（本科・専科）は31.4％から89％に増加した（王, 2013）。比較できる他国の対象はなく、しかもあくまで数値的なものだけで質的な改革が実態を伴っているかどうかという疑問もあるが、21世紀がはじまって以降、非常に大きな改革を短期間で行うことができるメカニズムを追究する必要があろう。

　英語教員の点から資する点として、中国では専攻分野に関わりなく、大学の出口英語試験があり、英語専攻者についてはTEMの8級が必要となっている。台湾でも英語教員になるためには定められた実力テストのスコアを獲得することが求められている。将来英語を教える立場にある者に、英語力は決して必要十分条件ではないが、必要条件であることは否めない。日本では英語の教員免許取得のために、英語力を証明する必要はない。この点は議論すべき時に来ているのではないかと考えられる。

　文化大革命では教員は批判の対象となったこともあり、改革開放後、教員の社会的地位を回復し、魅力のある職業とさせる必要があった。1.3億人という人口を義務教育課程に抱える国家故に、教員の果たす責任は大きい。1985年には新学期が始まる時期でもある9月10日を「教師の日（老師節）」と定めたこともその一環である。Verkey GEMS財団（2013）が行った21か国の教師の地位指標調査によると、教師の地位は総合で中国が一番高く、中国を100とした場合、韓国は62、アメリカは48、日本は16の低さであった（棒グラフによる資料を参照したため、数値は概算）。また、中国では50％の親が教師になることに対して肯定的に勧めるという考えを持ち（日本は15％）、70％以上の中国人回答者が、生徒は教師を尊敬していると信じている、という結果を得た。医者はどの社会においても地位が高いと考えられるが、調査対象国の中で中国だけが「教師は医者と同じ程度の地位である」という回

答が最も高かった。日本では地方公務員と同程度と考える割合が一番高い。中国から出た数値の背景にあるものを探る必要はあるが、自らの子どもに勧めたくなるような職業像というものを日本は目指さなくてはならないのではないだろうか。

参考文献

石田雅近（2003）『現職英語教員の教育研修の実態と将来像に関する総合的研究』英語教員研修研究会（平成14年度科研費補助金基盤研究B成果報告書）
王健（2013）「第1章　基本概況」中国総合研究交流センター（編）『中国の初等中等教育の発展と変革』pp.3-26　東京：独立行政法人科学技術振興機構
王暁燕（2013）「第6章　教員管理制度」中国総合研究交流センター（編）『中国の初等中等教育の発展と変革』pp.121-142東京：独立行政法人科学技術振興機構
教育部（2001a）『義務教育課程設置実験方案』
教育部（2001b）『全日制義務教育普通高級中学英語課程標準（実験稿）』
教育部（2014）「2013年全国教育事業発展統計公報」http://www.moe.edu.cn/publicfiles/business/htmlfiles/moe/moe_633/201407/171144.html（2014.8.1）
教育部（1994）「中華人民共和国教師法」
楠山研（2010）『現代中国初中等教育の多様化と制度改革』東信堂：東京
高峡（2013）「第13章　変革の中の中国初等中等教育——日中比較の視点から」中国総合研究交流センター（編）『中国の初等中等教育の発展と変革』pp.249-268独立行政法人科学技術振興機構：東京
CIA Worldfactbook: China　https://www.cia.gov/library/publications/the-world-factbook/geos/ch.html（2013.12.1）
中国教育統計（2010）『中国教育統計年鑑2009年版』北京：人民教育出版社
付克（1986）『中国外語教育史』上海：上海外語教育出版社
南部広孝（2005）「中国の教員養成」日本教育大学協会編『世界の教員養成Ⅰ：アジア編』pp.11-33、東京：学文社
北京師範大学（2013）『外国語言文学学院・2013級英語専業本科生教学手冊』北京：北京師範大学
文部科学省（2005）「中国における小学校英語教育の現状と課題」http://www.mext.go.jp/b_menu/shingi/chukyo/chukyo3/015/siryo/05120501/s004_2.pdf（2013.12.1）
文部科学省（2013）『諸外国の教育行政：7か国と日本の比較』ジアース教育新社：東京
李伝松・許宝発（2006）『中国近現代外語教育史』上海：上海外語教育出版社
Verkey GEMS Foundation (2013). *2013 Teacher Global Status Index*. https://www.varkeygemsfoundation.org/teacherindex（2013.12.15）

コラム①

教師の日

　日本には、「父の日」も「母の日」も「こどもの日」もあるが、「先生の日」はない。海外の教育関係者たちの目には、これは教育に対する国民的関心の乏しさの顕れと映るという。

　お隣の韓国では、1982年以来、毎年5月15日が「先生の日」と決められている。児童・生徒は先生の胸にカーネーションをつけ、プレゼントを贈り、賛歌「先生の恩」を歌う。以前は記念式典で、校庭に並んだ児童・生徒が、椅子に座った先生たちの前で土下座して感謝の意を表している写真が新聞によく載ったものである。しかし2010年、韓国教員団体総連合会は、この記念式典を取りやめることにした。この日に乗じて先生に対する保護者の高価な金品などの贈り物攻勢が激化し、教育汚職にもつながりかねないからだという。

　世界には、1994年にユネスコが始めたWorld Teachers' Day（10月5日）がある。教師という仕事の重要性をあらためて広く世界中で考えようという日で、ユネスコのデータでは、世界の100をこえる国・地域で、毎年この催しが行われている。

　1日どころか、1週間にもわたって先生たちに感謝を表す国もある。アメリカのTeacher Appreciation Weekである。毎年5月の1週目に、たとえば、月曜にはPTAによる感謝セレモニー、火曜は花を贈って先生に'make them feel like a star'の気分を味わわせ、水曜はクラス全員がthank-you cardを贈り、木曜は教室で茶菓のパーティを開き、金曜には先生のためにspecial lunchを提供するなどである。ただ、アメリカの場合には、児童・生徒とともに、親が積極的に関わることが多く、先生に感謝を表すとともに、親も子も、この機会を出来るかぎり楽しもうといういかにもアメリカらしいイベントである。贈り物も派手で、先生から希望の物品のrequest listが出されることさえめずらしくはない。

　このようにみると、日本にはたしかに特別な「先生の日」はない。生徒が先生に派手な贈り物をする習慣もない。しかし、日本人は明治以来長年の間、日本の歌百選の小学校唱歌「仰げば尊し（我が師の恩）」を卒業式で合唱してきた。卒業式のこの場面は、おそらく月並みな「先生の日」の行事などより、はるかに感動的であった。さらに何よりも日本人は、教師を「様」「さん」づけなどにはしない。教師には年中、「先生」という特別の敬称を用いているではないか（アメリカでは単にMr.やMs.）。もっとも、「先生と言われるほどの馬鹿でなし」とも言われることを、心ある教師ならば十分に心得ているはずであるが。

（大谷泰照）

2.

アジアの非印欧語圏で印欧語国の植民地経験がある国・地域

5 　シンガポール ………………………… 橋内　武

6 　マレーシア …………………………… 植松茂男

7 　フィリピン …………………………… 河原俊昭

8 　香港 …………………………………… 橋西ヘイゼル

コラム②　**教師像の変遷**——聖職者・労働者・専門家（橋内　武）

5 シンガポール

橋内 武

I シンガポールの概要と言語事情[1]

　東南アジアの先進都市国家・シンガポールは複合社会であり、華人・マレー人・インド人などからなる。1965年の単独国家独立以来、人民行動党（PAP）の長期政権下で、能力主義による競争社会を築き上げてきた。その徹底した能力別教育の基盤となっている、英語と「民族母語」の二言語教育政策、および第3言語を含む言語教育とその教員養成について考察する。

　東京23区あまりの国土には、2013年現在、約540万の人々が暮らしている。その内訳は、国民が331.4万人、永住権保持者が53.1万人、外国人滞在者が155.5万人である。国民はほぼ74％が華人であり、それに加えてマレー系、インド系、その他の移民からなる。

　この赤道直下の小国は、大統領を元首とする一院制議院内閣制の共和国である。1959年より人民行動党が政権を担い、リー・クアンユー以来首相が三代にわたって強い指導力を発揮して、エリート開発主義の国家を築いてきた。WHO世界保健統計2014によると、2012年現在1人当たりの国民所得は60,110USドルで、今や世界で3番目に豊かな国である。

　多民族社会ゆえ、言語も多様である。福建語・広東語などの中国語南部方言が華人の家庭内・コミュニティー言語として機能してきたが、学校では華語が学習される。その他に地域語のマレー語が公用語兼国語で、インド系移民のタミル語も公用語である。旧宗主国に由来する英語は、国民統合のために公用語化されていて、官庁語・ビジネス言語として機能している。若い世代は英語を家庭内言語にして育つ傾向にある。英連邦内自治州となった1959年以来、華語・マレー語・タミル語と英語の4言語が公用語として使われている。

II　言語政策と言語教育——推移と現状

　言語政策は言語純正主義を金科玉条として、政府は2つの運動を開始した。1979年から「華語を話そう」というキャンペーンを展開して、中国語諸方言の公共空間（放送・映画・公演など）における使用を禁じてきた。また、英語社会化が進む中で、シングリッシュ（Singlish）が日常生活で使われる傾向を良しとせず、2000年から「正しい英語を使おう」という運動を展開した。教育界では標準英語の使用が唱導され、卒業・修了試験（PSLE、GCE-Oレベル、GCE-Nレベル、GCE-Aレベル）[2]によって、その使用が一層強化される。

　公用語の4言語平等は建前であり、英語教育エリート集団である人民行動党政権は、英語社会化を意図的に推し進めた。現在では小学校から大学まで教育言語は英語である。華語を教育言語としていた私立南洋大学の廃校（1980年）は、一党独裁政権による英語優先政策の結果である。華語などの「民族母語」（MTL）は第2の言語という位置づけである。

III　教育政策の現状

　シンガポールは天然資源のない小国である。それゆえ、政府は人的資源こそが唯一の資源であるとみて、有能なグローバル人材を育成するために学校教育に力を注ぐ。2014年度の国家予算のうち、国防費に次いで多いのが教育費の114.9億Sドルで、総予算の20.3％を占める。潤沢な教育予算を運用して、「世界のトップに立つ」教育・研究を目指すのだ。

　特に、小・中学校を含むすべての学校段階で、ICT活用教育（モデル校FutureSchools@Singapore）が進んでいる点が注目される。

　リー・シェンロン首相が2004年8月に国民に語りかけた"Teach Less, Learn More."という新教育理念に基づき、教育制度の多様化が図られた。全人教育に向けて、学術・スポーツ・芸術を含む幅広い教育が実現し始めた。そして、児童・生徒自らが課題を設定して、その解決を図ることが奨励されている。2014年に至り、教育省（MOE）は「すべての子どもに最高の教育を」という大目標を掲げて、斬新な教育改革を進めているところである。

なお、PISA調査（2012年）における数学的リテラシー平均得点は573点で2位、読解力平均得点は542点で3位、科学的リテラシー平均得点は551点で3位、PC利用の問題解決力平均得点は562点で1位であった。これらの数字はシンガポールが教育先進国であることを物語る。

Ⅳ　シンガポールの教育制度——選別試験による複線型学校体系

　図からも分かるように、シンガポールの教育制度は旧宗主国イギリスの制度を模して作られた、複線型の能力別教育制度である。この制度では、各教育段階での卒業・修了試験が進路を決定づける。そして、卒業後の経歴にも、これらの試験結果や修了資格が給与や人事に反映する。特に、中等教育と中等後教育において多様なタイプの学校に分かれる。
　学校は2学期4期制で、1月2日に新年度が始まる。以下、校種別に説明を加える。

1．就学前教育（Pre-school Education）

　幼稚園（kindergarten）は、3歳から5歳までの子どもが学ぶ3年制教育機関（私立・国立）があるが、義務教育ではない。MOEのNurturing Early Learners Curriculumに従い、2つの言語（英語と民族母語）や数学・ICTなどを初歩から学ぶ。午前組と午後組に分かれていて、毎日4時間の授業がそれぞれ週5日間行われる。他方、保育園（child and infant care centre）は、18か月以上の幼児または2か月以上の乳児を預かる保育施設である。

2．小学校教育（Primary Education）

　小学校は6歳から6年間学ぶ義務教育機関であり、無償である。午前中に中核3教科の「英語」「民族母語」「数学」を学び、午後にはそれ以外の教科（「理科」は3年生から）や補修クラスに出席することができる。小学校課程は、1年から4年までの基礎段階と5・6年の進路準備段階に分けられる。進路準備段階のクラスは教科ごとに習熟度別に編成される。「英語」「数学」「理科」の3教科は標準・基礎の一方を、「民族母語」は上級・標準・基礎のいずれ

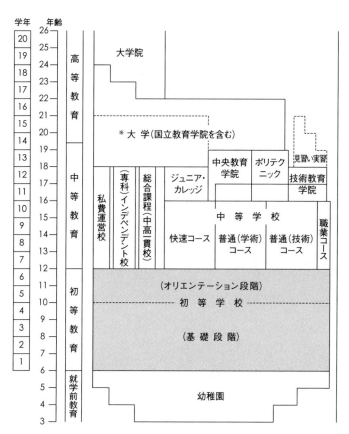

注
1) 小学校卒業試験（PSLE）の結果、中等教育のさまざまな校種とコースが決まる。
2) 中学校の快速コース（4年間）と普通（学術）コース（5年間）を修了するに当たり、GCE-Oレベル試験を受け、その成績などによってジュニア・カレッジ（2年制）、ポリテクニック（3年制）などへの進学が決まる。
3) GCE-Nレベル試験は、主に中学普通（技術）コースの4年生が受験するが、GCE-Oレベルよりも平易であり、合格すれば5年生に進級できるが、不合格の場合には技術教育学院に進むことになる。
4) 私費運営校・インデペンデント校・総合課程（以上6年制）やジュニア・カレッジ（2年制）、中央教育学院（3年制）、ポリテクニック（3年制）を修了するに当たっては、GCE-Aレベル・SATや国際バカロレア試験などの上級修了試験を受ける。これらの試験の成績などが、大学進学上重要な審査基準となる。
5) 大学の学部教育は3～4年制であり、最低入学年齢は18歳、最低卒業年齢は21歳である。
6) 大学（国立教育学院を含む）としたのは、国立教育学院が唯一の教員養成機関であることを強調するためである。

図　シンガポールの学校教育制度

（池田（2013: 191）に基づき橘内が編集・作成）

かを選択履修する。これが選別教育への準備段階である。

クラス・サイズの上限は1-2年が30人、3-6年が40人である。だが「民族母語」の場合は、言語によってそのサイズにばらつきがある。学校によっては少数言語である「マレー語」「タミル語」の教員が配置されないので、児童は各言語の言語学習センターで学ぶ。

教科書はどうか。「公民・道徳」「民族母語」「社会」（と中学「歴史」）のような内容に価値判断を伴う教科は、MOEカリキュラム計画・開発局が民間出版社と共同で制作する。「英語」「数学」「理科」は民間出版社が編集した上で、MOEの検定を得る必要がある。

小学校卒業試験（PSLE）が第一の選別試験であり、これに2回不合格になると、中学には進学できず、職業校に進むしかない。そこから技術教育学院へ進学することもできる。

3．中学校（Secondary School）

PSLEなどの結果に基づき、上位10％以内の生徒は6年制の総合課程校（中高一貫校）に進む。中学校は4-5年制であり、生徒は前記の試験結果などにより下記の3つのコースのどれかに籍を置いて、学業に励み、GCE-OレベルかGCE-Nレベルの修了試験を狙う。

1	快速コース	・「英語」も「民族母語」も第1言語レベルで学習。 ・卒業時には「数学」と「理科」を加えたGCE-Oレベル試験を受ける。この試験で優秀な結果を残せば、ジュニア・カレッジ（2年制）に進学可能。さもなければ、ポリテクニック（3年制）に進学する。
2	普通（学術）コース	・「英語」は第1言語レベルだが、「民族母語」は第2言語レベルで学習。 ・成績不良者は4年次にGCE-Nレベル試験を受けて、成績が良ければ、さらに5年次の学習を経た上でGCE-Oレベルの試験を受けることができる。この試験で成績が悪いと、ジュニア・カレッジに進学できない。
3	普通（技術）コース	・「英語」は第1言語レベルだが、「民族母語」は第2言語レベルで学習。 ・GCE-Nレベルの試験を受けて合格すると、2年制の技術教育学院（ITE）に進学できる。さもなければ、職業訓練コースに振り分けられる。

中学校4年次における選別試験が進路をほぼ決定づける。クラス・サイズは40人が上限。

4．ジュニア・カレッジ（Junior College）などの大学進学準備教育

ジュニア・カレッジは2年制であり、進学準備教育を施す。教育内容は、「知と技能」「語学」「人文科目」「数理科目」に加えて大学提携科目が含まれる。授業形態は講義・個人指導（チュートリアル）・実験実習からなる。その修了時に普通教育上級レベル（GCE-A level）試験とSAT-Iの試験を受け、その結果次第で大学進学の可否と志望大学の学部学科が決まる。その他に、私費運営校・インデペンデント校・総合課程校（6年制中高一貫校）・ポリテクニックから上記の試験を受けて大学に進学する方法もあり、ジュニア・カレッジ12校に準じる。インデペンデント校（自主校）に加えて、近年では4-6年制の専科インデペンデント校（数理科・スポーツ科・芸術科・科学技術科）が設置されるようになった。他に3年制の中央教育学院がある。

中等・中等後教育とその校種はかくも複雑である。

5．大学（University）

大学入学審査は、2つの審査を経て行われる。第一段階は、大学全体で行い、「GCE-Aレベル試験科目（3H2+1H1）」「総合論文」「知識と探究」「プロジェクト・ワーク」の成績に基づき、コンピュータで判定・決定される。第二段階では、各学部の求める入学要件によって審査される。医・歯・看護・法・建築の諸学部では筆記試験も行われる。学部教育は3～4年制である。

2014年現在、この国にはNUS、NTU、SMU、SUTDの4自治大にSITとSIM大がある[3]。全大学の専攻分野は、2004年には理工分野が71％、ビジネス分野が18％、人文社会科学は11％であった（池田, 2004）。だが、その後の大学新設により理系・実学傾向はさらに進んだ。海外大学シンガポール校への進学や海外留学を含むと、大学進学率は35％に上る。

6．ポリテクニック（Polytechnic）

ポリテクニック（3年制の高専）は、実学的な教育を施す中等後教育機関で

あり、高い技能を持つ人材を育成する。修了するとディプロマが授与される。2014年現在、5校ある。

7．技術教育学院（Institute of Technical Education、略称ITE）

技術教育学院とは、中級技能労働者を養成する1-2年制の実業教育機関である。ここを修了すると、国家ITE修了資格が与えられる。中等後教育の中で、ITEにはその後の就職と進学に向けての「敗者復活トンネル」（シム2009）が用意されている。

小学校6年・中学校4年を合わせた普通教育10年の課程を終えると、生徒の約31％はジュニア・カレッジに、約43％がポリテクニックに、約22％がITEに進学するという。

V　シンガポールの諸言語教育

シンガポールでは、「英語」と「民族母語」が必修で、「第3言語」が選択科目である。

1．英語中心の2言語教育

「英語」が教育言語・第1言語として重視される一方で、第2言語である「民族母語」も必修で、卒業・修了試験（PSLEやGCE-Oなど）で合格することが重要な目標になる。マレー語・タミル語の学習促進を狙って、各言語別に「言語学習センター」が設置されている。

2．第3言語としての外国語教育

中学校（4年間）では第3言語を選択外国語として学習することができるが、その履修はPSLE上位10％以内の者に限られる。フランス語・日本語・ドイツ語・アラビア語・インドネシア語・（上級）マレー語・スペイン語の7言語から選ぶ。日本語は漢字を含むため、PSLEでの「華語」合格者のみが履修でき、かなり高い水準にある。第3言語は、国内2か所にあるMOE語学センターで、週1日3時間15分（15分の休憩時間を含む）にわたって学習される。

その上にe-learningが週45分課されるので、「週4時間」の学習と見做される。ジュニア・カレッジ生もこの語学センターで学ぶことができる。

　上記7言語のうち、スペイン語は2014年から新たに導入された。諸外国語の中でも日本語はもっとも人気が高い。ウォーカー（2013）によれば、MOE語学センター、南洋理工大学（NTU）、タマセク・ポリテクニック、シンガポール国立大学（NUS）にそれぞれ1,000人を超す学習者がいるが、初級から中上級レベルまでの全課程を設けているのはNUSのみである。

Ⅵ　シンガポールにおける教員養成

1．国立教育学院（NIE）

　教員養成課程は一般大学にはなく、もっぱら国立教育学院（National Institute of Education、略称NIE）で行われる。NIEとは南洋理工大学（NTU）に併設された教員養成機関であり、4年制学士課程のほか、ジュニア・カレッジ卒課程、ポリテクニック卒課程、大学学部卒課程・大学院修士課程・博士課程を含む多様な養成課程を用意している。学位記はNTUの名において授与される。NIEでは現職教員研修や教育管理職研修も行われている。

　NIEには、「教員英語センター」（TLDC）と称する研修所があり、次の3つの研修プログラムが実施されている。

　　①The Language Enhancement and Academic Discourse module
　　②The Certificate in English Language Studies programme
　　③The English Language Content Enhancement programme

　NIEの学生は一般教育公務員の訓練生であるから、国から毎月俸給を得る。教員候補者である訓練生は、中等教育修了者の上位3分の1の成績以内の優秀者の中から校長を含む委員会の推薦によって選ばれ、MOEが任命する。卒業後は一定年数教職に就くことが義務づけられている。NIEの学位などがそのまま教員資格となるため、教員免許制度はない。

　なお、教職に就いて3年後から教員は熟練教員職・教育管理職・教育研究職のうち、いずれかのトラックに進むのが適切であるかどうか、毎年評価される。現職教員には年間で100時間の研修を受ける権利がある。NIEでより

上級の学位やディプロマを得ることもできる。新たな学習方法やICTの利用を導入するための研修も行われている。実践事例を共有するために、シンガポール教員アカデミーが設けられている。

2. 教員養成プログラム

　NIEにおける教員養成は、学歴別と教科別と学校種別に行われている。小学校教員は複数教科を修めて、一種のゼネラリストを志向する。中学校でも勤務校の必要に応じて2教科が担当できるように、少数「民族母語」の訓練生はその言語でもう1つの教科が教えられるよう両課程を修める。たとえば、「マレー語」と「小学公民・道徳」（マレー語）または「中学マレー文学」というようにである。「タミル語」訓練生も同様である。「中学英語」の訓練生が、「中学英文学」の課程も修めることも大いにあり得る。

1）新人教員養成

　新人教員養成課程（ITPP）には下表の4課程がある。その他にMAやPhDの課程もある。

2）現職者研修

　現職者研修（PD）は、各教科別・校種別に行われている。たとえば、2014年度には、「上級英語指導コース」の枠組の中で、「評価のための文法」「英語の形成的評価」「言語評価の原理と実際」「物語の構成法」を扱う小学校英語研修4講座が開かれた。

　現職者はNIEで学位取得を目指して長期研修を受けることもできる。そのような教員にはパートタイムによる学位課程も用意されている。教育管理職向きの研修もある。

	課程	修了年限	対象など
1	ディプロマ・プログラム（DP）	2年	ポリテクニック卒またはジュニア・カレッジ卒
2	教育学士（BA/BSc（Ed））プログラム	4年	NIEの学部生

| 3 | 学部卒教育ディプロマ（PGDE）プログラム | 1年 | 一般大学の学部卒業生 |
| 4 | 教育学修士（ME）課程 | 2年 | 学士の学位取得者が対象で、教育の理論・実践に関する修士論文の提出が必須。 |

3．諸言語の教員養成

　公用語が4つある多言語社会ゆえ、言語教員の養成も言語別に行われている。重要度の順に「英語」「民族母語」「第3言語」の3種である。このうち、「英語」の教員養成はNIEの英語英文学科（English Language and Literature Academic Group：ELLAG）が担当し、「民族母語」である華語・マレー語・タミル語の教員養成はNIEのアジア言語文化学科（Asian Language and Culture Academic Group：ALCAG）が責任を持つ。

1)「英語」の教員養成課程

　まず、「英語」の教員養成課程について取り上げる。この課程は、英語英文学科が担当する。教授陣は60人を超える。以下、英語教員養成課程のプログラムを5つ列挙した。

1	Diploma in Education（DipEd）	ディプロマ（教育学）課程
2	BA/BSc（Ed）English Language	教育学士（英語）課程
3	BA/BSc（Ed）English Literature	教育学士（英文学）課程
4	Postgraduate Diploma in Education（PGDE）	大学卒ディプロマ（教育学）課程
5	Postgraduate Diploma in English Language Teaching（PGDELT）	大学卒ディプロマ（英語教育）課程（中国からの英語教員を対象とする1年間の研修コース）

2)「民族母語」(MTL)の教員養成課程

　公式の「民族母語」は、公用語の華語・マレー語・タミル語の3つであり、小中学校での必修科目である。これらの言語の教員養成は、NIEのアジア言語文化学科が担当している。その主任教授が学科長を務め、各言語分科（Division）に副主任が任命されている。華語分科の教授陣は21人を数える。マレー語分科は12人で、タミル語分科は4人である。

A. 華語（Chinese）の教員養成

華語（中国語）の場合は、次の7つのプログラムが提供されている。

1	Bachelor of Arts（Education）	文学士（教育学）課程
2	Diploma in Education	ディプロマ（教育学）課程
3	Postgraduate Diploma in Education（Secondary）	大学卒ディプロマ（中学校）課程
4	Postgraduate Diploma in Education（Primary）	大学卒ディプロマ（小学校）課程
5	Master of Education（Chinese）	教育学修士（中国語）課程
6	Master of Arts（Chinese）	文学修士（中国語）課程
7	PhD（Chinese）	学術博士（中国語）課程

B. マレー語の教員養成

マレー語の場合には、以下の9つのプログラムが用意されている。

1	Bachelor of Arts（Education）	文学士（小学校）課程と文学士（中学校）課程を含む。
2	Diploma in Education（Secondary）	中学校カリキュラム構造課程およびコアモジュールと指定選択科目の内容課程を含む。
3	Diploma in Education（Primary）	小学校カリキュラム構造課程およびコアモジュールと指定選択科目の内容課程を含む。
4	Postgraduate Diploma in Education（Secondary）	中学校マレー語教育課程と中学校マレー文学教育課程の2つがある。
5	Postgraduate Diploma in Education（Primary）	小学校マレー語教育課程と小学校公民・道徳教育（マレー語）課程の2つがある。
6	Master of Education（Malay）	教育学修士（マレー語）課程
7	Master of Arts（Malay）	文学修士（マレー語）課程
8	PhD（Malay）	学術博士（マレー語）課程
9	Advanced Diploma in Malay Language Education	マレー語教育上級ディプロマ課程（現職教員のキャリアアップ研修課程）

C. タミル語の教員養成

タミル語教員養成は、マレー語教員養成に似て、下記のプログラムが提供されている。

1	Diploma in Education（Secondary）	中学校タミル語ディプロマ課程
2	Diploma in Education（Primary）	小学校タミル語ディプロマ課程
3	Postgraduate Diploma in Education（Secondary）	中学校タミル語教育課程と中学校タミル文学教育課程
4	Postgraduate Diploma in Education（Primary）	小学校タミル語教育課程と小学校公民・道徳教育（タミル語）課程
5	Master of Education（Tamil）	教育学修士（タミル語）課程

6	Master of Arts（Tamil）	文学修士（タミル語）課程
7	PhD（Tamil）	学術博士（タミル語）課程
8	Advanced Diploma in Tamil Language Education	タミル語教育上級ディプロマ課程（現職教員の実力向上研修課程）

3）第3言語としての外国語の教員養成

Ⅴの2に記したように、シンガポールでは「第3言語」が選択外国語に該当する。外国語教育に従事したい場合は、NIEにその養成課程がないので、海外の特定大学に長期留学することが必須である。

Ⅶ　考察と提言

　シンガポールは、表現の自由が制限された管理社会ではあるが、人的資源の開発を国家戦略の要としている点は大いに評価できる。その教育財政・シラバス・ICT・外国語教育・修了試験と教員養成について、日本と比較すると、次の7点が浮かび上がってくる。

①シンガポールの教育予算は総予算の20％を占め、日本は5％台に低迷している。教育の量と質を保証し、教育改革を進めるためには、文教予算の大幅な増加が望まれる。

②シンガポールのMOEは、各教育段階の学年別・教科別に精緻なシラバスを発表しているが、日本の文部科学省が作成・発行した『学習指導要領』は大綱的な基準を示すにすぎない。両者の相違は歴然としており、現行のままでよいのか再考を要する。

③シンガポールの先進的なICT活用教育（モデル校FutureSchools@Singapore）に倣い、日本も21世紀の知識基盤型経済にふさわしく、教育技術の革新を図るべきである。

④シンガポールの学校教育では、「英語」「民族母語」を必修とし、「第3言語」を選択外国語としている。これを日本の学校に置き換えて提案すれば、「国語」「外国語（英語）」を必修とし、もう1つの言語を「選択外国語」として学習することである。

⑤シンガポールには、PSLEの卒業試験やGCEによる普通教育修了試験があ

るが、日本にはこの種の試験はない。センター試験や個別の入学試験はあっても、学力を保証する意味での国家試験はない。そこで、全国統一の高校課程修了試験を課してはどうだろうか。

⑥NIEでは教育実習が4年間に計20週間、段階的に行われている。今後は日本でも教育実習の長期化と段階化（学校経験・授業補助・授業実習1・授業実習2）が図られるべきである。

⑦日本では新採用3年目から人事評価によって教職の専門化が進むことはない。だが、「熟練教員職」や「教育管理職」の登用には教職大学院修了を要件とすべきであろう。

以上、かの国の教育を参考にしながら、日本の教育改革へ向けて提言を行った。

注

1 本章執筆に当たり、末尾の引用・参考文献を参照したほか、1995年以来7回にわたる現地訪問が役立った。最近では、2013年の8月と11月に、NUS（特に、CLS日本語プログラム）、NIE（特に、ELLAGとALCAG）やMOE、RELC、タミル語学習センターなどを訪問し、それらの教授陣や職員に面会して貴重な資料を得ることができた。以上、記して謝意を表したい。

2 PSLEとは、Primary School Leaving Examination（小学校卒業試験）の略称である。GCEとは、General Certificate of Education（普通教育修了資格）のことである。それには、Oレベル（普通レベル）、Nレベル（基礎レベル）、Aレベル（上級レベル）がある。OレベルとNレベルは、中学修了時に受ける試験であるが、Aレベルはジュニア・カレッジなどを修了する前に、大学入学審査のために受験する普通教育修了資格試験である。

3 これらシンガポール6大学の正式名称（括弧内に略称）は以下の通りである。National University of Singapore (NUS), Nanyang Technological University (NTU), Singapore Management University (SMU), Singapore University of Technology and Design (SUTD), Singapore Institute of Technology (SIT), SIM University (Uni SIM).

参考文献

Goh Yeng-Seng (2009). Bilingual education policy in Singapore: Challenges and opportunities. Christopher Ward [Ed.] *Language teaching in a multilingual world: Challenges and opportunities.* Singapore: SEAMEO Regional Language Centre. pp.171-190.

Gopinathan, S. *et al.* [Eds.] (2003). *Language, society and education in Singapore.* Singapore: Eastern Universities Press.

池田充裕（2004）「シンガポール──グローバリゼイションに挑む高等教育改革」馬越徹編『アジア・オセアニアの高等教育』東京：玉川大学出版部, pp.149-170.
池田充裕（2013）「第6章 シンガポール──中等教育の多様化と能力主義教育の行方」馬越徹・大塚豊編『アジアの中等教育改革』東京：東信堂, pp.190-221.
Lee Kuan Yew (2012). *My lifelong challenge: Singapore's bilingual journey.* Singapore: Straits Times Press.
Low Ee Ling & Adam Brown (2005). *English in Singapore: An introduction.* Singapore: McGraw-Hill Education (Asia).
シム・チュン・キャット（2009）『シンガポールの教育とメリトクラシーに関する比較社会学的研究──選抜度の低い学校が果たす教育的・社会的機能と役割』東京：東洋館出版社.
田村慶子（2013）『多民族国家シンガポールの政治と言語』東京：明石書店.
Tan Jason [Ed.] (2012). *Education in Singapore.* Singapore: Pearson Education South Asia.
ウォーカー泉（2013）「シンガポールの日本語教育」早稲田大学主催『ASEAN諸国と日本語教育』（シンポジウム予稿集）東京：早稲田大学, pp.24-27.

HP URL

http://www.singaporebudget.gov.sg/（2014.5.25）
http://www.singstat.gov.sg./statistics/late.html（2014.5.25）
http://www.moe.gov.sg/education/（2014.5.25）
http://www.nie.edu.sg/（2014.5.25）
http://www.goodenglish.org.sg/SGEM（2014.5.25）
http://www.edulab.moe.edu.sg/（2014.6.10）

6 マレーシア

植松茂男

I マレーシアの概要と言語状況

　マレーシア（Malaysia）は東南アジアのマレー半島南部と、ボルネオ島北部からなる連邦立憲君主制国家で、首都はクアラルンプール（Kuala Lumpur）である。イギリス連邦の一員であり、マレー半島では北をタイ、南をシンガポールと、ボルネオ島ではブルネイ、インドネシアと接している。また海上ではシンガポール、フィリピン、ベトナムと接し、古くから交易で栄えた。

　15世紀にマラッカ王国が成立するが、海上交通の最重要海峡に位置するため、16世紀にポルトガル、17世紀にオランダ、18世紀にはイギリスに占拠され、19世紀後半からはイギリス植民地の英領マラヤとなった。植民地を経済的に発展させるため、イギリスはスズ鉱山掘削の労働力として中国系移民、天然ゴムプランテーションの労働力としてインド系移民を利用した。そのため多民族国家が形成された。第2次世界大戦中、日本に一時的（1942-1945年）に占拠されたが、戦後イギリス統治下に戻った後、1957年にマラヤ連邦として独立、1963年には北ボルネオ、サラワクも加わってマレーシアが成立した。2年後の1965年、シンガポールがマレーシアから分離独立した[1]。

　国土の面積は約33万平方メートル（日本の約0.9倍）、人口は2,962万人（2013年、統計局）[2]である。人口の約6割をマレー系、約3割を華人系、約1割をインド系・その他が占める。イギリス植民地からの独立後、ラーマン初代首相は、国家統合と民族間の社会経済格差是正を図るためにマレー化政策を導入した。1957年に制定された憲法第160条で、1）イスラム教徒であり、2）マレー語を話し、3）マレー人社会の慣習に従う者を「マレー人」と定義し、これに政治的マジョリティと文化的優位性を与えようとした（杉村、2000：9）。

このような政府のマレー人優遇政策に対して、華人とインド系住民からは不満が募っていった。その結果、華人によるシンガポールの分離独立に続いて、政府が進める民族融和路線の混迷は1969年5月に大規模な衝突を引き起こし、約200人が死亡するという「5.13事件」に代表される民族対立に至った。

　しかしながら、一連のマレー化政策はさらに進められ、アブドゥル・ラザク第2代首相は1971年に"New Economy Policy"の名のもと、ブミプトラ（優遇）政策[3]を正式に導入し、独立当時華人所得の約4割、インド系住民の約6割に過ぎなかったマレー系住民の所得・地位向上を図った。「ブミプトラ」(the Bumiputeras)とは「土着の民」の意味で、マレー人およびサバ州のカダザン人やサラワク州のイバン人などの先住民も含んでいる。

　国語はマレーシア語[4]であるが、華人系住民の間では中国語（北京語以外に広東語、潮州語、客家語等も含める）、インド系住民の間ではタミル語（諸地方語も含める）が日常的に使われており、土木・建築、家事手伝いなどに代表される単純労働作業に携わるインドネシア・フィリピン・バングラデシュ等からの外国人労働者の増加により、各民族の言語も使用されている。英語はイギリスからの独立を機に徐々に利用が減りだしたが、今でもビジネスや観光を中心に広く使われている。しかしながら、独立後のマレーシア国語化政策の影響は大きく、英語は1970年代以降マレーシア語に教育言語としての地位を徐々に奪われた。1980年代中頃には大学教育までマレーシア語に取って代わられる状態になり、「英語による講義を理解できない学生が増加し、英語は第2言語（ESL）と言うよりも外国語（EFL）に地位を落とした感がある」(Lim, 2007：137)という。

　マレーシア語はイギリス植民地化でアルファベット表記されるようになったが、もともと東南アジア一般にあったブラーフミー文字からアラビア語表記のジャウイ文字を利用していた。インドネシア語とは非常に近い。宗教はイスラム教が国教と定められているが、仏教、ヒンズー教、イスラム教等、個人の信仰の自由は保証されている。

Ⅱ　学校言語教育の推移と現状

　イギリスの植民地であったため、マレーシアではイギリスの教育制度の影響が大きく、エリート養成のための英語教育が普及した。こうした英語学校に19世紀後半から華人やインド系移民の子弟が通い始めた。一方、マレー語、中国語、タミル語による教育施設の設立も20世紀に入りさかんになったが、1957年の独立後も英語による教育が広く行われていた。1961年に新教育法が制定され、中等学校ではマレーシア語が英語とともに教育言語になったのを皮切りに、1970年代より、中等学校以降の公立学校では授業言語はすべてマレーシア語に統一されていった。これは1981年に就任したマハティール・モハマド第4代首相のブミプトラ優遇政策の下でも引き継がれた。

　初等教育では中国語（北京語）、タミル語を教育言語とするケース（国民型学校）も認められているが、中等教育ではマレーシア語による教育が一部私立学校などを除いてほぼ実施されている。しかしながら、1980年代に驚異的な経済成長をとげ、1990年代に入るとグローバル化の波を受け英語の重要性を再認識した政府は、世界水準の理数教育を提供するため、2003年、小学校から理科、数学においては英語で授業（PPSMI）[5]を開始した。しかしながら、国際比較における成績順位が下がるなど、その成果は芳しくなかった。杉本（2005：319）は当初から、教員養成不足と民族別小学校の存続によるこの施策の失敗を予見していた。さらに1980年代から顕著になってきたマレーシア語で授業、講義を受けた教員が増えたことが要因の1つとも考えられる。

　2009年ムヒディン教育相はこの政策の失敗を公に認め、2012年以降、理科・数学の教授言語をマレーシア語に戻すことになった（*The Guardian*, July 10, 2009）。その一方で1983年に、半官半民で創設されたマレーシア国際イスラム大学（International Islamic University Malaysia：IIUM）は、公立学校の授業用言語のマレーシア語化がようやく高等教育まで達した時期に、その潮流に逆行するかのように英語とアラビア語で授業を開始した。これは、国家宗教であるイスラムのボーダレス的性格を反映したものであった。

日常会話で使用される英語に関して、シンガポール英語がSinglishと呼ばれるのと同じく、マレーシア英語は、Manglishと呼ばれたりする。田嶋・河原（2006）によると、シンガポールとマレーシアは民族構成が似ていることもあり、英語の特徴が類似しているのでしばしば同じカテゴリーにまとめられることも多い。マレーシア英語の方がシンガポール英語より、マレー語の流入が多いという。

　一般中等学校では必修の英語以外に、ドイツ語、フランス語、日本語などが選択履修できる。またエリート学生を集めた全寮制中等学校では、必修の英語に加え、ドイツ語・フランス語・日本語・中国語・アラビア語の5言語のうち1言語が選択必修となっている（一部の学校ではアラビア語も必修）。いずれの場合も、マレーシア国内の民族の言語として、中国語、タミル語も生徒の希望により学習できるようになっている。

Ⅲ　学校教育制度

　マレーシアの教育制度は基本的に6-3-2-2制である。2学期制であり、1月と7月が新学期である。マレーシアでは初等教育はマレーシア語、中国語、タミル語で行われているが、中国語で初等教育を受けた子弟のための6-3-3制華文独立中学校も存在する。小学校は、国民学校と国民型学校の2つのタイプがある。国民学校では、教育言語はマレーシア語で、国民型学校は、教育言語の違いでさらに2つのタイプに分かれ、中国語国民型とタミル語国民型があるが、いずれでもマレーシア語は必修科目になっている。英語は上述の通り、すべの小学校で必修となっている。国民学校で小学1年生から3年生までが毎週240分、4年生から6年生が毎週210分、国民型学校では小学校1年生から3年生までが毎週60分、4年生から6年生が毎週90分である（Darus, 2013：23）。

　中等教育は5年間で、前期（フォーム1～3、各1年間）と後期（フォーム4～5、各1年間）に分かれる。ただし、国民型学校（華語、タミル語）からマレーシア語で授業が行われる前期中等学校に進学を希望する場合、マレーシア語力によって1年間の移行期間が必要な場合もある。中等教育機関のエリート校

である「全寮制中等学校」が、共学・男子校・女子校を合わせて2013年度現在マレーシア全土に約67校あり、「小学校修了試験」UPSR（Ujian Penilaian Sekolah Rendah）の成績が優秀であれば、そちらにも進学可能である。ただし、マレー人を優先して入学させることになっている。

　義務教育は初等学校6年間であるが、後期中等教育5年生までの11年間は無償である。就学率はユネスコ文化統計（2014）によると、初等学校100％、中等学校前期92％、同後期75％である。さらに近年、教育省は就学前教育として、5歳、6歳の、いずれか1年間を義務教育期間として定着しようとさせている。そのため、これを終えていないことが多い農村部に合わせて、初等学校（小学校）1年生の就学年齢を従来から1年年長の7歳に引き上げている。

　高等教育は、総合大学（4～7年間）、教員養成カレッジ（(ITE)[6]、専攻により4～5年間）、ポリテクニック（総合技術専門学校、2～3年間）、コミュニティー・カレッジ（職業訓練カレッジ、1～3年間）がある。このうち、教員養成カレッジ、ポリテクニック、コミュニティー・カレッジへは中等教育終了後すぐに進学することができる。大学に進学を希望する場合は、大学進学前準備教育課程であるフォーム6を取り卒業認定試験STPM（Sijil Tinggi Persekolahan Malaysia）に合格するか、大学予科（マトリキュレーション・コース、ブミプトラ最優先）を修了しなければならない。国立大学入学時の割り当て率は、1979年以降、ブミプトラ55％対非ブミプトラ45％（華人35％、インド人10％）に設定された。だが篠崎（2001）によると、その比率は必ずしも守られておらず、実際はブミプトラの比率が7割程を占め、優秀な華人学生はシンガポールや香港の大学に進学するという。

　マレーシアは1996年、「私立高等教育機関法」「大学改正法」等を制定し、技術カレッジ等の国立大学への昇格や新設、私立大学の設立、海外大学分校の設立を進め、高等教育の受け皿を急激に拡大させた。進学率は1990年に7％、1995年には12％であったものが2001年には28％、2009年には36％となった[7]。高等教育では女子の比率が57％と日本の42％より高い。

6 マレーシア 103

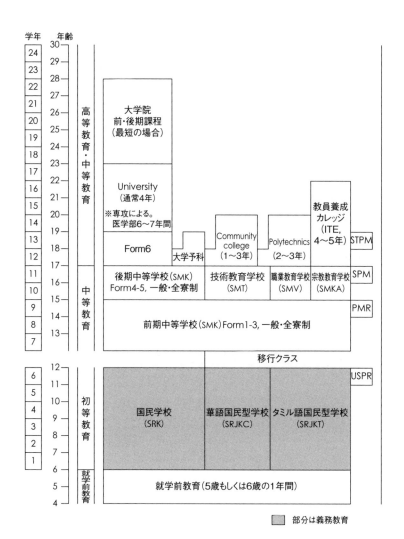

注
1) マレーシア教育省は、初等教育に加えて中等教育も義務教育化することを現在検討中である。

図 マレーシアの学校教育制度
(マレーシア教育省 (2014) に基づき植松茂男作成)

Ⅳ　教員養成制度

マレーシアの教員養成制度については、2004年より初等教育教員養成が教育省（Ministry of Education：MOE）、中等教育教員養成が高等教育省（Ministry of Higher Education：MOHE）の管轄に分かれた。教育省は主に初等教育教員を教員養成カレッジ（ITE）で養成する。一方、高等教育省は中等教育教員を国立大学等、政府が助成する大学で養成する。

2006年の改革でそれまでの師範学校が上述のITEに移行し、国内14省に27校配置されてから、政府は2010年までに初等学校教員の70％、中等学校の教員の全員が学位を持つことを目標として打ち出した。また教員がマレーシア語（中国語・タミル語）に加えて英語でも教えられることも目標に掲げられた。

ITEの学生は卒業までに通常4年をかけ、上述のように初等学校及び中等学校前期の教員を目指す。ただし、外国語教育教員養成の場合は5年以上かかり、「外国語としての英語教育」（Teaching English as a Second Language：TESL）を選ぶ場合は5年である。フォーム5（後期中等学校）を修了し、「中等学校後期修了試験」SPM（The Sijil Pelajaran Malaysia）で良好な成績を取った者のみが入学を許可される。一般大学では日本と同じく、学部在学中に専門単位と教職単位をとる学部並行型学位（たとえば教育学士、Bachelor. of Education：B.Ed.）が取れるようになっている。大学によって修了年限はさまざまであるが、基本的に4年から教育実習を含めて5年である。いずれの場合も、卒業後ITEにおいて面接試験を受けた後、3年間の「見習い教員」期間を経て、公立学校教員（government school teacher）として正式採用される。

大学院を持つ大学や大学院を併設するITEは中等教育の教員の養成を目指す。これらのコースには大学院教育ディプロマ（Post-graduate Diploma of Education：PGDE）コースが準備され、学部卒ディプロマより少し俸給が上がる。

次に宗教色の非常に強いマレーシア国際イスラム大学（IIUM）と国立マラヤ大学（University of Malaya）の教育学部における英語教育（Teaching English as a Second Language：TESL）専攻の場合の学士（教育学士：B.Ed）の必要単位構造を比較してみると、IIUMは、全学共通必修科目にはイスラム関連のものが20

単位ほどある。一方マラヤ大学では、イスラム関係はわずか2単位である。教育実習期間は、IIUMでは、3年次に授業観察を4週間、4年次で12週間の授業実習を行う。マラヤ大学の場合、教育実習期間は4年次に10～12週間と、IIUMより短い。

現職教員が学位を取る場合、必要年限は各種短期プログラムや集中コースを利用して3年以内でも可能であり、学位を取得した場合は教育省が配置等で優遇している。また、論文発表や国内外の学会に出席することも奨励されている。上述の国内27校のITEは、カリキュラムや試験、現職教員教育、実習科目等で常に連携体制を取っている。マレーシアの教員養成制度は、このように多様な修学制度の存在と、学部・大学院教員養成プログラム、現職教員の研修、就学前教育などに毎年改善が加えられているため非常に複雑である。

V 外国語教員の教育環境と教員研修

OECDが2007年から2008年にかけて実施したTALIS[8]によると、参加23か国中マレーシアの教員の「自己効力感」と「職業満足度」は平均程度であり、研修の時間確保や金銭的補助が政府によって積極的に行われていることを反映している。教員の給与は一般公務員と同程度であるが、より選択肢の多い男性には敬遠されがちである[9]。実際、筆者が2014年2月にプトラジャヤ行政地区にある3つの小学校を訪問した際に話を聞いた14名の英語教員すべてが女性であり、男性は管理職や教育省関係者のみであった。教員研修に関しては、27のITEを中心に短期研修、セミナー、大学が主催する国内・国際会議が開催され、これらに積極的に参加するように求められている。また、多忙な教員のために通信教育で研修の機会を与えている大学もある(Bayani, 2010)。

VI 考察

独立以来、旧宗主国イギリスが作り上げた民族的就業構造の固定化を是正

することによって、貧困の格差是正を目指した「ブミプトラ」優遇政策、及びイスラムの国教化が、マレーシアの社会、経済のみならず教育制度に大きな影響を及ぼしていることは間違いがない。政府は1990年代以降、急速なグローバル化に対応すべく人材養成の試みを繰り返しているが、2003年に開始された中等学校における理科・数学の英語による教育が2009年に行き詰まったように、それを根幹で担う教員養成の実状がかみ合っていないことが分かる。特にマレー化政策による学生の英語力の低下は否めない事実であり[10]、経済成長を果たし、グローバル化により賃金が大幅に上がったマレーシア企業にとって、英語力の低い学生は魅力に乏しい。

　マレーシア語・マレー人優遇政策が、はたして国民の一体化や教育の機会均等に資するか否かも、初等学校からの棲み分けや優秀な学生の国外流出などを考えると、大いに再考の余地がある。こうしたマレーシアの言語政策上の問題点として本名（2011）は次のような指摘をしている。「マレーシア語を教育言語としながらも、中学まではマレーシア語、華語、タミル語と言語別に学ぶ教育制度を定めたため、民族間の溝は埋まらなかった。しかもその間に、英語教育は後退し、若年層の英語力低下が問題視されるようになった」（本名、2011：72）

　2009年4月に就任したナジブ・ラザク第6代首相（第2代首相アブドゥル・ラザク元首相の長男）は、ブミプトラ政策が近年の経済発展の妨げになっているとして、政策の一部見直しに踏み切ったが、改革は期待されたほど進んでいない。所得格差も是正されつつあるとは言え、解消されてない（小野沢、2012）。また、ブミプトラ政策により現在でも、「マレー人はマラヤ大学などに容易に入学でき、男子学生はさほど苦労しなくても、希望すれば国ないし州政府の公務員として職を得ることができる」（三木、2013：220）とも言われている。一方、1980年代に始まった教育改革「スマート・スクール」構想は、ICTを軸に教育の質の向上を目指したものであるが、ICT機材のめまぐるしい進化により、度重なるカリキュラムの変更を余儀なくされた。この取り組みを総括してThang et al.（2010）は、教員がいまだにITを駆使して教育を進める自信を持っていないこと、そしてそれは教室内でICTを使いこなすための研修や準備に対して、教員に時間的余裕がなかったことが主な原因で

あると報告している。結局、ICT頼みのグローバルな人材作りも、中途半端な結果に終わっているようである。今後、ブミプトラ優遇政策を、「ビジョン2020」[11]や新たな国家教育計画Malaysia Education Blueprint 2013-2025（2012）の達成に向けてどのように舵取りしつつ、国民の英語力をつける方向に言語政策の転換を図り、国際競争力向上と民族融和に資する方向に変えてゆくのか見守りたい。

注

1　人口の約6割をマレー人が占めるマレーシアに対して、シンガポールは、人口の大多数を華人系が占めている。1964年にはマレー系住民と華人系住民の間で衝突がエスカレートし死者を多数出すようになった。1965年8月、リー・クァンユー率いる人民行動党は華人系住民を率いてシンガポールとして、マレーシア連邦から追われるように分離独立した。

2　マレーシア統計局発表の2013年1月の「推定値」である。http://www.statistics.gov.my/portal/index.php?lang=en　（2014.12.26）

3　便宜上、このように呼ばれているが、政府公式の施策名の中に「ブミプトラ」という言葉は含まれない。文中の"New Economy Policy"のようなものが実際の政策例である。2014年現在でも、マレー人を対象として大学の入学枠の優先割り当て、企業の優遇措置などを行っている。また、サラワク州ではイスラムでない少数先住民族が華人とともに多数派を占め、独立分離の可能性があるため、2014年現在、マレーシア政府は同州に譲歩し、大幅な自治権を認めている。

4　ブルネイ、シンガポール、インドネシアで使われる広義の「マレー語」と区別して、本編ではマレーシアで使われる標準マレー語（basaha Malaysia）を「マレーシア語」と表記する。

5　Pengajaran dan Pembelajaran Sains dan Matematik Dalam Bahasa Inggerisの略（the teaching and learning of science and mathematics in English）の意。

6　Institute for Teacher Educationの略。マレーシア語ではIPG（Institute Pendidikan Guru）と言う。

7　参照リンクUNESCO Institute for Statistics Data Center（2014）. http://data.uis.unesco.org/Index.aspx?DataSetCode=EDULIT_DS （2014.12.30）

8　Teaching and Learning International Surveyの略

9　杉本（2005:315）によると、「マレーシアの教員の社会的地位は、他の専門職と比べて高いとはいえず、ペナンの教員養成カレッジの学生の男女比が1：4であるように男子学生が他の職種に多く流れている。学卒教員の給与はそうでない教員よりも30％高い」とあり、学位の取得を勧めている様子がわかる。

10　ETS（2010）によると、TOEFL iBTテスト（120点満点）結果においてマレーシアは、シンガポール（98点）、インド（92点）を下回り88点とアジア30か国中3位であった。ちなみに日本は70点で27位。

11 マハティール首相(当時)は1991年に、Vision 2020という政策イメージを発表し、同国を2020年までに先進国入りさせる立案をした。同氏はその要となる産業をICT (Information and Communication Technology)と定めた(本名、2011:72)。

参考文献

Bayani Almacen (2010). *Teacher education program: The Malaysian perspective.* http://www.academia.edu/428150/Teacher_Training_Program_The_Malaysian_Perspective (2014.12.13)

Darus, Saadiyah (2013). *The current situation and issues of the teaching of English in Malaysia.* 『立命館言語文化研究』22巻1号、pp.19-27. http://r-cube.ritsumei.ac.jp/bitstream/10367/4130/1/LCS_22_1pp19-27_DARUS.pdf#search='malaysia+primary+English+class' (2014.12.13)

本名信行(2011)「マレーシア−国策ビジョン2020と英語教育政策」矢野安剛、本名信行、木村松雄、木下正義(編)『英語教育学大系 第2巻 英語教育政策』大修館書店, pp.71-86.

Lim, Chee Seng (2007). English studies in Malaysia. In Araki, Lim, Minami & Yoshihara(eds.), *English studies in Asia.* SILVERFISHBOOKS, Kuala Lumpur, pp.135-144.

Malaysia Education Blueprint 2013-2015 (2012). http://www4.unescobkk.org/nespap/sites/default/files/Preliminary-Blueprint-ExecSummary-Eng_0.pdf#search='national+education+blueprint+20132025' (2014.12.14)

Ministry of Education (2014). http://www.moe.gov.my/en/home (2014.12.13)

三木敏夫(2013)『マレーシア新時代――高所得国入り』創成社.

OECD TALIS (2008). http://www.oecd.org/edu/school/43072611.pdf (2014.12.13)

小野沢純(2012)「ブミプトラ政策多民族国家マレーシアの開発ジレンマ」日本マレーシア学会紀要『マレーシア研究 第1号』pp.2-36. http://jams92.org/pdf/MSJ01/msj01 (2014.12.27)

篠崎香織(2001)「国立大学入学と割り当て制」『JAMS News』No.21 (2001.9) http://jams92.org/pdf/NL21/21 (26) _shinozaki.pdf (2014.12.13)

杉本均(2005)『マレーシアにおける国際教育関係～教育へのグローバルインパクト』東信堂.

杉村美紀(2000)『マレーシアの教育政策とマイノリティ』東京大学出版会.

田嶋ティナ宏子・河原俊昭(2006)「第3章 マレーシアの英語」河原俊昭・川畑松晴(編)『アジア・オセアニアの英語』めこん.

Thang, S. M., Murugaiah, P., Lee, K. W., Hazita Azman, Tan, L. Y. , & Lee, Y. S. (2010). Grappling with technology: A case of supporting smart school teachers' professional development. Ausralasian Journal of Educational Technology. 26 (3), 400-416.

The Guardian (2009). Malaysia drops English language teaching. http://www.theguardian.com/world/2009/jul/10/malaysia-tefl (2014.12.27)

ユネスコ文化統計(2014) http://data.nis.unesco.org (2015.1.5)

7 フィリピン

河原俊昭

I フィリピンの概要と言語状況

　フィリピンは、7,000以上の島々からなり、総面積は約30万平方キロで日本の4分の3ほどの広さである。この広さの中で、日本とは比較にならないほど多くの言語が話されている。その数は孤島やジャングルに住む少数民族の言語をあわせると100以上にもなる。その中で、話し手の多い言語としては、タガログ語、セブアノ語、イロカノ語、ヒリガイノン語、ビコール語などが挙げられる。とりわけタガログ語は、フィリピノ語という名称でフィリピンの国語となっている。

　この国は、16世紀以前は、国家と呼べるような政治体制は存在せず、バランガイと呼ばれた集落が各地に散在していただけであった。16世紀からスペイン支配が始まり、カトリックに代表されるスペイン文化が広まった。20世紀初頭からは、アメリカの植民地となり、無償の公教育制度や民主主義の理念が取り入れられ、また西太平洋におけるアメリカの重要な軍事拠点としても機能した。

　1946年にアメリカから独立したが、その後も、アメリカ文化の影響を深く受け続けている。都市部を中心に英語が普及して、英語は依然として司法、行政、マスコミ、教育、ビジネスで使われる言語である。ただ、政府はフィリピノ語の普及にも力を入れており、憲法では、国語はフィリピノ語、公用語はフィリピノ語と英語であると規定されている。

Ⅱ　学校言語教育の推移と現状のフィリピンの教育

1．学校言語教育の推移

　アメリカの植民地となった直後から公教育制度が導入され、アメリカから数多くの教員（輸送船トーマス号に乗って来たので、トーマサイトと呼ばれている）が初等教育の場で教えることになった。トーマサイトたちは児童に英語で教えたが、その後アメリカ人教員が去り、フィリピン人が教員となっても、授業用言語は英語のままであった。この「英語による教育」という姿は、次第に中等教育・高等教育にも拡張されていった。

　1974年の2言語教育法で、この状況に変化が起きた。英語、理科、数学、保健、技術・家庭などの理系の科目は英語が授業用言語である一方で、国語、社会、体育、音楽などの文系の科目は国語であるフィリピノ語が授業用言語となり、現在も続いている。

2．現状のフィリピンの教育

　この国は人口増加が続く開発途上国であり（2010年の国勢調査では人口9,234万人で、過去10年間の人口増加率は1.9％である）、教育の場では、人口増と財政難から、教科書・教員・教室の不足に悩まされている。教科書は貸与されるが、児童・生徒全員に行き渡らず、1冊の教科書を複数の子どもが用いている。教室も足りなくて、午前のクラス、午後のクラスと児童・生徒を振り分けて教室を利用している。このように，教科書・教員・教室を最大限に活用しながら、増大する児童・生徒数に対処している。また、貧富の差の激しい国であり、都会の学校と地方の学校、私立校と公立校、エリート校とスラムの学校、これらの学校間には大きな格差がある。教員たちは働く場としては、都会の学校や給料の高い私立学校を希望する。

　教員数の不足だけではなくて、教員の資質の低下も大きな問題となっている。その理由として、給料の低さが挙げられよう。本来ならば教員として活躍できる人が、他の業種や海外に流出してしまう。たとえば、有能な人がフィリピンで教員として働くことを断念して、より高い収入を求めて、香港やシンガポールなどでメイドとして働いている現実がある。

そのために、成績優秀な生徒は高収入の仕事につながる学部を受験して、教育学部を志望する生徒は相対的に学力の低い場合が多い。このような教員の質の低下は、フィリピンの子どもたちの基礎学力や英語能力の低下につながる。そのために、教員の集団研修や個別研修など、現状の改善に力が注がれている。しかし、根本的には、教員の待遇の改善、教育への一層の投資が必要である。そのためには、フィリピンの経済自体が発展していくことが必要である。

学校へ通う率は、2012-13年時点で、小学校の就学率は95.2％、小学校の卒業率はその中で73.6％、ハイスクールの就学率は64.7％、ハイスクールの卒業率はその中で74.9％となっている。それぞれ25％ほどが中退するが、その理由として、家庭の経済的な状況が関係する。授業料は無償であるが、年間を通していろいろな出費（たとえば、教室の扇風機購入、特別授業費）があり、通学を断念せざるをえない場合がある。またこの国の2言語教育政策も中退の理由となっている。地方語の話される地域の子どもには、2つの授業用言語（フィリピノ語、英語）とも、はじめて触れる言語であるために、授業についていけずに脱落するのである。そのことは、都市部と地方との格差に反映されている。たとえば、比較的豊かな首都圏では小学校の卒業率は79％であるが、地方語が話されるミンダナオ島の南西部の端にある貧しいARMM（イスラム教徒ミンダナオ自治地域）では、卒業率は46％という低さである（統計局のHPより）。

Ⅲ 学校教育政策と学校教育制度

フィリピンの教育制度は初等、中等、高等教育からなり、ほとんどが2学期制である。初等教育は6歳から6年間の義務教育である。フィリピン教育省によれば、小学校の数は全国で46,404校（2012-13年）であり、その83.3％が公立校であり、児童の91.5％が公立校に就学している。そこでの授業用言語は英語とフィリピノ語なので、初等教育の教員は高い英語力を持たなければならない。

中等教育は12歳から4年間である。なお、日本のように中等教育が中学校

と高等学校の2つに分かれていないので、本稿では、中等教育の学校を示すのに、ハイスクールという表現を用いる。ハイスクールの数は12,878校（2012-13年）であり、その60.2％が公立校であり、生徒の80.2％が公立校に就学している（フィリピン教育省のHPより）。なお、従来、フィリピンの中等教育は4年間と日本と比べると2年ほど短かったが、現在k-12プログラムが始まり、中等教育の2年間の延長を目指している。2016年時点でのハイスクール4年生は5,6年生へと進学することになる。

　高等教育は16歳から、大学あるいは職業技術訓練校（専門学校）で行われる。修了年限は専攻により異なり、医学部が9年、法学部が8年、獣医学部が6年、工学・薬学部が5年、その他は4年である。2012-13年現在、高等教育機関は2,299校である。その内、私立校は1,643校と大多数を占めている（高等教育委員会のHPより）。

Ⅳ　教員養成制度

1．教育省と高等教育委員会

　この国の教育は教育省と高等教育委員会が担当する。初等教育と中等教育は教育省（DepEd：Department of Education）の管轄、高等教育は高等教育委員会（CHED：Commission on Higher Education）の管轄である。初等中等教員の採用、訓練は教育省が担当する。教育課程の学生に対しては、在籍する大学が教育するが、大学一般に対する指導は高等教育委員会が担当する。

2．教員になるには

　教員になるためには、教員養成大学か総合大学の教育学部で資格を取る必要がある[1]。初等教育のコースと中等教育のコースがあり、本人の将来の希望にあわせて選択する。幼稚園（pre-school）や小学校の教員を目指す場合は、初等教育学士（BEED：Bachelor of Elementary Education）の学位を取り、ハイスクールの教員を目指す場合は、中等教育学士（BSED：Bachelor of Secondary Education）の学位を取る。

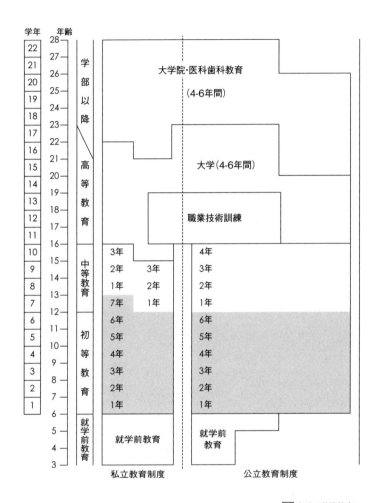

注
1) 現在、就学前教育を1年間義務教育化して、中等教育を2年間延長するk-12プログラムが進行中であり、2018年3月からは、この制度図は大きく変更となる。

図　フィリピンの学校教育制度
（「フィリピン教育セクターの現状と課題」に基づき河原俊昭が作成）

3．初等教育学士と中等教育学士

　初等教育学士になるためには、140前後の単位を取得する必要がある。初等教育コースは、さらに専攻が数々に分かれていて、それらは特別教育専攻（BEED-SPED）、幼稚園教育専攻（BEED-PSE）、芸術教育専攻（BEED-AE）、英語専攻（BEED-ENG）、理科・保健専攻（BEED-SH）、技術家庭専攻（BEED-THE）などである。

　英語専攻学生への開講科目は数多くある。デラサール大学の場合は、基本的リサーチスキル、オーラルコミュニケーション、教材の準備と評価、教育技術入門、聞き読むことの教授法、言語と文学のアセスメント、基本的なコミュニケーションと学習スキル、数学と自然科学、読みの発達、米英文学、テキストの翻訳と編集、リメディアル英語、ESP、言語学入門、文学教授法、文学入門、スピーキング教授法、文体論入門、神話学と伝承、演劇の発声、教育原理、アジア・アフリカ文学、英語の構造、言語リサーチ、世界の偉大な作家の作品研究、文学批評、クリエイティヴ・ライティング、フィールド・スタディなどである。

　中等教育学士号の取得には、140〜160ほどの単位が必要である。中等教育コースは、専門とする科目によって分かれている。それらは英語専攻（BSED in English）、数学の教員（BSED in Mathematics）、国語（＝フィリピノ語）の教員（BSED in Filipino）などである。

　必要単位の内訳を見ると、デラサール大学の中等教育課程の英語教員養成コースでは、一般教養（general education）は、英語9単位、フィリピノ語9単位、文学3単位、数学6単位、理科6単位、選択理科3単位、人文6単位、社会11単位が必修である。専門課程ではさらに必要な単位数が増えている。その科目として、初等教育コースの科目と多くは重なるが、次のような科目があげられる。基本的リサーチスキル、オーラルコミュニケーション、教材の準備と評価、教育技術入門、聞き読むことの教授法、言語と文学のアセスメント、基本的なコミュニケーションと学習スキル、数学と自然科学、読みの発達、米英文学、テキストの翻訳と編集、リメディアル英語、ESP、言語学入門、文学教授法、文学入門、スピーキング教授法、文体論入門、神話学と伝承、演劇の発声、教育原理、アジア・アフリカ文学、英語の構造、言語リサーチ、

世界の偉大な作家の作品研究、文学批評、クリエイティヴ・ライティング、フィールド・スタディなどがある（デラサール大学のHPより）。

4．教育実習

　教育実習は12単位に相当して、きわめて重要である。国立フィリピン大学の例をあげれば、教育実習にはプランAとプランBがある。プランAは4年生の後半をすべて教育実習に専念するコースであり、プランBは授業と並行しながら教育実習を行うコースである。プランBの場合でも、授業は6単位以下と制限される（フィリピン大学のHPより）。

　教育実習の様子については、ターラック大学（Tarlac College of Agriculture）の教育学部の学生L.M.君の実習を見ていきたい（ターラック大学のHPより）。彼は初等教育学士のコースに所属して、専攻は一般教育（General Education）である。2011年の11月14日から2012年の2月22日までの約3か月（twelve week internship）にわたって小学校で実習を行った（ただし、クリスマスと新年の休暇を除く）。

　L.M.君は、はじめの一週間は授業観察（observe）に専念している。その後、小学2年生に対して実習授業をはじめている。8時15分から9時45分まで英語Ⅱを教え、15分ほどの休憩を挟んで10時から11時まで数学Ⅱを教える。そのあと、1時30分から2時45分まで国語（フィリピノ語）を教える。これが月曜日から金曜日まで続くのである。それぞれの実習科目に指導教員がつく。

　彼が学校へ到着するのは7時15分から30分の間で、4時半前後には学校を去る。日本のようなクラブ活動への参加は必要ない。昼休みは11時半頃から12時半頃まで、食事などで校外に出た場合も、何時に学校を出て何時に帰ってきたかを報告する。

　毎回の授業に指導教員は観察シート（observation sheet）を記入する。それぞれの毎回の授業で19項目の視点から観察して、5（excellent）、4（very good）、3（good）、2（fair）、1（poor）のいずれかの評価を付けていく。

　この19の視点は次のように細かく分かれている。①授業の目標をはっきりと述べているか、②授業の内容や児童のレディネスにそった目標を選んで

いるか、③児童が興味を持てるように授業を始めているか、④教える主題を完全に理解しているか、⑤適切な教材を選び使っているか、⑥児童の動機を上手に高めているか、⑦授業の困難点を克服しているか、⑧授業を論理的に展開しているか、⑨さまざまな授業活動を行っているか、⑩授業に参加するように児童に促しているか、⑪さまざまな段階で、適切で刺激的な質問をしているか、⑫価値教育を授業で行っているか、⑬ユーモアがあるか、⑭クラスを効果的に運営しているか、⑮児童の大多数が作業に参加するようにしているか、⑯上手にコミュニケーションしているか、⑰児童に上手に内容を要約するように促しているか、⑱実習生は児童の評価を適切にしているか、⑲適切な宿題を与えているか。

　これら19項目それぞれに対して、指導教員は5段階評価をするのである。指導教員は授業に対して毎回評価をして、さらに全平均点も出して、コメントを記している。

　そして、最終的に各科目の総合的な授業評価を行う。その際には、実習生個人の素質（Personal Qualities）を16項目にわたって評価していく。それらは、①児童への印象はどうであったか、②きちんとした身なりをしていたか、③声が通るか、などの各項目を5段階評価する。また、実習生の教員としての能力も①目標を理解しているか、②クラスを上手に管理しているか、③実務能力があるか、④児童の成長や学習をきちんと評価しているか、⑤共同の問題に敏感であり参加しているか、などの視点からも評価される。これらを踏まえて最後に総合評価が出るが、指導教員には大変な作業だと思われる。フィリピンの各大学により、教育実習の内容は異なるが、日本と比べて教育実習に高い比重を置いていることだけは間違いない。

5．教員免許試験

　教員免許を得るためには、教員免許試験（LET=Licensure Examination for Teachers）を受験する必要がある。合格すると教員免許（Professional Identification Card and Certificate of Registration）が与えられる。その免許は5年ほど有効であるが、そのあと、永続性のものに切り替えられる。次に実際の試験の概要を見ていきたい（フィリピン教育省のHPによる）。

2013年の免許試験は3月と9月の2回行われた。それぞれ1日で終了する。早朝の6時半から受験の注意と説明から始まるが、実際の試験は8時から始まる。初等教育は13時まで、中等教育は18時までかかり、かなりの長時間となる。

　試験の配分は、初等教育では一般教養分野が40％、教育分野が60％である。中等教育では、一般教養分野が20％、教育分野が40％、専門教科が40％という配分である。初等教育と中等教育の教員志願者はどちらも一般教養分野を受験するが、それは、英語、フィリピノ語、数学、社会、理科の5分野である。その中で英語の範囲として、学習と思考のスキル、ライティング、スピーチとオーラルコミュニケーション、フィリピン文学、世界の主要文学作品が出題される。午前中にこれらと教育分野の科目（教育原理、教育方法、評価、児童心理など）を受験する。

　中等教育の免許の受験者は、さらに専門教科の試験を受けるが、これは14時半から18時まで続く。英語の試験もかなり専門性の高いものになる。合格するために、平均75点以上のスコアが要求され、また一科目でも50点以下であると不合格となる。

　勤務先が私立・公立を問わず、この試験に合格することが教職に就くのに必要である。2013年の9月の試験結果は11月に発表となったが、合格率は初等教育の試験では31.2％であった（受験者は62,160名で合格者は19,384名）。中等教育の試験では39.8％であった（受験者は64,792名で合格者は25,755名）（*Philippine Star*紙による）。合格者全員の名前が教育省のHPに公表され、初等教育レベルと中等教育レベルのそれぞれの成績の上位者10名の氏名と得点が公表される。また各大学の合格率が公表され、またその地区で第何位であるかも公表される。フィリピンでは、合格者の発表はできるだけ公開すべきとの考えであり、個人情報の開示を控える日本の現状とはかなり異なる。

6．教員の採用の基準

　教育省の省令により、公立学校の教員の採用基準が定められている。教育省の2009年の省令第12号「教員採用の指針（Guidelines on the Hiring of Public School Teachers）」によれば、成績は点数化してその点数に従って採用を決め

る。日本では都道府県単位で教員採用試験があるが、フィリピンでは公立校でも、学校ごとに個々の選考がある。選考の結果により各学校で採用者を決める。採用の方法は教育省の指針に基づいている。その指針では志望者を以下のように評価することを義務づけている。

以前は、教員免許試験の成績がかなりの比重を占めていたが、近年は減ってきている。また、面接点も以前は30点満点であり、その内訳として、人柄（7点）、専門的な知識（12点）、英語を話す能力（3点）、英語を書く能力（3点）、将来性（5点）などと細かく規定していた。しかし、近年は、英語コミュニケーション力は、別枠で計るようである。また、以前は新規採用者と経験者は別途の採用基準があったが、2009年の改訂で同一の基準になった。

なお、教職に就いてからも各種の研修プログラムがある。正式の採用になるのは、公立学校では、当初の6か月は試用期間であり、この間に問題がなければ正式採用となる。有名校になると、試用期間が2年ほどになりその間に生徒と管理職からの評価を受ける。これらの評価をうけて、正式採用になるが、その率は8割ぐらいとのことである[2]。

表　採用する時の基準点（教育省、2009年の省令第12号）

評価項目	ポイント点	概要
教育点（education）	25点	大学で取得した単位の総平均点によりポイントが決まる。
教育経験（teaching experience）	10点	教職経験があれば、1年につき1ポイントが加算される。上限は10ポイントである。
教員免許試験（LET）の成績	10点	成績はどうか。LETが87点以上ならば、10ポイント得る。
学習の体験（experiential learning course）	5点	教職経験者はフィールドスタディでの自分の体験の内容、新卒者は教育実習の成績はどうか。
特別な技能（specialized training skills）	5点	スポーツや音楽など特別な技能があるか。
面接点（interview）	10点	人柄、声、態度はどうか。
授業実演（demonstration teaching）	20点	模擬授業の内容はどうか。
英語コミュニケーション力（communication skills）	15点	英語の能力はどの程度か。
合計	100点	

V 外国語教員の教育環境と教員研修

1．研修の内容・時期[3]

　日本の英語教員研修では、教員の英語能力、特に話す能力の向上を暗黙のうちに目的に含めることが多い。だが、ESL国であるフィリピンでは、教員の英語力は高いので、英語能力の向上が研修目的となることは稀である。そこでは英語教授法の熟達が研修の目的となる。研修では、主に自分の実践活動の紹介、授業の実演、グループ討論、新しい教育機器の講習などが行われる。これらはすべて英語で行われるので、研修で成果をあげるためには、卓越した英語力が必要であるのは言うまでもない。

　期間は、主に夏期研修期間を利用して行っている。毎年夏休み（フィリピンでは4月と5月が該当する）になると、夏期研修が始まる。現職教員が、管理職から指名されて参加することが多い。公立学校の教員は、大体2～3週間ほど、長ければ1か月ほどの研修を受ける。私立学校の教員は4～5日ぐらいの研修、短ければ1日だけの場合もある。そこで、新しい教授法、機器の紹介、カリキュラムの改訂、実演授業などに触れる。現職の教員が研修を受ける回数は平均すると4,5年に1回ほどの割合である。もちろん意欲のある教員は毎年研修に参加して教員としての力に磨きをかけている。

　新規採用教員が正式採用になったあとも、多くの教員が研修プログラムに積極的に参加するのは、研修で実力を付けることが、昇給や昇進に直結して、さらに勤務条件の有利な学校へ移ることにつながるからである。学区によっては、ポイント制度がある。研修に1日参加したら1ポイントを獲得する。合算してあるポイント（たとえば、200～300）に達したら、管理職になる資格が生じる、という制度である。

　日本で見られるような、新規教員研修、5年次研修、10年次研修、教務主任研修のような画一的な研修はない。フィリピンでは、研修参加は各人の判断であるが、研修を受けなければ昇進・昇給に影響するので、奨励的な一面もある。

　研修場所については、全国レベルでの研修と、地区レベルの研修がある。全国レベルの研修では、首都のマニラか避暑地で有名なバギオで行われる。

なお、全国レベルの研修に参加した教員が、そこで得た内容を地区の研修で講師を務めて伝達する場合がある。そのようなセミナーはecho seminarと呼ばれている。とりわけ、国がカリキュラムの全面的な改訂を行うときは全国に周知徹底する必要があり、セミナーが開催される。全国から指導の中核となる教員（core teacher）が選ばれて、マニラにある有名大学（フィリピン大学、アテネオ大学、デラサール大学、ノーマル大学）で研修を受ける。そののちに、それらの教員たちは自分の学区に戻り、地域の教員を集めてセミナーを行い、新しいカリキュラムを伝えるのである。

2．大学院制度の活用[4]

　修士課程に通う教員も少なくない。大学院の多くは、現職教員が夏休みを利用して修士号が取得できるようにプログラムが組んである。たとえば、アテネオ大学のEnglish Language & Literature Teachingの修士課程には、一般向けの正規プログラム（2年間）と現職教員向けのサマープログラムがある。サマープログラムでは、現職教員は夏休み2か月を利用して、4年間で修士号が取れるようになっている。このプログラムでは、24単位が必修となっている。各3単位の8科目（言語と言語習得の原理、ESL研究の基本、言語と文学教授の評価法、ライティングの原理と実践、言語教育の原理と実践、文学教育の原理と実践、文学読解、社会言語学）を取得する必要がある。さらに選択科目を6単位取得し、総合試験（comprehensive examination）を受け、論文（thesis）、またはポートフォリオ（portfolio）を作成することで修士号を取得する。なお、論文を書かない場合は、必要とする必修と選択の単位が3単位ずつ増える（アテネオ大学のHPより）。

　博士号や修士号を持つことは就職や昇進に関して重要である。有名私立校では、修士の学位を取ることで、終身の雇用が保証されるようになっている。管理職には、博士号までを要求する学校もある。また、修士号を持っている教員は、教員研修を受けることは不要とされる場合もある。

VI 考察(フィリピンの教員養成制度の全体的な評価)

　フィリピンの英語教育は、財政難、教室や教員数の不足などの問題が山積している。しかし、国民全体の英語力は高い。その理由としては、ESL国であること、人々の英語修得への高い動機付け、そして高い英語力を持ち研修に熱心な英語教員の存在が挙げられる。日本の英語教員と比べると、フィリピンの英語教員の英語力は高い。ディクテーションも自分の声を使って行うフィリピン人教員の英語力の高さは、日本人からすると驚きである。しかし、フィリピンの教育管理職の人からすれば、新卒教員の英語コミュニケーション能力は、まだまだ不十分のようだ。

　フィリピンの教育関係者からは、日本の進んだ教育機器のことをよく聞かれる。日本では高性能の教育機器を使って充実した教育を行っていると思われている面がある。教育機器を十分に使いこなせるように技能を高める点も現在のフィリピンの教員研修での課題の一つである。この点は、財政的な理由もあり、英語教育において日本の教員の方が新しい機器を使う機会が多く、活用の方法も進んでいるように思える。

注
1　従来は、教員養成大学の卒業生だけが教員になっていたが、1984年から、The Certificate in Professional Education (CPE) という non-degree program が始まり、教員養成学部以外の学生も関係科目を18単位取ることで、教員免許試験の受験の資格を得られるようになった。
2　Carl Cerbo 氏 (Philippine Science High School Western Visayas 勤務) からの情報による。
3と4　Jessen P. Mendoza 氏 (Quezon City Science High School 勤務) からの情報による。

引用・参考文献

フィリピン教育セクターの現状と課題　http://nyc.niye.go.jp/youth/17koku/17kofili1.pdf (2013.12.2)

Ateneo de Manila University/ Department of English (アテニオ・デ・マニラ大学) http://www.admu.edu.ph/ls/soh/english/master-arts-english-language-and-literature-teaching (2013.12.26)

Commission of Higher Education（高等教育委員会）http://www.ched.gov.ph/index.ph/higher-education-in-numbers/higher-education-institutions/（2013.11.18）

De La Salle University（デラサール大学）http://www.dlsud.edu.ph/（2012.12.19）

DepEd: Facts, Figures, and Masterlists（フィリピン教育省）http://www.deped.gov.ph/index.php/resources/facts-figures（2013.12.2）

Guidelines on the Hiring of Public School Teachers（教育省2009年省令第12号）http://www.deped.gov.ph/index.php/issuances/deped-orders/2012-1/document/dos2012012pdf?limit=20&format=raw&download=1&start=60（2013.12.2）

National Statistics Office（統計局）http://www.census.gov.ph/（2013.12.2）

Philippine Star（新聞フィリピンスター紙：2013年11月24日）http://www.philstar.com/exam-results/2013/11/24/1260370/let-secondary-exam-result-2013-part-1（2013.12.19）

Tarlac College of Agriculture（ターラック大学、教育学部）http://www.slideshare.net/moralesloreto18/preservice-teaching-portfolio-chapter-5-appendicespictorialscertificates（2013.12.26）

University of Philippines（フィリピン大学）http://www.up.edu.ph/（2013.7.5）

8 香港

橋西ヘイゼル

I 香港の概要と言語状況

　香港は1842年の阿片戦争の後、イギリスの植民地となった。1997年にイギリスから返還され、現在では中華人民共和国の特別行政区の1つになっている。イギリスの支配下にあった香港では英語が官公庁での公用語として用いられていたが、1974年に香港政府は英語と中国語を香港の公用語とすると宣言した。多くの家庭での言葉は隣接する広東省の広東系住民の生活語である広東語が主流である。子どもたちのほとんどは広東語でのコミュニケーションの中で成長する。
　香港は人口約700万人で、95％以上が中国系である。他に欧米人、インド人、フィリピン人やインドネシア人も多く居住する国際都市である。

II 学校の言語教育の推移と現状

　香港は中国語を主要言語とするが、学校では中国の標準語で書かれた教科書の文章を広東語の発音で朗読して学習するという方法を採用している。
　英語教育は幼稚園から始まるのが一般的である。つまり、ほとんどの子どもたちが幼児期から英語学習を始めている。小学校では週に8コマ（各35分）あるいは1サイクル（6日間）に10コマの英語授業を行うのが一般的である。1週間あるいは1サイクル（6日間）に1、2回のネイティブの英語教師の授業を行う。教科書の文字は英語のみである。第1学年から4技能（会話力、聴解力、読解力、文章力）を総合的に育成する。英語の授業ではコミュニケーション能力の基礎を養い、インタラクションとタスクを重視し、学習者中心の言

語教育を行っている。また、批判的思考スキルや創造力、問題解決力を育成し、情報通信技術を使う力を伸ばすなどの目標を設定している[1]。

中学校（初等中学校と高等中学校）では週に8コマの英語授業を行うのが一般的である。週に2回、ネイティブの英語教師が授業を行い、英語のみで書かれた教科書を使用している。4技能（会話力、聴解力、読解力、文章力）と言語ストラテジーを総合的に育成する。学習目標は英語でのコミュニケーション力を育成し、自らの経験などを英語で表現し、英語で発信された情報を解釈し自分の意見を述べるようになることである。すべて英語での授業により、学習者中心のコミュニケーションとタスクを重視した言語教育を行い、問題解決力の育成とともに情報通信技術の駆使力を目指す。教科書を使用する授業以外に言語ゲームや活動、ドラマ、ディベート、ニュース製作、スピーチ、詩の朗読と映画鑑賞なども行う[2]。

1988年の調査では、英語以外の科目も英語で行う英文中学校は343校に達し、中文中学校は57校で、英文中学校が中文中学校より圧倒的に多い[3]。英文中学校では中国語、中国文学、中国歴史等の科目以外のすべての科目は英語で書かれた教科書を使用している。工学、音楽、体育等の特別な科目の使用言語は学校や教員に任されている。英文中学校では英語で書かれた教科書を採用しているにもかかわらず、多くの教員が広東語で教科書の内容を解釈している。学校によって程度は違うが、実際に授業では広東語と英語を混ぜながら説明する教員が少なくない。香港では日常生活の中で使う言葉は広東語であり、英語が十分に熟達していない生徒が大半を占め、英語だけで教えられる教員の数も不足している。教科書と試験問題は英語で書かれており、解答も英語で書かなければならないので、英語を読み書くことができる生徒は多いが、十分な会話力のある生徒は少数である。また、英語が苦手な生徒は英語で書かれた教科書の内容を理解することが難しいために、教科全般にわたる学習困難や全般的に学習達成水準が低いと指摘されている[4]。

香港が1997年に中国に返還されてからは母語教育重視に方針が変わり、多くの英文学校が廃止され中文学校が増えた。同年3月、香港政府は「98年9月より一部を除き中学校における母語教育を全面的に推進する」と発表した。目標としては「両文三語」、つまり中国語と英語の2言語での読解と、

広東語、北京語（標準語）、英語の3言語での会話ができることとしている[5]。そして、1998年9月から中学校での教育言語を中国語（広東語）にするよう義務づけた。当時一般科目も英語で教える英文中学校は219校あったが、同年、香港の教育省は教員、生徒ともに英語を教育言語とするにふさわしい水準にある114校（つまり約400校の28％程）のみ英文中学校とし、英語で授業することを許可した。残る約300の中学校に対しては英語以外の授業を中国語で行うよう義務づけた[6]。その政策に対しては、かなり不満の声があがり、保護者をはじめ世論が強く反発した。激減した英文中学校は難関のエリート校となり、中文中学校との間にブランド格差が生じた。「英語教育こそ成功への道」と信じている親が多かったため、英文中学校へ受験生が殺到する事態となったのである。離島地区や新界（九龍半島の北部および香港島を除く広い地域）等の地域では英文中学校の数が少なく、1校もしくはゼロ校という状況で地域間の格差も生じた。また、生徒が英語に触れる機会が減ったため、生徒の英語力の低下も指摘された[7]。

　2011年度の学年からは「教育言語微調整政策」が実施されている。教育省はまず全香港の小学校6年生を次の3つのグループに分けた。

　　グループ1：英語、中国語ともに成績が良い（どちらの言語を使って授業をしてもよい）
　　グループ2：英語、中国語ともに成績が悪い（中国語で授業をする方がよい）
　　グループ3：英語、中国語ともに成績は普通（中国語で授業をする方がよいが、一部分の授業は英語で教えてもよい）

　そして中学校入学前の試験において、過去3年間連続してグループ1と3に相当する生徒が学校全体の85％に達していることを英文中学校になる必要条件とした。それにより114校の英文中学校以外の中文中学校が英文中学校になり、あるいは英語で授業を行うクラスが開設できるようになった[8]。こうして従来の英文中学校と中文中学校だけでなく、今後は一部の授業だけあるいは一部のクラスだけ英語による授業を行う学校が加わることになる。

III 学校教育制度

　香港の教育制度は中国返還後の2009年まではイギリスの学校制度に基づいており、小学校6年、中学校5年、予科2年、大学3年であった。2009年からは小学校6年、初等中学校3年、高等中学校3年、大学4年の学校制度に変更された。小学校6年と初等中学校3年は義務教育である。さらに、香港政府は2008年度の学年から無償で高等中学校3年の教育を提供している。2013年度、香港の学校数は小学校が569校、中学校（初等と高等中学校）は514校である[9]。

　高等教育には1980年代までは香港大学と香港中文大学の2校しかなかった。1981年には大学の定員は該当年齢層の2％を満足させる定員数でしかなかった。1989年、香港政府は、2000年の高等教育進学率18％とする計画を1994年に前倒しすることを宣言した。当時の進学率はわずか6％であったが、5年以内に高等進学率を3倍とすることを目標とした。その目標を実現するために香港政府は香港大学と香港中文大学の学士定員を増員したほか、香港科技大学を設立した。さらに、1993年に香港理工学院、城市理工学院と香港浸会学院を大学に昇格させた[10]。次いで香港嶺南学院と香港教育学院も大学に昇格させた。香港の現在の学校教育制度は、図の通りである。

　現在、政府認可を受けた法定大学（公立）は8校ある。香港大学、香港中文大学、香港科学技術大学、香港理工大学、香港城市大学、香港浸会大学、香港嶺南大学と香港教育学院の8校で学士号を年1万5000人に授与することができる。ほかに政府からの資金援助を受けない香港公開大学がある。2006年には樹仁学院が正式な大学への昇格を認可され、香港樹仁大学（私立）となった。大学以外の高等教育機関としては、公立が1校（香港演芸学院）、私立が6校（珠海学院、恒生管理學院、東華學院、明愛専上學院、明德學院、香港高等科技教育學院）ある[11]。

IV 教員（特に外国語教員）養成制度

　香港では1980年代まで教員養成制度は十分整備されていなかった。師範

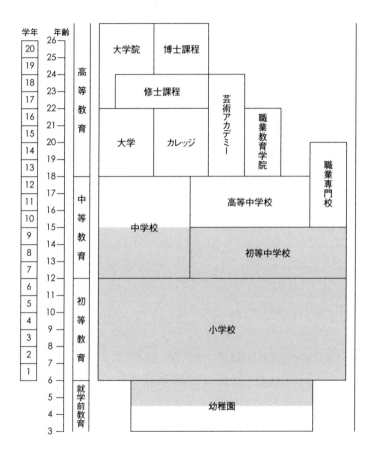

図　香港の学校教育制度
（香港教育省資料に基づき橋西ヘイゼルが作成）

系学校か大学の卒業者が有資格者として各学校の教壇に立つことを認められていた。2つの大学(香港大学と香港中文大学)は学士号を持った中学校教員を養成し、教育学院では学士号を持たない小学校と初等中学校の教員を養成するという制度であった。

人口の増加に伴い教員の養成への関心や教員の需要が増えたため、羅富國教育学院(1939年)、葛量洪教育学院(1951年)、柏立基教育学院(1960年)、香港工商師範学院(1974年)と国語教育学院(1982年)などが相次いで創立され、正規の教員養成教育を提供した。これらの教育学院は2年間あるいは3年間の教員養成課程において、小学校教員の大部分と初等中学校教員の約3分の1を養成した[12]。

香港教育学院の黎國燦教授によると、「1960年代から70年代にかけては深刻な教員不足があった。そのため、多くの教師が養成教育を受けないまま教育現場を担うことになった。」という。その後、香港政府は教員養成機関を整備するために、パートタイムの教員養成プログラム(学卒後教員資格)などを設置した。こうした正規の教員資格を持つ「登録教師」(Registered Teachers, RT)のほかには、無資格で教員として認められた「許可教師」(Permitted Teachers, PT)がまだ相当数を占めていた[13]。1993年の時点で、3700人の中学校教員の中に科目と教職教育を受けた教員は全体の14.2％のみであった[14]。

1994年、香港政府は従来の小学校と中学校の教員養成機関として、5つのカレッジ(羅富國教育学院、葛量洪教育学院、柏立基教育学院、香港工商師範学院と国語教育学院)を統合し、新たに「香港教育学院」を設立した。香港教育学院は1998年には学士号授与資格を取得して、大学へ昇格した[15]。

2003年6月には「言語教育・研究常務委員会」(the Standing Committee on Language Education and Research)が教員の質を上げるために新しい政策を提案した。2004年度の学年から英語教員志望者は英語専攻の学士号あるいは英語教育専攻の学士号とさらに1年間大学で勉強しディプロマを持つことが必要条件になった。英語専攻あるいは英語教育専攻の学士号を持っていない新しい英語教員は3年から5年以内に上記の条件を満たさなければならない[16]。

現在、香港の教員養成は、香港大学、香港中文大学、香港浸会大学、香港城市大学、香港理工大学、香港公開大学、香港嶺南大学と香港教育学院で行

表1　香港大学の小学校英語教育学部のカリキュラム

分類（単位数）	科目名
英語専門科目（84単位）	児童言語習得論、児童英語教育、言語の学習と教育、学習者の管理、評価の方法など
教育専門科目（87単位）	香港の教育制度、教育理論、カリキュラム開発、教育心理学、教育工学、専門能力開発、教育課題研究など
教育実習（36単位）	1年生：2週間の観察と体験 2年生：4週間の教育実習（小学校1学年から3学年まで） 3年生：6週間の教育実習（小学校4学年から6学年まで） 4年生：8週間の教育実習（小学校1学年から6学年まで）
海外語学と文化体験コース（6単位）	8週間の語学研修、学校訪問、ホームステイ、文化体験活動など
語学訓練（9単位）	一般英語、実習英語、アカデミック・ライティングなど
英語能力試験（単位なし）	話す、書く、エラー訂正および英語での教授など
全学共通科目（12単位）	科学および技術の知識、人文科学、国際的な問題、中国の文化・国家と社会など
自由選択科目（6単位）	他の学部から選択する科目

（香港大学の小学校英語教育学部2012年度の課程概要より橋西が翻訳、編集）

われている。香港教育学院は現在香港既存大学8校の中で唯一の師範大学である。学士、修士、博士課程、短期の資格課程等を提供している。

　教員養成課程のカリキュラムは大学によって多様化しているので、ここでは香港大学の教育学部の教員養成課程を紹介する。香港大学は香港では一番長い歴史を持つ大学で、世界の大学ランキング（QS World University Rankings 2013）で26位であり、しかも教育学部は世界の大学の教育学部ランキング（QS World University Rankings by Subject 2013- Education）で11位である。

　香港大学は小学校と中学校の英語教員養成課程を設置している。小学校の英語教員になるには4年間の学士課程を修了して、英語教育専攻の学士号と教育ディプロマを修得することができる。表1は香港大学の初等教育英語教員養成課程を一例にその科目を示したものである。

　中学校の英語教員になるには4年間の学士課程と1年間のディプロマ課程を修了して、英語教育専攻の学士号と教育ディプロマを修得することができる。表2は香港大学の小中学校英語教員の養成課程を一例にその科目を示し

表2　香港大学の小中学校英語教育学部のカリキュラム

分類（単位数）	科目名
専門科目（78単位）	必修（48単位）：英語学概論、言語学入門、言語・思想と文化、意味論、語用論、音韻論、英語の文法、英語史、会話分析、音声学、形式と意味、世界の言語など 選択必修（30単位）：コーパス言語学、現代文学理論、イギリス文学、アメリカ文学、アジア文学、文化と社会、アメリカの言語、言語習得論、言語とジェンダー、言語とアイデンティティ、言語とコミュニケーション、メディア英語、心理言語学、児童の言語、バイリンガリズム、言語の変遷、社会言語学など
教育専門科目（84単位）	香港の教育制度、グローバル化と教育、グローバル化した社会における教育、英語教育学、小学校の英語教授法、中学校の英語教授法、教育政策分析、学習と教育心理学、カリキュラム開発、教育研究、卒業論文、教育工学、多文化主義と香港の教育など
教育実習（30単位）	3年生：3週間の教育実習（小学校と中学校） 4年生：8週間の教育実習（小学校） 5年生：8週間の教育実習（中学校）
海外語学と文化体験コース（6単位）	8週間の語学訓練、学校訪問、ホームステイ、文化体験活動など
語学訓練（18単位）	一般英語、実習英語、アカデミック・ライティングなど
英語能力試験（単位なし）	話す、書く、エラー訂正および説明など
全学共通科目（24単位）	科学および技術の知識、人文科学、国際的な問題、中国の文化・国家と社会など
自由選択科目（60単位）	エラー訂正とフィードバック、ドラマを使う英語学習、教室で効果的に声と体を使う方法、言語学習とインタラクション、児童文学など

（香港大学の小中学校英語教育学部2013年度の課程概要より、橋西が翻訳、編集）

たものである。

Ⅴ　外国語教員の教育環境と教員研修

　香港は英語教員の養成と研修において質の向上を図っている。香港教育学

表3　香港大学での英語教育ディプロマ課程の2013年度のカリキュラム

分類	1年間のフルタイム課程	2年間のパートタイム課程
必修科目 (84時間以上)	教育論、英語教授法、学生の能力開発、職業倫理、学校と社会など	教育論、英語教授法、学生の能力開発、職業倫理、学校と社会など
自由選択科目 (18時間以上)	学生の自尊心を強化する方法、性教育の概念・問題や課題、エラー訂正とフィードバック、ドラマを使う英語学習、児童文学など	学生の自尊心を強化する方法、性教育の概念・問題や課題、エラー訂正とフィードバック、ドラマを使う英語学習、児童文学など
自主学習とポートフォリオ	22時間	14時間
教育実習／授業巡視	4週間の学校観察と体験、8週間の教育実習	指導教官は3回ほど学生が勤める学校での授業を巡視すること
海外での短期語学研修と文化体験コース	必要である	必要ではない

（香港大学での英語教育ディプロマ課程の2013年度の課程概要より橘西が翻訳、編集）

院は現役教員を再教育するための課程としてディプロマ、修士、博士等のコースも設置している。また、香港大学、香港中文大学、香港浸会大学と香港公開大学も小中学校の教員資格修得のための現職教育のプログラムを提供している。

　ここでは香港大学の現役教員を再教育するためのディプロマ課程と、小中学校の教員資格修得のためのディプロマ課程（教員資格を持たない大学卒業者のための課程）を紹介する。1年間のフルタイム（2年間まで延長可能）あるいは2年間（4年間まで延長可能）のパートタイムプログラムを設置している。1年間のフルタイムプログラムは授業経験のない大学卒業生のための課程である。2年間のパートタイムプログラムは現役教員の再教育と研修のための課程であり、授業は週2回の夕方と土曜日に行う。表3は香港大学での英語教育ディプロマ課程を一例にその科目を示したものである。

　香港大学は英語教育の修士課程も提供している。1年間（2年間まで延長可能）のフルタイムあるいは2年間（4年間まで延長可能）のパートタイムプログラムを設置している。授業はすべて英語で行う。表4は香港大学での英語教育の修士課程を一例にその科目を示したものである。

表4　香港大学の英語教育の修士課程のカリキュラム

分類	1年間のフルタイムと2年間のパートタイム課程
必修科目	教育改革、教育のグローバル研究、カリキュラム開発、評価の方法、教育工学、21世紀の知識とスキルの育成、幼児教育、教育行政と管理、英語教育学、第2言語習得論、社会言語学、英語教育のための音声学と音韻論、英語文学、グローバリゼーションと高等教育、会話分析や教育心理学など
自由選択科目	グローバル化・多文化主義と教育、メディア教育、多様化を通じての学習、学校でのカウンセリング・キャリア教育と人材育成、性教育の学校の方針とカリキュラム、教育研究、ドラマ鑑賞と指導、ローカルおよびグローバルな視点からの国民教育など
修士論文／プロジェクト	12,000字から20,000字まで／4,000字から5,000字まで、その上、修士論文選択者よりさらに2単位相当の科目を履修することが条件。

（香港大学の英語教育修士課程の2013年度の課程概要より橋西が翻訳、編集）

　香港教育局の2008年の政策では、以後の教員志望者は養成教育を受け大学の学位を持つことが必要条件となった。香港教育学院の黎國燦教授は、香港教育局は全教員が「養成教育を受けた大学卒業者」(All Trained, All Graduate)であることを近未来的に実現されるべき課題として掲げたが、その「近未来」はまだ来ていないと述べる[17]。

　また、2004年からは言語教員の質の向上と維持のために語学能力試験（LPAT：The Language Proficiency Assessment for Teacher）が実施されている。試験では、言語知識と技能（読む、書く、聞くと話すの4技能）と実際の授業で使う英語の使用が評価される。2004年以降英語教員志望者は言語知識と4技能の試験で要求される能力を満たさなければならない。5段階でレベル3以上を取得することが必要になる。また、英語教員に採用されてから1年以内に実際の授業の言語運用試験で要求される能力も満たさなければならない。現役教員についても2年以内に同試験に合格しなければならない[18]。

　英語教育の強化に伴い、各科目を英語で教えられる人材の育成のために、香港政府は英語教員と各科目を英語で授業を行う教員の育成に力を入れている。2010年度から2014年度の5年間で小中学校の教員の英語研修、訓練や研究等予算として総額9億6400HKドル（約120億円）を計上する方針である[19]。その他、大学卒業後、3年間以上小学校の英語教師として働くことを条件に、

毎年50人の大学生に奨学金を支給する計画もある[20]。

　香港の教員の初任給は平均的に大学新卒者の初任給より高く、また、教育学士号を修得した卒業生が、教員として採用される割合はかなり高い。香港政府は大学数を制限して、将来の計画の中で予想される教員の需要に合うよう、教員の供給過多が予想される分野の入学者を減らし、需要のある分野（英語教員など）の入学者を増やしている。また、大学教育補助金委員会が直接介入して教職課程を受ける学生数の調整を行うこともできるので、需要と供給のギャップは少ないわけである[21]。

VI 考察

　香港は最近になって大規模な教育改革にとりかかっており、言語政策、学校教育制度や教員養成制度などが大きく変化しつつある。新しい教員養成制度が整備されてからの歴史は浅く、学士号を持ち教員養成を受けた者だけを採用するようになったのはほんの数年前からのことである。高等教育進学率が伸び、大学数が増え、大学が教員養成の機能を持つようになったのも最近のことである。にもかかわらず、大学のバランスよい教員養成プログラムは高い評価を得ている。世界の大学の教育学部ランキング（QS World University Rankings by Subject 2013- Education）で香港大学の教育学部は11位、香港中文大学の教育学部は23位であった。

　香港の英語教員養成制度では、英語の運用力、英語学と教育学の専門知識、授業運営力をバランスよく育成する英語教員の養成プログラムの構築に力を入れている。英語教員になるには大学で英語教育を専攻して、英語力を磨く以外に、英語文学、語学教育、指導理論や言語学などを徹底的に勉強しなければならない。同時に語学能力試験（LPAT）にも合格しなければならないので、高度の英語力を身につけることが必要となる。語学の授業だけではなく、言語学や教育論などその他の授業もすべて英語で行うことから、要求される英語力はかなり高いと考えられる。他に、8週間の短期海外語学研修と文化体験、3、4年間で19-20週間の教育実習も必要である。近年は、学生が国際的視野を持つことができるように、グローバル化した社会における教育、多

文化主義と香港の教育、21世紀の知識とスキルの育成、グローバリゼーションと高等教育などの科目をカリキュラムに入れている。学生は卒業した時点で高い語学能力を持ち、英語学と教育学の豊富な専門知識を備え、教育実習を通し教える経験を身につけ、さらに国際的な視野を持つ教員であることを期待される。

一方、語学能力試験は英語教員の質の向上と維持のために行われているが、現役教員も受験しなければならないので、プレッシャーを感じる教員は少なくない。この試験は現役教員による請願、抗議デモなどを引き起こした。その他、学校教員の全員が大学卒で教員養成課程を修了することが目標であるが、この目標の達成はまだ見えていない。

香港政府はグローバリゼーションが進む中で大規模な教育改革と教員養成制度整備に着手した。経済発展と香港の繁栄のために教育に多大な予算をかけている。その成果は一部の大学でも国際的に評価されている。設定した目標はまだ達成されていないが、国際社会に通用する人材育成にむけて今後が注目される。

注

1　香港特別行政区政府教育局. http://www.edb.gov.hk/　(2013.8.10)
2　同上
3　「香港的語文政策、中英語教育与啓蒙課程規劃」http://web.nuu.edu.tw/~hlhsu/Grace/pdf/Publication/NSC_07.pdf/　(2013.8.10)
4　香港英文授課中学, 維基百科. http://zh.wikipedia.org/zh-hk/　(2013.8.10)
5　Information Service Department, Hong Kong Special Administration Region Government 1998. Hong Kong: The facts –education.
6　教育局通告第6／2009号「微調中学教育教学語言」。
7　「母語教育を見直し、英語力強化にかじ「社会」」(2009) http://nna.jp/free/news/20090601hk002A.html　(2013.8.10)
8　香港英文授課中学, 維基百科, op. cit.
9　香港特別行政区政府教育局, op. cit.
10　同上
11　同上
12　香港教育学院. http://www.ouhk.edu.hk/　(2013.8.10)
13　「香港における教師と教師教育の課題 'All Trained, All Graduate'」『国立大学法人東京学芸大学教員養成カリキュラム開発研究センターニュースレター』第4号2009年7月1日。

14 Falvey, P. and Coniam, D. (1997). Introducing English language benchmarks for Hong Kong teachers: A preliminary overview. *Curriculum Forum*, 6 (2), 16-35.
15 香港教育学院, op. cit.
16 語文教育及研究常務委員會有關語文教師培訓和資歷的建議, 教育局通函第54/2004號, 106/2009號. http://www.edb.gov.hk/tc/teacher/qualification-training-development/training/language-edu/index.html（2013.8.10）
17 「香港における教師と教師教育の課題 'All Trained, All Graduate'」, op. cit.
18 「英文／普通話科教師語文能力要求」教育局通函第501/2000號. http://www.edb.gov.hk/attachment/tc/teacher/qualification-training-development/qualification/language-proficiency-requirement/circular_501c.pdf（2013.8.10）
19 「母語教育を見直し、英語力強化にかじ「社会」」op. cit.
20 「香港の中学校、英語での授業の増加」『香港ポスト』 http://news.searchina.ne.jp/disp.cgi?y=2009&d=0123&f=national_0123_018.shtml（2013.8.10）
21 デビッド・グロスマン（2004）「日本と香港における高等教育と教員養成」『名古屋高等教育研究』第4号, pp. 127-145.（近田政博訳）

他の参考文献

Hayhoe, R. (2002). Teacher education and the University: A comparative analysis with implications for Hong Kong, *Teaching Education*, 13 (1), 5-23.
香港大学. http://www.hku.hk/（2013.8.10）
香港中文大学. http://www.cuhk.edu.hk/（2013.8.10）
香港公開大学. http://www.ouhk.edu.hk/（2013.8.10）
香港浸会大学. http://buwww.hkbu.edu.hk/（2013.8.10）
高野和子（2003）「グローバリゼーションと教育－香港におけるネイティブ英語教師計画から考える－」『明治大学教職課程年報』, pp. 39-49. https://m-repo.lib.meiji.ac.jp/dspace/bitstream/10291/8089/1/kyoushokukateinenpou_25_39.pdf（2013.8.10）
望月通子・河合忠仁（2006）「外国語教員養成制度と専門能力開発に関する基礎研究」『外国語教育研究』第11号, pp. 13-40.
QS World University Rankings 2013. http://www.topuniversities.com/university-rankings/world-university-rankings/2013（2013.8.10）
QS World University Rankings by Subject 2013 –Education. http://www.topuniversities.com/university-rankings/university-subject-rankings/2013/education-and-training（2013.8.10）
笹島茂（2008）「外国語（英語）教員研修実態調査に基づくLSP教員養成・研修システム開発」『平成17～19年度文部科学省科学研究費補助金（基盤研究（C））研究（課題番号17520395） 研究成果報告書』, pp. 1-128. www3.plala.or.jp/sasageru/lspte2008.pdf（2013.8.10）
Shibata (2008). Teacher preparatory programs in Hong Kong.『言語文化研究紀要』Scripsimus, 17, 75-95. http://ir.lib.u-ryukyu.ac.jp/handle/123456789/11168（2013.8.10）
武久文代（2004）「第3章 香港」大谷泰照他（編著）『世界の外国語教育政策・日本の外国語教育の再構築にむけて』, 東信堂, pp. 79-90.

Urmston, A. (2003). Learning to teach English in Hong Kong: The opinions of teachers in training, *Language and Education*, 17 (2), 112-137.
山田美香（2011）「香港の中等教育」『人間文化研究』第15号, 名古屋市立大学大学院人間文化研究科, pp. 151-170.

コラム②

教師像の変遷——聖職者・労働者・専門家

　「教師」とはどのような職業であるべきなのか。その問いに対する答えは、聖職者から労働者へ、そして専門職へと変遷してきたように思われる。

　戦前の師範学校卒は、「順良・信愛・威重」の気質を備え、「忠良な臣民」を育成する国家道徳の先駆者という聖職者的使命を担った。

　だが、戦後は労働運動の高まりによって日本教職員組合が強くなると、教師は「子どもたちを再び戦地に送り出さない」として再軍備に反対し、教育の国家管理に与しない労働者であるという認識が広まった。

　21世紀の今日、教育現場からのレポートには、多忙で疲れきった教員の姿が写し出される。実際、OECDの国際調査（2013年）によれば、34か国・地域中、日本の中学教員の勤務時間は、週53.9時間で最長である。というのも、教員の仕事が教科教育に加えて、少なくとも教育相談員、ソーシャルワーカー、学校管理者、教科外活動指導員、地域社会の調整役、警備員の仕事を兼務している。教科教育以外の仕事は、各々専門分化した職員が担うのが諸外国の例である。

　その一方で、教員には他の職業人にはない専門性がある点で、専門職であると考えられている。1966年の「教員の地位に関する勧告」（ILO・UNESCO）は、「教師の仕事は、専門職とみなされるものとする。教育の仕事は、きびしい不断の研究を通じて獲得され、かつ、維持される専門的知識および特別の技能を教員に要求する公共の役務の一形態であり、また、教員が受け持つ児童・生徒の教育および福祉に対する個人および共同の責任感を要求するものである。」としている。

　いまや教職大学院修了生に専修免許状が授与される時代である。だが、自治体によっては、実業界から新規に校長を採用・任命したり、ごく短期間の研修で小学校担任に「外国語活動」を受け持たせたり、ときには地域の補助員に加わってもらおうとするのは、教職の専門性を骨抜きにしている憾みがある。「外国語活動」の開始学年を引き下げ、高学年では教科化するならば、専科教員を配置することにもなるだろう。その場合、中高の英語教員を小学校に配置転換させる人事では、的確性が危ぶまれる。

（橋内　武）

参考資料

岩田博之（2008）「教育改革と教師の『専門性』に関する諸問題」久富善之編『教師の専門性とアイデンティティ』勁草書房、pp.31〜48.

3.

ヨーロッパの印欧語国で複数言語が共存する国

9　アイルランド……………………………大谷泰照

10　ベルギー………………………奥（金田）尚子

11　スイス……………………………………二五義博

9 アイルランド

大谷泰照

I アイルランドの概要

　アイルランドは、いわば「文学の国」である。その国土の面積と人口（人口は、2013年現在、約459万人）は、いずれもわが北海道のそれをわずかに下回る「小国」でありながら、ジョナサン・スウィフト、オリバー・ゴールドスミス、ラフカディオ・ハーン、オスカー・ワイルド、ジョン・ミリントン・シング、ジェイムズ・ジョイスなどのほかに、ジョージ・バーナード・ショー、ウィリアム・バトラー・イエーツ、サミュエル・ベケット、シェイマス・ヒーニーと4人ものノーベル文学賞受賞者も輩出している。
　しかし、彼らの多くが、一般には、英文学史を彩るイギリスの文人と考えられている。これは、彼等の祖国アイルランドが12世紀以来、隣国イギリス（当時はイングランド）の支配下に置かれ、特に1801年以後は、イギリスに併合されてしまったという政治的理由によるものである。
　イギリス併合後も、アイルランドの民族独立を求める抵抗運動は、時には暴動や武力闘争の形をとって断続的に繰り返された。1919年から1921年の独立戦争を経て、ついに1922年にアイルランドはイギリス連邦内の自治領、アイルランド自由国となり、さらに1937年には、エール共和国として、事実上イギリスから完全独立を果たすことになった。その後、エール共和国は、第2次世界大戦後の1949年にイギリス連邦をも脱退して、国名をアイルランド共和国と改めた。上記の「アイルランドの文人」たちの英文学史に残る輝かしい活動は、その多くが、アイルランドが独立を勝ち取るよりも以前のものである。
　イギリス併合時代から、さらにイギリスからの悲願の独立を果たした後ま

でも、アイルランドは長らく経済的には厳しい時代が続き、祖国を捨てて海外へ移住する者が続出する「移民輸出国」であった。そんなアイルランドは、つい近年まで財政赤字と高い失業率に悩まされて、「西ヨーロッパの病人」とさえ呼ばれたほどであった。

　ところが、1990年代に入り、破格の優遇法人税制を設けるに及んで、外国企業、とりわけアメリカ企業のアイルランド進出が始まり、それら多国籍企業による活発な経済活動により、アイルランドの経済は驚異的な成長をとげることになった。実際、アイルランドはOECD諸国の中でも最高の経済成長率を示すまでになり、2004年度の国民1人あたりのGDPは、OECD諸国の中では第4位の高さとなった。このようなアイルランドは、かつての「移民輸出国」から、逆に、特に2004年のEU拡大以後は、多国籍の「移民の輸入国」に打って変わった。そして、同じく1990年代に高度経済成長を成し遂げたアジアの新興諸国、いわゆる「アジアの虎」になぞらえて、「ケルトの虎」('Celtic Tiger')と呼ばれるまでになった。

　しかし、その「ケルトの虎」は、2004年頃から、バブル期の日本に似て異常なまでの経済の過熱化が進み、2007年の世界金融危機によって、ついにそのバブル経済は崩壊を迎える。巨額の不良債権を抱えて経営が行き詰まったアイルランドの大手3銀行は、実質国有化され、2010年12月からはEUやIMFの金融支援を仰ぐ事態に立ち至った。その支援からかろうじて脱却できたのは、2013年も12月になってのことであった。

　なお、今日のアイルランド共和国26州は、1922年の自由国成立の際にイギリス領に留まった北アイルランド6州を除く、アイルランド島のほぼ6分の5の地域を占める。

II　言語状況

　元来、アイルランドではケルト語派に属するアイルランド語が話されていたが、12世紀にイングランドによる支配が始まって以来、アイルランド語は次第に英語にとって代わられるようになった。特に1801年にアイルランドがイギリスに併合されて以後は、学校教育ではアイルランド語の使用が禁

止され、アイルランド語はますます衰退の一途をたどった。

　このような動きに対して、当然、アイルランド語の保存を求める様々な運動が起こった。1893年に出来たゲール同盟（Gaelic League）もその1つである。この同盟の運動は単にアイルランド語の保存のみならず、アイルランド民族の自立を求める運動へも発展した。

　しかしながら、1922年にアイルランドが自由国として独立した時期には、アイルランド語の1言語話者は、すでに人口の数パーセントに過ぎず、残りの90数パーセントは英語の1言語話者か、もしくは英語とアイルランド語の2言語話者という状況になっていた。

　自由国として独立を果たした後は、民族の誇りとしてのアイルランド語の復活を目指す様々な改革が行われることになった。まず、学校教育から締め出されていたアイルランド語を学校教育に取り戻すことから始まった。すべての学校でアイルランド語は必修科目となり、1940年段階では、全国の12％の小学校ですべての教科をアイルランド語だけで教えるまでになった。そして、かつての英語を使わないアイルランド語だけの1言語国家の回復が、多くの政治的・教育的指導者たちの理想となった（Muiris O Laoire：205）。1937年に制定された現在のアイルランド憲法は、その第8条で、国語としてのアイルランド語は第1公用語、英語は第2公用語と定めている。

　しかし、1922年当時、国民の95％を超える人々にとって、英語はすでに日常の生活言語となってしまっていた（Muiris O Laoire：10）。その上に、新たにアイルランド語を教え、学ぶことは、教師、児童・生徒のいずれにとっても、新たな外国語を教え、学ぶのに似た負担を伴うものであった。

　たしかに、民族の誇りを取り戻すためのアイルランド語の回復には、多くの国民は共感を示しながらも、他方で、話者の極めて限られたアイルランド語と、すでにいわゆる「国際語」の地位を占めてしまった英語との利便性の差を無視することはできなかった。そんな国民感情が、学校教育におけるアイルランド語教育の効率の悪さを招き、アイルランド語教育の強制に対する厳しい批判や反発となって表れる結果になった。

　そんな世論に対して、ついに1974年、政府もまた、学校教育におけるアイルランド語の必修制度や、中等学校の卒業、大学入試、公務員採用の際の

アイルランド語重視の方針を緩和する措置をとらざるを得なくなった。

　1983年に、言語復活委員会（Board for Language Restoration）は21世紀を展望した『アイルランド語に関する行動計画』（*An Action Plan for Irish*）を出した。この行動計画は、アイルランド語の復活（revival）にこだわるよりも、むしろより実際的な生存（survival）をかけて、2言語併用主義（bilingualism）を世に問うものであった。

　長年にわたるイギリス支配の下で、95％以上もの国民が英語を母語とするまでになったアイルランドは、それぞれの母語をゆるがせにすることなく、それに加えて新たな言語も併せ学ぶ、いわゆる欧州評議会や欧州連合（EU）の言語政策「母語＋2言語」（'Mother tongue plus two'）の方向に確実に動いているとみることができる。

　なお、アイルランド語は、2007年にEU公用語の1つとなった。

Ⅲ　学校教育制度

1．初等教育

　小学校では、1学年からアイルランド語と英語の2言語が必修として教えられる。その小学校は、ほぼ以下の3種類に分かれる。

　　①英語を母語とする児童に英語で教える学校
　　②アイルランド語を母語とする児童にアイルランド語で教える学校
　　③アイルランド語を母語にしない児童にアイルランド語で教える学校

　ほぼ10％の小学校では、5、6学年で、その他にフランス語、ドイツ語、イタリア語、スペイン語のうちの1言語を教えている。

　小学校のカリキュラムによれば、言語教育の提供時間は、小学校付設幼児学級では、第1言語は週最低3時間、第2言語は週最低2時間半、小学校では、第1言語は週最低4時間、第2言語については週最低3時間半となっている。

2．中等教育

　アイルランド語は、アイルランドの伝統とアイデンティティを担う重要科目と考えられていて、中等学校の6年間を通じて必修科目となっている。こ

144　3．ヨーロッパの印欧語国で複数言語が共存する国

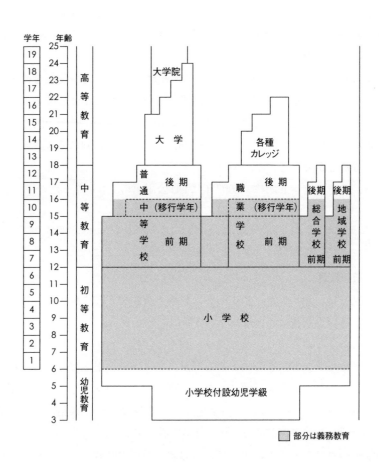

図　アイルランドの学校教育制度
（Eurydice（2013）に基づき大谷泰照作成）

れは、教育言語がアイルランド語、あるいは英語に関わりなく同様である。

　英語は中等学校前期のすべての生徒にとって必修科目であるが、中等学校後期では必修からはずされている。しかし、実際には、中等学校後期に入っても、大部分の生徒は英語を履修している。

　アイルランドでは、アイルランド語も英語も「外国語」とは呼ばれない。中等学校では、この2言語以外の「外国語」は、一般には必修科目にはなっていない。しかし、実際には、大部分の生徒が、少なくとも1つの外国語は履修している。最も人気のある言語はフランス語で、ドイツ語、スペイン語、イタリア語がそれに続く。

　中等学校の各科目の配当時間については、特に規定はない。外国語の授業は、前期では、40分もしくは45分授業で週3～4時間、後期では、週4～5時間が一般的である。

3．移行学年

　中等教育前期終了後の1年間は、後期の第1学年ではなく、移行学年として在学することもできる。70％以上の中等学校が移行学年を設けていて、この1年間は、国が定めたカリキュラムも正式の試験もない。その内容については、教育技能省の認めた枠内で、各中等学校が独自のプログラムを組むことができる。この1年は生徒が自分自身を見つめ直し、将来の進路をじっくりと考える期間となる。

4．高等教育

　過去四半世紀の間に、アイルランドの大学生数は飛躍的に増加した。1979-80年には37,000人程度であったものが、2002-03年には129,000人以上になり、実に3倍以上の増加ぶりである。(DES, 2004：30)

　アイルランド国立大学の入学のためには、アイルランド語ともう1つの外国語の十分な能力が求められる。工科大学の場合には、一部のコースを除いて、アイルランド語も外国語も入学の条件にはならない。教育大学の入学のためには、アイルランド語の能力が重要な条件となる。特に小学校の教員志望の場合には、高いアイルランド語能力が求められる。しかし、外国語の能

力は問われない。

大学で提供される言語は、アイルランド語、英語、フランス語、ドイツ語、スペイン語、イタリア語である。最も人気のある言語は、中等学校の場合と同様にフランス語である。

Ⅳ 外国語教員の養成・研修体制

国の教育全般にかかわる中央行政機関は教育技能省(Department of Education and Skills：DES)であるが、特に、初等・中等教育の水準の向上・維持にかかわる専門機関として、2006年に教育審議会(Teaching Council)が設立された。とりわけ、教員養成体制の改善については、この審議会の役割が大きい。

1．初等教育

小学校の外国語教員資格を取得するためには、教育大学の教育学士のコースを修了して、国の卒業認定試験で十分な成績を収めなければならない。特に、アイルランド語と英語の一定以上の能力をもつことが必要である。この2言語は、小学校のカリキュラムの中でも最も重要な科目と看做されている。教育学士コースの修業期間は、2012年に、従来の3年から4年に延長された。なお近年、アイルランド国立大学(National University of Ireland, Dublin)では、大学院にも小学校外国語教員養成コースが設けられた。

小学校の外国語教員志望者は2つの外国語を専攻する。一般には、フランス語とドイツ語を専攻する学生が多い。さらに、アイルランドの小学校教員の必須の条件として、アイルランド語の指導能力が求められる。

外国語教員養成コースでは、コースの全期間を通じて教育実習が重視される。大学により、必ずしも一律ではないが、一般には、1、2学年では2－3週間の実習を年間2－3回、3学年では4週間の実習を年間1回行っている。そしてその中には、アイルランド語教育の実習も必ず含めなければならない。アイルランド語が主言語である地域(Gaeltacht)の学校での教育実習を義務付けているコースもある。

専攻する言語が話されている国への留学は、必ずしも義務化されてはいないが、大学やEUなどのさまざまな留学・交換プログラムによって当該国への留学は困難ではない。

外国語教員志望者の成績は試験、授業活動、教育実習の3つによって評価される。ただし、優等学位（honours degree）をとるためには、教育実習の成績が「優等」の基準に達していなければならない。

アイルランドの大学の授業料は、中等学校までと同様に、すべて国費でまかなわれ、個々の学生の授業料の負担はない。その上、各地の教育委員会には奨学金支給の制度もある。

2．中等教育

中等学校の外国語教員資格の取得には、大学の教育学部を卒業し、さらに大学院において研究・実習を行い、上級教育免許状（Higher Diploma in Education）を取得することが必要である。この修業期間は、2014年より、従来の1年から2年以上に延長された。外国語教員養成課程への入学は厳しい競争になることが多い。

外国語教員の養成課程では、フランス語、ドイツ語、スペイン語、イタリア語などが提供され、そのうち2外国語を専攻することになっている。アイルランド語を主言語とする地域の中等学校で教えるためには、不自由のないアイルランド語の運用能力が求められる。

授業内容は、大学によって一様ではないが、一般には、言語教育法、外国語運用実技、文法、応用言語学、比較言語学、それに当該国の歴史、文学、文化に関する授業が用意されている。近年は、外国語教員志望者の口頭の言語運用能力の強化に力を入れるようになった。

教育実習は、実習校の中等学校へ原則として毎週、少なくとも年間合計75日以上通い、在学期間中に100時間以上教壇に立つことが義務づけられている。

教育免許状取得のためには、教育実習の成績が重視される。特に優等上級教育免許状（Honours in the Higher Diploma）取得のためには、教育実習で「優等」の成績をとる必要がある。

外国語教員志望者のためには、ソクラテス／エラスムス計画などの海外交換プログラムが用意されている。さらにアイルランドの大学とヨーロッパの諸大学との間には各種の交換協定が結ばれている。しかし、現在のところ、外国留学は上級教育免許状取得の必須の条件とはなっていない。

大学院においては、授業料は学生の自己負担である。しかし、わずかながら奨学金制度も準備されている。

3．現職教員研修

中等学校教員のための現職教員研修は教員研修大学をはじめ様々な機関で行われている。教育審議会が発足後は、特に現職教員研修への参加が強く奨励されているが、義務とはなっていない。教育技能省は、諸外国へ研修に出かける教員に対しては経費援助を行っているし、ヨーロッパの国々との半年あるいは1年の交換プログラムも組まれている。

V　学校言語教育の動向

ごく最近では、ヨーロッパ言語ポートフォリオ（European Language Portfolio）のアイルランド語と英語によるアイルランド版ができて、アイルランド語、フランス語、ドイツ語、スペイン語、イタリア語の教育に利用可能になった。

1999年以来、教育技能省は中等学校の外国語教育を、さらに日本語やロシア語などにまで広げるための実験プロジェクトを始めている。2005-06年度、日本語に86校、ロシア語に5校が参加して、日本語は、現在、全国の約60校で教えられている。

2006年2月、アイルランド学士院外国語・文学・文化研究委員会は「アイルランドの言語政策と言語計画」に関する研究会を開催し、学校教育の提供外国語の範囲をいっそう広げること、政府がすでに調印したヨーロッパの「母語+2言語」政策を実行に移すことを正式に決議したことは注目されている。

近年の多国籍の移民の急激な増加に対して、小学校・中等学校の言語教育の果たすべき役割もまた、現在のアイルランドの大きな教育的課題となって

いる。

VI 考察

①長年にわたり、アイルランドでは、「国際語」の英語が母語であれば、他の言語の学習の必要はないと考える傾向が強かった。しかし、特に21世紀に入ってからは、そんな姿勢に対する反省が目立つようになった。少なくとも、「学校外国語教育については、アイルランドはヨーロッパの国々にはるかに後れをとっている」(*Irish Independent* 紙、2005年2月10日) という自覚が強まってきたためである。ひるがえって、日本はどうか。

②アイルランドの中等学校外国語シラバスには、次のように明記されている。

　　言語は、決して無色透明の (neutral) コミュニケーションの手段ではない。言語は、歴史、文化、社会、そして究極的には人間の主観性に深く根ざしている。今日の世界では、言語の使用に当たっては、この文化的相対性についての理解が特に求められる。

　これは、長年にわたるイングランドとの政治的闘争や、プロテスタントとの宗教的紛争の体験から、アイルランド人が多くの血を流して学び取った厳しい教訓と考えることができる。
　ところがわが国の学習指導要領では、スキル指導には熱心であるが、言語そのものについては、まことにナイーヴにも、単なるコミュニケーションの手段としか考えていない。何よりも、異文化理解の姿勢はまことに希薄である。「英語教育は、およそ文化などというものとは無縁のはずである」「異文化理解なら、地理や歴史でできる」と公言してはばからない英語教育の指導者は、いまだに決して少なくはない。

③外国語教育成功のための最も重要なカギの1つが教師の質である。優れた教師養成のために、多くの国々が力を入れる所以である。
　アイルランドも、中等学校の教員資格取得のためには、大学卒業後に、さらに2年をかけて、教員になるための研究と実習が課せられている。し

かも、それでもなお十分とはいえないという厳しい指摘まで出ている。

　一方、わが国では、短大か大学の在学中に教員免許をとっておけば、ただそれだけで卒業の翌日から大手をふって教壇に立つことができる。地方自治体による教員採用試験の合格は、医師国家試験などとは違って、必ずしも教員としての必要条件ではない。しかも、英語教育の非能率を指摘されることの多いわが国でありながら、こんな長年の教員養成のあり方について、あらためて考え直そうとする姿勢もいまだに乏しい。

④アイルランド人のアイルランド語に対する執念には圧倒される。自らの意思に反して母語を奪われた民族にして、はじめて抱く悲劇的な情念であろうか。

　これにひきかえわれわれ日本人は、明治以来何度も繰り返される英語国語化論や平成の英語公用語化論のように、自らの積極的な意思によって、いとも簡単に母語を捨てたり軽視する動きを見せる。日本語は使わず、英語だけの学校教育を始めた自治体を、首相自らが、特に施政方針演説において構造改革特区の「成果」であると持ち上げるというお国柄である。母語を奪われた悲劇的な経験をもつ国と、もたない国。母語に対する彼我の姿勢の落差のあまりの大きさを、あらためて深く考えざるを得ない。

参考文献

Ahlqvist, A. (1993). Language conflict and language planning in Ireland. Jahr, E.H. (Ed.), *Language conflict and language planning*. Mouton de Gruyter.
Arzoz, Xabler (Ed.) (2008). *Respecting linguistic diversity in the European Union*. John Benjamins.
Beacco, J.-C., & Byram, M. (2002). *Guide for the development of language educational policies in Europe: From linguistic diversity of plurilingual education*. Council of Europe: Language Policy Division.
DES. (2004). *A brief description of the Irish educational system*. DES.
DES. (2006). *Language education policy profile —— country report: Ireland*. DES.
Devitt, Sean (n.d.). National report for the Republic of Ireland. http://www.lang.soton.ac.uk/ttfl/nationalreports/Ireland.doc (2013.10.11)
Devitt, Sean (n.d.). Language teacher training and bilingual education in Ireland. http://www.celec.org/projects/past-projects/TNP-Languages/TNP1-resources. (2013.10.11)
Eurydice & Eurostat (2009). *Indicators on initial teacher education 2009*. EACEA.
Eurydice & Eurostat (2012). *Key data on teaching languages at school in Europe 2012*. EACEA.
Eurydice & Eurostat (2012). *Key data on education in Europe 2012*. EACEA.

Eurydice & Eurostat (2013). *Key data on teachers and school leaders in Europe 2013*. EACEA.
Eurydice (2013). *European encyclopedia on national education systems*. EACEA.
Hindley, R. (1990). *The death of the Irish language*. Routledge.
O Buachalla, S. (1988). *Education policy in twentieth century in Ireland*. Wolfhound.
O Dochartaigh, P., & Broderick, M. (2006). *Language policy and language planning in Ireland*. Royal Irish Academy.
OECD (2009). *Creating effective teaching and learning environments: First results from TALIS*. OECD Publishing.
OECD (2013). *Education at a glance 2013: OECD indicators*. OECD Publishing.
O Laoire, Muiris (2008). The language planning situation in Ireland. Kaplan, Robert B., & Baldauf, Richard B. Jr. (Eds.). *Language planning and policy in Europe*, Vol.3. Multilingual Matters.
O Riagain, P. (1997). *Language policy and social reproduction: Ireland 1893-1993*. Oxford University Press.
Royal Irish Academy (2006). *Language policy & language planning in Ireland*. Acadamh Rioga Na Heireann.
The Teaching Council (2011). *Initial teacher education: Criteria and guidelines for programme providers*. The Teaching Council.
Walsh, Brendan (2006). Asking the right questions: teacher education in the Republic of Ireland. *Education research and perspectives*. Vol.33, No.2.

注

本章は、拙稿「アイルランド――民族語と英語との葛藤」『EUの言語教育政策』(編集代表・大谷泰照、くろしお出版)を敷衍して、大幅に書き改めたものである。

10 ベルギー

奥(金田)尚子

I ベルギーの概要と言語状況

　ベルギー王国(以下ベルギー)の面積は30,528平方キロメートル(日本の約12分の1)、人口は約1,108万人である。首都はブリュッセルで、北部にはオランダ語系住民(約60％)が、南部にはフランス語系住民(約30％)が、東部(1919年にドイツから割譲)にはドイツ語系住民(約10％)が居住している。公用語はオランダ語、フランス語、ドイツ語の3言語である。政府形態は連邦制で、連邦政府、地域政府(ブリュッセル、フランドル政府(北部)、ワロン政府(南部)[1])、言語共同体(オランダ語共同体、フランス語共同体、ドイツ語共同体)がある。このような政府形態になったのも、「言語戦争」と言われる北部と南部の対立が影響している。

　ベルギーは過去にフランス、スペイン、オーストリアなど多くの国々に支配されてきた。その当時の支配階級はフランス語話者が多く、北部の上流階級もフランス語を使用するようになり、ベルギーにはフランス語を話す南部住民と北部の上流階級、そしてオランダ語を話す北部の一般市民が存在することになった。1830年の独立時に憲法上は言語使用の自由を保障していたが、実質上フランス語が公用語として扱われた。19世紀後半に北部でフランドル運動(文化復興運動)が始まり、それは徐々に言語の平等性を求め、南部優位の制度を改正する運動に変わった。しかし、南部も自身の有利な地位を守るワロン運動を始め、独立した自治権を与えるよう連邦化を提案し始めた。

　地域言語の使用を義務付けた1932年の言語法を適用するために、言語調査を行い各言語地域の境界線の確定を試みたが、その結果の扱い方で北部と

南部が対立し、1962年になって言語境界線が確定した。そして、1963年の言語法で北部はオランダ語、南部はフランス語、東部はドイツ語と地域使用言語を定めた。

　1960年代以降、石炭の需要低下から南部経済が衰退し、豊かな港をもつ北部経済が急成長し、経済的にも優位になり、北部の分離独立を主張する政党が出てきた。3度の憲法改正を経て、1993年に連邦制へと移行した。その後も北部の税金が不況の南部にも分配されることに不満を持ち、北部の自治権の拡大を求める動きが強くなっている。2010年の総選挙では北部の自治権強化、ベルギーの分離独立を求める北部の政党が勝利したため、連立政権を組む作業が難航し、長期間政治空白ができるなど、国家分裂の危機をはらんでいる。EUの統合を進めるなか、ベルギーの国家としての行方に注目が集まっている。

II　学校言語教育の推移と現状

　ベルギーでは1863年より中等学校がラテン語やギリシャ語などの古典語以外の言語を「現代人文科目」として指導し始めた。1963年の言語法により地域使用言語が決まったため、首都ブリュッセル（ブリュッセル周辺の自治区、言語境界線近くの自治区を含む）とドイツ語共同体で3学年から第2言語教育が必修科目となり、ブリュッセルではオランダ語地区はフランス語、フランス語地区はオランダ語を学習するよう定めた。各共同体は「早期言語教育」と「母語+2言語」を促進するEUに合わせた言語教育政策を行っている[2]。

1．オランダ語共同体

　1963年から2004年までブリュッセルでは、フランス語を小学校3、4学年が週3時間、5、6学年が週5時間学習していた。その他の地域は1868年から2003年まで、第2言語は中等学校から指導開始であった。

　欧州委員会が承認した2003年の「行動計画2004-2006」に合わせて、2004年からはブリュッセルを含むオランダ語共同体すべての地域が小学校5学年

からフランス語が第2言語として必修科目になった。2014年からはオランダ語共同体すべての地域で3学年からになる予定である。フランス語の言語認識づけ活動は小学校1学年または就学前教育から提供することが可能である。第3言語は2007年より中等学校1学年から必修で英語を学習する。第2、第3言語は中等学校を修了するまで続く。第4言語はドイツ語やスペイン語でコースによって必修になる。

近年はブリュッセル、ブリュッセル周辺の自治区、言語境界線近くの自治区やその近郊にフランス語話者やアラビア系住民が多く住み、オランダ語を理解できない生徒が増えている。そのため2011年に教育大臣が標準オランダ語の習得とCLIL導入の重要性を示した。CLILについては2007年に9校を対象にフランス語か英語のどちらか1言語を全授業の10～15％の割合で行うパイロットプロジェクトとして導入した。効果があると認められ、2014年から言語以外の授業の20％をフランス語かドイツ語か英語で指導が可能になった。

2．フランス語共同体

1963年からブリュッセルでは、オランダ語を小学校3、4学年が週3時間、5、6学年が週5時間学習している。その他の地域は1990年代にEUが「早期言語教育」を提唱したのを受け、1998年から小学校の第2言語が5学年より必修となり、オランダ語、英語、ドイツ語のうち1言語を選択し、最低週2時間（最高5時間）学ぶ。保護者の要望と学校長の裁量で、小学校1学年から導入が可能である。

中等学校の第2言語は1学年から原則として小学校で履修した言語を引き続き履修するが、学校の許可を受ければ変更可能である。第2言語は必修で、週4時間学習する。第3言語は中等学校3学年より第2言語にイタリア語、スペイン語、アラビア語が加わり、その中から1言語を選ぶ。進学コースは必修で週4時間、職業コースは選択で週2時間学習する。第4言語は中等学校5学年より第3言語の中から1言語を選択する。普通科の生徒が週4時間学習である。

CLILについては1998年にイマージョン教育として就学前教育、小学校3

学年、中等学校1学年のいずれかから導入が可能になった。EUの「母語＋2言語」と「早期言語教育」を促進するために、CLIL教育の質と一貫性の強化を図った。2007年の法令により、主に次の点が可能となった。①授業用言語はオランダ語、英語、ドイツ語より2言語の使用、②中等学校3学年からのCLIL開始、③普通科に加えて、技術科と職業科でのCLIL導入、などである。

Ⅲ　学校教育制度

　ベルギーの教育は連邦政府が義務教育の開始と終了の設定と、卒業証書を与える最低限の条件の設定の権限を持ち、それ以外の教育に関するすべての責任は各言語共同体に移した。オランダ語共同体内にある2言語併用地域のブリュッセルのオランダ語地区はオランダ語共同体の教育省が、フランス語地区はフランス語共同体の教育省が管理している。そのため教育制度および教育政策も各共同体の方針に従っている。公立の共同体立、市町村立と共同体から補助金を受給する私立（カトリック教立など）は、共同体の教育政策にしたがって学校運営をする。「家長による選択の自由の原則」により、学区制はない。

　就学前教育は2歳半からはじまり、義務教育は12年で、小学校は6年、中等学校（日本の中学校と高等学校にあたる）は6年である。15歳までは全日制に通学する義務があるが、16〜18歳はパートタイムという形で働きながら学ぶことができる。中等学校は3年ごと3段階に分かれ、1、2学年は共通のカリキュラムで学習し、3学年から普通科・技術科・芸術科・職業科のコースを選択する。高等教育は学術教育中心の大学と、職業教育中心の専門大学がある。オランダ語共同体は主に成人教育センターと専門大学が行う職業準学士課程がある。学校教育制度図は下記の通りである。

Ⅳ　教員（特に外国語教員）養成制度

　教員養成課程がある高等教育機関への入学要件は、両共同体ともに中等学

3．ヨーロッパの印欧語国で複数言語が共存する国

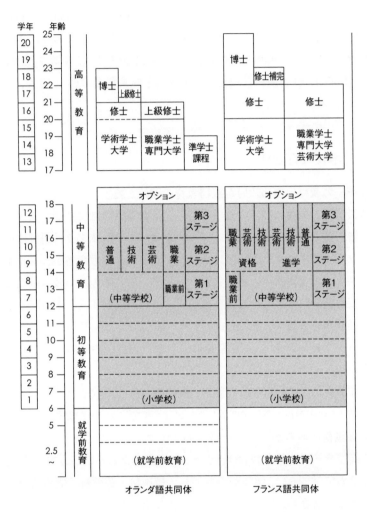

注
1) オランダ語共同体の準学士課程の看護コースは中等教育で行われる。
2) フランス語共同体の医学系の修士課程は3年（180単位）、修士補完は5年（300単位）である。

図　ベルギーの学校教育制度
（Eurydice（2013b）、Fédération Wallonie-Bruxelles（2013）に基づき奥（金田）尚子作成）

校修了証明書である。教員養成課程の仕組みは各共同体で定められている。

1．オランダ語共同体

　オランダ語の教員養成課程は2007年の法令がもとになっている。その中で、教員は①学習と発達過程における指導者、②教育者、③内容の専門家、④まとめ役、⑤革新者であり研究家、⑥保護者のパートナー、⑧学校集団の一員、⑨外部者のパートナー、⑩教育共同体の一員、⑪文化の関係者であるべきと示された。また、2007年に小学校、中等学校の教員の基本的能力が改定され、教員の職業能力は①意思決定能力、②人間関係を重視する心、③批判的態度、④好奇心の旺盛さ、⑤組織化する能力、⑥協力心、⑦責任感、⑧柔軟性とした。

　2007年の教員養成制度改革では、統合教員養成課程と特定教員養成課程の2種類の教員養成課程ができた。統合教員養成課程は専門大学で行われる。小学校、中等学校低学年の教員養成で3年間（180単位）である。具体的な履修内容を定めた法令はないが、上記の諸能力を持った教員の育成を目標に、発達心理、教育科学などの教職科目とオランダ語、数学、宗教、環境、物理、芸術、音楽、フランス語など小学校で指導する科目の専門教育とその教授法、オランダ語とフランス語の言語表現などを履修する。中等学校低学年の免許を希望する場合は小学校同様、教職科目と専門分野は2科目（例、言語と他教科、または2言語〈フランス語と英語〉など）を履修する。

　小学校では担任がフランス語を指導するため、フランス語能力は読み書きではCEFRのB1$^+$、聞き話すはB2であることが望まれている。語彙、文法、発音、綴り字、社会言語学、語用論など言語学的要素に関する知識、フランス語の方略の使用などの知識の習得も含まれている。

　実践関連科目は45単位で学校、成人教育センター、教員養成機関が共同で行う。小学校、中等学校低学年の教育実習は1学年から始まる。1例として、1学年では見学週間に授業見学を行う。2学年では授業見学とティームティーチングを行う。3学年では6〜9週間または学期を通して、授業や学校行事など教員に関わるすべての業務を体験する。各実習後のワークショップでは自分の経験などを報告しあう。

特定教員養成課程は専門大学、大学、成人教育センターのいずれかで行われる。特定教員養成課程の入学要件は職業または学術学士号か修士号の保有者や、既に120単位を修得した職業学士課程の学生または修士課程の学生である。成人教育センターでの特定教員養成プログラムは中等教育か高等教育の卒業証書の保有者とする。この課程は60単位で、教職科目は30単位で発達心理学、教育社会学、言語教授法などを履修し、残り30単位は教育実習とワークショップなど実践的な内容である。中等学校高学年の言語とCLILを指導するものはCEFRのC1が求められている。

特定教員養成課程は①専門課程に含まれた教員養成課程（修士課程120単位中最大30単位、学士課程180単位中の15単位）と②専門課程後に行われる訓練課程と③職業経験があり、教職へ転職を望む人対象の教員養成課程がある。

教育実習は受入校の実習生担当教員と教員養成課程の監督者が協力して行う。実習に先立ち実習校と学生と教員養成課程機関の間で責任の分担、学生の評価における実習先の役割、実習生の義務に関する同意書をかわす。

教育実習は在学中の教育実習、非常勤講師として勤務しながらの実習（LIO）、両方を混ぜた3種類がある。在学中の実習の1例として、500時間が授業見学、授業実習、ワークショップに分かれ、学生は最低20時間を授業する。非常勤講師としての実習は中等学校高学年、芸術教育機関、成人教育センター、成人基礎教育センターいずれかの実習機関で最低年間500時間勤務の中で行われる。

教員養成課程の指導者育成にも重点を置き、2012年のオランダ語共同体教員教育者養成プロファイルに関連して、2016年までにプロ化を目指すとしている。

2．フランス語共同体

教員養成の枠組みは2000年、2001年の小学校・中等学校の教員養成に関する法令（2007年に一部改定）が基礎となっている。法令ではすべての教員に必要な能力を次のように定めた。①学校内と社会の状況を正確に把握し、学校内に適応させるために人間科学の知識を使用する能力、②学校、同僚、保護者との効果的な協力関係の維持、③学校内での役割の理解、④教授行動を

正当化する専門分野と多分野にわたる知識の修得、⑤教授活動を支える専門分野の教授法の習得、⑥文化的な世界へ児童・生徒の関心を導くために広く一般的な文化を示すこと、⑦職業上必要な能力、⑧日常的な教育実践と関連する倫理的な問題を理解すること、⑨学校の集団内で働くこと、⑩補助教材の開発、試行、評価、改善、⑪従来と今後の科学知識への批評的で自立的な態度の維持、⑫指導計画、運営、評価、⑬自己の教育実践への内省と自己の継続的な研修計画の立案。

　小学校、中等学校低学年の教員養成は専門大学で3年間（180単位）行われる。小学校の教員養成科目に関して次の分野について学ぶように定められている。①社会文化（最低120時間）、②社会心理学（最低120時間）、③専門分野と多分野にわたる教授法の知識（最低1,020時間）、④教育研究（最低180時間）、⑤専門的な調査研究方法（最低180時間）、⑥技能（最低45時間）、⑦職業倫理（最低80時間）。小学校教員はオランダ語の教授法が随意科目（60時間）である。小学校で指導するには教育省認定の第2言語能力証明書が必要である。それを持つ担任、または中等学校低学年のゲルマン語の指導資格を持つ教員が指導する。

　中等学校低学年の言語教員養成の専門科目は2001年の法令が定めている。オランダ語、英語、ドイツ語のうち2言語を選択する。1言語につき345時間割り当てている。各言語の話し言葉と書き言葉の習得、ベルギー国内外の社会文化や多文化に関する知識の習得、各言語の教授法を学ぶ。小学校を対象とした教授法の履修も含まれている。また、選択言語のうちの1言語を使用するベルギー国内外への2週間の語学研修も含まれている。小学校はCEFRのB1、中等学校低学年ではC1の語学力が求められる。

　小学校と中等学校低学年の教育実習は3年間各学年で行われる。1学年は実習先の実習監督者のクラスを約3週間見学し、2学年、3学年は授業で指導する。2学年は4〜6週間、3学年は最大12週間行われる。実習のガイダンスは専門大学の教職科目担当の教員が行い、次に実習先で実習監督者が行う。教職科目担当と教科教育担当の教員が最低週1回の割合で担当の学生を訪問し監督する。2、3学年の実習生を担当する実習監督者は専門大学から承認されなければならない。実習後のワークショップは教職科目担当と教科教育

担当の教員が個々かチームで運営する。

　中等学校高学年の言語教員養成は大学で行われ、教員養成課程は2年間（120単位）で教職科目が中心になる。2001年の法令は教職科目について次のように定めている。①社会文化（最低30時間）、②教授法に関する科学的な調査方法に関する知識（最低60時間）、③社会心理学（最低30時間）、④教育実習やワークショップなど技能（最低90時間）。

　教育実習は授業見学、授業実習を通して職業意識を育てる。実習期間中に実習生の所属大学の教員が最低3回訪れて観察する。ゲルマン語の養成課程はオランダ語、英語、ドイツ語の中から2言語を選択する。言語レベルはCEFRのC1を求めている。中等学校低学年を指導するラテン語、ギリシャ語、スペイン語、イタリア語の教員養成も大学で行われている。

　CLILの教員は1998年の法令ではその指導資格を小学校、中等学校の言語教員資格と、指導言語の語学能力試験の検定証などを有することと定めた。教育省は文学科、通訳科、翻訳学科の卒業生なども指導可能とするなど、教員確保のために柔軟な対応をしている。

V　外国語教員の教育環境と教員研修

　オランダ語共同体、フランス語共同体ともに教員採用試験はなく、ベルギーまたはEU加盟国の市民権を持つ人で、教員養成機関が授与した学位と教員免許状を有する者が、共同体または各学校集団に志願し、採用される。最初は非常勤から始まる。両共同体の教員の男女比は小学校、中等学校低学年で女性が多く、中等学校高学年は男性が多い。年齢構成は各年代ともに同程度である。給与は最低ランクが国の平均月収の8割程度で最高ランクが1.5倍である。専任の言語教員の在職期間は10年以上である。また、「第1回言語能力に関する欧州調査」（以下ESLC）によると、言語教員確保が困難と校長が回答した割合はオランダ語共同体が70.5％、フランス語共同体が84.6％で、一時的または緊急の言語教員免許保持者の割合はフランス語共同体では20％以上である。

1．オランダ語共同体

　小学校、中等学校教員に必要とされるオランダ語の言語能力はCEFRでC1、現代語教員はB2、小学校のフランス語指導者はフランス語の読み書きでB1、聞く話すでB2とされる。検定などで言語能力を証明できない場合は成人教育センターが実施するオランダ語かフランス語の能力試験で証明が可能である。この規則はオランダ語共同体内のフランス語話者の学校にも適用する。言語能力要件を満たさない場合は、最大3年まで非常勤講師として勤務する。

　専任教員になるまでに3段階がある。第1段階は一定期間の非常勤任命である。非常勤講師の空きの有無にかかわらず1学年未満任命する。第2段階は継続期間の非常勤任命である。この段階になるためには、最低3学年にわたり720日間指導しなければならず、最終評価の結果が「不十分」でない者が条件である。第3段階は専任任命である。これは各学校集団内にある採用担当室が任命する。財政状況が合い、継続期間の非常勤任命後720日勤務した教員で、専任任命前年の12月31日に同職に在職していなければならない。

　勤務内容は教科指導に関する仕事と学校内外のすべての教員の仕事とである。1週間の勤務時間は小学校で24～27時間（1時間=50分）、中等学校は学年やコースにより異なるが20～29時間である。教員会議、保護者会への参加は含まれない。言語教員はセミスペシャリストに分類され、十分な資格を有する外国語教員の51％が2つの外国語と他教科の科目の指導資格を有している。

　教員研修は教員と学校に任され、学校は毎年教員研修計画を教育省に提出する。政府は毎年研修優先テーマを設定する。2013-2014年の研修テーマには、2014年から導入されるCLILの指導に関する研修が含まれている。教育省はフランス語、英語、ドイツ語の教員に対して様々な研修講座を提供しており、3年目までの教員を対象とした言語能力の向上、教授法の習得などを目的としたベルギー国内外での研修などがある。

2．フランス語共同体

　教員には採用級、任命級、昇格級の3段階がある。小学校の採用級は小学校教員（一般科目、体育、言語を指導する）、宗教または倫理の教員、絵画や音

楽などの特別科目の教員、第2言語教員に分類される。最初は採用級で非常勤講師から始まり、契約期間は様々である。過去3年間に300日以上勤務すると最優先の非常勤講師になる。その後空きが見つかれば、専任教員になる。

勤務内容は指導時間のみで、授業の準備、採点、保護者会、学校行事は含まれない。小学校は放課後18時まで日本の学童保育のような制度があり、教員は授業の準備に集中しやすい環境にある。1週間の勤務時間は小学校が24時間（1時間＝50分）、中等学校は学年、コースにより異なるが20〜24時間である。言語教員はスペシャリストに分類される。

教員研修は共同体の教員研修機関と市町村の教育委員会、学校、専門大学、大学などの研修機関が実施する。すべての専任教員に対して毎年勤務時間内に半日で6回（最大10回）行われる。研修内容は法令、学習到達目標や評価方法の理解、ICTの言語指導への活用、教育実習生の指導、現代語の言語学習などの講座が提供されている。

語学研修は任意ではあるが、2006年から始まったゲルマン語教員対象の語学研修プログラムやコメニウスプログラムを利用して、学校の休暇中に目標言語を使用するベルギー国内外の大学で語学力を向上させ、教授法を学習することが可能である。

VI 考察

ベルギーの教員養成および教員研修制度を概観してきた。両共同体とも教育省が教員の基礎能力を定め、それを目標に理論と実践の連結を意識したカリキュラム編成である。教育実習は1学年から始まり、履修科目全体の3〜5割を占める。小学校、中等学校低学年の教員養成の期間が3年とEU諸国と比べて短いが、フランス語共同体は5年（修士課程）へ延長が検討されている。小学校の言語教授法ではオランダ語共同体はフランス語の教授法が必修だが、フランス語共同体はオランダ語が選択科目である。英語とドイツ語は小学校で学習可能な言語であるが、随意科目に含まれていない。両共同体は言語教員が不足したり、または一時的な言語教員の資格だけの教員の割合がEU諸国に比べて高い。ベルギーははじめの数年間は非常勤なので給与レベルが低い。

また、ベルギーにはEUやNATOの本部があるため、翻訳や通訳の需要が高く、その職に就く人も多い。ESLCの調査では、教員が十分な言語能力を有していると、生徒のテスト結果に好影響を与えるとしている。そのため、両共同体は十分な言語能力と指導力を持った教員養成と教員の確保が課題である。

　次に日本への示唆を考える。まず、国として外国語教員に必要な言語能力を具体的に示し、十分な言語能力を有した教員養成が可能となる改革が必要である。そのためには小学校教員養成科目に英語教授法、中・高等学校教員養成科目に小学生を対象とした言語教授法の導入が挙げられる。

　また、教育実習も実習時間の延長に加えて、実習後のワークショップなど理論と実践の連結強化が大切である。日本では教育実習生は自分の出身校で実習をする傾向にあり、視察校の数が多いために、大学による実習中や事後の指導体制が十分でない。大学教員と実習生担当教員の協力関係強化と実習生への指導力向上も重要になる。

　つぎに、言語教員の言語能力を測定する仕組み作りである。両共同体は教育省が行う言語能力試験合格が教員の言語能力を示す方法の1つに含まれている。文部科学省が2013年に発表した英語教育改革案では、生徒や教員の言語能力到達度を外部テストで検証すると述べているが、学習指導要領との関連や性質が異なるテストの相関関係の妥当性が問題となる。小・中・高を通じた学習到達目標の設定と、その到達度を確認する試験が必要であり、その範囲を大学生、言語教員に広げた日本独自の言語能力測定の仕組みを検討する必要があるだろう。

謝辞

　本章執筆のためにLeuven大学のLut Baten教授、Katrijn Denies教授、オランダ語共同体教育省Ms. Vanden Hoof、フランス語共同体のMr. Wim De Grieveから様々な情報をいただき、ここに感謝申し上げる。

注

1　ワロン政府はフランス語共同体とドイツ語共同体の地域を管轄している。
2　本章ではオランダ語共同体とフランス語共同体を中心に述べていく。

主要参考文献

European Commission (2012). *First European survey on language competences: Final report.* http://ec.europa.eu/languages/policy/strategic-framework/documents/language-survey-final-report_en.pdf. (2013.2.28)

Eurydice (2011). *Euripedia, Belgium (French Community).* https://webgate.ec.europa.eu/fpfis/mwikis/eurydice/index.php/Belgium-French-Community:Teachers_and_Education_Staff. (2013.8.7)

Eurydice (2012). *Key data on teaching languages at school in Europe 2012 Edition.* http://eacea.ec.europa.eu/education/eurydice/documents/key_data_series/143EN.pdf. (2013.3.8)

Eurydice (2013a). *Euripedia, Belgium (Flemish Community).* https://webgate.ec.europa.eu/fpfis/mwikis/eurydice/index.php/Belgium-Flemish-Community:Teachers_and_Education_Staff. (2013.8.7)

Eurydice (2013b). *The structure of the European education systems 2013/14: schematic diagram.* http://eacea.ec.europa.eu/education/eurydice/documents/facts_and_figures/education_structures_EN.pdf. (2013.3.8)

Fédération Wallonie-Bruxelles (2013). Enseignement.be. http://www.enseignement.be/. (2013.3.8)

Flemish Ministry of Education and Training (2007). *Basic skills and professional.* http://on d.vlaanderen.be/hogeronderwijs/leraar/basiscompetentiesenberoepsprofiel.htm. (2014.2.8)

Flemish Ministry of Education and Training (2013). *Nascholing voor onderwijspersoneel.* http://www.ond.vlaanderen.be/nascholing/. (2014.2.28)

小島健 (2010)「ベルギー連邦制の背景と課題」『東京経大学会誌. 経済学』(265), pp87-106.

文部科学省 (2013)「グローバル化に対応した英語教育改革実施計画」http://www.mext.go. jp/b_menu/houdou/25/12/__icsFiles/afieldfile/2013/12/17/1342458_01_1.pdf. (2014.2.28)

西尾由利子、金田尚子 (2010)「ベルギー―3公用語、言語戦争の国」大谷泰照（編集代表）『EUの言語教育政策―日本の外国語教育への示唆』くろしお出版. pp.25-38.

Katholieke Universiteit Leuven (2012). *Specifieke lerarenopleiding talen (Leuven).* http://onderwijsaanbod.kuleuven.be/opleidingen/n/SC_50630435.htm#bl=01,0101,010101,010102,0102,0103,010301,010302,0104,010401,010402 (2014.2.25)

11 スイス

二五義博

I スイスの概要と言語状況

　スイス連邦（通称スイス）は、ヨーロッパ中心部に位置し、九州ほどの国土に795万5,000人（2013年現在）が住む比較的小さい国である。言語・文化的には多様性にあふれ、4言語を国語とする。スイス連邦統計局（Federal Statistical Office, Neuchâtel 2013）によると、現在の国民の使用言語の状況は、ドイツ語64.5％、フランス語22.6％、イタリア語8.3％、レトロマン語0.5％である。

　歴史をひも解いてみると、スイスがその創成期より多言語国家であったわけではない。1291年8月、ウーリ、シュヴィーツ、ウンターヴァルデンの原初3州の盟約により、現在のスイスという国の基礎が築かれたとされている。その時点の領域では、ドイツ語以外が使われる状況にはなかった。14世紀になると、原初3州は、ベルンなどの加入により8州盟約者団となり、南のイタリア語圏や西のフランス語圏へと拡大した。さらには、レトロマン語圏のラエティア3同盟が法的な形で盟約者団に属することによって、スイスは複数言語が共存する国への道を踏み出すことになったのである（ビュヒ, 2012 : 3-30）。

　中世から近代にかけてのスイスは、後に国語となる4言語の諸地域が散在する単なる自治州の集まりであったが、1798年、フランス革命とナポレオンの支援によるヘルヴェティア共和国の設立とともに国家の形態をとるようになった。5年ほど続いたこの共和国では、中央集権制の下で様々な改革が行われた。中でも教育に力が入れられ、近代的学校制度が設けられた点は重要である。また、法令と布告に関する官報はドイツ語とフランス語で発行す

ると決められ、スイス国会ではすべての言語使用が許されるなど、言語面では平等が保障された（ビュヒ，2012：73-84）。当時はフランスやドイツで"1民族1言語"の国民運動が盛んな中、多言語主義を前面に出したスイスは異例であったといえよう。

　ヘルヴェティア共和国崩壊後、1803年にはナポレオンの調停により旧盟約者団は復活した。後には武装永世中立や直接民主制にもつながる、スイスの古くからの歴史に根ざす地方分権主義に大いなる配慮が示されたのである。スイスを構成する単位であるカントン（日本では一般に州と訳される）は、アメリカの州と比べてもはるかに高い主権制を有している。たとえば教育主権であれば、各カントンは初等教育の修業年限、教育目的、教育計画などを自由に決定することができる。森田（1995：8）によれば、「強固な地方分権主義をとる小国家スイスは、準国家というべきカントンの連合体」なのである。ナポレオンによる調停後には多くのカントンが同盟に加わった（1815年時点では22カントン）。これら新加入のカントン内ではドイツ語以外を話す住民も多数いたため、スイスにおける言語問題はますます重要性を帯びていった。

　19世紀半ばより現代にかけては、言語や文化に関する法的な取り決めがスイスの多言語主義や地域主義をさらに堅固なものとした。まず、1848年制定の連邦憲法第109条においては、「スイスの主要3言語、ドイツ語、フランス語、イタリア語は連邦の国語である」と初めて憲法で明文化された。これにより少なくとも法律上は、すべての公文書が3言語で作成され、連邦の行政機関がカントンと交渉する際には当該カントンの言語を使用する必要性が生じた（森田，2008：198）。次に、1938年の憲法改正では、当時人口のわずか1.1％が母語としているにすぎなかったレトロマン語が新たに国語に加えられた。この背景には、国内の純粋な言語問題というより、ファシズムの脅威からの防衛という国際問題があったとはいえ、スイスは少数派の言語にも配慮する多言語国家を目指したのである。最後に、2000年に全面改正された新憲法においては、「言語の自由」が基本的権利として初めて成文化されると共に、「言語の多様性と言語グループ間の協調は、国家の達成すべき目標である」という点が明確に示された（ビュヒ，2012：210-212）。たとえば、第69条では文化分野をカントンの管轄とし（第1項）、「連邦はその職務遂行に

あたり国の文化的、言語的多様性を考慮する」(第3項) と定めた。また、連邦の公用語を規定した第70条では、言語共同体間の協調を保つため言語少数派も考慮に入れ、カントンの公用語はそのカントンが定めるとし (第2項)、多言語のカントンや言語保存のため特定のカントンにも助成する (第4・5項) とした。

II　学校言語教育の推移と現状

　スイスの学校言語教育は、歴史に根ざす多言語主義や地方分権主義に大きな影響を受けてきた。教育全般に強い権限を持つカントン主導の下 (現在26カントン)、言語教育政策に関する全体的な枠組み作りが試みられてきたのである。以下では、主に21世紀以降のその推移および現状を見ていく。カントン教育局長スイス会議 (Swiss Conference of Cantonal Ministers of Education：以下通称のEDKと略) は、1995年の「スイスのバイリンガル教育推進に関する宣言」に続いて、1998年にはグローバル社会が進展する21世紀を見据えた「全体言語構想」を打ち出した。後者は従来の言語教育への反省に基づき、4言語が共存する多言語社会の伝統的なニーズと英語の新しい需要に応える形で、カントン全体の学校言語教育の改善を図るものであった。具体的には、①小学校での外国語教育 (特に英語教育) の導入、②相互理解や他文化の許容と連関した言語の習得、③第2言語や英語の「聞く」「読む」「話す」「書く」などにおける一貫した達成目標の作成、④数学や地理等の内容学習を利用したバイリンガル教育による専門用語の獲得および語学力の向上、⑤語学学習への協同学習・ポートフォリオ・コンピュータの活用、⑥教師の言語能力の質を高めるための教員養成の充実、などが提案された (Sprachenkonzept Schweiz, 1998：以下SSと略)。

　この「全体言語構想」に基づき、2004年、EDKは「義務教育における言語授業」(Sprachenunterricht in der obligatorischen Schule, 2004：以下SOSと略) の戦略を採択した。この戦略では、多言語社会におけるアイデンティティやコミュニケーションの視点から言語の重要性が強調された。同時に、子どもの潜在的な言語学習能力や心理的な側面から言っても、できるだけ早い発達段階で

外国語の導入を図る必要があるとされた。具体的には、第1外国語（ドイツ語圏の場合はフランス語、フランス語圏の場合はドイツ語など）は遅くとも小学校3年生から、第2外国語（とりわけ英語）は小学校5年生から導入すべきことが定められ、その達成目標時期は2012-13年とされている。また、スイスのヨーロッパ内での競争力を維持するためには、カントンと連邦の両者が学校の語学設備の充実、カリキュラムや教材の開発、教師の採用に言語能力を要件とすること、評価のための「ヨーロッパ言語ポートフォリオ」の導入などの面で努力すべきことが明記された。つまり、2004年の戦略は学校言語授業における「学ぶ・教える・評価する」のすべての改善を目指したのである。

さらにEDKは、2007年（発効は2010年）、スイスの特性として職場、学校、コミュニティ、カントン間等における多言語のさらなる強化と、少数言語（イタリア語やレトロマン語）への支援とを目的とした「言語法」(Sprachengesetz, 2007)を可決した。この「言語法」は27条もの多岐にわたり、「学校間交流」に関わる第14条では、学生や言語教師のカントン間の交流には連邦政府による財政支援が与えられることが約束された。また、第15条の「教育」では、学習者と教師の各々が能力の範囲内で多言語主義を促進することとし、学習者については義務教育の終わりまでには少なくとも2つの国語と1つの外国語のスキルを持つことが保障された。このように多言語国家スイスは、特に21世紀に入ってから、学生の言語能力、教員の養成、授業方法など多角的な視点で学校言語教育全体を改善すべく国家的規模での取組みを行ってきたのである。

スイスにおける学校言語教育の現状としては、2010年、連邦とカントンの協力の下に作成された全312ページの詳細な「スイス教育報告書」('Swiss Education Report, 2010'：以下「報告書2010」と略）から検討してみよう。「報告書2010」は、現在のスイス国民の間で関心の高い、小学校やプリ・スクールでの早期の外国語教育（英語教育も含む）について多く触れている。まず、外国語教育の導入の実態（一部は予定）については、スイス中央部のカントン（ウーリ、シュヴィーツ、オブヴァルデン、ニートヴァルデン、チューリヒ）では、2004/5年度、ルツェルンは2007/8年度より、フランス語の学習開始時期を小学5年生で維持しながら、英語を新たに小学3年生で導入し始めた。

ちなみに、ウーリではイタリア語が5年生から選択科目のためフランス語は7年生から開始しており、チューリヒは2006/7年度より英語学習を2年生で開始することに踏み切った。スイス東部のカントン（アペルツェル・アウサーローデン、グラールス、シャフハウゼン、ザンクト・ガレン）は、中央部よりやや遅れ2008/9年度より小学校3年生で英語を導入し、現在では中央部と同様に早期からフランス語や英語が第2言語や外国語として学習されている。一方で、フランス語圏のスイス西部では、ドイツ語が小学校3年生より第2言語として長きにわたって教えられてきたため、英語は2012/3年度までに小学校5年生で学習開始することになった。ここで触れていない残りのカントンも含め、2014年現在ではほぼすべてのカントンで早期に英語教育が導入されているようである。

次に、「報告書2010」に基づき、外国語教育のプログラムや教授法を検討する。スイスでは、子どもの言語スキルの改善は教育の中核的課題（core task）と捉えられ、プリ・スクールの段階より、音韻的意識を高め、言語と認知スキルを結合させるプログラムや、早期から子どもに書き言葉へのアクセスをさせるアプローチなどが採用されている。また小学校段階では、現在、2つのアプローチが一般的なようである。1つは、外国語学習の目的は学習者が機能的に多言語を操れるようになることであるが、子どもの母語も重視し、母語を組み込んだ統合的な方法で外国語指導を行うというものである。ここでは、年々増加する移民に対し、移民の子どもの母語への配慮も含まれる。もう1つは、最近ヨーロッパの各国で浸透しているCLIL（内容言語統合型学習）である。CLILとは、社会、理科、算数、音楽、体育などの科目（の一部）が、内容学習と言語学習の両方に焦点を当てながら、外国語を用いて教えられる方法のことである。この指導法は、内容と言語のみならず認知やコミュニティを重視している点から、EDKの理想とする多言語教育やスイスのコミュニティを基盤とした地域主義に適合すると考えられ、カントン内の多くの学校で採用されつつある。

最後に、「報告書2010」では、科学的な実験によって小学校における外国語教育の評価や効果が検証されている。ドイツ語圏のカントンで小学校3年生より外国語学習を導入したことへの検証結果は、児童の達成度の差や過重

な負担といった解決すべき問題はあるものの、全体的には教員と児童の両方から外国語学習への高い支持と動機づけが得られ、子どもたちはカリキュラムの目標も達成していたとされた。一方、ジュネーブのようなフランス語圏では、ヨーロッパ共通の枠組みであるCEFRをモデルとしたテストが実施されたが、児童の84％が小学校の終わりまでに第1外国語（第2言語としてのドイツ語）におけるカリキュラムの目標を達成したと報告されている。加えて、早期のバイリンガル教育（この場合CLILを指すと思われる）に関しても学校単位の実験が行われた。その結果、イマージョン的活動により外国語を指導することは、児童が学校内で話す言語スキルや事実知識に否定的影響を与えないことが分かった。たとえば中央スイスでは、小学校での外国語教育の効果に関する縦断的研究が行われたが、小学校3年で英語の指導を始めることは、子どものドイツ語における読解スキルの発達に否定的効果をもたらさないし、移民の背景を持つ子どもや言語能力の十分でない子どもにも悪影響ではないことが示された。

　しかし逆説的ではあるが、スイスは多言語国家であるがゆえに、早期の英語教育の導入には困難も多い。たとえばチューリヒは、2000年代始めに他カントンに先駆け、公用語のフランス語よりも先に、英語を小学校3年生（後に2年生）で導入する言語政策をとった。この背景には、国際金融都市としても有名なチューリヒでは、在住外国人の割合が約3人に1人と多く、社内公用語を英語とする多国籍企業も多数進出している事情があった（小島, 2010）。この言語政策に対し、フランス語圏などの言語少数派は、伝統的な公用語教育の軽視として反対意見を表明している。ここには、英語よりもスイスで多数派言語であるドイツ語の方を先に習得しなければ、進学や就職、出世の際に不利になるという現実的な問題があった（Swissinfo ch, 2011）。にもかかわらず、チューリヒだけでなく、ジュネーブやバーゼルなどの多くの都市でも国際化、英語の社内公用語化、移民の増加といった諸事情により、スイス全体の言語政策として世界共通語である英語はもはや軽視できない状況になっている。今後のスイスは、伝統的な多言語主義や地域主義に根ざす公用語も守りながら、国際化の波とともにニーズの高まった英語教育をどのように効果的に行うかが課題であろう。

Ⅲ　学校教育制度

　スイスの学校教育制度（図）は、カントンにより修業年限などで異なる点もあるが、初等教育と前期中等教育を合わせた9年が義務教育なのはほぼ共通の枠組みである。義務教育終了後は、約2割の生徒が大学入学準備用の学校（ギムナジウム）で幅広い一般教養を身につけ各種大学への進学を目指すのに対し、3分の2以上の生徒は職業教育訓練課程へと進む。この職業訓練生はスイスに特徴的で、1週間の大半を有資格の雇用者の下で働きながら残り数日は職業訓練校で学び、一定の資格を取得すれば応用科学大学への進学も可能である。

Ⅳ　教員（特に外国語教員）の養成体制

　スイスは、ヨーロッパ規模でのボローニャ宣言（1999）に影響され、21世紀初頭から大学をはじめとする高等教育改革に着手した。教員養成に関しては、以前、初等教育（小学校）や前期中等教育（中学校）の教師教育は後期中等教育（日本の高等学校に相当）のレベルにあたる教員養成カレッジでも行われていたが（林, 2004：372-375）、その役割は後期中等教育卒業レベルの教員養成大学へと大幅に集約された。具体的には、96の教員養成カレッジ（半分は後期中等教育）を引き継ぎ統合して、2002～2004年には13の教員養成大学が創設された。教員養成大学は、応用科学（文芸）大学と同様に、高度な科学に基礎をおく実践志向の教育訓練を提供している。多くの教員志望の学生が（2011年には16,000人が登録）、現在スイスに14ある大学（11が独立施設で3つは応用科学大学へ統合）で学んでいる。教員養成大学は、ディプロマや学士号のコースに加え、カントン内の総合大学との提携で外国語教育を含む修士号のコースも提供するようになり、教員養成制度の専門化の傾向が見られる（CRUS, 2013）。

　また、欧州基準の単位制度（ECTS points）が導入されたのも重要な大学教育改革の1つである。スイスの教員養成大学を卒業して教員免許を取得する場合、初等教育課程は少なくとも180単位と教育実習を含む6学期3年で学

172　3．ヨーロッパの印欧語国で複数言語が共存する国

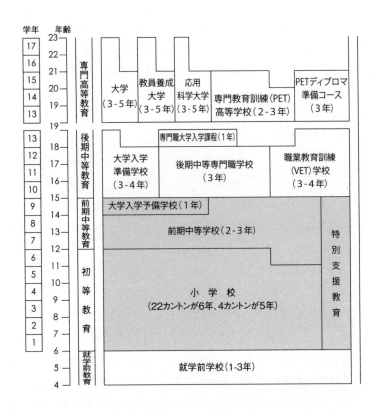

図　スイスの学校教育制度
(EDK, The Swiss Education System, 2013に基づき二五義博作成)

士号、前期中等教育課程では270～300単位と通常6学期プラス3学期4年半でディプロマ／学士号に加え修士号を取る必要がある。さらに後期中等教育課程に入学するには修士号の取得が前提で、教授法・教育科学・専門分野の実習などの60単位をとって教員資格が得られる（COHEP, 2013）。これら共通の枠組みはカントンによって多少異なり、ジュネーブでは初等教育課程は4年である。その内訳は、最初の1年で大学の学士コースの教育科学、次の2年は小学校に関する専門科目、最後の1年では教員訓練用の大学施設で実践を中心に学ぶ。

　上記からも、スイスにおける教員養成は教員養成大学のみで行われている訳ではない。カントンによっては総合大学が代わって教育・訓練を担っている場合もある。ジュネーブ大学は、就学前教育、小学校および前・後期中等教育の4つの教員養成課程をそろえており、フリブール大学は前・後期中等教育の2つのみを対象としている。また、チューリヒでは、チューリヒ大学、チューリヒ連邦工科大学、チューリヒ教員養成大学の3校が合同で運営する教育施設において、後期中等学校の教員志望者への教育・訓練が行われている。

　スイスの教員養成制度はカントンにより異なり一般化は難しい。一例として、英語教育先進地域にあるチューリヒ教員養成大学（PH Zurich）は、2002年にカントン内の11の教員養成機関を統合して誕生し、約2,600人の学生が在籍する（2013年現在）スイスで最大規模の教員養成大学で、幼稚園から前期中等学校までの教員を養成している。21世紀の高等教育改革の流れに沿って、チューリヒ教員養成大学は世界基準の学位制度を導入し、2009年秋からは「NOVA 09」と呼ばれるモデルに基づいて、教師教育の質の抜本的な向上を目指している。

　この「NOVA 09」は、①最も重要なスキルとしての教職の専門性、②提携校における現場経験の重視、③多様で革新的な教授方法への専念、④高度な責任と自律的習得、⑤成功へと導く個別スキルの獲得、の5つを特徴としている（PH Zurich, HP, 2013）。つまり、教員の専門、実践、自立などに焦点が当てられているのである。小学校教員養成課程の場合は、6学期3年で180単位を取る必要があり、必修科目にはドイツ語、数学、人間と環境、外国語（フランス語または英語）、選択科目には運動とスポーツ、音楽、造形、工作、

織物、第2外国語（フランス語または英語）などがある。2010年度入学生の履修科目一覧において、英語（教育）関係の科目を抜粋すると、英語基礎（第2学期、2011夏、2単位）、英語教授学Ⅰ（第3学期、2011秋、2.5単位）、英語コーチング（第5学期、2013冬、1単位）、英語教授学Ⅱ（第6学期、2013春、2単位）などの科目が準備されている（生田・柴本, 2011：252, 255-257）。ドイツ語圏のチューリヒでは、現在、フランス語教授法だけでなく、英語関連科目や英語教授法も学べるようになった。これは小学校教員養成における大きな変化といえる。

Ⅴ 外国語教員の教育環境と教員研修

　スイスの外国語教員は、21世紀の高等教育改革に伴い、より高度な言語の能力や知識が要求されている。これは、外国語（多言語）をめぐる教育環境の改善には、教員自身の語学力向上も不可欠という考えに基づく。1998年の「全体言語構想」（SS, 1998）では、教員の外国語能力は教育段階によりCEFRのC2かC1レベルを目標とすべき指針が示された。その後多くのカントンは、教員が達成すべき「聞く」「読む」「話す」「書く」の基準を設定している。しかし、最近の「報告書2010」（p.77）によると、ジュネーブの小学校教員の40％は自己評価でCEFRのB2レベルの達成（特に「話す」「書く」）に不安を持っており、少なくとも初等段階では教員の語学力の目標と現実の間に差が見られる。

　外国語教育の教員研修に関しては、まず、「全体言語構想」が、①外国語の中で英語教育の研修にも力を入れること、②外国語の指導は基本的な言語技能を身に付けた教員のみによって行われること、③多様な外国語教授法、とりわけ新しいバイリンガル指導法に精通させること、④ヨーロッパ言語ポートフォリオのような学習スキルの利用に関わる教員側の知識や能力を高めること、⑤将来外国語を教えようとする者には、当該地域における6か月間の"言語スティ"（学校での補助教員としての実地体験や外国語教授訓練機関でのスティも含む）の研修を実施することを示した（SS, 1998）。さらに、EDKは、2004年に「教員養成大学への入学要件、教員の採用や言語能力に関する整

備」(SOS, 2004)、2007年には、「カントン間の教員の交流を通した語学研修への財政援助」(Sprachengesetz, 2007) に関する指針を追加した。これら一連の改革により、スイスの外国語教員研修は、英語教育も新たに加え、教員資格に見合う言語技能を達成すべきという研修目標、新たな外国語指導法を取り入れた研修内容、そして研修期間等の点で全体的に充実が図られたと評価できる。

　以上の全体的な指針にもかかわらず、研修の内容や期間はカントンによっても異なる。チューリヒ教員養成大学の小学校教員養成課程の場合、先の2010年度入学生履修科目一覧に基づくと、学生は第2学年に「外国語滞在」(第4学期、2012夏、計9単位) を行うことになっている。研修期間は、補助教員としての3週間と自らが主体となる実地演習の3週間を合わせて計6週間である。なお、教育実習自体は第1学年に5週間、第2学年に7週間、第3学年に5週間あり、うち第6学期の実習においては、実習生の専門的な授業力を証明する最終判定がなされる。研修場所はチューリヒが提携する15の学校で、各学校の実習担当教員は実習生を2人ずつ受け入れている（生田・柴本, 2011：253-254, 256）。またアールガウは、小学校の英語の授業は英語で行われるべきという考えの下、教員の専門的知識の習得や長期間に及ぶ語学研修を重要視している。つまり、将来小学校で英語の授業を担当する教員は、前提として英語教授学の理論や教授方法に関する所定の大学の単位を取得していなくてはならない。加えて、英語圏での少なくとも8週間以上の語学研修滞在、または、3週間以上の英語圏学校での実習および2週間以上の語学研修滞在を経て、当該国の文化、社会、慣習等に精通することが要求される（北の留学工房, 2012）。

　さらに最近は、スイスの大学の教員養成コースで、英語イマージョンやCLILのための研修が行われるようになっている。チューリヒ大学 (University of Zurich, IGB) で教員養成プログラムを担当するEveline Reichel氏とのインタビュー記事 (One Stop English, 2013) によれば、彼女は過去8年にわたり約200名の英語イマージョンやCLIL教員を育成してきた。Reichel氏が担当するコースは毎年開講の2学期間で、授業の主眼点は、言語に注意を向けさせると同時に教える内容も生徒に理解させるというCLIL的指導技術を身につけ

させることである。受講生は地理、歴史、生物、化学、数学、音楽、体育などを専門とするものであるが、目標言語（この場合英語）で科目内容を効果的に教えることが訓練され、語学レベルとしてはCEFRのC2を達成することが期待される。Reichel氏によると、この種のイマージョン指導プロジェクトはチューリヒ大学だけではなく、スイス全土で急速な広がりを見せているという。

以上の3つの事例より、外国語教員研修については、小学校でも語学研修が取り入れられるなど研修内容・期間ともに充実してきており、最近のスイスではイマージョンやCLIL研修も積極的に実施されていることが分かる。

Ⅵ　考察

本章で主に取り上げた、スイスの学校言語教育（特に小学校段階での英語教育）や教員養成制度は、スイス伝統の地域主義や多言語主義に大きな影響を受けていることが分かった。前者では英語教育は強い権限を持つ各カントンの事情に左右され、後者では公用語としてのドイツ語やフランス語との関係が重要である。以下では、日本との比較も交えながら、日本の英語教育に対して提言すべき2つの視点のみに絞って考察することとする。

第1に、スイスでは21世紀の高等教育改革に伴い、教員養成において科学的な研究に基づく実践が重視されるようになり、教職の専門化が進んだ。以前のスイスでは後期中等教育の教育・訓練を受けて小学校の教壇に立つことも可能であったが、現在では、初等教育の教員になるためには、基本的に大学レベルでの一定の単位と共に学士号を得なければ教員免許が取得できない。加えて、外国語として小学校で英語を教えるには、大学で英語教授法などを学んで専門的知識を身につけ、"言語スティ"や語学研修など長期にわたる実践的訓練を経て、一定の指導技術や言語能力を示すことがますます求められるようになっている。一方で、日本で小学校の英語教員を養成する体制は大学で整っているとは言えず、教員志望者や現職の小学校教員に対し、スイスのような十分な語学研修等は行われていない。たとえば、広島市の場合、小学校5・6年生でティーム・ティーチング方式をとっているが、担任教諭

と日本人英語補助教員（一定の英語力は必要）ともに英語教授法に精通している必要はなく、研修も自由参加で年間を通じて数日行われる程度である。小学校の外国語教員養成体制に限ってみると、スイスのプロフェッショナリズムに対して、日本では反対にアマチュアリズムが進行しているといえる。

　第2に、イマージョンやCLILの視点で検討すると、スイスでは外国語教育と教員研修の両方において、とりわけ最近この視点が取り入れられるようになった。中等教育以上ではもともとイマージョン的外国語教育は行われていたが、「報告書2010」で科学的な実験の結果として早期のバイリンガル教育が有効であることが証明されたことを受け、イマージョンやCLILの指導法が初等教育にもますます適用されるようになったのである。一方で、EDKは新しい教授法としてのバイリンガル指導法を外国語教員の研修に含むことを推奨し、これに呼応していくつかの大学は、歴史や数学など専門科目を教えながら外国語としての英語力向上を図るCLIL教員の研修を行うようになってきている。イマージョンやCLILを生かした外国語教育は、内容と言語を同時学習する時間的な効率の面でも語彙習得の面でも、オーセンティックなコミュニケーション能力育成の面でも有効であろう。確かに、日本の公立小学校では、スイスのように完全なイマージョンは無理にしても、CLIL的な他教科を利用する外国語指導法を小学校英語教育に導入することは可能ではなかろうか。

　筆者は、教員養成体制や教職の専門化、そして、イマージョンやCLILを導入した英語教育および教員研修において、日本の小学校英語教育はスイスの実践例から大いに学ぶことがあると考える。

参考文献

ビュヒ, C.（著）片山淳子（訳）(2012)『もう1つのスイス史—独語圏・フランス語圏の間の深い溝—』東京：刀水書房.

Federal Statistical Office, Neuchâtel 2013. http://www.bfs.admin.ch/bfs/portal/en/index.html (2013.12.10)

林桂子・宮崎裕治（2004）「第6章　スイス」大谷泰照他（編）『世界の外国語教育政策・日本の外国語教育の再構築にむけて』東京：東信堂.

生田周二・柴本枝美（2011）「スイス・チューリヒ教育大学における教師教育の現状」『奈良教育大学教育実践総合センター研究紀要』Vol.20, 251-257.

北の留学工房(2012)「スイス英語教育事情Vol. 2」 http://withjetstream.blog66.fc2.com/blog-entry-604.html (2013.9.25)
小島瑞生(2010)「世界の小学校英語教育事情スイス」『子ども英語』5月号, 40. アルク.
森田安一(1995)『スイス 歴史から現代へ』東京:刀水書房.
森田安一(2008)『物語 スイスの歴史 知恵ある孤高の小国』東京:中央公論新社.
One Stop English, 2013, Immersion and CLIL in Switzerland: An interview with Eveline Reichel. http://www.onestopenglish.com/clil/clil-teacher-magazine/your-perspectives (2013.12.7)
PH Zurich, HP, 2013. http://www.phzh.ch/en/Education/ (2013.12.10)
Rectors'Conference of the Swiss Universities (CRUS). (2013). *Studying in Switzerland Universities 2013*, Berne Switzerland: Leander Amherd, Tiziana Tafani.
Sprachengesetz, 2007. http://www.admin.ch/opc/de/classified-compilation/20062545/index.html (2013.9.4)
Sprachenkonzept Schweiz, 1998. http://sprachenkonzept.franz.unibas.ch/Konzept.html (2013.9.4)
Sprachenunterricht in der obligatorischen Schule: Strategie der EDK und Arbeitsplan für die gesamtschweizerische Koordination, 2004. http://www.erz.be.ch/erz/de/index (2013.9.4)
Swiss Conference of Cantonal Ministers of Education, 2013. http://www.edk.ch/dyn/11566.php (2013.11.23)
Swiss Conference of Cantonal Ministers of Education, The Swiss Education System 2013. http://www.edudoc.ch/static/web/bildungssystem/grafik_bildung_e.pdf (2013.11.23)
Swiss Conference of Rectors of Universities of Teacher Education (COHEP), 2013. http://www.cohep.ch/en/universities-of-teacher-education/study-programs/ (2013.11.23)
Swiss Coordination Centre for Research in Education. (2010). *Swiss Education Report 2010*. Aarau, Switzerland: Sudostschweiz Print, Chur.
Swissinfo ch, 2011「一筋縄ではいかない、多言語国家スイスの早期英語教育」 http://www.swissinfo.ch/jpn/detail/content.html?cid=31139316 (2013.10.18)

4.

ヨーロッパの印欧語国で英語が事実上第2言語である国

12　オランダ …………………………… 林　桂子

13　スウェーデン ……………………… 林　桂子

14　ルクセンブルク …………………… 大谷泰照

コラム③　教員の給与　　　　　　　　（大谷泰照）

12　オランダ

林　桂子

I　オランダの概要

　オランダは、人口1,675万人（2013年現在）、そのうち移民人口は11.4％（OECD, 2013）を占め、多言語・多文化社会から構成されている。トルコ、スリナム、モロッコからの移民が多く、多言語社会における母語の違いがPISAや外国語教育に影響を及ぼしている。しかし、2010年までの教育目標や2006年に施行された教育職業法に応じて、教職員は授業の質の向上に取り組んだ結果、PISAの順位は10-11位にまで向上した。また、ボローニャ・プロセス後の教員養成のための高等教育改革や内容言語統合型学習（Content and Language Integrated Learning：CLIL）に基づくバイリンガル教育などの学校教育の成果は、日本の外国語教員養成へ重要な示唆を与える。

II　言語状況と学校言語教育の推移と現状

1．言語状況

　公用語はオランダ語とフリースラント語である。オランダ語もフリースラント語も英語やドイツ語と同じ西ゲルマン語から派生した言語である。しかし、現代オランダ語は、語彙や文法、発音的要素において、英語やドイツ語と類似している側面もあるが異なる側面もあり、英語習得は必ずしも容易ではない。

　オランダの言語状況は、欧州委員会の調査（European Commission, 2012）によると、2言語を話す人は77％で、そのうち、英語を話す人は90％、ドイツ語71％、フランス語29％となっている。しかしながら、TV・ラジオで英

語を理解できる人は57％、新聞・雑誌を理解できる人は56％、インターネット56％である。日常生活で毎日英語を用いる人は31％、時々用いる人は37％である。こうしたオランダ人の英語学習法は、「英語母語話者によるレッスン」33％、「母語話者との対話」は30％にすぎない。外国語学習のもっとも効果的な場として、91％が学校と答えている。したがって、オランダ語母語話者には、英語との言語的距離が近く、ESL環境で英語学習は容易であると言われているが、学習者にとっては、英語に接する機会は少なく、学校教育の影響が大きいのである。

英語が役立つとする人は95％で、その理由は、「良い仕事を得るため」88.4％、「将来の教育」85.4％、「将来の仕事」83.6％、「個人の生活」40.8％となっている（Eurydice, 2012b：103）。これらの数値は、欧州の中ではやや低いが、英語学習への関心の高さが伺える。他国より低い理由として、オランダへの移民のうち、トルコやモロッコからの移民の子どもたちは母語と異なる英語への関心が低いことが挙げられる（Broeder & Stokmans, 2009）。こうした移民の子どもたちに対するオランダの外国語教育政策は注目に値する。

2．初等・中等教育における外国語教育の推移

オランダでは、英語、ドイツ語、フランス語が初等教育から導入されているが、ドイツ語やフランス語の学習者はゼロで、第1外国語としての英語学習者は、2010年現在、32.3％（Eurydice, 2012b：59-67）にすぎない。英語は1986年より導入され、初等教育の10歳（7学年）から中等教育の18歳までは必修科目となっており、7-8学年の2年間で80時間、1年間で40時間の学習時間は、他国よりも少ない。教員は専科教員も指導するが、主にクラス担任である。

中等教育の学習者12,000人を対象とした2002年のBonnetらの英語力調査では、オランダがヨーロッパ7か国中第4位であった（林, 2010：97）。その低い要因として、英語指導開始年齢が遅い、授業時数が少ない、教員は英語に自信がない、教科書がないなど初等教育に絡む問題が挙げられた（Verbeek, 2013）[1]。そこで、ロッテルダムでは、言語教育研究者（Philipsen of Early Birds）の考案のもと、4歳から英語母語話者による発音指導を徹底し、10歳

から教科書を用いたオランダ語母語話者による文字指導を導入するCLILによるバイリンガル教育が成果を挙げている。

中等教育（12－18歳）では、英語、ドイツ語、フランス語、スペイン語、イタリア語、ロシア語、トルコ語が導入されており、履修する割合は、英語100％、ドイツ語43.5％、フランス語33.2％である。ギリシャ語はVWO（大学準備教育）のみで導入されている（Eurydice, 2012b : 30-48）。

英語の授業時数は、初等・中等教育の場合は、学校に任されている。VWOの場合、4-5学年の3年間4,800時間のうち、1,150時間は英語に費やされる（UNESCO, 2012）。

外国語教育のためのクラス・サイズは、少人数が望ましく、オランダでは通常1クラス15－30人である。英語科教育法のクラスでは10人のところもある。

指導法については、欧州委員会が推進しているCLILに基づくバイリンガル教育は、一部の初等・中等教育および教員研修コースで指導されている。1987年で1校であったものが、2007年には100校にまで達している。CLILによるバイリンガル教育では英語、歴史、地理、生物、芸術、体育などの教科の半分は英語で指導されており、内容および言語学習に効果的であるという（Verspoor & Cremer, 2008）。

Ⅲ　学校教育政策と教育制度

1．教育政策

オランダの教育政策および教育制度は、教育省（OCW）が司っている。教育政策は、憲法第23条のもとで保証された「教育の自由」を原理としている。政府の教育政策は、児童、生徒、教員、教育機関がより優れた状態を発揮できるようにすることであり、特に、コア科目や指導時数を増やすことで優れた指導を重視している。学費は公立も私立も政府が負担する。オランダは、OECDプロジェクトの主導的立場にあり、学校教育のテスト評価にも参加し、国際的専門機関の審査も受ける。そうした自由と制約の中で次のような発展的な教育政策の変化が見られる（Luijkx and Heus, 2008）。

①2－4歳児は義務的ではないが、教育に関心の低い親や少数派移民の子どもの教育効果をねらって政府の段階プロジェクトを設けている。
②クラス設定は、年齢で行われるのではなく、学習者の言語スキルや能力によって行われる学校もある。
③初等教育の高学年（5－8学年）の最終学年で中等教育への選択助言が行われる。助言は、初等教育の最終学年で実施されるオランダ教育測定研究所（Central Institution for Test Development）のCITOテスト（オランダ語、数学、一般知識他）に基づいて行われる。ただし、親は必ずしもCITOテストの結果で判断するようには義務付けられていない。
④コースの選択は、後期中等教育でも学習者の個人的背景や能力を重視する。
⑤教材の作成や販売は、国家指導教材情報センターの指導の下で行われる。

オランダの教育政策のもう1つの特徴は、2003年にEUで設定された2010年までの教育目標達成である。その内容は、①高学歴が高就職率を生むとする考え方のもとで、2010年には学業中退者を10.1％まで減少させたこと。②VMBO導入直後の2000年のPISAの結果では、読解力は低かったが、2006年から2009年にかけて向上した。

2020年のEUの教育目標と共に、初等教育の4歳からの就学100％、高等教育への登録者数の増加（HBO26％、WO35％）などオランダではすでに2020年の教育目標が設定された（OCW, 2007-2011）。

2．学校教育制度

2012年現在の学校教育制度は、図のようになる。

初等教育は4歳から始まる。5歳までは義務ではないが99.3％の子どもが4歳から学校で学んでいる。初等教育は、4/5－11/12歳で1学年から8学年までの8年間、基礎中等教育は12/13－15/16歳で、9学年から12学年の4年間である。

義務教育は初等教育と基礎中等教育の12年間である。12歳からの中等教育には、基礎中等教育を含めて、職業準備中等教育（VMBO）4年制、シニア一般中等教育（HAVO）5年制、大学進学準備教育（VWO）6年制の3つの選択コースがある。HAVOとVWOは3年間の基礎中等教育の進学コースで

184　4．ヨーロッパの印欧語国で英語が事実上第2言語である国

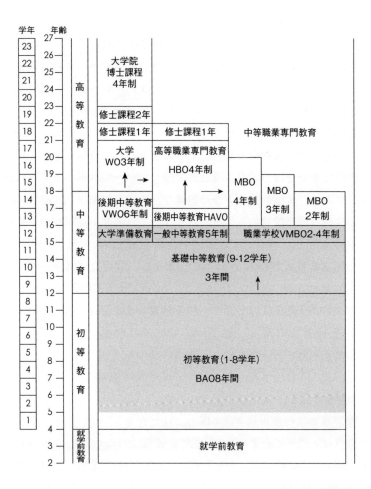

図　オランダの学校教育制度
(Eurydice, 2012/2013に基づき林桂子作成)

15科目が必修科目となっている。しかし、学校によっては、学習者の背景や能力を考慮し、CITOテストを基にHAVOとVWOコースを一緒にすることもある。HAVOの4－5学年とVWOの4－6学年は後期中等教育に属する。この段階で、科学技術、健康科学、社会経済、社会文化の4タイプから選択し、学習者は、自律学習によって自ら知識を獲得し、大学への準備をする。VMBOの第1段階修了時とHAVOおよびVWOの第2段階修了時に、オランダ教育省による中等教育学習者を対象に、ほとんどすべての科目のセンター試験が実施される。同時に、1－10学年には学校一斉テストが実施される。

　VMBO修了後に進学する中等職業教育MBOは、経済、技術、健康、介護、福祉、農業などの分野があり、労働市場への資格取得コースである。学習期間は、0.5－4年でレベル1－4によって異なる。HAVO修了後、HBOかMBOのレベル4に進学できる。MBO修了後に、HBOに進むこともできる。

　高等教育には、HBOとWOの2コースがある。HBOは高等職業専門教育で、理論と実践を学び、WOは大学で理論と研究を目的とする。HBOには、教育、エンジニア・技術、健康、経済、行動・社会、言語・文化、農業・自然環境の7コースがある。VWO修了者はHBOにも進学できるが、主にWOに進学できる（Eurydice, 2012a; Nuffic, 2011）。

Ⅳ　外国語教員養成制度

1．初等教育の教員養成

　初等教育の教員養成は、高等職業専門教育HBO（Hogescholen）あるいは大学WOで行われる。WOは理論的教育を主としているが、HBOは実践教育に焦点を置き、教育実習も実施している。HBOは、学歴・教育経験によっては短縮制度もあるが、4年制である。1年目の最後には、言語と数学の試験もあり、最終試験に合格しなければ教員資格は与えられない。教科の教育目標や指導要領は共通教育内容に記されている。2006年度の到達目標58項目の多くは、ヨーロッパの教員養成の目標に準じている。指導科目は、オランダ語、英語、フリースラント語、数学、社会、自然・技術、空間・時間、美術、体育であるが、初等教育法（Primary Education Act）に応じて決定される。

英語の指導内容は、オランダ語と同じく、口頭教育、文字指導、言語学・学習方略が特記されている。外国語としての英語指導は、初等教育では、10歳から開始される。主な教育目標であるコミュニケーション能力に重点をおき、簡単なリーディングとライティングも指導する。できるだけ他の教科内容と結び付けて指導する（Broeder & Stokmans, 2009）。初等教育における外国語指導者は、主に担任であるが、指導資格として、中等教育と同じく、CLILを用いることができることやCEFRでB2レベルは要求される（Eurydice, 2012b : 95）。

2．中等教育の教員養成

中等教育にはVMBO、HAVO、VWO課程があり、指導科目や教員資格は基礎中等教育と後期中等教育において異なる。基礎の2年間は、知識の応用と技術の獲得に焦点をあてた教育法の58項目の目標を達成するために、年間1,425時間かかる。カリキュラム、教材、指導法、学習時間は学校側で自由に決めることができる。コア科目は、オランダ語、英語、数学、人と自然、人と社会、芸術・文化、体操、フリースラント語と文化である。英語教育の目標は、中等教育においても、コミュニケーション能力が強調されており、CEFRを基準にして設定されている。主な目標は、①英語を頻繁に聞いて英語の音に馴染む。②語彙を拡張する方略を学ぶ。③話し言葉や書き言葉（E-mail含む）から情報を得る方略を学ぶ。④日常生活を人に語る。⑤国際的接触で英語の役割を学ぶ。ドイツ語やフランス語の目標も英語に準ずる（Broeder & Stokmans, 2009）。

中等教育の教員資格は、基礎中等教育（2級）と後期中等教育（1級）の指導によって異なる。HBOで2級免許も1級免許も取得できる。WOでは1級資格が取得できる。HBOでは数学、科学、言語、技術、美術などの専門科目、指導法、一般教育科目、教育実習、言語運用、コミュニケーション理論資格を学ぶ。修士号や博士号取得者は、後期中等教育を指導するための1級免許資格を取得できる。また、修士号は学部3年間に引き続いて1年で取得できる。基礎中等教育教員免許のための学習期間は4年かかる。後期中等教育の教員免許取得には、修士号が必要となるので、5年はかかる（Broeder &

Stokmans, 2009)。

　教育実習は、制度上の要請はないが、大学側が実施している。840時間のうち、250時間は実習校で費やし、最低120時間授業しなければならない。初等教育は1学年に、中等教育は最終学年に、初等および中等教育の学校で行われる。最終学年には、HAVO、VWO、MBO4レベル卒業資格のある者は、学校に雇用の空があれば、5か月間まで雇用契約ができる（UNESCO, 2012）。

3．高等教育（HBOとWO）での取得単位数

　ボローニャ・プロセス後、欧州単位互換制度（European Credit Transfer and Accumulation System：ECTS）に準じて、3つのサイクルからなる新しい取得単位数を2002年に導入した（表）。

　1単位は28時間、60単位は1年で1,680時間の学習からなる。第1サイクルは、WO3年間180単位で学士号（BA/BSc）を取得する。HBOでは、合計4年間240単位で学士号（Bランク準学士）を取得する。第2サイクルは、WO修了後、修士課程で1年間－2年間で修士号（MA/MSc）、中等教育1級資格を取得する。HBOでは、修士課程で60－120単位を取得後、修士号（MA）、中等教育1級資格を取得できるようになった。第3サイクルの博士号（PhD）は、WO修了後に限られ、4年間で取得できる（Luijkx and Heus, 2008）。学位証書添付資料（diploma supplement）の発行の基準については、外部評価機関による認可も受けている。

表　学位と取得単位数（単位＝ECTS）

サイクル	学位	取得単位数
第1	WO学士号（BA） HBO学士号（B）	学部3年180単位 学部3年180単位＋1年60単位＝合計4年240単位
第2	教員資格1級 修士号（M）HBO	WO3年180単位＋修士課程1年60単位＝合計4年240単位 WO3年180単位＋修士課程2年120単位＝合計5年300単位 HBO4年240単位＋修士課程1年60単位＝合計5年300単位
第3	博士号（PhD）	博士課程4年　研究、指導・実践訓練

Ⅴ　外国語教員の教育環境と教員研修

1．教育環境

　オランダの学校は、学校財政の3分の2は政府財政負担によるものであるが、自由裁量で教員の給料や地位を向上させる機会を与えている。教員採用の応募条件は、初等および中等教育の教員免許をもっていることである。労働時間も年1,659時間、そのうち10％は、職業能力開発に費やし、授業時数は初等教育930時間、中等教育750時間と決まっている。しかし、2006年8月に施行された教育職業法に応じて、教職員は、資格だけでなく、教育に必要な能力も要求されることになった。学校も新任研修や教育実習を受け入れるように要請されることとなり、教員は、対人関係、指導、科目の専門性、組織力の4つの能力と指導状況についての自己評価が義務付けられた (Broeder & Stokmans, 2009)。

　教員養成コースでは、入学と修了時には、試験を課し、優れた能力が要求される。授業の質は、①HBO教員養成の質の強化、②WO卒業教員の雇用、③VMBOの理論コースとHAVO/VWO3年コースでの指導の3つの構想に基づいている。

　最近の社会、教育、学校の変化に伴い、オランダの教育評議会が職業専門家としての初等・中等教員に求められる資質能力について、140人の教員と話しあった結果をまとめると、次のような点にある (Onderwjsraad, 2013)。

①自分の行為が学校に役立っていることを認識し、教師として望ましい価値のある仕事などを教員自身が把握し、目的達成に向けて他教員と協働作業する。
②児童・生徒、集団などの学校の状況に応じてもっとも適切な判断ができる。
③教職専門家としての価値や目標が教室の内外での教育に影響していることを知る。
④教員は、いろんなジレンマに悩まされるが、社会、専門科目、授業形式について、常に吟味する教員こそ継続的な能力開発を行っている。

2006年には、指導専門家としての知識を深め、職業能力レベルの向上を目指して、雇用者と被雇用者との間に同意書が交わされ、2008年には政府による「教員奨励賞」も設けられた。賞金は、年3,500ユーロ、3年間授与される。応募者17,000人のうち、初等教育教員50％、中等教育教員29％が採択されている。受賞者の3分の2は、HBOおよびWOの学士号取得者、補習授業実践者である。

　指導の質や教育促進については、教育監査法に基づいて、教育省監査官が初等教育から高等教育まで視察して報告する。2008年には、モニタリング制度も取り入れられた。この審査は4年に一度の割合で行われる。2007年の調査結果では、初等教育の質は適切であり、良い側面もあり、93％の満足度を得たことや、言語や数学の指導では指導時間を十分取っている学校の方が良い結果を示した。中等教育においても、学力が低いとか不満足な学校はほとんどなかった。職業コースには読み書きができず言語能力の低い学習者もいるが、VWOの50％は高得点をとっているなどが報告されている（UNESCO, 2012）。

2．教員研修（in-service teacher training：INSET）

　教員研修は政府が実施するという規定はない。主にHBOや教員養成機関のある大学によって研修が開催される。初等・中等教育および特殊教育、成人教育、職業教育の学校が教員研修の予算を立て、研修のコース内容や研究所の設定に応じて決定する。2008年に実施された657名の教員と55名の校長を対象とした研修調査（TALIS）によると、指導開発のためにしたことは、①個人的な指導助言（94.1％）、②ワークショップ参加（86.7％）、③文献研究（84.4％）などを主な教員研修として挙げている。また、指導開発で影響を受けた活動は、①資格プログラムへの参加（94.3％）、②個人および協同研究（91.8％）、③個人的な指導助言（89.8％）、④助言と仲間の授業観察（84.3％）、その他の活動も70％以上の教員が刺激を受けている。以上のように、指導法、同僚との協働など指導開発の効果を示している（Cooten & Bergen, 2009）。

　欧州委員会がComenius in Service Trainingプログラムで教員研修申請者を支援しており、フランス語教員4.3％、ドイツ語教員3.3％、スペイン語教員

2.8％に対して、英語教員は89.3％が参加している。目標言語圏で1か月間学習した人は33.9％である（Eurydice, 2012：96）。

Ⅵ　考察と示唆

1．言語環境と外国語学習の動機
　オランダ語と英語には文法規則や語彙において類似性もあるが、英語母語話者と接する機会の少ない学習者にとっては、英語の獲得は必ずしも容易ではない。日本との著しい差異は、外国語学習の動機である。オランダの学生は、英語の重要性を認識し、TV、映画、音楽、ITを利用して、英語接触量を多くしているが、日本の学生は、テストの得点を主目標としている。将来の職業、相互理解、経済発展など継続的学習へ導く動機が必要である。

2．高等教育の教育制度改革
　オランダの教育改革の優れている点は、教員研修と教員養成である。政府・学校側と教員側が「教育の質」という共通の目的をもち、教員の給与や地位の向上を目指して教員が教員研修に参加し、指導能力開発に取り組んでいる。教員養成は、主に大学院で実施し、日本の3－4倍の授業時数を設けている。

3．英語での授業と指導法
　「英語での授業」が必ずしも効果的ではなく、CLILを用いたバイリンガル教育が初等、中等、高等教育で学習を促進させている。学習者の多様性に着目し、内容理解に基づく英語での対話力を高める指導が大切である。

謝辞
　Amsterdam University of Applied ScienceのTeacher Training担当者のDesirée Verbeekには、オランダの外国語教育に関する貴重な多くの資料をお送り戴き深く感謝申し上げる。

注
1 参加国は本書「スウェーデン」の章参照。Desirée Verbeek より情報を入手。

参考文献

林桂子（2010）「オランダ」大谷泰照・杉谷眞佐子・脇田博文・橋内武・林桂子・三好康子編著『EUの言語教育政策——日本の外国語教育への示唆』東京：くろしお出版.

林桂子（2011）『MI理論を応用した新英語指導法——個性を尊重し理解を深めあう協同学習』東京：くろしお出版

Broeder, P., & Stokmans, M. (2009). *Teacher education needs analysis-the Netherlands-.EUCIM-TE project the Netherlands.* FGW/Tilburg University.

Cooten, V., & Bergen, V. (2009). Chapter 6 Teachers' professional development in countries that did not take part in TALIS. In *Teaching and learning international survey* TALIS 2008. http://ec.europa.eu/education/school-education/doc/talis/chapter6_en.pdf (2013.3.16)

European Commission (2012). Europeans and their languages. Special. Eurobarometer 386. http://ec.europa.eu/public_opinion/archives/ebs/ebs_386_en.pdf (2013.2.18)

Eurydice (2012a). The structure of the European education systems 2012-13: schematic diagrams. http://eacea.ec.europa.eu/education/eurydice/documents/facts_and_figures.pdf (2013.2.27)

Eurydice (2012b). Key data on teaching languages at school in Europe 2012. http://eacea.ec.europa.eu/education/eurydice/documents/key_data_series/143EN.pdf (2013.2.27)

Koet, T. & Weijdema, W. (2005). Teacher trainees' language proficiency in the Netherlands. CEFRALTE. http://www.atee2005.nl/download/papers/50_ab.pdf (2013.2. 26)

Luijkx, R. & Heus, M. (2008). The educational system of the Netherlands. http://sun4.mzes.uni-mannheim.de/publications/misc/isced_97/luij08...pdf (2013.2. 26)

Nuffic (2011). Higher education system in the Netherlands. http://ww.nuffic.nl (2013.3.17)

OCW (2012). Key figures 2007-2011. http://www.onderwijsinspectie.nl/binaries/content/assets/ Documents+algemeen/2012/netherlands-key-figures-2007-2011-ocw.pdf (2013.2.28)

OECD (2013). International Migration OECD. http://www.oecd.org/htm. (2013.11.1)

Onderwijsraad.nl (2013). 2013 Being a teacher. http://www. onderwijsraad. nl/upload/english/publications/exploration-being-a-teacher.pdf20 (13.3.30)

Scheerens, J., Ehren, M., Sleegers, P., & Leeuw, R. (2012). Educational evaluation and assessment in the Netherlands. http://www.oecd.org/edu/school/NLD_CBR.pdf (2013.2.26)

United Nations Educational, Scientific and Cultural Organization (2012). World data on education VII Ed, 2010/ll Netherlands. http://unesdoc.unesco.org/.pdf (2013.3.16)

Verspoor, M. & Cremer, M. (2008). A country in focus. Research on foreign-language teaching and learning in the Netherlands (2002-2006). *Lang. Teach* (2008), 41:2, 183-211. Cambridge University Press.

13　スウェーデン

　　　　　　　　　　　　　　　　　　　　　　　　　林　　桂子

Ⅰ　スウェーデンの概要

　スウェーデンの人口は、2013年現在、961.6万人で移民人口（14.8％，OECD, 2013）の増大とともに年々増え続けている。かつては、バイキングの名で知られたスウェーデンは隣国への進出とともに、殺戮、略奪、戦争を繰り返した国ではあるが、今日では安全保障面では軍事非同盟政策を維持し、欧州連合（EU）に加盟（1995年）し、対話を基本とした民主主義国家を推進している。学校教育においても、政府および国家教育機関が教育の質の向上を目指した教育改革や性別・能力・障害に関係なくすべての人間に平等な教育を与える教育法の制定に取り組み、民主的な学校運営がなされている。

　スウェーデン人の英語力が高い要因は、言語的距離や言語環境の影響もあるが、外国語学習の動機、授業時数、指導法、教員養成カリキュラムなど、学校での外国語教育の影響も大きい。

Ⅱ　言語状況と学校言語教育の推移と現状

1．言語的距離と言語状況

　北ゲルマン語に属するスウェーデン語は、語彙的および文法的に英語と類似性をもつため、学習情報量が少なくても共有する部分が手がかりとなる。しかし、原ゲルマン語から派生した現代スウェーデン語は、名詞の格・性も単純化しているが、名詞に伴う複数形や不定冠詞の屈折語尾変化などの文法機能は、英語とは随分異なる[1]。したがって、英語の獲得は必ずしも容易ではない。

一方、93％の人たちが母語として話すスウェーデン語が公用語で、学校での授業用言語として使われている。15歳の11.7％の学習者が移民であり、スウェーデン語（第2言語）、フィンランド語、サーミ語を後期中等教育まで学ぶ。スウェーデンは、ESL環境で、英語を話せる人は多いと言われているが、スウェーデンの大学教員達によれば、ESLとEFLとの中間であるという。ラジオやTVの英語を理解できる人は24％、新聞や雑誌を読める人は28％にすぎない（European Commission, 2012a, Special Eurobarometer 386）。

2．言語教育の推移

学校の教育目標は、教育法および教育課程に基づいて、国会および政府が定め、スウェーデン教育庁（SNAE）がカリキュラム、国家テスト、評価法を作成する。OECDによるPISAの学習到達度テストの成績が低下したことにより、スウェーデン政府は、2010年に初等・中等教育のすべての学習者が平等の教育を受けられる新教育法を制定し、2011年度から新カリキュラムを施行しているが、学習科目と授業時数は、教員養成を除いて1998年に改定されたものとほぼ同じである（表1）。

注目すべき点は、スウェーデン語、数学、英語はコア科目であり、7－16歳まで必修となっている。スウェーデン語は、英語のおよそ3倍で母語教育に力を入れている。英語は初等・中等教育の9年間で、480時間、初等教育も中等教育と同じ年間53時間である。コア3科目に関する国家テストが、3、5、9学年（英語は5、9学年）に実施され、その成績は、後期中等教育の合否

表1　スウェーデンの初等・中等教育の学習科目と学習時間数

科目	時間数	科目	時間数	科目	時間数
スウェーデン語	1490	地理・歴史・宗教	885	保健体育	500
数学	900	生物・物理・化学・技術	800	芸術・音楽	230
英語	480	第2・第3選択外国語	320	クラフト	330
		学生選択	382	家庭	118
合計6,665時間＋学校の自由選択600時間					

(Skolverket, 2011に基づき、林桂子作成)

判定にも使われる。初等教育1学年から英語を導入している学校は57％にとどまる。

　英語以外の外国語は前期中等教育（13－16歳）から選択必修となっている。後期中等教育（16－19歳）では74.4％の学習者が3か国語を学んでいる。2010年度の前期中等教育の履修割合は、スペイン語38.7％、ドイツ語20.7％、フランス語15.5％である。後期中等教育の履修割合は、スペイン語20.0％、ドイツ語13.2％、フランス語9.9％である（Eurydice, 2012c：32-45）。

　次に、注目すべき点は、英語教育の目標が明確なことである。教育目標は、2000年7月に制定されたものと変わらず、「世界の多くの国々において、英語は母語あるいは公用語であり、異文化理解、コミュニケーションのための主要言語である。情報・伝達技術の急速な発展とともに、研究、旅行、国際的接触および国際的労働市場に英語は益々必要な言語であり、包括的なコミュニケーション能力の育成を目的とする」(Skolverket, 2013a)。

　指導法については、欧州委員会が推奨する4技能の内容言語統合型学習（Content and Language Integrated Learning：CLIL）は、学校によって行われているところもある（Eurydice, 2012c：128）。ストックホルム大学では教員養成カリキュラムにCLILを導入している。ウプサラ大学の英語教育者[2]によると、コミュニケーション能力、英語圏の生活様式・文化・人々の理解のためには、4技能のバランスのとれた指導が大切である。中等教育学習者を対象とした英語力の調査（林, 2011：17）では、スウェーデン、ノルウェー、フィンランド、オランダ、デンマーク、スペイン、フランスの7か国中、スウェーデンは1位であった。4技能を等しく使っている（Eurydice, 2012c：106 &128）割合も高い。

　さらに、英語学習の動機については、中等教育学習者の90％以上が「英語は重要」、「英語が好き」、「コミュニケーション」、「TV」、「外国人と接触が容易」、「音楽テキストの理解」、「コンピュータ作業」に役立つとしている（林, 2011：18-21）。欧州委員会の調査でも、スウェーデン人の93％は、「将来の教育」「良い仕事」につくために英語が役立つとしている。主な学習手段は、学校92％、TV・映画・ラジオ52％、読書41％、海外旅行32％であり、英語学習の動機および学校教育の重要性を示している（Eurydice, 2012c：103-

104)。

　成績評価は、2011年度から、AからFまでの6段階とし、Aが最優秀でEまでは合格、Fは不合格となり、到達目標が明確になった（Skolverket, 2013b）。義務教育では、8学年まで不合格はなく、自動的に進級できる。到達目標に達していない学習者は、親、子ども、教員の3者懇談の末、校長が決める。教育は個人の能力を伸ばすことであり、学習困難者はカウンセラーが指導する[3]。

　クラス・サイズは、1クラスほぼ15－28人とばらつきがあるが、約50％のクラスは18－24人であり、平均のクラス・サイズは20人である（Eurydice, 2012c：125）。外国語指導のために、クラス・サイズを特に小さくするということはない。なお、EUの統計の有効な14か国のクラス・サイズの平均は23人である。

　以上の点をまとめると、①到達目標が明確であり、小中連携が教員の責任で行われている。②クラス・サイズが小さい。③中等教育7・8学年から第2・第3外国語が選択必修である。④英語学習の重要性の認識や動機が高く、TVなどで学習者自ら継続的に学ぶ。⑤英語学習は4学年から年間53時間である。

Ⅲ　学校教育制度と教育政策

1．教育政策

　スウェーデンの学校教育政策はキリスト教の伝統や西洋の人道主義を基盤とした民主主義の原理に基づいている。学校活動は個人の本来備わっている価値を尊重し、個人および社会に必要な知識を獲得し発展させることを目標とした基本規定が1985年の教育法（Education Act, 1985：1100）で制定されて以来、1994年および2010/11年の義務教育条例（2010：37）にも盛り込まれた。2011年度の教育改革では、脱中央集権化され、カリキュラムやコースシラバスは、高等教育に至るまで国家目標として議会や政府で決定され、SNAEがその到達目標、国家試験、評価法などを作成するが、主な教育活動は地方自治体および学校の責任で行われる（Skolverket, 2011）。一方、スウェーデン

高等教育庁は2012年末に廃止され、2013年1月より、スウェーデン高等教育局（SHEA）とスウェーデン高等教育評議会（SCHE）がその役割を分担している。SHEAは、高等教育の質の評価、監督、教育に関する統計調査を行い、SCHEは、高等教育の広報、外国語教育の評価、進学適性試験などを扱う。授業料は、義務教育から高等教育に至るまで無償である。教科書も無償で、教員が自由に選択できる。

2．教育制度

スウェーデンの学校教育制度は次頁の図の通りである。6歳から1年間（525時間、1日3時間週5日）は、就学前教室で言語・コミュニケーション力、科学・技術力の発達に関する目標を含む初等教育への準備が行われる。

義務教育は初等教育（1-6学年）と中等教育（7-9学年）の9年間一貫教育（7-16歳）となっている。就学前教育はすべての子どもが参加するので、実質的には義務教育は10年である。

後期中等教育・ギムナジウムは、16-19歳の3年制で、コースは、社会科学と自然科学の2つに分かれている。分野は、新カリキュラムでは18分野になり、6つの大学準備コースと12の職業専門コースがある。後期中等教育への入学は、義務教育でのスウェーデン語、数学、英語の3科目を含めて16科目の最高得点を合計して評価する。大学入学には、国際的観点からの教育強化を図り、スウェーデン語と英語の運用能力が求められる。

大学は2年制の基礎レベルと3年制の発展レベルの2つのコースがある。2007年に3サイクルに分けられた。第1サイクルは、2年制120単位大学免状と3年制180単位学士号、第2サイクルは、学部3年間と修士1年の合計4年間（240単位）で修士号取得の場合と学部3年と修士2年の合計5年間（300単位）の2つのコースがある。第3サイクルは、修士と博士の中間課程を意味する2年制上級修士課程と4年制博士号取得課程がある（Eurydice, 2012b）。

Ⅳ　外国語教員養成制度

スウェーデンの教員養成はキリスト教精神のもとで1913年に始まったが、

学年	年齢			
	28	高等教育	大学院	
21	27			
20	26		博士課程4年制(240単位)	
19	25		博士課程2年制(Licentiate Degree:上級修士)	
18	24			博士
17	23		大学院　修士課程2年制(120単位)	
16	22		修士課程1年制(60単位)	修士
15	21		大学　発展レベル　3年制　学士号3年　修士1年・2年制	
14	20		基礎レベル　2年制　大学学位	
13	19		高等職業教育	学部
12	18	中等教育	後期中等教育・ギムナジウム、職業教育、障害教育	
11	17		3年制(16-19歳)	
10	16			高校
9	15		前期中等教育(7-9学年)、特殊専門教育、	
8	14		サーメ・スクール、障害学校	
7	13			中学校
6	12	初等教育		
5	11			
4	10		初等教育(1-6学年)	
3	9			
2	8			
1	7			小学校
	6	前就学	就学前教育(全員参加型)	

☐ 部分は義務教育

図　スウェーデンの学校教育制度
(Skolverket, 2011に基づき林桂子作成)

1950年に6つの教員養成総合大学が創設された。1977年の教員養成改革は功を成しえず、2001年に義務教育における共通基礎能力と教科科目を統合した教員養成の学位制度が設けられたが、ボローニャ・プロセス後、欧州単位互換制度（European Credit Transfer and Accumulation System：ECTS）に基づいて、2007年には、各大学が教員養成制度を改革している。新教員養成改革は、教育の質、単位互換、学位資格証明、移動性、雇用制を目的として、就学前教育、初等教育、教科教育、職業学校教育の4つの学位分野で行われた。専門教科の知識、その他の基礎知識、年齢に応じた教授法の知識、技能の取得を目標とする（Eurydice, 2012a）。

教員養成は、大学および大学院で行われるが、修士号を必要とする。必要単位数は表2の通りである。取得期間および科目の内訳は大学によってやや異なるが、ストックホルム大学およびウプサラ大学の取得単位数はほぼ同じ

表2　教員資格取得必修単位数（ECTS）

学年	合計単位数	必要期間と取得研究機関
就学前教育	210単位	7学期　大学
初等教育1-3学年	240単位	8学期　大学院4.5年
初等教育4-6学年	240単位	8学期　大学院4.5年
前期中等教育7-9学年	270単位	9学期　大学院4.5年
後期中等教育10-12学年	300-330単位	10-11学期　大学院5年

（Ellen Matlok-Ziemann, 2013; Ylva Sandbera, 2013）

表3　初等教育4-6学年（10-12歳）、240単位の教員養成科目単位数

1学期	数学7.5単位、社会教育史5単位、教育実習Ⅰ2.5単位、スウェーデン語15単位、学習理論7.5単位、倫理2.5単位、数学7.5単位、教育実習Ⅱ5単位、
2学期	社会7.5単位、自然科学・技術30単位、社会科学（歴史・宗教15単位と地理・市政学15単位）、ダンス・芸術・音楽・健康30単位
3学期	英語30単位
4学期	スウェーデン語15単位、教育実習Ⅲ7.5単位、知識科学・調査7.5単位、
5学期	教員論文Ⅰ15単位、数学Ⅲ,Ⅳ15単位
6学期	教員論文Ⅱ15単位、数学Ⅲ7.5単位、数学Ⅳ7.5単位
7学期	成績評価4単位、レトリック3.5単位、専門教授法7.5単位、専門教科教授法・カリキュラム・成績評価15単位
8学期	教育実習Ⅳ15単位、教員論文Ⅲ15単位

（Stockholm University, Ylva Sandbera, 2013資料に基づいて林桂子作成）[4]

表4　中等教育7-9学年（13-15歳）270単位の教員養成科目単位数

1学期	第1専門科目Ⅰ（英語Ⅰ）30単位
2学期	社会教育史5単位、専門科目教授法・カリキュラム・成績評価Ⅰ7.5単位、学習理論7.5単位、教育実習6.5単位、レトリック3.5単位
3学期	第1専門科目Ⅱ（英語Ⅱ）30単位
4学期	第2専門科目Ⅰ（例：フランスあるいはドイツ語）30単位
5学期	専門科目教授法・カリキュラム・成績評価法Ⅱ　7.5単位、教育実習7.5単位、学校教育7.5単位、知識・科学・調査方法7.5単位
6学期	第3専門科目Ⅰ（例：スペイン語あるいはイタリア語）30単位
7学期	第2専門科目Ⅱ（フランス語／ドイツ語）15単位 第3専門科目Ⅱ（スペイン語／イタリア語）15単位
8学期	専門科目教授法7.5単位、学校倫理2.5単位、教育実習16単位、評価と教育発達4単位

である。1単位30時間、年間60単位は40週で1,500－1,800時間、1週40時間である。

　表3は、初等教育の教員養成科目単位数である。コア科目のスウェーデン語、数学、英語（各30単位）は必修である。教育実習は、4回30単位である。

　中等教育（7－9学年、270単位）は、表4で示しているように、第1専門指導科目は60単位、第2、第3専門科目は45単位取得する。教授法および成績評価法は22.5単位、教育実習は、合計30単位実施される。

　後期中等教育については、英語を第1専門科目とした場合、英語Ⅰ-Ⅳまで履修し、専門関連科目であるスペイン語やイタリア語もⅠ-Ⅲまで履修する。教授法は5年目まで22.5単位、教育実習は、5年間で合計30単位となる。教育実習に基づく研修論文2つは、第1専門科目Ⅳ、第2専門科目Ⅲに加えて、各30単位となっている。

　このように英語力を徹底的に身につけ、第2、第3外国語を学び、教育実習で豊富な経験を必要とする。中等教育の外国語教員は、2つの外国語あるいは外国語と別の科目も指導できるようなカリキュラム構成になっている。単位取得には、前期中等教育で4年半、後期中等教育で5年かかる。教員免許（lärarlegitimation）は、単位取得後、1年間の実務経験を経て取得できる。

表5　後期中等教育（10-12学年、16-19歳）300単位の教員養成科目単位数

1学期	第1専門科目（英語Ⅰ）30単位
2学期	教育史5単位、教授法・カリキュラム・成績評価Ⅰ7.5単位、学習理論7.5単位、教育実習6.5単位、レトリック3.5単位
3学期	第1専門科目Ⅱ（英語Ⅱ）30単位
4学期	第1専門科目Ⅲ（英語Ⅲ）30単位
5学期	専門科目教授法・カリキュラム・成績評価法Ⅱ　7.5単位、教育実習7.5単位、学校教育7.5単位、知識・科学・調査方法7.5単位
6学期	第2専門科目Ⅰ（例：スペイン語／イタリア語）30単位
7学期	第2専門科目Ⅱ（スペイン語／イタリア語）30単位
8学期	第2専門科目Ⅲ（教員研修論文基礎段階含む）30単位
9学期	専門科目教授法7.5単位、学校倫理2.5単位、教育実習16単位、成績評価と学校教育発達4単位
10学期	第1専門科目Ⅳおよび教員研修論文完成含む30単位

（Stockholm University, Ylva Sandbera, 2013.8.14 資料に基づいて林桂子作成）

Ⅴ　外国語教員の教育環境と教員研修

1．教員採用

　教員採用に関しては、スウェーデン教育庁の決定により、2011年7月から新制度が実施されることになった。教育の質の向上のために、就学前教育から義務教育の教員は、2013年12月1日から終身雇用制度で採用される。教員は、指導科目、指導学年、新任教員の指導について登録しなければならない。応募者の適性は、行政法と登録の規程に基づいて評価される。教員免許を持ち、少なくとも1年間の教員経験のある者には、見習い期間はない。見習いを必要とする新任教員は良き指導ができるかどうかの評価を受けるために、指導教員の支援を必要とする。評価はSNAEの評価基準によって行われる。教員採用は、SNAEが指導者の適切な学校を決める。教員の評価は校長が各教員と話し合った上で目標設定および評価を行う。評価項目の一例として、児童・生徒との関係、教育現場での協調性、児童生徒への支援などである（Skolverket, 2012）。

　義務教育での教員資格を得るためには、①大学あるいは高等教育機関で取得した教育学学位とSNAE発行の教員資格証明書、②母語がスウェーデン語、デンマーク語、ノルウェー語、アイスランド語以外の応募者は、スウェーデ

ンの後期中等教育に匹敵するスウェーデン語能力証明書、③2013年12月1日以降登録者で、SNAE発行の教員資格証明書をもち、指導経験のある場合はその学校の証明書、④1年以上勤めた場合は、雇用先の証明書、⑤国税局発行の誕生証明書の提出が義務付けられている（Skolverket, 2012）。

2．教員研修

　現職教員研修は、教育法に基づいて行われるが、その主な目標は、スウェーデンの学校教育の成果を上げることにある。研修方法は、自治区や学校の校長に任されており、研修は大学などの高等教育機関で行われる。その費用は、政府負担で行われる。2007年から2010年にかけて、29億SEKの公費をかけて、初等教育の教員は10－30単位/ECTS（280－840時間）、前期中等教育教員は20－45単位/ECTS（560－1,260時間）を取得することになった。資格をもたない補助教員や移民のためのスウェーデン語教員の継続開発訓練のために10億SEKが費やされた。SNAEが計画した研修参加者は、2007年秋772人、2008年5,695人で、そのうち51.2％は義務教育教員であった。2009年秋の参加者は、75％であった。大学で実施された研修には、52.2％が参加した。能力開発研修分野で高いのは、障害教育の特殊ニーズ、数学、自然科学、英語を含む言語、4技能の向上である。研修の結果、専門科目について更なる高い知識（68.8％）や指導能力（66.7％）を得たことを報告している（Cooten & Bergen, 2009）。

　外国語教育の教員研修は、欧州委員会の支援の下、6週間に亘り、Comenius In-Service Trainingを行っている。2009年度のスウェーデンの参加者は、英語教員77.5％、スペイン語教員8％、ドイツ語教員7.3％、フランス語教員3.3％で、英語教員が圧倒的に多い（European Commission, 2012b：99）。教員の能力は給与の査定に響くので、教員は、高等教育研究所や地域で行われる研修会に参加するが、海外での研修は少ない（Eurydice, 2012c：85-97）。

Ⅵ 考察と示唆

1．言語状況および学習者の動機と英語力
　スウェーデン語は英語との類似性はあるものの、学習者にとっては、英語に接触する機会はほとんどなく、学校での英語学習が大きな比重を占めている。英語学習に対する高い動機がTV、映画、音楽、ITへの関心を高めている。

2．授業時数と指導法
　早期外国語教育のためには、教員が十分な英語力を身につけ、授業時数は初等教育4学年から後期中等教育まで年間53時間である。教授法としては、CLILなども導入し、4技能のバランスのとれた統合的指導法が行われている。

3．教員養成制度とカリキュラム
　スウェーデンの教員養成制度の特徴は次の4点にある。①教育職員免許状取得のための単位数と科目は、日本の数倍も多く、教科専門科目や教授法が充実している。②初等、中等、後期中等教育へと進むにつれて単位数が多くなっている。高等教育では学習内容は複雑になり、指導者もそれに応じて学習する。③教育実習が充実している。大学で外国語指導法や知識を身につけ、卒業年度まで毎年実習を実施し、理論と実践を繰り返している。単位取得後も1年間実地体験をして免許状を取得し、教員として採用される。④国や欧州評議会の支援を得て、指導法に関する教員研修が盛んに行われている。大学院で理論的学習と長期教育実習を実践することが、日本でも教員養成を充実させることになると考えられる。

謝辞
　Stockholm UniversityのYlva Sandbera教授およびUppsala UniversityのEllen Matlok-Ziemann, Karin Hjalmeskog, Kristina Bergh各教授には教員養成、その他の課題について長時間にわたる講義、説明、討論の場を設けてくださった。厚く御礼申し上げたい。

注

1 速水望（2009）『スウェーデン語』白水社、およびSweden人のBirgittaの説明に基づく。
2 Uppsala UniversityのEllen Matlok-Ziemann, Karin Hjalmeskog, Kristina Berghに基づく。
3 Carlshamnの小学校教員、Agneta ErikssonとCarin Fornhammarとの面接に基づく。
4 Stockholm UniversityのYlva Sandbera（2013.8.14） およびUppsala UniversityのEllen Matlok-Ziemann作成の資料（2013.8.16）と講義に基づく。

参考文献

Cooten, V., & Bergen, V. (2009). Chapter 6 Teachers' professional development in countries that did not take part in TALIS. In *Teaching and learning international survey* TALIS 2008. http://ec.europa.eu/education/school-education/doc/talis/chapter6_en.pdf (2013.3.16)
European Commission (2012). *Europeans and their languages. Special Eurobarometer 386.* http://ec.europa.eu/public_opinion/archives/ebs/ebs_386_en.pdf (2013.2.18)
Eurydice (2012a). Sweden: Teachers and education staff. https://webgate.ec.europa.eu/fpfis/mwikis/eurydice/index.php/Sweden:Teachers_and_Education_Staff (2013.2.3)
Eurydice (2012b). *Structures of education and training systems in Europe, Sweden.* 2009/10 ed. http://eacea.ec.europa.eu/education/eurydice/document/eurybase/structures/.pdf (2013.2.17)
Eurydice (2012c). *Key data on teaching languages at school in Europe 2012.* http://eacea.ec.europa.eu/education/eurydice/documents/key_data_series/143EN.pdf (2013.2.17)
Eurydice (2013a). *Sweden: Upper secondary and post-secondary non-tertiary education.* https://webgate.ec.europa.eu/fpfis/mwikis/eurydice/index.php/Sweden:Overview (2013.2.3)
Eurydice (2013b). Teaching and learning in upper general and vocational secondary education. https://webgate.ec.europa.eu.../ (2009)(2013.2.3)
林桂子（2010）「スウェーデン」『EUの言語教育政策——日本の外国語教育への示唆』東京：くろしお出版.
林桂子（2011）『MI理論を応用した新英語教授法——個性を尊重し理解を深め合う協同学習』東京：くろしお出版.
OECD (2013). International Migration. http://www.oecd.org/els/mig/imo2013.htm (2013.11.4)
Skolverket (2011). The Swedish National Agency for Education. http://www.skolverket.se/om- skolverket/in_english/2.1141/the-swedish-national-agency-for-education-1.61968 (2013.2.3)
Skolverket (2012). Teachers registration. http://www.skolverket.se/om-skolverket/ (2013.2.18)
Skolverket (2013a). Compulsory school. http://www3.skolverke.se/ki03/info.aspx? (2013.2.18)
Skolverket (2013b). Grading scale A-E. http://www.skolverket.se/om-skolverket/ (2013.11.10).

14 ルクセンブルク

大谷泰照

I　ルクセンブルクの概要

　ルクセンブルクは、広大な国土も強大な軍事力ももたないが、ヨーロッパでは最も豊かで紛争の少ない安定した国の1つとみられている。

　ルクセンブルク（正式名：ルクセンブルク大公国）は、南をフランス、西と北をベルギー、東をドイツに囲まれた小国である。国土（2,600㎢）は神奈川県ほどの広さに横須賀市を少し上回る人口（2013年現在53.7万人）で、EU28か国の中でも、国土、人口ともに、マルタに次いで、とびきりの小国である。

　しかし、国民1人当たりの国内総生産（GDP）は、2012年度現在106,400ドルで、EUはもちろん、世界中でも断然第1位である。これはアメリカ（51,703ドル）、日本（46,706ドル）の2倍以上であることを考えると、ルクセンブルク経済のこれまたとびきりの豊かさがよく分かる。

　大部分の国民はルクセンブルク語、ドイツ語、フランス語の多言語話者で、さらに英語を話すものも少なくない。外国人の受け入れにも寛容で、2013年現在、国の人口の45％（23.9万人）を外国人が占めていて、しかも国籍や言語間の対立や摩擦も少ない。ルクセンブルクの国会は、2008年10月、一定の条件を満たす外国人に対してルクセンブルクとの二重国籍を認める改正国籍法まで制定し、2009年1月に施行した。こんなルクセンブルクは、「多様の中の統合」という、いわばEUの理想に最も近い国と考えられ、EUの「優等生」とも言われる。

　しかし、そんなルクセンブルクも、長年にわたりスペイン、フランス、オーストリアなどの支配を受けた後、1815年、ウィーン会議の結果、オラ

ンダ王を大公とするルクセンブルク大公国になった。1839年には、領土の西半分をベルギーに割譲したが、1867年に、プロシアとフランスの緩衝国として永世中立国となった。そして1890年にオランダからの独立を果たすことになった。

　この間、ルクセンブルクでは戦闘の絶えることがなかった。20世紀前半までの4世紀の間に20回以上もの戦火にさらされた。とりわけ、第1次世界大戦と第2次世界大戦では、ルクセンブルクは中立国であったにもかかわらず、ドイツ軍の侵攻をうけて、大きな痛手をこうむった。特に、第2次世界大戦中のドイツ軍の占領下では、国民は激しいレジスタンスを繰り広げ、戦時中の戦死者の対人口比率は、ソ連、ポーランドに次ぐ多さと言われている。

　そんな苦難の歴史を持つ小国ルクセンブルクは、「不戦共同体」の設立に対する渇望が並外れて強かったと言える。当初からヨーロッパの統合を積極的に支持し、1944年のベルギー、オランダとの「ベネルックス3国協定」は、現在の欧州連合（EU）の布石となった。ルクセンブルクは、EUの源流となった1951年設立の欧州石炭鉄鋼共同体（ECSC）創設国の1つであり、欧州統合の推進者ロベール・シューマンもまたルクセンブルクが生んだ。

　ルクセンブルクには、欧州石炭鉄鋼共同体の本部が置かれ、その後、欧州共同体委員会統計局・出版局、欧州共同体欧州司法裁判所、欧州議会事務局、欧州投資銀行、欧州会計監査院、原子力安全局、信用投資総局なども置かれて、ブリュッセルやストラスブールとともにEUの首都機能を分担している。

　ルクセンブルクは、もともとは貧しい農業国であったが、19世紀半ばから、アルセロールに代表される鉄鋼業が盛んになり、これが現在の経済大国ルクセンブルクの礎となった。こんなルクセンブルクには、多くの外国の銀行が進出して、いまやルクセンブルクは、ロンドン、チューリッヒに次ぐヨーロッパの金融センターとしても重要な役割を果たしている。

II　言語状況

　ルクセンブルク大公国は、いわばロマンス語圏とゲルマン語圏の接点に位置し、かつては西半分のフランス語地域と東半分のドイツ語地域に二分され

ていた。しかし、1830年に始まったベルギー独立戦争による周辺地域の混乱を収拾するために、1839年に列強（オーストリア、フランス、イギリス、プロシア、ロシア）が開いたロンドン会議によって、西半分のフランス語地域はベルギーに割譲されて、残りが今日のルクセンブルクの姿となった。

　このルクセンブルクの言語は、基本的には中部ドイツ語方言であったが、以後、独自の発展を遂げてルクセンブルク語と呼ばれるようになり、これがルクセンブルクの国民のアイデンティティの基本とみなされるようになった。しかし、フランスとドイツの2つの大国に挟まれた小国のルクセンブルクは、歴史的にも地理的にもフランスとドイツの強い影響下にあり、フランス語もドイツ語も、またこの国の公用語となっている。

　1984年制定の言語法は、第1章で、ルクセンブルク国民の国語はルクセンブルク語であると明確に規定しているが、それに加えて第2章で、法令とその施行規則はフランス語で起草されること、さらに第3章では、行政と司法に関しては、フランス語、ドイツ語、またはルクセンブルク語を使用することが定められている。

　ルクセンブルク語は、ルクセンブルク人の国語であり母語であり、国民の各階層で、議会をも含めて、主として日常生活の話しことばとして広く使われる。テレビやラジオでは、もっぱらルクセンブルク語が使われている。特に第2次世界大戦以後は書きことばとしての使用も増えて、1975年には、ルクセンブルク語の公式の正書法も定められた。

　フランス語は、この国では、伝統的に行政、立法の言語である。特にフランス語の書きことばは、知的エリートの言語と看做されることが多い。ただし、1950年代以後、イタリア人、スペイン人、ポルトガル人、フランス人、フランス語系ベルギー人などのロマンス語系の移民の増加のために、彼等の間ではフランス語の話しことばが使われることが目立つようになった。

　ドイツ語は、この国では、伝統的に日常生活の書きことばの役割りを果たしてきたが、これも近年は、新聞、雑誌などの文字メディアを除いて、次第にルクセンブルク語に取って代わられる傾向がみられる。

　ルクセンブルク人の大部分は、実際に、これら3言語を使う3言語話者である。したがって、ルクセンブルクは、ベルギーやスイスなどのように国内

が複数の言語地域に分かれている多言語状況ではなく、いわば国全体が3言語を場面に応じて使い分ける3言語併用状況（triglossia）にあるという世界でもめずらしい言語状況を呈していると言える。

Ⅲ　言語教育制度

　3言語併用国家ルクセンブルクは、当然、EU諸国の中でも最も言語教育の熱心な国であると言える。

1．幼児・初等教育

　この国の言語教育は、義務教育の幼稚園（4歳から2年間、希望者には3歳から3年間）段階のルクセンブルク語の指導から始まる。幼稚園段階の教育用語はすべてルクセンブルク語である。

　小学校（6歳から6年間）でも、6年間を通じてルクセンブルク語の教育が続く。週1時間で、聞き話す指導が中心である。あわせて1年生からドイツ語の教育が始まるが、1年生は週8時間、2年生で週8-9時間、3年生から6年生までは週5時間である。ただし、小学校のドイツ語は、読み書きの指導に力点が置かれている。小学校段階の教育用語としてはルクセンブルク語とドイツ語が使われる。

　さらに、この国では、小学校2年生後半からフランス語の教育も始まる。2年生では週3時間、3年生から6年生までは週7時間の教育となるが、フランス語の時間の教育用語はフランス語である。

　このように、この国の小学校では、国語のルクセンブルク語と、公用語のドイツ語およびフランス語の計3言語が教えられることになる。これに加えて、国家教育職業訓練省の指導によって、人口の4割をはるかに超える在住外国人のために、彼等の母語であるポルトガル語やイタリア語を小学校で教えている地域も少なくない。

　言語教育にとって必要なのが少人数のクラスサイズである。ルクセンブルクの小学校段階のクラスサイズは、上限は26人、下限は17人と決められているが、実際のクラスは、通常15人程度（*Education at a Glance 2013*）の小クラ

4．ヨーロッパの印欧語国で英語が事実上第2言語である国

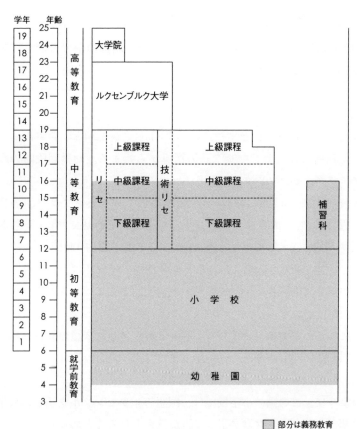

図　ルクセンブルクの学校教育制度
（Eurydice（2013）に基づき大谷泰照作成）

スである。

　なお、これら小学校段階の言語教育のために、1990年以来、国家教育職業訓練省は、独自の教科書、指導書、各種のマルチメディア教材の開発に力を入れている。

2．中等教育

　中等教育は、12歳から7年間のリセと技術リセ（技術リセには6年間のコースもある）に分かれる。リセは高等教育へ進学のためのコースであり、技術リセは卒業後の就職のためや、あるいは高等教育への進学も可能なコースと考えられている。リセと技術リセの在籍生徒数はほぼ1対2の割合になっている。そのいずれも、最初の3年間（下級課程）は義務教育の続きである。

　リセでも技術リセでも、2年生から、ドイツ語とフランス語に加えて英語の教育が始まる。リセ・技術リセの上級課程の古典語コースではラテン語も教えられる。言語コースに進めば、スペイン語、イタリア語、ポルトガル語など5番目の言語の選択も可能である。

　ドイツ語は、小学校段階ではルクセンブルク語と並んで教育用語であったが、中等教育段階では、次第にフランス語に取って代わられるようになり、ドイツ語を教育用語とするコースとフランス語を教育用語とするコースに別れることになる。

　なお、ドイツ語やフランス語の能力の十分でない中等教育段階の外国人生徒のためには、特別の言語教育のクラスが用意されている。

　中等教育段階の言語教育では、伝統的に読み書きに力を入れる傾向が強かったが、1990年代から中等教育終了資格試験に言語の口述試験が導入されるようになり、中等教育段階の言語教育は次第に音声教育重視の方向に変化を見せ始めている。

　以上のような言語教育重視のルクセンブルクでは、義務教育の小学校（6年間）および中等学校下級課程（3年間）に必要とされる外国語教育の最低限の時間数は、それぞれ2,376時間および1,403時間となっている。

　これは、小学校の総授業時間数の39.3％、中等学校の総授業時間数の46.1％を占める。EU28か国中では、ルクセンブルクに次いで言語教育に熱

心なマルタでさえも、総授業時間数に占める言語教育の最低時間数が、小学校段階で15.1％、中等学校段階で25.7％であることを考えると、ルクセンブルクの言語教育に対する並々ならぬ意欲を伺い知ることができる。

CEFRに準拠するルクセンブルク独自のポートフォリオが、幼稚園段階以後、全国のすべての学校で全児童・生徒に使われている。

3．高等教育

ルクセンブルクでは、長年にわたって大学は設置されていなかった。わずかに大学入学のための予備教育を行う1年制の大学教育センターと、3〜4年制（コースにより修学年数が異なる）の教育高等専門学校、技術高等専門学校などがあるのみであった。

そして、大学進学を希望するリセ卒業者たちは、ほとんど言語に不自由することもなく近隣諸国（特にフランス語圏）の大学に進学するのが一般であった。

そんなルクセンブルクも、2003年になって、ついに自前の大学を設置するに至った。それまでの大学教育センターや高等専門学校などを統合して、その上にできた科学・技術・コミュニケーション学部、法律・経済・金融学部、言語・文学・人文科学・芸術・教育学部の3学部を持つルクセンブルク大学である。2011–12年現在、ルクセンブルク大学の学生数は約5,700人であるが、これに対して、諸外国の大学へ留学しているルクセンブルク人学生の数は約11,000人にものぼる（*Luxembourg in Figures* 2013）。

Ⅳ 教員養成・研修

幼稚園と小学校の教員養成は、以前は国内の教育高等専門学校と、あわせて諸外国の大学で行われていた。現在もなお諸外国の大学に依存する度合いが大きいが、2003年以後は、初等教育の教員養成は、新設のルクセンブルク大学でも行われるようになった。期間は4年間であるが、正式の教員資格を得るためには、さらに競争の厳しい資格試験に合格しなければならない。なお、教員養成期間中の教育実習の最低時間数は、幼稚園で900時間、小学

校で828時間である（Eurydice & Eurostat 2013）。

　リセおよび技術リセの中等教育の教員養成も、今日ではルクセンブルク大学で行われるようになったが、現在もなお、諸外国の大学に依存する度合いは大きい。国の内外の大学と大学院において修士課程までを終え、競争の厳しい国の資格試験を受験する。その合格者は、さらにルクセンブルク大学の大学院とリセ・技術リセにおいて2年間の研究・実習が義務付けられ、それを修了して、はじめて正式に教員の資格を得ることができる。なお、この合計7年にわたるルクセンブルクの教員養成期間（Eurydice & Eurostat 2013）は、2011-12年現在、EUを含むヨーロッパ32か国のなかでは最長の期間である。その間の教育実習の最低時間数は432時間である（Eurydice & Eurostat 2013）。

　ルクセンブルクの教員は、ルクセンブルク語、ドイツ語、フランス語の3公用語の十分な運用能力と、加えてそれら3言語に関する専門的言語知識、さらに3言語に関わる文化的知識を持つことが求められる。特にルクセンブルク語の教員については、2009年5月成立の法律により、「ルクセンブルクの言語と文化に関する能力証明」を取得することが義務付けられている。これは、ルクセンブルク語の会話力と指導力、さらにルクセンブルクの社会や文化に関する知識を認証する新しい制度である。外国語教員は当該国に少なくとも2学年間の滞在経験が必要である。

　なお、正式の教員として採用された後も、新しい時代の要請に応え、教育の質的向上をはかるために、現職教員の研修がルクセンブルク大学や国家教育職業訓練省の定めた機関で行われる。

　ルクセンブルクは国土が小さいこともあるが、この国の教育行政全般については教育青少年省（MENJE）が中央集権的な大きな権限をもっている。幼稚園から大学に至るまで、国による財政負担の割合が大きく、特に国公立学校については、幼稚園から大学まで授業料は徴収されない。また、この国の初等・中等学校の93％は公立であり、残り7％が私立学校であるが、私立学校も年間予算の95～99％を公的機関からの支援に頼っている。

　OECD加盟34か国の中等教育前期（日本の中学校相当）の教員（教育経験15年）の年俸（2011年度）をみると、上位5か国は次ページの表のとおりである（OECD, *Education at a Glance 2013*）。ルクセンブルクの教員の年俸は、OECDの

表 OECD加盟国の中等教育前期教員（教育経験15年）の年俸——上位5位まで

順位 (34か国中)	国名	年俸（米ドル換算）
①	ルクセンブルク	100,013
②	ドイツ	64,491
③	オランダ	63,695
④	カナダ	56,349
⑤	アイルランド	54,954
OECD平均		39,934
日本（参考）		45,741

　全加盟国の中でも並外れて高く、日本の実に2倍を超える。しかも、類似の経歴・年齢層で比較すると、OECD諸国では、中等学校の教員の給与は一般の給与所得者よりも平均でほぼ11－15％低くなっているのに対して、ルクセンブルクでは中等学校の教員の給与は一般の給与所得者よりも逆に約24％も高くなっている。ルクセンブルクにおける教員の社会的地位を映したものと考えることができる。

　さらに、ルクセンブルクの教育に対する並々ならぬ熱意をよく示しているのが国の教育予算である。児童・生徒1人当たりの教育予算（2010年）はOECD34か国中最高である。小学校では、OECD平均が7,974米ドルであるのに対してルクセンブルクは21,240米ドル、中等学校では、OECD平均が9,014米ドルであるのに対して、ルクセンブルクは17,633米ドルである。このような教育に対する国の積極的な姿勢が、意欲ある有能な若者を教育職に惹きつける結果になっていることは、少しも不思議なことではない。

V　考察

① ヨーロッパの諸大国にとり囲まれ、長年にわたり、それら近隣の国々の支配を受け、度重なる戦乱に巻き込まれては大きな被害を被り続けてきた小国のルクセンブルクは、EU加盟国の中でも、いわば「不戦共同体」の建設に対する渇望の最も強い国であった。今日までのルクセンブルクの国際的なあり方を考える上で、見落としてはならない視点である。

② 「不戦共同体」にとって不可欠の条件は、いうまでもなく異民族間の意思の疎通を通しての相互理解である。そのために欠くことのできないのが異言語の学習である。ルクセンブルクでは、ルクセンブルク語のほかに、少なくともドイツ語、フランス語、英語の3言語の学習が中等教育修了までに求められる。学習外国語については、ルクセンブルクは、EU加盟国の中でもその数が最も多い国である。ただし、それらの言語は、いずれも相互に類似性の高い同一語族言語であり、これを日本語話者が中国語や英語などの異語族言語を学習する場合と同一に論じることには慎重でなければならない。

③ 注意しなければならないのは、ルクセンブルクでは、これらの諸言語の中で、特に英語だけを偏重することをしないという事実である。ましてや、英語を単一の公用語に、などという「国際語」信仰にとらわれない。この教育姿勢は、今後のEU諸国の言語政策のひとつのモデルと考えることさえできそうである。さらに、ルクセンブルクのこの姿勢は、極端な英語一辺倒に傾きがちな近年のわが国の外国語教育を考えるに当たっても、文字通り頂門の一針とすべきかもしれない。

④ 学校教育全般に占める言語教育の比重については、ルクセンブルクはEU加盟国中でも並外れて大きい。しかし、言語学習に時間をとられすぎるあまり、他教科の学習が手薄になりがちであるという新たな教育問題が浮上している現状からも、また目をそらすことはできないであろう。

⑤ 外国人人口の多いルクセンブルクでは、外国人のルクセンブルクへの同化政策というよりも、むしろそれらの外国人に対しては、彼等の母語教育を含めて、多様な言語の教育が用意されている。この点、日本在住の外国人に対する日本政府の教育姿勢とは、際立って対照的である。

⑥ ルクセンブルクでは、特に中等教育の教員志望者は一般に、大学を卒業し、そして大学院修了後、さらに2年間の大学院、およびその他の教育機関における研究・実習が必要である。ルクセンブルクがこれほどまでに教員養成に力を入れるのは、つまるところ、学校教育の成果は、教員の質そのものに負うところがはなはだ大きいと考えるからである。教員志望者が大学院に進んでさらに研究・実習を積む近年の欧米先進諸国の動向は、在学中

に教員免許をとって大学か短大さえ出れば、すぐその翌日から大手を振って教壇に立つことのできるわが国にとって、大きなひとつの反省材料とはならないか。

⑦現職教員のための定期的な研修は、ルクセンブルクを含めて、いまや欧米先進諸国では、至極当然の義務とさえ考えられている。現職医師の世界でも、今日では単に研修だけでなく、Board Examinationなどと呼ばれる10年ごとの資格試験までも課される国が増えているほどである。こんな世界の動きを見れば、日本の教員や医師の現職研修のありようが、はたして現状のままで十分であると言えるのかどうか、大いなる議論が起こってもよいはずである。

⑧ルクセンブルクは「小国」ながら、いわば「不戦共同体」EUの最も積極的な創設・推進国のひとつであるだけではない。EUの首都機能を分担し、ヨーロッパの金融センターの役割を果たし、しかも自らは国民1人当たりのGDPが世界一の豊かさをほこる「経済大国」に成長した。それでいて、軍隊は、陸軍の総兵力4個中隊約450人のみで、海軍も空軍ももたない。国内には人口の4割をはるかに超える外国人をかかえ、目だった民族紛争もない。国民はすべて3言語の学習を義務付けられる。そして、われわれが何よりも目を見張るのは、このような文字通りグローバルな政治・経済・社会的環境の中で、ルクセンブルクがみせる教育に対するあくなき熱意である。この意味では、現在のルクセンブルクは、EUの28加盟国のなかでも、EUの理想を最も具体的に体現しつつあるモデル国と呼ぶことができるかもしれない。

参考文献

BBC (2009). *Country profile: Luxembourg.* http://news,bbc.co.uk/2/hi/europe/country_profiles/1061821.stm (2013.11.12)

Portante, Dominique (n.d.). *The situation of modern language learning and teaching in Europe: Grand Duchy of Luxembourg.* http://www.ecml.at/documents/members/ Luxembourg NR.pdf (2013.11.12)

Eurydice & Eurostat (2009). *Indicators on initial teacher education 2009*. EACEA.

Eurydice & Eurostat (2012). *Key data on teaching languages at school in Europe 2012*. EACEA.

Eurydice & Eurostat (2012). *Key data on education in Europe 2012*. EACEA.

Eurydice & Eurostat (2013). *Key data on teachers and school leaders in Europe 2013*. EACEA.
Eurydice (2013). *European encyclopedia on national education systems*. EACEA.
Newton, Gerald (Ed.) (1996). *Luxembourg and Lëtzebuergesch: Language and communication at the crossroads of Europe*. Oxford University Press.
Horner, K., & Weber, J.J. (2008). The language situation in Luxembourg. *Current issues in language planning*, 9, 1.
Le Gouvernement du Grand-Duche de Luxembourg (2006). *Luxembourg's education system*, version 2005.
Luxembourg in figures 2013. Statec.
OECD (2009). *Creating effective teaching and learning environments: First results from TALIS*. OECD Publishing.
OECD (2013). *Education at a glance 2013: OECD indicators*. OECD Publishing.
The trilingual education system in Luxembourg.　http://www.unavarra.es/tel21/eng/luxemboug.htm (2013.11.12)

注

本章は、拙稿「ルクセンブルク――EUの中の小さな大国」『EUの言語教育政策』（編集代表・大谷泰照、くろしお出版）を敷衍して、大幅に書き改めたものである。

コラム③

教員の給与

　よほど浮世離れの御仁でもない限り、給与に無関心の給与所得者はそう多くはない。あの漱石でさえ、東京帝国大学講師の職をなげうって朝日新聞に入社した動機のひとつは、まぎれもなく給与であった。ところが、そんな給与所得者の外国語教師が、口では「国際理解」を言いながら、こと諸外国の同業者の給与には、とんと無関心なのは不思議である。

　中学の外国語授業時間数を半減したり、義務教育の学習内容を3割も削減するほどの贅沢な「教育大国」日本である。教員の給与もまた、国際的に見れば「教育大国」相応の潤沢さと思われているのかもしれない。ところが、OECDの統計可能な32か国の高校教員（経験15年）の給与を調べてみると、日本はルクセンブルクの実に半分以下、せいぜいOECDの平均をいくらか上回る程度にすぎない（下表）。

　意欲ある有能な若者を教育職に惹きつけ、教育の質を高めるための最大のカギは給与であることは、すでに半世紀も昔にユネスコ勧告（1966）が強調しているところである。現に日本では、そのため、「年俸八百円」の東京帝大が漱石を失った苦い経験がある。

OECD諸国の高校教員の給与

順位	国名	年俸（米ドル換算）
①	ルクセンブルク	100,013
②	ドイツ	69,715
⑥	カナダ	56,569
⑧	アメリカ	49,414
⑨	オーストラリア	49,144
⑩	韓国	48,146
⑬	日本	45,741
⑭	イングランド	44,269
㉑	フランス	36,398
㉓	ギリシア	28,184
	OECD平均	41,665

出典：*Education at a Glance 2013*

　特に今世紀に入って、OECD諸国の教員給与の改善には目を見張るものがある。2000年から2010年までの10年間で、高校教員の給与はOECD平均で19％もアップしている。ところが、こともあろうにそれとは逆に、給与をダウンさせてしまった国が2か国ある。フランス（-7％）と、そしてわが日本（-8％）である。

　もしも外国語教員が、本当に国際理解のプロであるとするならば、この程度の国際的な動向に敏感であっても、少しもおかしくはないはずである。　　　　（大谷泰照）

5.

英語の母語話者が多数派である国

15 アメリカ ……………………………… 石川有香

16 イギリス ……………………………… 米崎　里

17 オーストラリア ……………………… 濱嶋　聡

18 ニュージーランド …………………… 岡戸浩子

コラム④　**教育的熱意のバロメーター**──学級規模から（大谷泰照）

15 アメリカ

石川有香

I　アメリカの概要

　アメリカは、ヨーロッパ諸国に「新大陸」を広く知らしめたイタリア人探検家のアメリゴ・ヴェスプッチ（Amerigo Vespucci）にちなんで名づけられた。「新大陸の発見」以降、ヨーロッパ各地から多くの人々が競い合うようにアメリカ大陸へ入植している。スペイン人は、主に、フロリダ州、テキサス州からカリフォルニア州にかけて、フランス人はルイジアナ州やカナダを、ドイツ人はペンシルバニア州などを選択し、それぞれ居留地を拡大している。多数の移民に加え、主に奴隷として西アフリカから連れてこられた人々や、時には、居留地へ追いやられた先住民も合わさって、それぞれの地域で独自の共同体を形成している。こうした国家の成り立ちを踏まえ、アメリカでは、今でも、多くの権限が州政府に委ねられた州分権型の政策をとる。
　世界最大の移民国家と呼ばれるアメリカ合衆国だが、日本と同様に、憲法での公用語の規定はない。建国当時は英語以外の言語を使用する人も多く、英語以外の言語を受け入れる準備があったとする意見もあるが（ロブソン、1999）、実際には、建国以来、広く英語が使用され、事実上の公用語として機能してきた。アメリカ国勢調査局が5歳以上の国民を対象に調査した2011年のデータによると、約20％の国民が家庭で英語以外の言語を使用しているものの、そのうちの約78％は英語を「非常に上手に話す」「上手に話す」と言う。一方、英語が「うまく話せない」「まったく話せない」と言うアメリカ国民も、全体の約5％となる。なお、家庭で使用している英語以外の言語で最も使用者の多い言語は、スペイン語である。
　英語の使用能力は市民権取得の条件ともなっており、アメリカでは、教育、

行政、ビジネス、科学など、ほとんどの分野で英語が支配的地位を占めている。どのような言語を母語とする人々でも、アメリカ国民となれば、英語という1つの言語を使用する国民国家に統合され、英語を使用することは、当然のことであると考えられてきた。一方、近年では、EUにおける「母語＋2言語」教育に見られるように、世界各地で、複言語主義を主体とする教育政策に注目が集まっている。グローバル化が進む中、多言語共生社会を目指す言語政策も見られる。アメリカの学校言語教育でも、1960年代以降は、いわゆる「人種のるつぼ」(melting pot)に象徴される同化教育から、サラダ・ボール (salad bowl) としての多元主義教育への転換が試みられた。

Ⅱ 学校教育と言語教育の推移と現状

1．州政府主導から連邦政府主導による成果重視の教育政策へ

　教育行政において地方分権型をとるアメリカでは、教育は、基本的に州政府が担う。しかし、特に、公民権運動が盛んになった1960年代以降は、連邦が州の方針にしばしば介入し、教育を誘導する政策がとられている（小池、2011他）。たとえば、1965年には、連邦は、主に人種による教育格差の解消を念頭に、経済的に恵まれていない子どもへの補助金交付を規定する「初等中等教育法（Elementary and Secondary Education Act, 1965）」(以下ESEA) を制定している。ESEAは、修正を経て、英語の習得が十分でない子どもにも対象を広げ、1968年に「バイリンガル教育法（Bilingual Education Act, 1968）」となる。さらに、高等教育に対しても、「高等教育法（Higher Education Act）」が1965年に制定される。これらは、平等な教育の機会を保証し、教育レベルの底上げを図る上で、重要な取り組みであったとされる。

　しかし、1980年代にアメリカ経済が低迷し国際競争力が低下してくると、ESEAに巨額の補助金をつぎ込んでいるにもかかわらず、その効果があらわれないことに批判が集中する。まず、1983年に、教育省長官諮問委員会が『危機に立つ国家』(*A Nation at Risk*) で、2,300万人の成人が日常レベルの読み書きができないという状況を報告する。アメリカ経済を支えるためには、仕事をこなすことができる基礎力や技能を身につけた人材を育成しなければな

らない。同書は、教育における国家的利益を明確にする一義的責任は、連邦政府にあると主張しており、連邦介入の一連の改革のきっかけとなったとされる。以下、同書の記述をいくつか見ておく。

同書では、アメリカの17歳の13％が日常生活の読み書きに不自由しており、少数民族ではその割合が40％にもなること、約40％は文章から推測を行うことができず、約80％は説得力あるエッセイを書くことができないこと、大学進学適性テスト（SAT）の得点は、1963年から下がり続けていることなどが、危機を示す指標として示された。また、13の州が高校卒業に必要な単位数の半分以上を選択制としており、選択科目には、料理や自動車教習の授業時間を入れる州も多いこと、高校に外国語教育の実施を求めているのは8州に過ぎず、必修にしている州は皆無であることなど、システム上、カリキュラム上の不備も指摘された。さらに、同書は、数学、理科、国語の新任教員の半数は、当該科目を教える資格を持っていないことを明らかにした。有資格者教員の不足と不適切な指導方法が問題であるとし、教員養成計画の抜本的見直しと、教員の給与待遇の改善を訴えた。

上記の報告書の内容は全米に大きな衝撃を与えた。州や、市や町で実際に教育行政を担ってきた学区（school district）の責任も問われた。教育行政権限を有する全米知事会（National Governors' Association）も、1986年に、報告書『成果のとき』（Time for Results）をまとめることになる。ここでは、中等教育で履修すべき教科やその単位、修了までに必要な単位数など、これまでは、学区に任せていた教育内容に踏み込んでいる（Alexander, 1986）。また、学力試験の導入、保護者の学校選択の拡大、教員の能力の評価、さらに、成果が上がらない学区や学校に対しては、州が代わって教育を行う方針を明示して、公教育の監視に取り組む決意を示している（北野他、2012）。次いで、当時のブッシュ大統領の主導の下に行われた1989年の「教育サミット」では、連邦も州も一致して、連邦における明確な教育目標を提示し、各州でスタンダードに基づくテストを実施することを決めている。

1994年には、この合意に修正を加えた「2000年の目標：アメリカ教育法（Goal 2000：Educate America Act）」が、クリントン政権下で成立する。2000年までに、全州の学校環境・教育環境を整えて、すべての生徒を一定レベルの

学力水準へ引き上げることを目指し、8項目の達成目標を定めている。同1994年には、ESEAを改正した「アメリカ学校改善法（Improving America's Schools Act）」も成立する。これらによって、連邦政府の改革の方向性は、教育機会という入口の平等から、学力測定を中心とした教育成果という出口の平等へと重心が移り、連邦は、補助金と引き換えに、州や学区、学校に対して、教育成果に対する結果責任を求めるようになったとされる（吉良、2009）。

2．結果責任による教育の効率化

ブッシュ政権下の2002年には、「落ちこぼれを作らないために責任、柔軟性、選択によって学力差をなくすための初等中等教育法（An act to close the achievement gap with accountability, flexibility, and choice, so that no child is left behind）」（以下NCLB）が、民主党と共和党の協力の下、制定される。NCLBは、補助金を受給する州に対して、すべての子どもが読解と算数で一定水準を満たすことなど、全国共通の教育スタンダードの達成を求めており、連邦主導の成果主義がさらに強くなっている。

NCLBでは、各州がそれぞれ明確な年次目標（adequate yearly progress）を設定し、それらの目標を達成することで、マイノリティグループの学力格差を解消していくというもので、各州は、目標達成の責任を負う。一方、目標達成のためには、多様な方策を柔軟に選択する権利が州に与えられている。たとえば、読解では、設定した内容に基づいて州内統一試験を行うが、基準が達成できない学校があれば、州は、当該校を「要改善校」に指定できる。さらに、2年以上連続して達成することができなかった学校については、在校生の転校や教職員の大幅入れ替えなどの措置をとることができる。また、目標達成のためには、民間の手を借りるという選択も可能となる。効率的で効果的な教育を市民に提供するためには、どの様な手段を用いてもよい。併せて保護者にも、多様な公教育制度を選択する機会が与えられることになる。

すなわち、NCLBによって、①州は、多額の補助金を使用できる代わりに、学力試験に基づいて教育効果を公表し、結果責任を負わなければならない。②教員や学校は、州が定める年間目標を責任をもって達成する。達成できなかった場合には、罰則が課せられる。③保護者には、公表された資料から学

校を選択する権利が認められているので、保護者は、責任をもって学校を選択する。

NCLBは、補助金給付体制によって連邦が主導しつつも、教育行政の責任は州や学区に残してある。州政府と学区は、学校、教員、保護者と協力して、生徒の学力水準をあげていく責任を負う。したがって、補習や教員の研修など、補助金によって賄われる以外の超過費用があれば、州や学区が負担することになる。また、実際には、すべての子どもが習熟度レベルを達成することは非現実的であるため、結果責任を求めて罰則措置をとることにも批判がある。

Ⅲ　学校教育制度と政策

憲法によって、「万人のための公教育」の計画と実施は、州に委ねられており、州の権限は、基本的に、市や町の集まりである学区に委譲されている。教育科学研究所（IES）の2010－2011年のデータでは、学区は、全米でおよそ13,600あり、それぞれが、学校運営に関する裁量権を持っている。そのため、州によって（または、同じ州でも学区によって）、修学年齢や期間、カリキュラムなどには違いが見られるが、いずれの州・学区でも、公立学校では、誰でも無料で、公教育を受けることができる。公教育は、K-12と呼ばれ、4歳または5歳から通い始める幼稚園（kindergartenの頭文字のK）から日本の高校3年生にあたる12学年までの期間に行われている。2007年のデータによると、K-12の公立学校在籍者の割合は全児童生徒数の約85％、私立学校在籍者の割合は約12％、病気や宗教上の理由などで家庭でオンラインなどを利用して教育を受ける割合が約3％とされる。

義務教育期間も統一されていない。IESの2012年のデータによると、修学開始年齢を6歳とする州が最も多く25州あるが、他の州では5歳〜8歳と幅がある。修了年齢は16歳が最も多いが、こちらも15歳〜18歳と開きがある。修業年限も多様で、10年間を当てる場合が多いが、9年〜13年と差がある。初等・中等教育の制度も、小学校・中学校・高校の6－3－3制や、小学校・高等学校の6－6制、8－4制などに分かれている。また、クラス担任制の

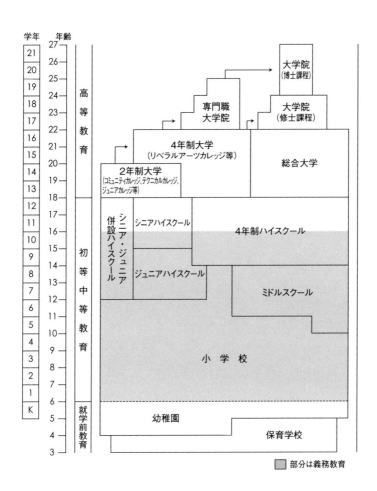

図　アメリカの学校教育制度
(U.S. Department of Education (2005) および文部科学省「諸外国の教育統計」平成26 (2014) 年版に基づき石川有香作成)

小学校教育から教科重視の高等学校教育への橋渡しとして「ミドル・スクール」が注目され、1970年代以降増加しているとされる。ミドル・スクールを選択する場合は、5－3－4制や4－4－4制も見られる。さらに、近年では、3－4歳の幼児を対象に公教育がはじまる前の就園前教育を行う州も多い。

一方、高等教育も、様々なシステムが存在する。高等教育では、大学院を併設する総合大学、リベラルアーツ・カレッジ、専門職大学院、短期大学またはコミュニティ・カレッジなどがある。リベラルアーツ・カレッジは主に一般教養を行い、専門職大学院では、リベラルアーツ・カレッジまたは総合大学で一般教養を終えた後に、医学・工学・法学などの専門分野を学ぶことになる。専門職大学院を修了後に、博士課程で博士号を取得することもできる。

Ⅳ　教員養成制度と教員研修

『危機に立つ国家』は、教育再生には、優秀な教員の確保が不可欠であると主張した。ところが、アメリカでは、教員の給与は低く設定されている上、職場環境も研修制度も十分に整っていなかった（千々布、2005）。特に、貧困地域や教育困難地域では、教員の配当数が少ないため、資格のない科目も担当しなければならない場合も出てくるなど、行政上の問題も教員を圧迫していた。科学技術が日々進歩し、社会情勢も激しく変化している今日、すべての教室に、現代社会のニーズに応えるだけの十分な専門知識を持った優秀な教員を確保することが、喫緊の課題とされた。

NCLBは、外国語教員を含め、主要科目のすべての教員が、「高い能力を有する教員（high qualified teachers）」の基準を満たすことを求めている。NCLBは、「優秀な教員」とは、(1) 少なくとも学士号を有し、(2) 州が実施する教員免許取得試験に合格しているか州の発行する教員免許を取得しており、(3) 試験に合格するなどして、担当教科に関する知識を持っていることを証明した教員であるとし、新規採用の教員は、「優秀な教員」であるべきだとする。ブッシュ政権に続くオバマ政権も、国際競争力の強化には教育改革が鍵であるとした。2009年には、「アメリカ再生再投資法（American Recovery and

Reinvestment Act)」と「頂点への競争（Race to the Top）」（以下RTTT）で、「すべての教室に優れた教員を、すべての学校に優れたリーダーを」配置することを求めている（北野他、2012：56）。

これまで、州は、大学の教育プログラムには介入せず、教員養成課程を修了していれば、教員免許証を発行していた。しかし、現在では、統一の教員能力テストを州の教員免許認定制度に組み込むなど、制度改革を行うことで、高い能力を有する教員を確保しようとしている。ここでは、優秀教員の確保に焦点をあて、1）教員養成ルートの多様化、2）教員評価と教員研修、3）教員養成機関評価の順に、制度改革を見てゆく。

1．教員養成ルート

アメリカの初等教育・中等教育の教員養成課程は、教員の経験のない学生が履修するために学部などが開講する伝統的ルートと、すでにフルタイムで勤務している免許のない教員が履修する代替用ルートがある。全米で2011年に開講された教員養成課程の約80％が伝統的ルート、約20％が代替用ルートであった。履修生のうち、約90％が伝統的ルートを、約10％が代替用ルートを履修している。

代替用ルートとは、担当教科に関わる分野で、すでに学士号以上の学位を所持している教員志望者が、臨時的に教壇に立ちながら、休日などを利用して教職関係科目を履修し、免許を取得できるように設計された教員養成課程である。代替用ルートの設置によって、高い専門知識と学位を持つ優秀な人材を伝統的ルート以外からも教員として確保することが可能となった。設置当初は、理数系の教員不足に対処するための限定的な処置であったとされるが、現在では、多くの分野で代替用ルートが設定されている。

一方、伝統的ルートでも改革が進んでいる。教員養成は、従来は、4年制大学において行われていたが、十分な専門分野の知識と教員として必要な資質と経験を有する優秀な教員の育成を目指して、近年では、理学や文学などの教科の内容にかかわる専門分野は学部で行い、教職教育や教育実習などを大学院レベルで行う大学や、4年課程の後半を延長して5年課程とする大学が増えている。教育実習は、多くの州で義務付けられていることもあり、1

学期12週間程度または2学期24週間程度、フルタイムで実習を行うことが一般的となっている。伝統的ルートでも、より実践的な教育力の養成に重点を置く一方で、基礎的能力を備えた教員の育成を確実に行うために、教職課程の履修の際には、GPA（Grade Point Average）や、読み・書き・計算に関する基礎能力の共通テストによる得点証明、教授からの推薦状を求める場合もある。

どちらのルートであっても、教員免許の取得には、通常、課程修了後に州の共通テストを受験する。選択する教科や学年、免許の種類によって試験内容が異なるが、たとえば、フランス語・ドイツ語・中国語など中学高校での外国語教育の場合は、教科内容に関する試験と教育に関する試験の両方を受ける。さらに、州によっては、読み・書き・計算など、教員としての仕事を行う上で必要な基礎的能力試験での合格が必要な場合もある。州は、共通試験を設定することで、教員の質の保証を行うことができる。また、基準が明確であるため、特定の州で取得した教員免許が、多くの他の州でも使用できるようになっている。しかし、一方で、教員養成課程の講義が試験対策になってしまっているなど、共通試験を取り入れた教員免許制度には負の面もあると言う（北野他、2012）。

2．教員評価と教員研修

アメリカでは、教員免許は、更新制・上進制（上位免許状への切り替え）を基本としている。最初に取得できる教員免許は、予備免許と呼ばれ、通常、2～5年の有効期限が設けられている。そのため、初任教員は、教育経験を積みながら、休日等に研修プログラムを受講したり修士号を取得するなどして、免許更新を行うことになる。また、さらに、初任教員に対する支援制度としてメンター教師制度を整えている州も増えている。初任教員本人が、同僚もしくは上司を指名しておけば、教育に関する助言を個別に受けることができる。

予備免許使用期間中に何らかの問題があった場合は別として、これまでは、一般的に、予備免許を更新すると、テニュア（身分保障）制度に基づく終身免許を取得できた。終身免許は、そもそも教育公務員を教育委員会の恣意的

・情実的人事などから保護するために設定されたものであったと言う。しかし、教員の能力の向上を目的として、近年では、終身免許を廃止したり、終身免許取得までの免許更新の回数や種類を増やしたりする州が増えている。更新または上進には、研修プログラムへの参加や大学院での単位取得、修士号の取得などが義務付けられており、教員にとっては、研修機会の増加が見込まれる一方で、身分の保障が十分でなくなっていることが指摘されている。たとえば、NCLBによって、学校が教育の結果責任を負って閉鎖される際には、教員の一斉解雇が行われることもあると言う（北野他、2012）。

　上で見たように、NCLBは、新規採用の際の「優れた教員」の基準を決めているが、すでに教壇に立っている教員は、いったいどのような規準で評価するべきだろうか。1987年に設置された非営利団体の「全米教育専門職スタンダード委員会（National Board for Professional Teaching Standards）」（以下NBPTS）は、医師や弁護士と同様に教師は専門職であるとして、教師の5要件を決めた。さらに、代表的な16教科を児童・生徒の年齢に応じて25分野に分け、5要件に基づいて、それぞれの分野における「熟達教員（National Board Certificate Teachers）」（以下NBCTs）の詳細な特性を明らかにしている。また、各分野のNBCTsの認定を行っている。

　外国語教育分野では、フランス語とスペイン語が対象となっており、11－18歳の上級レベルの生徒を6人以上を指導している場合に限って認定が行われている。大まかにまとめてみると、外国語を担当する「熟達教員」の要件とは、以下のようになる。

①生徒の学習経験や学習経緯を含め、生徒をよく知っている。言語教育における方法論や言語習得法に関して十分な知識があり、生徒の能力にあわせて、言語能力や論理的思考力を育成するための学習目標を設定し、適切な指導法を使用している。
②教員自身が、書き言葉と話し言葉の両方において高度な言語運用能力と、言語要素に関する知識を有する。また、外国の文化・習慣・考え方を理解していて、生徒が実社会で言語が使用できるように指導している。
③様々な方法を用いて適切な評価を行っている。評価結果から、学習状況を把握し、生徒の学習を支えている。また、評価を常にカリキュラムや指導

にフィードバックしている。
④多文化共生社会を尊重して、多様性を受け入れ、平等で公平な学習環境を構築している。
⑤同僚の教員と協力をして、外国語教育の専門性を高めようとしている。また、すべての生徒に外国語学習を行う機会を与えることに賛同している。

　NBCTsの認定申請を行う教員は、指導記録、指導を撮影したビデオ、児童・生徒の成果物などを提出するとともに、指導分野に関する試験を受けることになっており、知識と技能の両方が審査される。NBCTs認定制度は民間の制度だが、今では、多くの州や学区が活用しており、認定教員にボーナスを支給したり、給与を増額したりして、教員の質の向上の動機づけとされている。すでに10万人以上の教員が認定を受けており、NBCTsは、他の教員の指導を行ったり、研修での講演を行ったりして、専門職としての教員のコミュニティーで指導的教員として活動している。

3．教員養成機関評価

　従来から教員養成課程を提供してきた大学や大学院の他、新たに代替用ルートや教員研修プログラムなどを提供する民間団体の参入もあり、教員養成機関の評価規準が必要とされている。1954年に設立された「全米教師教育機関資格認定審議会（National Council for Accreditation of Teacher Education）」（以下NCATE）は、33の専門研究団体や教育機関から構成される民間団体で、一定の基準を満たしている教員養成機関を認定している。NCATEは、連邦教育省からも認定機関として承認を得ており、規準設定や認可作業は、州やNBPTSとも連携をとって行っている。2007年時点で、632機関がNCATEの認定を受け、さらに78機関が認定申請中であると言う。当時、全米で最も大きな認定機関であったと言える。

　ここでは、NCATEが、2000年に評価基準を大きく変更していることに注目したい。以前には、プログラムの内容や教員の専門、資格、構成など、学生へのインプットに焦点をあてた評価基準であった。しかし、2000年以降は、履修生が、何をできるようになるのかという、パフォーマンスを基盤と

した基準へと移行している。さらに、結果を重視し、教員免許試験で8割の合格者を出すことも求めている（佐藤、2003）。また、審査基準では、大学は、教員となる学生の能力に責任を持ち、初等中等学校との連携を確立しなければならないとしているため、教育実習制度を充実させる大学も増えているという。なお、NCATEは、「私立カレッジ協会（Council of Independent College）」が中心となって1997年に設立した「教師教育資格認定協議会（Teacher Education Accreditation Council）」と2013年6月に合併し、「教員養成機関資格認定審議会（Council for the Accreditation of Educator Preparation）」となっている。

　さらに、機関評価では、教育成果により強く焦点を当てる取り組みも見られる。北野他（2012）によると、現在、RTTTで補助金を得ている5つの州で、教員養成機関の評価を、卒業生が指導している生徒の成績と結び付けようとする動きがあると言う。児童・生徒の到達度や成長度のデータに、教員の情報を加え、データを指標として、教員養成プログラムを評価するものである。プログラム修了生が、児童・生徒の能力の向上に寄与した度合いを一定の法則に従って算出し、「優秀な教員」を育成するプログラムの教育成果を測定している。教育成果が低い場合には、州による認定を取り消し、教員養成プログラムを閉鎖することができるようになっている。

V　考察

　すべての国民が一定の教育水準に達することを目標に掲げたNCLBの背景には、教育によって、よき労働者を育成し国際競争力をとり戻そうとする産業界・経済界からの強い要求があった。アメリカでは教育政策が選挙における大きな争点になっていることもあり、様々な法案が整備されてきた。また、「落ちこぼれを作らない」ために、「すべての教室に優秀な教員を配置する」という政策は、広く人々の心を捉えた。州や学区は、効率的な教育、効果的な教育を行うために、市場原理と競争原理を取り入れて、スタンダードを作成し、テストによって教育効果を測定・評価してきた。結果責任を明確化し、「よい教育」を支える学校・教員には、補助金の増加や優秀教員へのボーナスなど差別的資源配分を行うとともに、目標を達成できない学校や教員に対

しては罰則を強化して、目標達成を促した。

　NCLBは学士号を新任教員に求めたが、さらに、州政府は、教員免許の更新制・上進制を利用して、教員に修士号の取得を求めている。2011–12年の公立学校教員の修士号以上の学位取得率を見てみると、小学校教員で55.4％、中学高校教員では57.2％となる。2003–4年のデータと比較すると、小学校教員は7.8ポイント、中学高校教員は8.4ポイント伸びている（National Center of Education Statistics）。

　一方で、NCLBによる教育目標は達成されず、2011年にはNCLBの撤回修正が出される結果となった。現在では、州政府が目標を柔軟に変更できるようになっているが、テストの実施と評価に関する情報の公開などの義務は残っており、結局、今後も、競争原理に基づく連邦主導の教育行政は続いていくように思われる。スタンダードに基づくテスト評価と結果責任を中心とした教育については、負の側面も聞かれる。たとえば、1）そもそも、テストで測ることができる能力は限定されているにもかかわらず、テストだけで児童・生徒の能力を評価している、2）学校の閉鎖につながるなど、1回のテストに大きな意味を持たせすぎている、3）テストデータを本来の目的とは異なる目的（たとえば、学校や教員、教員養成プログラムの評価）に使用しているなどの批判もある。さらに、教育現場からは、テスト対策を重視した詰め込み教育が、結局は、落ちこぼれを増やし、子どもたちを置き去りにしているという声も上がっている（古橋他、2013）。

　最後に、アメリカの現状をふまえつつ、わが国の状況を考えたい。そもそもアメリカの教育現場では、若い教員の離職率が高く、教員不足に苦しむ現状があった。一方、日本では、これまで教職希望者が多く、教員採用試験の倍率も高かった。一定数の優秀な教員が確保できていたと言える。初任者研修や、教員同士で自主的に行う授業研究の歴史も古く、教員の研修の場も確保されていた。ところが、近年、団塊の世代の退職により生じた教員不足や、新規採用者の離職の増加が問題となりつつある。今後、日本でも、様々な取り組みが必要となろう。その際には、われわれは、アメリカの教育制度・教員養成制度から学び、競争原理、市場原理、差別的資源分配を教育に持ち込むことの功罪を慎重に検討するべきではないだろうか。

参考文献

赤星晋作（1993）『アメリカ教師教育の展開——教師の資質向上をめぐる諸改革』東信堂
アメリカ教育学会（編）（2010）『現代アメリカ教育ハンドブック』東信堂
川口博久（2000）「合衆国における言語政策とその社会的背景」『亜細亜大学国際関係紀要』9, 385-415.
北野秋男・吉良直・大桃敏行（2012）『アメリカ教育改革の最前線——頂点への競争』学術出版
吉良直（2009）「どの子も置き去りにしない（NCLB）法に関する研究——米国連邦教育法の制定背景と特殊性に着目して」『教育総合研究』2, 55-71.
小池治（2011）「アメリカの教育改革とガバナンス」『横浜国際社会科学研究』16 (1), 1-18.
佐藤仁（2003）「米国教員養成機関のアクレディテーションに関する一考察」『広島大学大学院教育学研究科紀要』3 (52), 105-113.
千々布敏弥（2005）『日本の教師再生戦略——全国の教師100万人を勇気づける』教育出版
古橋昌尚・ダルトン, コリーン・市澤正則（2013）「アカウンタビリティー、NCLB法制定から10年を経て——ニューハンプシャー州公立高等学校でのケーススタディーから」『清泉女学院人間学部研究紀要』10, 31-42.
松尾知明（2010）『アメリカの現代教育改革——スタンダードとアカウンタビリティの光と影』東信堂
望月通子・河合忠仁（2006）「外国語教員養成制度と専門能力開発に関する基礎研究——米国・カナダ・オーストラリア・ニュージーランド・シンガポール・マレーシア・韓国を中心として」『関西大学外国語教育研究』11, 13-40.
文部科学省生涯学習政策局調査企画課（編）（2010）『諸外国の教育改革の動向 6か国における21世紀の新たな潮流を読む』ぎょうせい
八尾坂修（2001）「アメリカの教員免許制度における更新・上進制の特質——日本における免許状更新制の可能性」『教育行政研究』10, 111-126.
ロブソン、バーバラ（1999）「アメリカ合衆国」『英語教育』47 (14), 123-128.
Alexander, L. (1986).Time for results: An overview. *The Phi Delta Kappan, 68* (3), 202-204.
The National Center for Education Statistics (n.d.). Fast facts [Data file]. http://ies.ed.gov/
The National Commission on Excellence in Education (1983). *A nation at risk: The imperative for educational reform: A report to the Nation and the Secretary of Education* [DX Reader version]. http://datacenter.spps.org/uploads/sotw_a_nation_at_risk_1983.pdf
U.S. Department of Education (2005). *Education in the United States: A brief overview.* http://japanese.japan.usembassy.gov/
U.S. Department of Education (2013). *Preparing and credentialing the nation's teachers: The Secretary's ninth report on teacher quality.* https://title2.ed.gov/TitleII Report13.pdf
U.S. Department of Education (2004). *A guide to education and no child left behind.* http://www2.ed.gov/nclb/overview/intro/guide/guide.pdf

16 イギリス

米崎 里

I イギリスの概要と言語状況

　イギリスの正式名はThe United Kingdom of Great Britain and Northern Ireland（グレート・ブリテン及び北アイルランド連合王国）であり、イングランド、スコットランド、ウェールズ、北アイルランドの4地域から成る。イギリス全体の言語状況を見てみると95％以上が英語話者となっているが、スコットランドでは、1.4％が英語とスコットランド・ゲール語（Scottish Gaelic）のバイリンガル話者であり、また北アイルランドでは6.6％が英語とアイルランド・ゲール語（Irish Gaelic）のバイリンガル話者である。4地域のうち唯一、英語とウェールズ語が公用語となっているウェールズでは、21％がウェールズ語を話す[1]。

　一方、イングランドとウェールズの2011年度国勢調査によると、92％（約4,980万人）は英語（ウェールズの場合英語もしくはウェールズ語）を母語とし、8％（約420万人）は英語以外の言語を話す。英語以外の話者のうち79％（約330万人）は、英語は「大変よく話すことができる」あるいは「よく話すことができる」レベルとなっている。

　イングランドのロンドンの言語状況を見てみると、インナー・ロンドン（Inner London）[2]の学校に通う児童・生徒の約半分は、英語を第2言語として話す（Earley & Bubb, 2007）。またロンドン全体では、英語以外300以上の言語が話されているが、60％の生徒が英語話者となっている。ロンドンでは、1,000人以上の児童・生徒が話す言語は40以上あるとされている（DfES, 2006）。現在ロンドンでは英語のドーナツ化現象が生じており、アウター・ロンドン（Outer London）では英語が広く話されているが、インナー・ロンド

ンでは英語以外の多言語が使われている（von Ahn, Lupton, Greenwood, & Wiggins, 2010）。したがって、巽（2010：63）が指摘しているように、現在「イングランドでは地域社会の多言語化が進行し、外国語学習の必然性が高まっている」。

II 言語教育の推移と現状

イギリスは地域により教育制度が異なるため、本章ではイングランドに限定して論じていく。

1．外国語教育をめぐる動向

EU諸国は複言語主義（plurilingualism）を打ち出し、学校教育では積極的に複数の外国語を教える国が多い中、イギリスではこれまでどちらかといえば外国語教育に消極的であった。EU諸国において、第1外国語学習の開始年齢が早まる中、イギリスの第1外国語開始年齢はEUの中では一番遅い（Eurydice, 2012）。さらに、イギリスでは第2外国語学習は必修ではない。

このような状況の中、イギリスでは2009年子ども学校家庭省（Department for Children, Schools and Families：DCSF）[3]は *Independent Review of the Primary Curriculum: Final Report* で教科として小学校3年生から外国語の必修化を決定した。そして、2011年から外国語を小学校3年生から順次必修科目（statutory）とし、4年間をかけて2014年には小学校3年生から6年生までKey Stage 2（7歳～11歳）と呼ばれる段階のすべての児童に外国語学習を必修化にすることが決まった。早期外国語学習の推進が始まった一方で、14歳以上の生徒達の外国語への関心が減少したことの報告を受け、教育技能省（Department for Education and Skills：DfES）は2004年10年生から11年生までのKey Stage 4（14歳～16歳）段階で、外国語学習の必修化をやめることを発表した。その結果2004年からは、14歳以降の外国語学習は選択となっている。

2．早期外国語学習の導入に向けてのサポート・プログラム

矢田（2011）によると、早期外国語学習のパイロット・プロジェクトが1999

年からDfESの前身のDfEE（教育雇用省）と言語教授・研究情報機構（Centre for Information on Language Teaching and Research：CILT）の運営のもとで始まり、2001年から早期外国語学習の実施校に対して様々な助言や支援が行われた。イギリスでは、実施に向けて現在様々なカリキュラムやシラバスを開発し提供している。たとえば、*The KS2 Framework for Languages*はKey Stage 2の児童に対して言語学習を提供する教師や指導者のための指導書である。3部構成になっており、パート1はKey Stage 2の4年間、学年進行の学習目標を示しており、パート2は早期外国語学習の準備を進めている、あるいは新たに早期言語学習を提供する者に実際の活動例を示している。さらにパート3では、学校全体の計画の立て方を説明したり、短期計画、長期計画を行うためのノウハウを提供したり、言語学習を複数教科にまたがる（cross-curricular）学習にどのように埋め込んでいったらいいかなどを詳細に説明している。なおこの *The KS2 Framework for Languages* はオンライン上でも公開されている。

イギリスでは、早期外国語学習の導入に向けて、オンライン上様々な取り組みや教材を紹介している。早期外国語学習に向けて設立されたThe National Advisory Centre for Early Language Learning（NACELL）はDfESの中のセクターであり、オンライン上に様々な取り組みや教材を紹介していた。現在はNACELL websiteのPrimary Languages[4]に統合され、実際の授業の様子や教材、シラバスなどを提供している。一方、TDA（the Training and Development Agency for Schools）[5]はICを含む教師のために様々な情報を

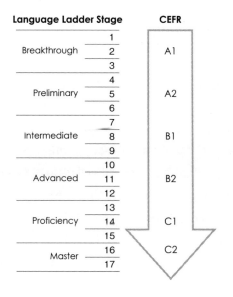

図1　イギリスにおける指標とCEFRの指標
出典：DCSF（2007）

提供している。DCSFは2007年 the *Languages Ladder : Steps to Success* を出し、4技能におけるいわゆる"Can Do List"や言語到達指標を明確化している。CEFRの指標との相関性も明示している（図1）。こちらもオンライン上ダウンロードが可能となっている。

　現在、DCSFから改組された教育省（Department for Education; DfE）は、早期言語学習の取り組みに向けての実態調査ならびに保護者や教育関係者に向けてのアンケート調査を行いその結果を公表している。*Consultation Report-Foreign Languages at Key Stage 2*（2013）によると、90％以上の回答者が早期言語学習導入を支持しており、今後外国語学習の成功のためには、適切な教員研修の必要性、財源確保の課題などが挙げられている。

3. ナショナル・カリキュラム

　2013年に発表されたKey Stage 2の外国語学習のナショナル・カリキュラムで、Subject Content（教科内容）の箇所に、「（Key Stage 2での）教授は、書き言葉と話し言葉の適切なバランスを提供すべきである」とある。さらに、その後「Key Stage 3への外国語学習に向けて基礎を築くべきである」「児童がなじみのある日常的な話題を中心に、音韻や文法構造や語彙の知識を使いながら、考えや事実、感情をスピーチの中で、またライティングの中で理解し意思伝達できるようにする」と続いている。このように、Key Stage 2での外国語学習は実践的なコミュニケーションの育成を中心としつつ、聞くこと、話すことを中心に展開するだけではなく、読むこと、書くことも含めて教えるように奨励している。ナショナル・カリキュラムには、児童が教えられるべきものとして13項目を掲げているが、その中でたとえば、「人々、場所、物、行動を口頭で、またはライティングで表現する」、「学習している表現にふさわしい文法を理解する……（途中略）これらを使って、文を作る」と明記されている。外国語学習開始時からライティングや文法もある程度教えられることも注目されるが、何より目標が詳細に明記されていることが印象に残る。

Ⅲ　学校教育制度

　図2はイギリスの学校教育制度を表している。イギリスの学校教育制度は私立学校と公立学校で、学校の呼び名や在籍年数が異なっている。またイギリスのではKey Stageという言葉を使い、年齢別の段階を設けている。
　　Key Stage 1（キーステージ1）：1年生～2年生（5歳～7歳）
　　Key Stage 2（キーステージ2）：3年生～6年生（7歳～11歳）
　　Key Stage 3（キーステージ3）：7年生～9年生（11歳～14歳）
　　Key Stage 4（キーステージ4）：10年生～11年生（14歳～16歳）
　これまではイギリスでは11年生（16歳）までが義務教育期間であったが、2013年からは12年生（17歳）、そして2015年からは13年生（18歳）まで義務教育期間を延長することになっている。イギリスの公立学校では義務教育期間は授業料の徴収はない。公立学校はナショナル・カリキュラムに基づいて授業を行うことになっており、各Key Stageの終わり（7歳、11歳、14歳）に英語、数学、理科の全国共通テスト（the statutory assessments）が課される。その結果は学校ごとに発表され、全国ランキングされる。また、義務教育修了時（16歳）には、2～5科目の中等教育修了試験（GCSE）を受験することになっている。成績はEからA*[6]となっている。
　イギリスの公立学校は、教育水準局による査察を受けなくてはならない。査察を受けた学校はすべて次の4つのグレードに格付けされる。
　　グレード1：outstanding
　　グレード2：good
　　グレード3：requires improvement
　　グレード4：special measures
　グレード3を受けた学校は教育水準局の監視下に置かれ、2年以内に再査察を受ける。グレード4を受けた学校は学校運営に改善が見られた場合は18か月以内に再査察を受け、改善がみられない場合は、3か月以内にモニタリング査察を受け、以後5回にわたり同様の査察を受ける（久保木, 2013）。

16 イギリス 237

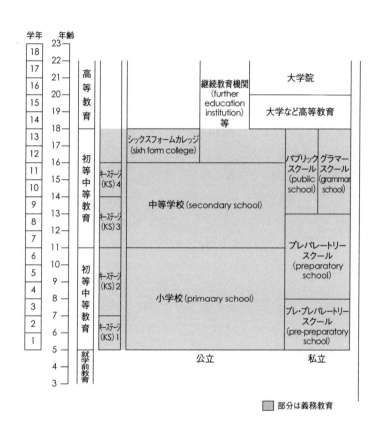

注
1) 2015年からイギリスでは13年生まで義務教育期間を延長することになったが、この2年間で就学を希望する場合、中等学校で引き続き必要な学科を学び、就労を希望する場合、職業訓練をうける。
2) イギリスでは上記以外に、公設民営型の学校（久保木, 2013）である「アカデミー」や「フリースクール」も最近増えてきている。

図2　イギリスの学校教育制度

（椛島 (2005), 東 (2010) に基づき米崎里作成）

Ⅳ 教員養成制度

1．教員養成ルートの枠組み

　イギリスでは教員を目指す者は、1998年以降GCSEにおいて英語と数学でグレードC以上を有していることが条件づけられている。初等学校教員を目指すなら、さらに科学でグレードC以上を有さなくてはならない。外国語教員の場合、大学によっては専門能力テスト（Professional Skill Test：リテラシーと数量的思考能力のテスト）を課す大学もある。

　イギリスでは日本のように教員免許状はなく、教員資格（QTS：Qualified Teacher Status）を得なくてはならない。現在QTSを得るルートの多様化が進んでおり、高等教育機関での養成から、学校中心へと多様性が進んでいる（垣内, 2001）。現在QTSを得るルートは主に①高等教育機関、②School-centred initial teacher training（SCITT）、③School Direct、④Teach Firstの4つである。①の高等教育機関には教育学士を取得したものがトレーニングを受けてQTSを取るルートと、大学卒業後、Post-Graduate Certificate in Education（PGCE）を得るために、通常1年間トレーニングを受けてQTSを取るルートの2種類がある。②のSCITTは学士号取得者またはそれと同等の資格を有する者がTTA（Teacher Training Agency）の認定を受けた学校単独もしくは複数の学校に属して1年間の訓練を受けて、修了後QTSを得るコースである。QTSの資格は連携の大学から与えられる。③のSchool Directは教員資格を得ようとする学生が学校に雇われ訓練を受けるルートである。給与を得つつ実際的な訓練を受ける。経済的にフルタイムで大学に在籍できない学生、またすでに教師の経験があるもの向きのルートである。④のTeach Firstは、卒業後2年間イギリスの困難校もしくは低所得者の多い地域の学校で実際に教師をしながらその後QTSを取得するルートである。給料をもらいながらPGCEの資格がとれる。これらQTSを得るルートの中で主流はPGCEである（磯崎, 磯崎&井上, 2002; 加藤, 2011）。

2．イギリスの教員養成の特徴

　イギリスの教員養成の特徴はなによりも、教育実習である。教育実習は

'school-based training' とも称されるほど学校現場における実践的経験が重視されている（磯崎, 磯崎&井上, 2002）。少なくとも2校以上で教育実習を行うことが求められており、全36週のうち少なくとも24週間は学校現場での教育実習に費やされることになっている。さらに、中等教員コースにおいては、数週間（1-3週程度）の初等学校での実習を課す高等教育機関もある（磯崎, 磯崎&井上, 2002）。

表はノッティンガム大学（University of Nottingham）のPGCEのスケジュールである。ノッティンガム大学のPGCEは教育実習期間パートナーシップの学校で実践的訓練を強調しており、教育実習に加えて、大学では2つの修士レベルの30単位のモジュール[7]を習得することが義務付けられている。ノッティンガム大学ではPGCEコース期間を3段階に分けており、第1段階は学校体験（School Experience）と呼ばれる期間で、教育に関する問題や、教科教

表　ノッティンガム大学におけるPGCEタイムテーブル

週	配置場所と内容
第1段階：9月中旬開始――School Experience段階	
第1-2	実習生は大学で、研究方法の導入、講義、セミナーを受講。教師や学習者に影響を及ぼす教育に関する問題（'School and Society'）と特定の科目に関する教育方法論や教科に関する問題（'Subject Studies'）を扱う。
第3-5	3日間はパートナーシップの学校を訪問、2日間は大学での授業
第6	大学での授業
第7-11	4日間はパートナーシップの学校を訪問、1日は大学での授業
第12-13	大学での授業
休み	
第2段階：1月開始――教育実習期間	
第14-28	14週の教育実習。School Experienceとは異なる学校で実習。 ・1週間　導入期間（メンターや他のスタッフとのミーティング、授業の観察等） ・12週間　教育実習（大学側のチューターの訪問も含む） この期間中3日間大学に戻り、実習中の諸問題などをチューターに相談したりアドバイスをもらうことが可能。
第3段階：夏期間――学校調査期間	
第29-35	協力してくれる学校と交渉し、教育実習の経験の内省、Qualified Teacher Statusに要求される基準を満たすこと、自分の研究の調査等を行う期間。
第36	大学授業
コース修了	

育方法論を学んだりしつつ、パートナーシップの学校で導入的実習体験を行う。次に第2段階である教育実習期間では第1段階とは違う学校へ行き、教育実習を約14週間行う。教育実習期間中は、実習生は主に実習校先のメンター（mentor）の指導を受ける。教育実習の評価は、大学のチューター、実習校のメンター、実習校の受け入れ担当官、外部の調査官によって評価されることになっている。第3段階はPGCEコースのまとめの段階となっている。

ノッティンガム大学のPGCE外国語（Modern Language：ML）コースでは①外国語学習と教授の内容、②外国語学習と教授におけるコミュニケーション、③外国語での認知スキルと思考スキル、④外国語学習と教授のための文化、⑤教室学習からグローバル社会における学習のためのコンテクスト、の5つのテーマを取り扱っている。ノッティンガム大学PGCE外国語コースでは、2種類の外国語を履修することが奨励されている。

V　外国語教員の教育環境と教員研修

イギリスでの教員の社会的地位は伝統的にそれほど高くなく、常に教員不足で悩まされているのが現状である。Global Teacher Status Index（2013）によるとイギリスの教員の社会的地位は、日本と比べると高い。同調査によると、イギリスでは校長に対する敬意は、調査対象となったどの国よりも高い。一方、成人5人に1人しか教師に対しては敬意を払っておらず、教師の地位は看護師、ソーシャルワーカーと同等レベルとみなされている。らなみに調査の国の中で最も高い順位を得た中国では、教師は医者と同等レベルとされており、日本は公務員と同等レベルである。

以下の文は、ロンドン大学教育研究所博士課程所属の大場智美先生の協力を得て実施したアンケートの回答の一部である。アンケートの回答者は公立中等学校の教師をしており、「イギリスにおける教師の社会的地位についてどう考えるか」に対するコメントである。

「教師に対する一般的な考えは、かなり否定的です。ほとんどの人は、教師になろうとする理由は休日があるからだと思っています。多くの教

師は休日でも週末でも放課後でも、授業案を考えたり、採点をしたり、データを入力したりして時間を取られているということが一般には理解されていません。給料は仕事に対する時間の量が反映されておらず、そのため高い社会的地位を得ているとみなされないのでしょう」

　日本の教師が書いたものかと思うほど日本の教員とよく似た現状である。
　イギリスは現在教員環境をよくするため、給与の改善を積極的に行っている。前労働党政権で教員給与を大幅に増やすとともに成果主義も取り入れているため、現在では10万ポンド（日本円で約1,699万円）以上の年収を得ることも可能になってきている（加藤, 2011）。初任者の平均給料は2万3,010ポンド（ロンドン郊外では2万1,588ポンド、ロンドンでは2万700ポンド）となっている（Teaching Agency, 2013）。
　イギリスのPGCE学生の平均年齢は高く、たとえばSt. Mary's University Collegeでは平均年齢が30歳以上であり、再就職として教職選択する者もいる。再就職として教師を始める場合、DfEのサイト"The Annual Train to Teach Roadshows"には教師として再就職するための方法やそのルート、またそのためのワークショップやイベントの案内が掲載されている。オンライン上には再就職する場合の奨学金の案内も掲載されている。現在のところ、就職率はよく、10人中9人は教員資格習得後12か月以内に就職が決まっている（Teaching Agency, 2013）。平成24年度の教員採用の競争率が全体の5.8倍である日本の状況とはずいぶん違う。

VI　考察

　以上、イギリスの教員養成制度を中心にイギリスの教育状況を概観してきた。イギリスの教員養成制度において注目すべき点は、日本は学部レベルでの教員養成が主流であるのに対し、イギリスでは学部養成より卒後養成が主流となっていることである（金子, 2009）。日本では教職資格は教員志望でなくても、どの学部に入ってもとることが可能である。一方、イギリスの教員養成制度では、学部卒業後教員になろうとする学生が新たに1年間PGCEコー

スでQTSを取得するための志願者が大半である。つまり本気で教師になろうとするものだけがQTSを取得するのである。本節でも述べたようにPGCE志願者のうち転職して教師になるものも多く、就職率も高い。PGCEの試みが、そのまま日本の教員養成制度改革のモデルとなるとは限らないが、今後日本の教員養成制度の改善に向けて、イギリスにおけるこの実験の結果は、十分に参考にする価値をもつはずである。

　教員養成に関して注目すべき2点目は実践的経験が重視された教育実習である。イギリスでは、教員養成の約80％は現場教育でなされることが義務付けられており、その教育実習の長さには圧倒される。しかしながら、これだけ長い教育実習では、現場の指導教員は大変であろうとつい日本人教員なら思ってしまうかもしれないが、イギリスでは本気で教師を目指している学生がパートナーシップの学校で実習を行うのである。またイギリスでは実習前、または実習中、学生を取り巻く様々なスタッフがいて、その中でも専門職のメンターの役割は大きい。このような環境は東（2010）が指摘する「ヒューマンパワーの面から言うと手厚い」環境ということになるだろう。

　外国語教育の成功を左右するのは教師の質である。伝統的に、外国語教育は他のヨーロッパ諸国に遅れているといわれるイギリスでも、政府が外国語教育の明確な方針を取り、具体的な授業案やシラバスを提供している。また教員養成を担う大学を査察し、それに対する評価で大学の募集する定員が毎年決定される。イギリスの教育は中央集権化が強いと批判される部分もあるが、政府が責任を持って教師の質を上げていこうという動きは十分納得できるものが今回の調査から理解できた。

注

1　出典はBBC-Languages across EuropeのHP（http://www.bbc.co.uk/languages/European_languages/countries/uk.shtml）
2　インナー・ロンドンはシティ・オブ・ロンドンとそれを取り巻く12の特別区より成っている。
3　近年のイギリスでは首相が交代するたびに省庁名を改組する傾向にあり、教育技能省（DfES）は2007年に子ども学校家庭省（DCSF）に改組された。さらにDCSFは2010年の総選挙以降Department for Education（DfE）に変わった。
4　Primary LanguageのHP先：http://www.primarylanguages.org.uk

5 TDAのHP先：http://webarchive.nationalarchives.gov.uk 20120203163341/http:/www.tda.gov.uk/
6 A*は成績Aよりさらに優秀の成績につけられる。
7 一つ目のモジュールの内容は「学習とティーチング（Learning and Teaching）」であり、2つ目は「学校と社会（schools and Society）」である。両者とも30時間の授業と270時間の各自の学習を要求している。

参考文献

東眞須美（2010）「イギリス――推進か、緩和か、それが問題だ！」大谷泰照（編著）『EUの言語教育政策』（pp.129-142）東京：くろしお出版.
Department for Children, Schools and Families (DCSF). (2007). *The languages ladder : Steps to success*. Nottingham: DCSF Publications.
Department for Children, Schools and Families (DCSF). (2009). *Independent review of the primary curriculum: Final report*. Nottingham: DCSF Publications.
Department for Education (DfE). (2013a). *Consultation report foreign languages at Key Stage 2*. http://media.education.gov.uk/assets/files/pdf /c/mfl%20compulsory%20at%20ks2%20consultation%20report.pdf (2013.10.4)
Department for Education (DfE). (2013b). *National curriculum in England: Languages programes of study*. https://www.gov.uk/government/ publicati ons/national-curriculum-in-england-languages-progammes-of-study/national-curriculum-in-england-languages-progammes-of-study (2013.11.23)
Department for Education and Skills (DfES). (2005). *KS2 framework for languages*. Nottingham; DCSF Publications.
Department for Education and Skills (DfES). (2006). *Pupil language data guidance for local authorities on schools' collection and recording of data on pupils languages (in compliance with the Data Protection Act)*. Nottingham: DfES Publications.
Earley, P., & Bubb, S. (2007). The school workforce in London. In Brighouse, T., & Fullick, L. (Eds). *Education in a global city –Essays on London*. (pp.1-14). London: Institute of Education.
Eurydice. (2012). *Key data on teaching languages at school in Europe 2012*. http://eacea.ec.europa.eu/education/eurydice/ (2013.11.26)
磯﨑哲夫・磯﨑尚子・井上純一（2002）「イギリスにおける教員養成システムとメンターリング」木原成一郎『日本とイギリスの教師教育における実践的力量形成に関する比較教育的研究』（課題番号：12680270）（pp.6-49）平成12・13年度基盤研究（C）（2）科学研究費補助金研究成果報告書.
金子奈美子（2009）「日本と英国における教員就職状況と教員の資質向上策」『JSPS London学術調査報告』http://www.jsps.org/advisor/documents /2009_report_Kaneko.pdf（2013.11.25）
椛島有三（編）（2005）『教育荒廃と戦うイギリス』東京：日本会議.

加藤潤 (2011)「イギリスにおける1年生教職課程 (PGCE) についての事例分析——その歴史社会的背景と我が国への政策インプリケーション」『名古屋外国語大学外国語学部紀要』第41号, 63-87.
久保木匡介 (2013)「イギリスにおけるキャメロン連立政権下の教育改革の動向——民営化政策と学校査察改革との関係を中心に」『長野大学紀要』第34巻第3号, 25-40.
巽徹 (2010)「イングランドにおける小学校外国語教育の現状と課題——教員養成と教員研修を中心に—」『JASTEC研究紀要』第29号, 63-77.
Teaching Agency (2013). *Get into teaching- train to teach roadshows 2013-* http://www.education.gov.uk/ta-assets/~/media/get_into_teaching/resou rces/events/ttt_roadshows_presentation2013.pdf (2013.10.3)
Varkey GEMS Foundation (2013). *Global teacher status index, 2013.* https://www.varkeygemsfoundation.org/sites/default/files/documents/2013GlobalTeacherStatusIndex.pdf (2013.11.26)
von Ahn, M., Lupton, R., Greenwood, C. , and Wiggins, D. (2010). Languages, ethnicity, and education in London, DoQSS Working Paper Nos. 10-12. London: Institute of Education.
矢田貞行 (2011)「イギリスの外国語教育政策に関する研究——早期外国語学習の動向を中心にして」『鈴鹿国際大学紀要』17, 65-80.

17　オーストラリア

濱嶋　聡

I　オーストラリアの概要

1．歴史と政治

　1901年1月1日、カナダに続いて大英帝国内の連邦国家として、6植民地によるオーストラリア連邦が成立した。この6つの州は、連邦上院に同じ議員数を確保すること（第7条）など対等に連邦を結成することで成立し、現在でも連邦憲法上確固たる地位を占めている。連邦憲法第51条は、連邦議会に立法権限があるものとして40項目を列挙しているが、住民の日常生活や経済活動に最も関わる初等・中等教育、州内の交通、警察、鉱山採掘、森林伐採、環境、水質といった項目に関する立法権限は州にある。連邦政府と州政府との関係は、同じ党派であるからといって常に良好であるとは限らず、有権者は、連邦政府と州政府が異なった党によって構成されることでバランスを確保しようとする傾向があり、また州政府の人気・不人気が連邦政府選挙に影響を及ぼす場合もある[1]。

　連邦結成と同時に、ゴールド・ラッシュ以降大量に流入するようになった中国人に対する排斥が発端となった白豪主義（White Australian Policy）政策による移民制限法が成立した。ただし、有色人種への移住禁止を明記することは明確な人種差別となり、対外的にもオーストラリアのマイナスイメージとなるため、非白人入国希望者の知らない言語を入国管理官が出題して入国を実質的に不可能にする悪名高い言語テストを採用した。当時の移民制限法第3条によると、ヨーロッパ系言語の書き取りテストで実施され、移民希望者が、その言語（たとえば英語、フランス語等）に精通している場合は他の言語によるテストが課され、不合格による入国不許可が保障されたものであった。こ

のテストはオーストラリア在住5年以内の者にも課され不合格者は本国へ送還されたが、1958年に廃止されるまで白豪主義を支える有効な手段として利用された。

　その後、第2次世界大戦を経て、オーストラリアは急激な経済成長期を迎え、人手が不足したため労働力調達と国土防衛のため、ヨーロッパから多くの移民を受け入れたが、当時の移民は同化が容易なイギリス、アイルランド系が中心であった。しかし、その後の移民は、南ヨーロッパ、東ヨーロッパ、中近東と出身地が変わり、文化・社会的異質のため同化もうまくいかなかったが、政府はそれを移民自身の所為とした。当然、このような移民からの同化への反発が始まり、政府もこのような移民の文化、言語維持を援助する方がオーストラリア社会にとっても有益であるという方針へと変更し、統合政策をとるようになった。その後、1970年代にホィットラム労働党政権による反差別法が制定され、連邦総督からホィットラム首相が罷免された後に政権を取った自由党・地方党連合政権フレイザー首相によって多文化主義が本格的に導入されるに至った。現在のオーストラリアは、エリザベス2世女王（英国女王兼オーストラリア女王）を元首とする立憲君主制で、実際の王権は連邦総督が代行する。

2．文化的多様性
1）外国生まれの人口

　2011年度の国勢調査では、総人口2,150万人（2006年度と比較して8.3％の増加）中、26％が外国生まれ、20％が親のどちらかが外国生まれ、2.5％（54万人）にあたる先住民のうち90％がアボリジニ、6％がトレス海峡諸島民で、残りの4％が両方の血筋である。外国生まれの総人口529万人中、イギリスが110万人（20.8％）、ニュージーランドが48万人（9.1％）、中国が31万人（6.0％）、インドが29万人（5.6％）、イタリアが18万人（3.5％）、ベトナムが18万人（3.5％）、フィリピンが17万人（3.2％）と続いている。しかし、2007年から2011年度の間に移住してきた人の国別では、インドが13％でイギリスは12％、後に続く8か国のうち7か国がアジアの国々であり、ヨーロッパの国はゼロである。

2) 家庭内使用言語

　5歳以上のオーストラリア人中、家庭内での使用言語が英語のみが1,539万人（81％）、北京語が31万人（1.7％）、イタリア語が29万人（1.5％）、アラビア語が26万人（1.4％）、広東語が25万人（1.3％）、ギリシャ語が24万人（1.3％）、ベトナム語が21万人（1.2％）、と続く。ずっと以前からの移住者の49％、最近の移住者の67％が家庭内で英語以外の言語を使用しているが、前者のグループ中、51％以上が英語を流暢に話すことができ、2.6％が全く出来ないということが報告されている。一方で、後者のグループ、最近の移住者中、英語を流暢に話す割合は、43％で全く出来ないグループは3.1％である。

3) 宗教

　宗教に関しては、全人口中、1,315万人（61.1％）がキリスト教徒で、内訳は、カトリックが543万人（25.3％）、英国国教会が368万人（17.1％）、ユニテリアン派が106万人（5.0％）、長老派が59万人（2.8％）、東方正教が56万人（2.6％）、バプテスト会が35万人（1.6％）、ペンテコステ派が23万人（1.1％）、それ以外が96万人（4.5％）である。一方、キリスト教徒以外は154万人で全体の7.2％にあたり、その内訳は、仏教が52万人（2.5％）、イスラム教が47万人（2.2％）、ヒンドゥ教が27万人（1.3％）、ユダヤ教が9万人（0.5％）、その他が16万人（0.8％）で、2001年度と比較して非キリスト教徒が90万人（4.9％）から約150万人（7.2％）にまで増加しているが、ヒンドウ教徒の総数27万人は189％の増加となり、次にイスラム教の69％増加、仏教の48％増加が続く[2]。

Ⅱ　教育制度

1．学校数と児童・生徒数

　オーストラリアの学校制度は、公立学校と私立学校に大別される。2013年度における総数は、9,393校でこの数は2012年度に比べて34校、そして、2008年度の9,562校からは169校の減少となるが、主な原因は統合による。

一方、特殊学校は2012年度より7校増え、初・中等一貫校の数には変化は見られない。全国の初等学校の76.8％、中等学校の74.0％が公立であるが、初・中等一貫学校の61.8％が私立学校で、特別学校の76.3％は公立である。また、公立学校の最も多い州は、北部準州の80.2％、教区によって維持されているカトリック系学校の多い地区は首都直轄区の23.1％、各校が独立した組織の英国国教会、プロテスタント各派を中心とした独立学校の多い州は、西オーストラリア州で、13.0％である[3]。

2．学校制度

初等・中等教育行政の権限は、各州と直轄区の政府にあり、それぞれに教育大臣が任命されている。国家的教育目標としてのナショナル・カリキュラムには英語、算数・数学、理科、環境学習、技術、芸術、保健体育、英語以外の言語の8領域がある。各州、直轄区の教育課程は、このナショナル・カリキュラムの8領域と整合性を持つもので、連邦政府教育大臣と各州、直轄区教育大臣との間で開催される全国教育雇用訓練青年問題審議会（Ministerial Council on Education, Employment, Training and Youth Affairs：MCEETYA）にて全国的教育政策が協議される。この協議会での合議をもとに各州、直轄区政府がカリキュラム、教育政策を策定し、授業時間数、年間指導計画、教科書決定、教員配置等の最終裁量は学校に任せられる。近年の傾向は、各州、直轄区政府には法的拘束力はなくなり、保護者の学校経営への影響力が増え、校長、教頭、教員代表、保護者代表、時には生徒代表（中等教育のみ）からなる学校審議会（School Council）が設置され、ますます教育を受ける側の要求に対応した政策を求められるようになってきている[4]。

学校制度は、就学前教育（名称は州ごとに異なる：Kindergarten、Preparatory、Transition、Reception、Pre-Primary）、初等教育（Primary Education）、中等教育（Secondary Education）の3段階からなり、さらに中等教育は、前期と後期に分けられる。期間は、各州、直轄区で異なり、ニューサウスウェールズ州、ビクトリア州、タスマニア州、直轄区、北部準州では、就学前の1年間及び1学年から6学年の7年間、中等教育は、7学年から12学年の6年間、南オーストラリア州、西オーストラリア州、クィーンズランド州では、初等教育は、就学前と1学

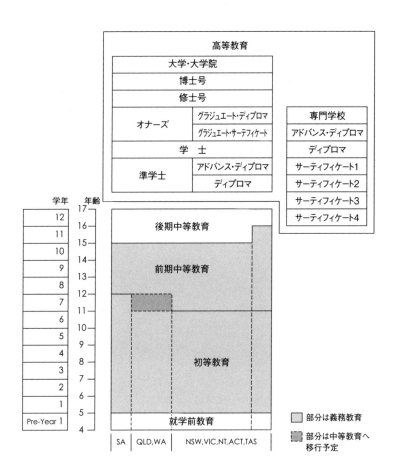

図　オーストラリアの学校教育制度
（Australian Bureau of Statics, Schools, Australia, 2013に基づき濱嶋聡作成）

年から7学年の8年間、中等教育は8学年から12学年の5年間であるが、クィーンズランド州では、2015年より7学年が前期中等教育に組み込まれる予定で、西オーストラリア州でも、現在その準備が進行中である。なお、義務教育は、タスマニアの6歳から16歳の11年間を除き、他は6歳から15歳までの10年間である。前期修了試験はなく、学校の成績に基づいて修了資格が与えられる。後期中等教育は、11、12学年で実施され、12学年までの2013年度残留率（Apparent Retention Rates）は、81.6％である。大学を初めとする高等教育入学選抜試験を受験するにはこの後期中等教育修了試験に合格する必要があり、生徒は、11、12学年で選択した科目中、各州、直轄区が修了資格規定としている科目と、志望大学、学部、コースが入学規定としている科目から受験科目を選ぶ必要がある[5]。

3．言語教育

まず、英語教育として、①英語を母語とする生徒を対象とした英語教育と②非英語系の者（英語を母語としない生徒）が教育において他の者と均等な機会を得て、社会で公正な立場にたつことができることを目指すための英語教育（ESL：English as a Second Language）があるが、後者は、「非英語系の生徒で移住して来たばかりの者を対象としたもの」（New Arrivals）と、長期にわたり非英語系の者を対象とする「一般的な援助」（General Support）の2つの教育からなる。次に、英語以外の言語教育として、まず、連邦政府が優先的に導入する言語の中から各州が州の状況に応じて導入する③LOTE：Languages other than English教育があるが、これは、カリキュラム中、8つの優先領域に含まれ、学校教育においてすべての生徒が1つ以上のLOTE（アボリジニ語を含む）を学習することを促進すること、非英語系の生徒に対して母語の言語や文化を継続して学習する機会を与えることなどを目的としている。他の英語以外の言語教育として④「地域社会語」（Community Languages）があるが、その目的は、非英語系の生徒の言語と文化を保持することと、全ての生徒が異なる地域社会語と文化の認識、理解を深めることである。最後に⑤アボリジニの言語教育であるが、この教育の目的は、アボリジニの教育の質的向上にあり、「オーストラリアの言語と識字政策」（The Australian Language and Literacy

Policy：ALLP）のもと、「アボリジニ識字計画」（Aboriginal Literacy Strategy）や「アボリジニ言語教育計画」（Aboriginal Languages Education Strategy）などの教育を積極的に実施している[6]。

また、2012年10月にオーストラリア政府が発表した「アジアの世紀における豪州」白書では、日本語が、すべての生徒・学生が学ぶことができる環境を整えるべき4つのアジア言語の1つに選ばれたが、他は中国語、ヒンディ語、インドネシア語で、2013年8月に韓国（朝鮮）語が追加された[7]。

III 教員養成

1．教員養成制度

各州、直轄区の教育行政が定めた教員養成課程制度に基づいたコースを大学で修了し教育学士（4年間）を取得するか、教える教科に関する分野で最低1教科を学士レベルで修了した後、教育分野のポストグラジュエイト・ディプロマ（1〜2年間）、または教育学士を取得した後、各州の教育委員会に登録をする。教育実習に関して、クィーンズランド工科大学の例を挙げると、初回が、初等学校へ毎週1回10週間、2回目が、中等学校へ毎日2週間、3回目が、同毎日3週間、4回目が、同毎日6週間という合計80日間以上にわたるものであるが、その後さらに4週間のインターンシップが課せられる。ポストグラジュエイト・ディプロマの場合の教育実習期間は45日程度である[8]。

また、クィーンズランド州の場合は、実習生本人が18歳以上であること、そして18歳未満の子ども達に接する仕事（ボランティアも含む）に必要な犯罪歴等がないという登録証（Blue Card）所持が義務付けられている。教育実習校の3、4回目は、自分の出身校に行き、インターンシップも最後に実習を経験した学校（出身校）へ行くことが一般的である。しかし、インターンシップに関しては、マレーシア、タイ、シンガポール、ベトナム、中国、香港等のアジア諸国での経験も認められている。

次に、大学院レベルでのTeaching of English to Speakers of Other Language：TESOLコースに関して、同じく州立クィーンズランド工科大学の教育学部

・文化言語学研究科・修士課程の例を挙げると、まず、入学の条件として数年の英語教育経験が要求されている。科目に関しては、4つのcore units以外に、Genre, Systemic Functional Grammar等の科目も提供されていたが、これらは、オーストラリアの学校で、広範に普及しており、大学付属機関の英語学校でも高く評価され実用的な英語教育が実践されていた。筆者が担当した科目は、Personalised Language Learning Unitであるが、受講した院生は、日本の高等学校、教育委員会での英語教育経験者（カナダ人）、同じく日本の英語専門学校での英語教育経験者（オーストラリア人）、ブリスベン市内の小学校で英語を母語としない移民の子どもへの英語教育に携わる現役のESL教師（オーストラリア人）であった。彼らがこの科目を学ぶ目的の1つは、異なる教授法、学習法を自らが経験し、それがそれぞれの語学学習に及ぼす影響を調べ、ESL教授法の論文にまとめるというものであった。

2．教員登録制度と教員の専門性

本柳（2011）は、教員の専門性向上にニュージーランド、英国、米国、カナダでも実施されている教員登録制が不可欠と指摘し、事例としてクィーンズランド州の制度を挙げている。この制度は、現在、直轄区を除くすべての州で実施され、登録委員会の現名称は「クィーンズランド・カレッジ・オブ・ティーチャーズ」である。

まず、委員は州立、私立の学校、教育省、教員組合、教員養成を行う大学、地域の教育関係機関、保護者と市民の会などで、理事のはとんどは教員登録を行い、任期4年の理事長は教育大臣により任命される。その機能としては、新規登録者とすでに登録している教員の継続の可否、大学等の教員養成プログラムのガイドライン作成とそれに基づいた認定、教員の専門性スタンダード・行動規範の作成等がある。

また、全新規登録者の登録後の2年間は暫定登録で、1年目に200日（あるいは1,000時間）以上実務に従事しながら初任者研修を受け、2年目に学校長のスタンダードに基づく審査を受ける。正規登録後も5年ごとに実際に資質・能力をどれだけ向上させたかということに重点が置かれた研修を受けた後の更新が必要である。5年以上教職から離れている場合は、「教職復帰のた

めのプログラム」を職務復帰の前後12か月以内に受講することが義務づけられている。

　登録後、州立学校教員は教育省が採用するが、統一した採用試験はなく、学校の現職教員による審査委員会、個別面接により行われる。各大学の教員養成プログラムに関しても、各大学の責任者とともに内容を検討し、助言を与えながらプログラム向上を目指し、プログラムは一度認定を受けても定期的に更新することが要求されている。現職教員の研修に関しては、種類に制約が加えられることは少なく、大学や専門学校、セミナー、校内研修、同僚との学習会や研究プロジェクト、個人的な文献研究なども含まれ、その柔軟性は単に研修を受けたというものではなく、研修によっていかに資質・能力を向上させたかという研修本来の姿に結びつくものといえる[9]。

IV　考察

　現在のオーストラリア人の4人に1人は外国生まれで、出身国もかつてのイギリスを中心としたヨーロッパから、アジアを中心とした国々に大きく変化を遂げてきている。宗教に関しても、ヒンドゥ教徒を筆頭に、イスラム教徒、仏教徒といった非キリスト教徒の増加が近年著しい。さらにそれ自体が多言語社会であるアボリジニ生徒への教育など現場の教師には、生徒の多様性に対応できる相当の力量が要求される。そのため、各州、直轄区、国全体の教育水準を確保するための様々な試みがなされているが、日本にとっても示唆に富むものとして以下の3点を挙げる。

　まず、大学在学中の3週間のみという日本の教育実習に比べて、段階ごとに期間も異なり、合計80日間以上にも及び、しかもその後のインターンシップも課せられている教育実習制度が挙げられる。日本では、教員免許だけはとりあえず取得しておこうという気持ちで教育実習を受ける学生も少なくなく、採用試験さえ受験しない学生も存在する。しかし、これからますます国際化していく日本社会で様々な文化的背景を持った児童・生徒に向き合わねばならない現状を考えると、まず教師になるという強い意思の学生のみを期間、内容ともに充実した教育実習で養成する必要が早急にある。

2番目として、現職教員の研修制度に関しても、形式的になりがちな日本の研修制度に比べて、クィーンズランド州における資質・能力向上を証明する研修を受けた後の5年ごとの更新制度が挙げられる。その教師の専門性に関しては、Quality Teaching Leadership Professional Learning Standards（AITSL：Australian Institute for Teaching and School Leadership）、カリキュラムに関してはAustralian Curriculum and Assessment Reporting Authority（ACARA）など自らをチェックするための初めての連邦レベルでのスタンダードもモナシュ大学教育学部のZane Ma Rhea博士を中心とした研究グループによって作成されている。

　最後に、学校経営に関しては、多様な生徒と保護者の教育要求に対応することが政策目標となり、校長、教頭、教員代表のみならず、地域住民代表や、生徒、保護者といった教育を受ける側が学校の意思決定に参加することがますます増えていることである。このような学校経営は、文化的、社会的にも異なる地域事情に配慮したものといえるが、学校側が、常に納得いく説明を求められる立場に置かれるという意味で本来あるべき姿のように思われる。

　以上、日本の教育制度にとって参考になると思われるものを挙げたが、連邦政府には教育に関しての発言権はなく、何を教えるべきか、何が正しいかなどの決定権は各州、直轄区の教育委員会にあり、その発言力もクィーンズランド州、ニューサウスウェールズ州といった大きな州ほど強く、教職員組合の意向も無視できないといった現状もある。また、教員がヒントさえあたえれば自分でやるといった考えの学部生や、デジタルの影響で、やるべきことを指示してくれるだけでいいといった大学院生なども増えてきたこともZane Ma Rhea博士は懸念事項の1つとして挙げている。さらに、博士によると、その整備に5年を要したこの国家的スタンダードが出来上がった途端、政権が変わり、また変革予定ということでもある。このような状況を考えると、日本がそのまま手本として受け入れるには当然課題も残るが、ますます国際化を加速させている日本の実情からみて、多文化社会のはるか先を行くオーストラリアの教員養成制度から学ぶことも以上の3点以外にも多くあるはずである。

注

1 杉田弘也（2007）「第7章 政治」竹田いさみ・森健・永野隆行（編）『オーストラリア入門』東京大学出版会, pp.163-164.
2 Australian Bureau of Statistics（2012）.
3 Australian Bureau of Statistics（2013）.
4 佐藤博志（2001）「第3章 多様な各州・直轄区の学校制度」石附実・笹森健（編）『オーストラリア・ニュージーランドの教育』東信堂, pp. 38-39, 43.
5 Masters, Geoff (2006). The case for an Australian certificate of education, *International Education Journal, 2006,* 7 (6), 795-800, Shannon Research Press.
6 神鳥直子（2001）「第6章第2節 移民を大切にする言語教育」石附実・笹森健（編）『オーストラリア・ニュージーランドの教育』東信堂, pp.71-73.
7 Ministry of Foreign Affairs of Japan (2014). *Commonwealth of Australia.*
8 筆者の交換教授時（2000）のクィーンズランド工科大学・教育学部生への聞き取り調査。
9 本柳とみ子（2011）「オーストラリアにおける教員登録制度の意義――クィーンズランド州を事例として」『オーストラリア研究紀要』第37号, pp.153-17.

参考文献

Australian Bureau of Statistics (2012). *Cultural diversity in Australia, 2071.0-Reflecting a nation: Stories from the 2011 census, 2012-2013.* http://www.abs.gov.au/ausstats/abs.@.nsf/Lookup/2071.Omain+features902012-2013 (2014.4.8)
Australian Bureau of Statistics (2013). *4221.0-Schools, Australia, 2013.* http://www.abs.gov.au/ausstats/abs.@.nsf/Lookup/2071.Omain+features902012-2013 (2014.4.8)
Australian Curriculum Assessment and Reporting Authority (ACARA)(2011). *Draft shape of the Australian curriculum: Languages.* www.acara.edu.au (2013.10.18)
Australian Institute for Teaching and School Leadership Limited (aitsl)(2013). Australian professional standards for teachers. http://www.teacherstandards.aitsl.edu.au/ (2013.10.18)
Masters, Geoff (2006). The case for an Australian certificate of education, *International Education Journal,* 2006, 7 (6), 795-800, Shannon Research Press.
濱嶋聡（2004）「第9章 オーストラリア」大谷泰照他（編著）『世界の外国語教育政策・日本の外国語教育の再構築にむけて』東信堂．
本柳とみ子（2011）「オーストラリアにおける教員登録制度の意義――クィーンズランド州を事例として」『オーストラリア研究紀要』第37号．
神鳥直子（2001）「第6章第2節 移民を大切にする言語教育」石附実・笹森健（編）『オーストラリア・ニュージーランドの教育』東信堂．
Zane, Ma Rhea (2013). The impact of the global agenda on teacher education in Australia, 日本教師教育学会公開研究会口頭発表（September 13, 2013: 明治大学）
Ministerial Council for Education, Early Childhood Development and Youth Affairs (MCEECDYA)(2008). *Melbourne declaration on educational goals for young Australians,* MCEECDYA.

Ministry of Foreign Affairs of Japan (2014). *Commonwealth of Australia.* www.mofa.go.jp/mofaj/area/australia (2014.4.8)

佐藤博志(2001)「第3章　多様な各州・直轄区の学校制度」石附実・笹森健(編)『オーストラリア・ニュージーランドの教育』東信堂, pp. 38-39, 43.

佐藤博志(2005)「6 オーストラリアの教員養成」日本教育大学協会(編)『世界の教員養成　II』学文社.

杉田弘也(2007)「第7章政治」竹田いさみ・森健・永野隆行(編)『オーストラリア入門』東京大学出版会.

18　ニュージーランド

岡戸浩子

I　ニュージーランドの概要と言語状況

　ニュージーランドは、南太平洋に位置し、大きく北島と南島により構成され、日本の約4分の3の国土面積を有する島国である。また、アメリカ、イギリス、カナダ、オーストラリアと並ぶENL（English as a Native Language）の国である。ニュージーランドの歴史は比較的浅いと言える。1769年にイギリスのキャプテン・クックが北島東部に上陸したが、この時、ヨーロッパ人が初めてニュージーランドの地に足を踏み入れたことになる。この国には、イギリス人が到来する以前には先住民であるマオリが生活を営んでいた。ポリネシア系の子孫であると言われているマオリは、約1,000年以上も前にポリネシア諸島から移住してきたとされている。

　2013年に実施された国勢調査[1]では、2013年3月時点におけるニュージーランドの人口は前調査結果比5.3％増の約424万人である（Statistics New Zealand, 2013）。2006年に実施された国勢調査によれば、大きくヨーロッパ系67.6％、マオリ系14.6％、アジア系9.2％、太平洋島嶼国系6.9％という民族別人口構成となっている。ニュージーランド社会では、民族別人口の比率を年齢別に見ると、若年層になるほど、マオリ、太平洋島嶼国系、アジア系の割合が高くなってきており、将来ヨーロッパ系住民の数は減少していくことが予測されている（Statistics New Zealand, 2006）。ニュージーランドの公用語は、英語、マオリ語、そしてニュージーランド手話（New Zealand Sign Language）である。

　ニュージーランドは、歴史的に英国とは様々な面において緊密な関係を保ってきたが、1973年の英国のEC加盟により、両国の関係にも転機が訪れ、ニュージーランドはこれまでの英連邦の一員から、必然的にアジア・太平洋

国家への視点の転換を余儀なくされた。その後、経済的な側面を強化し、アジア太平洋地域に位置する国家としての自立を図るため、中長期的にアジアの国々との経済関係を重視する立場を取っている。このようなニュージーランドの概要と言語状況を踏まえながら、本稿ではこの国の学校言語教育と外国語教員養成の現状について考察する。

II 学校言語教育の推移と現状

　ニュージーランドの初等・中等学校における言語教育の推移と現状に着目する。教育省から1993年に出された *The New Zealand Curriculum Framework* の中では、言語教育に関して、英語学習の重要性に加えてこの国の地域的条件あるいは国際的地位を考慮した場合、将来に向けて太平洋アジア諸国やヨーロッパ系の言語を学校教育の初期の段階から学ぶことが生徒の知的、社会的、文化的な視野を広めることと同時に、国家にも大きな利益をもたらすこと（Ministry of Education, 1993）が示された。2007年になって改訂された *The New Zealand Curriculum* が示され、8つの学習領域のうちの'Learning languages'の languages（マオリ語を含む「英語以外の言語」を指す）の地位は先の *The New Zealand Curriculum Framework* に比して上げられた。しかし、「英語以外の言語」はそれまでと同様に必修ではなく選択科目として位置づけられている。このように、ニュージーランドは、学校教育の学習領域において、英語以外の言語を外国語（foreign languages）とは表現せず、languagesと称している。現在、全ての学校では7－10学年まで英語以外の言語教育の提供が義務付けられており、その背景には国民の多様化と、グローバル経済においてアジア太平洋諸国との関係がますます重要になると予想されていることがある（中村, 2010）。

　1998年から2013年までの間で、中等学校における各言語の学習者数について上位1位から8位までを5年おきに示した表を以下に示す（**表**）。

　2013年における1位はこの国の公用語の1つであるマオリ語であり、2位は伝統的なヨーロッパの大言語としてのフランス語である。1998年までは、日本語が1位であったが、その順位は徐々に下がり2013年の時点では3位に

表　各言語の学習者数（2013年、2008年、2003年、1998年　各年7月1日現在）

言語		学習者数（人）			
		2013年	2008年	2003年	1998年
1	マオリ語	23,361	26,339	22,868	20,532
2	フランス語	21,570	28,245	24,253	20,990
3	日本語	12,044	18,157	21,449	21,701
4	スペイン語	11,680	10,900	5,820	2,247
5	ドイツ語	4,477	6,251	7,603	7,377
6	中国語	3,277	1,891	1,618	928
7	サモア語	2,391	2,311	1,473	432
8	ラテン語	1,501	2,339	2,239	2,278

（Education Counts（2013a）のデータを基に岡戸浩子作成）

なっている。その背景としては、近年の日本の経済停滞による動機づけの低下や、そもそも多くのニュージーランド人にとって日本語は言語的な距離が相対的に遠いため、学ぶことにおいて少なからず困難さが伴うことが挙げられる。しかし、ニュージーランドのテレビで放映されるアニメ番組や、出版されている日本の漫画本が生徒たちの興味・関心を引き寄せ、そのことが、現在でも日本語が多く学ばれる言語の1つであることの要因となっている。近年のその他の言語の学習者数の傾向としては、やはり経済的な背景から、スペイン語と中国語が増加し、ドイツ語が減少していることが言える。

　ニュージーランド教育省の示すデータを見てもわかるように、中等学校では学年が上がるにつれて、全ての言語についてその学習者数が減少してしまうが、その背景要因の1つとして言語科目が必修ではないことがある（岡戸,2009）。そのため、生徒に言語学習に対する興味および関心を持たせるという意味において、言語教員の果たす役割は大きいと言えるだろう。

Ⅲ　ニュージーランドの学校教育制度

　ニュージーランドの学校教育は就学前教育、初等教育、中等教育、および高等教育の4段階に分かれる（図）。就学前教育としては、0－5歳を対象とした幼稚園（Kindergartens）、教育・保育センター（Education and Care Centres）、

260 5．英語の母語話者が多数派である国

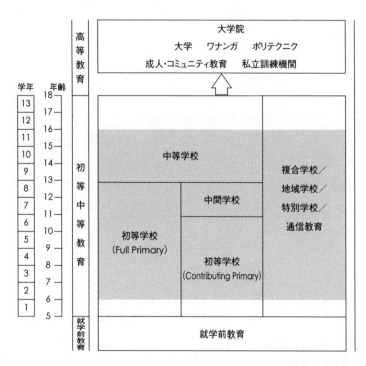

図　ニュージーランドの学校教育制度
(Ministry of Education, *New Zealand Education System-Overview* とニュージーランド教育省資料を基に岡戸浩子作成)

プレイセンター（Playcentres）、自宅保育サービス（Home based Services）、コハンガ・レオ（Te Kohanga reo）、コハンガ・レオ以外のマオリ語教育グループ（Nga Puna Kohungahuga）、太平洋島嶼語系グループ（Pacific Island Language Groups）、プレイグループ（Playgroups）がある。

　学校教育は小学校から大学まであり、義務教育は6－16歳までであるが、ほぼ全員の子どもは5歳の誕生日を迎えると小学校に入学する。ニュージーランドでは、「1877年教育法」に基づいた中央集権的な教育制度が100年ほど続いたが、1988年に教育行政報告特別委員会がピコット報告（Picot Report）および『明日の学校（Tomorrow's Schools）』を発表したことを機に、それまでの中央集権的な教育行政から、学校理事会（Board of Trustees）を中心とする学校に運営権を大きく与える構図（熊谷, 1996）となった。

　初等教育（日本での小学校に相当）の期間は8年間である（初等学校8年〈Full Primary Schools〉、または初等学校6年〈Contributing Primary Schools〉と中間学校2年〈Intermediate Schools〉）。また、人口が少ない地域などに初等・中等教育を含めた複合（地域）学校（Composite/Area Schools）が存在しており、地域的に通学が困難な場合のために通信教育（Correspondence School）も提供されている。また、ニュージーランド独自の特徴的な初等学校として、カウパパ・マオリ（kura kaupapa Māori）がある。これは、マオリ語のイマージョン学校であり、授業用言語はマオリ語である。

　中等教育（日本での中学校・高等学校に相当）は5年間である（第7学年－第13学年と第9学年－第13学年の場合がある）。マオリ語のイマージョン学校としては、ファレクラ（wharekura）がある。それまでのBursaryと呼ばれる大学入学資格検定試験に代わり、2002年には、NCEA（National Certificate of Educational Achievement：教育達成度国家資格）という新しい全国共通学力試験である資格制度がスタートした。このNCEAは生徒が履修内容を十分に習得したかどうかを示すものであり、1－3までのレベルに分かれている。第11学年でNCEAレベル1、第12学年生でNCEAレベル2、そして第13学年でNCEAレベル3を受験する。そのうちNCEAのレベル3は従来のBursaryに代わり、大学進学の資格となるので、大学への出願時に提出することとなる（岡戸, 2009）。

ニュージーランドで第3次教育（Tertiary Education）と称される高等教育には大学・大学院の他にポリテクニク、マオリ向けの教育を施すワナンガ（wananga）、成人・コミュニティ教育、私立訓練機関などが含まれている。現在の大学数は8校である。2006年までには国内に存在していた教育カレッジ（教育大学：College of Education）は、その後、他の大学に吸収合併された。

Ⅳ 教員養成制度

ニュージーランドの学校の教員養成については、かつては国内におけるいくつかの教育カレッジが担っていた。しかし、2000年に入ってからこれらの教育カレッジは他の大学の教育学部に吸収合併されていった。通常は、初等学校の教員は3年間のコースで養成され（もしくは学士号を取得後、1年間の教員養成課程を修了）、中等学校の教員になるためには、大学で学士号を取得した後、さらに教育カレッジで1年間のコースを修了するか、もしくは教育カレッジで4年間の教員養成課程を修了する必要があった。現在もこの課程は変わっていない。

例として、ニュージーランドで最も多くの学生数を誇るオークランド大学を挙げる。オークランド大学はオークランド市を中心として5つのキャンパスを有する。旧オークランド教育カレッジ（Auckland College of Education）も2004年にオークランド大学教育学部（Faculty of Education）に発展的吸収合併された経緯がある。まず、初等教育プログラム（以下、中等教育をも含めたオークランド大学教育学部のプログラムについてはThe University of Auckland, Faculty of Education[2]を参考にしている）に着目すると、ここで学士号を取得するためには1学年、2学年、3学年のそれぞれで120ポイントずつの3年間で計360ポイント（ニュージーランドの大学では単位〈credit〉制ではなくポイント〈point〉制）が要求される。ポイントは、所定の成績を修めると与えられる。評価はA$^+$－D$^-$でなされ、教育実習科目は合格か不合格で示される。そして、ニュージーランド教育の歴史と社会、マオリ文化と言語、芸術・音楽、言語、算数・統計、テクノロジー等の授業科目を履修することに加えて、教育実習科目のポイントが与えられることが必要となる。教育実習には、3年間で約

20週間を費やす。2013年度のプログラムをみると、1学年では4月に1週間、9月に1週間、そして11月に4週間の計6週間が教育実習期間として充てられている。教育実習先としては、少なくとも3つの異なった学校を訪れ、初等学校の1学年－8学年までの様々な学年の子どもと関わることによって、学校現場を十分に観察し、教え方を学ぶ。そして、教育現場の専門家から多くの教育問題について学ぶ場ともなっている。また、3年間の初等教育のプログラムを修了した後に、さらに学びたい希望者に対しては、継続的に初等教育向けの1年間のディプロマ（Diploma）のプログラムが設定されている。これは集中プログラム（Intensive Programme）であり、160ポイントが与えられ、授業現場での実践や新しい教授法や理論などが学べるようになっている。

次に、同大学の中等学校の教員養成プログラム（Teaching programmes for graduates：以下の内容は2014年度予定）に着目する。多くの場合、中等学校の教員になるためには大学の学部で学士号を取得した後に、1年間の教員養成課程を修了するが、必要とされるのは120ポイント（必修コア科目と教育実習：60ポイント、カリキュラム科目60ポイント）である。その際に、大学の学部で、中等学校で担当する科目のコースを最低2年間履修していなければならない。プログラムは主としてワークショップ、グループ・チュートリアル、講義、そして教育実習によって構成されている。成績評価は、上記の初等教育の教員養成プログラムと同様の方法でなされる。カリキュラム科目としては、例として体育、音楽、歴史、化学、物理、社会、数学等があり、言語に関する科目としてはドイツ語、ラテン語、サモア語、マオリ語、TESOL（Teaching of English to Speakers of Other Languages）、英語、中国語、日本語、フランス語が設定されている。第1学期は3月に始まり、教育実習には第1回目が4月に1週間、第2回目は5月から6月にかけて6週間、7月に始まる第2学期には8月の前半に1週間、そして同じく8月の中旬から9月にかけて6週間の計14週間が充てられている。前期と後期では異なる学校へ赴く（以上、The University of Auckland, Faculty of Educationのプログラムを参考）。このように、オークランド大学の教員養成プログラムでは、教育実習の期間がある程度、確保されており、重視されている授業科目であることがわかる。

また、上記のプログラムを終えた後、教員としての能力をさらに高めるこ

とができるようにディプロマのプログラムが設けられており、その先には修士課程および博士課程が設定されている。2012年のTeacher Education（教員養成）の学位の取得者は学士号3,900名、修士号430名、そして博士号70名である（Education Counts, 2013b）。しかし、この中には海外からの留学生が少なからず含まれていることには留意しておかなければならない。

V　外国語教員の教育環境と教員研修

　ニュージーランドの初等・中等段階の教育および評価に関する教育行政機関としては、ニュージーランドの教育に関して主導的な助言を行う教育省（Ministry of Education）、学校等の教育機関に対して評価を行う教育機関評価局（Education Review Office：ERO）、ニュージーランドの国家資格に関する任務を担うニュージーランド資格審査機関（New Zealand Qualifications Authority：NZQA）、教員の登録や質の確保に関わる業務を担うニュージーランド教員審議会（New Zealand Teachers Council：以下NZTC）があり、これらに自律的学校運営の権限を与えられている学校理事会（Board of Trustees）が関わる体制となっている（Ministry of Education, 2013）。大学で教員養成課程を修了した教員資格取得者は、上記のNZTCに登録することになる。NZTC（以下の内容はNZTCのブックレットYour Teaching Career -A Guide to Provisional Registrationによる）によれば、教員資格取得者は、教員として登録する過程において、まず新人教員として着任する前に「卒業時の教員基準（Graduating Teacher Standards）」に基づいて評価される。その後、NZTCに仮登録（Provisional Registration）すると、教えることに従事する資格があることを証明するPractising Certificate（発効日から3年間有効）を有することができ、指導教員の下で2年間の教育研修を積む。そして、その後、「正規登録教員に求められる基準（Registered Teacher Criteria）」を満たすと、正規の完全登録教員（Full Registration）となり、それ以降は3年ごとにPractising Certificateを更新しながら「経験豊かな教員」になっていく。「正規登録教員に求められる基準」では、領域として専門的な「知識」「実践」「(他者との) 関係性」「リーダーシップ」が示されている。

　このように学校で教員として教育に従事するようになっても、継続的に自

らの能力を向上させ、教育の質を高めていく姿勢が求められる。そこで、ニュージーランドの学校の英語以外の言語教員を対象とした研修の例に着目する。法的に義務付けられた言語教員の研修はないが、言語教員が自らの意思でいくつかの形で開催されている研修会に参加することは可能である。ニュージーランド全国語学教師会（New Zealand Association of Language Teachers：以下NZALT[3]）は、隔年で全国大会と地域大会を開催し、各地域の言語教員に対して言語教育に関する支援を行っている。全国レベルあるいは各地域レベルで言語教員が集い、教員の言語学習および生徒への言語教育に関する考えや経験を情報交換するなどの討議に参加することができる場となっており、初等・中等・高等教育の言語教員のネットワークづくりにも寄与している。また、NZALTからは学術雑誌やニューズレター等も発行されている。

　次に、言語教員の研修と言語教育のアドバイザーの活動との関わりの現状に目を向ける。ニュージーランドでは、各言語のナショナル・アドバイザーが各学校を訪問し、言語教育に関する助言および支援を行っている。これらのアドバイザーはユニサービス（UniServices）という組織の一部であるILEP（International Languages Exchanges and Pathways）に所属している。ILEPはニュージーランド教育省から委託を受けており、現在は、フランス語、ドイツ語、中国語、日本語、そしてスペイン語のナショナル・アドバイザーが所属している[4]。他にも、研修の一つとして、TPDL（Teacher Professional Development Languages）が挙げられるが、これもニュージーランド教育省からの委託を受けた上述のユニサービスによって提供されているニュージーランドの言語教員の職能開発（professional development）のための1年間のプログラムである。

　上記の他に、言語教員の教育力を高める方法としては、大学卒業後の上級ディプロマや大学院への進学が挙げられる。修士課程と博士課程共に、言語教員が現職のまま、大学院生（part-time student）として学ぶことができるという選択肢も用意されている。

VI　考察

　ニュージーランドでは、1992年に*Aoteareo：Speaking for Ourselves*（The Waite

Report) が出されたが、これは多文化・多民族国家であるオーストラリアの影響を大きく受けている (Peddie, 1997)。今後ますます世界的に多文化化・多言語化が進行する中で、ニュージーランド国内においても異文化を背景に持つ人々を理解し、交流することができる能力を養成することの必要性がうたわれていることから、学校教育における言語教育が果たす役割は大きいとされている。しかし、言語教員の養成に関しては、以下の2点が問題点および課題として挙げられるであろう。

　まず、「英語以外の言語」教育を推進していくにあたっての大きな問題の1つに「言語教員の不足」がある。それには、教える当該言語の能力が足りない教員の問題も含まれている。とりわけ、初等教育では、言語教育を導入する学校数の増加に伴って言語教員の需要が高まってきているが、教員は他の科目と兼ねて「言語」を教えることになるため、供給の面で追いついていないことがある。「日本語」を例にとると、教員の日本語能力は千差万別であり、中にはひらがなを書くことができる程度で授業に臨んでいる場合もあり、高い言語能力を有する教員はわずかであるが、この背景には全体的に日本語教員の数が少ないことがあるという[5]。さらには、前述のオークランド大学教育学部の初等教育の教員養成課程の場合を見ると、日本語教育のためのコースがとくに設定されているわけではないため、言語教員によって日本語能力にある程度の差が認められることに少なからず結びついてしまっていると考えられる。このように言語能力が決して高いとは言えない教員が言語科目を教えることは大きな問題として挙げられるであろう。

　さらに課題としては、言語教員の雇用の安定化が挙げられる。その時の、経済的ひいては国際的な動向や言語にまつわる文化への関心度によって選択される言語が変わる。したがって、ある学校で教えられていたある言語の履修者数が極端に減少した場合、その言語の授業が提供されなくなると、言語教員が必要ではなくなってしまうという雇用面での問題が生じ得る。このことは、学校教育における「言語」科目の位置づけの問題にも関わってくるが、現状を変えるためには、言語教育の重要さに対してのニュージーランド国民の意識の変革が必要となってくる。

　これまでの考察から、ニュージーランドの学校教育現場の言語教員は、基

本的に大学で学士号を取得していれば教えることは可能であり、必ずしも修士号の取得が強く求められているわけではないことがわかる。しかし、職能を向上させたいと思う言語教員には、様々なかたちで支援する体制は整えられていると言える。日本の言語（外国語）教員が教育能力（職能）を高めていくための議論を深めていく上で、ニュージーランドにおける教育行政機関、大学・大学院での教育課程、そして教員のために開催されている種々の研修などの例は大いに参考になるであろう。また、国としての言語教育政策の視点から内容を明確に示したガイドラインの作成の仕方にも参考となる点があると思われる。ニュージーランドでは、学校教育の学習領域での「英語以外の言語」を languages（「言語」languageの複数形）と称しているが、日本でも、そのような「言語」の捉え方への再考も含め、総合的な言語教育政策を打ち出す必要があるのではないだろうか。そうすることによって、改めて教員養成の在り方がより明確になってくるものと思われる。

注

1　ニュージーランドでは、5年毎に国勢調査が実施されており、近年では2001年、2006年と続き、その後に第33回にあたる2011年に調査が行われることになっていた。しかし、2011年2月22日に発生したクライストチャーチにおける大地震の影響により、予定されていた調査は中止となった。したがって、本稿を執筆する時点では人口のみの公表しかなされていない。
2　オークランド大学教育学部の *Primary Teaching Programmes 2013* と *Teaching programmes for graduates 2014* を参考にしている。
3　NZALTについては、HPのURL：http://www.nzalt.org.nz/ を参照されたい。
4　JSPS科研費「研究課題：英語授業で求められる英語教師の異文化能力に関する研究（研究課題番号：2537025、研究代表者中山夏恵）」において中山夏恵・栗原文子・岡戸浩子が2013年9月5日にILEPを訪問し、プロフェッショナル・ラーニング・コーディネーターにインタビュー調査を行った結果による。
5　JSPS科研費「研究課題：ニュージーランドの『第二言語教育』に関する言語社会学的研究（研究課題番号：15520280、研究代表者岡戸浩子）」の平成15年度――平成18年度にかけての調査結果による。

参考文献

Education Counts (2013a). Subject enrolment. http://www.educationcounts.govt.nz/statistics/schooling/july_school_roll_returns/6052 (2011.11.9)

Education Counts (2013b). Students completing qualifications by field of study and type of qualification, 2012, Fields of specialisation for students gaining qualifications. http://www.educationcounts.govt.nz/publications/tertiary_education/41801/1 (2013.12.16.)

熊谷真子（1996）「ニュージーランド」文部省（編）『諸外国の学校教育　アジア・オセアニア・アフリカ編』大蔵省印刷局.

Ministry of Education (1993). *The New Zealand curriculum framework*. Learning Media.

Ministry of Education (2007). *The New Zealand curriculum*. Learning Media.

Ministry of Education (2013). *New Zealand education system overview*. http://www.minedu.govt.nz/NZEducation/EducationPolicies/InternationalEducation/ForInternationalStudentsAndParents/NZEdOverview.aspx （2013.12.16.）

中村浩子（2010）「ニュージーランドの教育制度における多様性と質保証」『比較教育学研究第41号』日本比較教育学会.

岡戸浩子（2009）「ニュージーランドにおける『英語以外の言語』教育——高校生と大学生の言語意識の視点から」『名城大学人文紀要第92集（45巻2号）』名城大学人文研究会.

Peddie, R. (1997). Why are we waiting? Languages policy development in New Zealand. Eggington, W., & Wren, H. (Ed.), *Language Policy*, 111-146. Canberra: Language Australia Ltd. John Benjamins Publishing Company.

Statistics New Zealand (2006). *2006 Census of population and dwellings.*

Statistics New Zealand (2013). *2013 Census usually resident population counts, Key facts.* http://www.stats.govt.nz/browse_for_stats/population/census_counts/2013CensusUsuallyResidentPopulationCounts_HOTP2013Census.aspx （2013.11.11）

コラム④

教育的熱意のバロメーター——学級規模から

　「経済大国」「教育大国」と呼ばれたわが国の教育関係予算が、それ相応に潤沢かと思いきや、OECDの30か国中でも最低（第30位）であることは「この国の教育的熱意——「まえがき」に代えて」でも触れた。

　教育予算と並んで、国の教育的熱意の何よりのバロメーターと考えられるのがクラス・サイズである。国によっては、クラス・サイズは志望校選択の重要な判断基準にさえなる。日本はまた、このクラス・サイズが大きい。2011年現在、OECDの25か国中、中学校のクラス・サイズは韓国を除けば日本が最大（第24位）である（表：*Education at a Glance 2013*）。

国名	フィンランド	フランス	ドイツ	日本	韓国	ルクセンブルク	イギリス	アメリカ	OECD平均
クラス・サイズ	20.3	24.7	24.6	32.7	34.0	19.7	19.5	23.2	23.3

　欧米の学校では、外国語の授業に限っては表のクラスをさらに細分することが多いから、いっそう日本のクラス・サイズの巨大さが理解されよう。

　クラス・サイズと教育効果の相関の大きさを示してよく知られるのがコロラド大学のジーン・V・グラスらのグラス・スミス曲線である。40人学級のクラス中位の成績の学習者を、20人学級に移して100時間の指導を行うと、元の40人学級の60％の学習者より高い成績をあげる。同じ学習者を5人学級に移して100時間の指導をすると、元の40人学級の80％の学習者を上回る成績をあげることが判明している。これは、少人数のクラスになると、教員の生徒指導がいかに行き届くかを明瞭に示すものである。

　1998年、米クリントン大統領が、アメリカの当時の初等教育の平均クラス・サイズ22人では教育は困難と考えて、18人以下に削減するという大英断を下した。アメリカの多くの州で、グラス・スミス説を支持する実証的研究の結果が実際に出ていたからである。

　ところが、わが国の公立義務教育学校の学級編成基準は、いまだに40人である。これでも教育は「やれば、できる」と首相演説は繰り返す。しかし、教員が本当に教育効果をあげることのできる基本的な教育環境を整備するために、わが首相にも、米大統領並みの国際感覚と教育的熱意は望めないものか。（大谷泰照）

6.

EUの言語教育政策を牽引する国

19　ドイツ …………………………… 杉谷眞佐子
20　フランス ………………………… 松浦京子
21　イタリア ………………………… 中村秩祥子

19　ドイツ

杉谷眞佐子

I　ドイツの概要と言語状況

　ドイツは、第2次大戦後1949年、旧西独（ドイツ連邦共和国）と旧東独（ドイツ民主共和国）に分断され建国されていたが、冷戦の終結とともに1990年、旧東独が旧西独へ吸収合併される形で統一され、16州から成る連邦国家となった。EUの主要国で、人口は8,200万人弱、加盟国内では最多のドイツ語の母語話者数を抱える国である。

　教育政策に関しては、第3帝国の画一的な教育政策への反省から戦後は各州に文部行政権が属し、学校制度、教科書検定、教員養成等は州により若干異なる。相互調整や改革を執り行うため定期的に「常設文部大臣会議」（以下略称のKMKを使用）が開催され、その決定事項には実質的に各州の文部行政の大枠を拘束する規定もある[1]。教員養成に関しても全州共通の枠組もあり、各州はその規定を基に法や省令を策定する。

　言語状況に関しては、北部にデンマーク語話者、東部にソルブ語話者を少数言語集団として擁しているが、基本的にドイツ語が使用され教育用語もドイツ語である。今日、言語問題として議論されるのは、移民労働者や難民の受け入れ政策と関連して「第2言語としてのドイツ語」教育やドイツ語以外の母語話者児童への言語教育保障などに関するテーマが多い。

II　学校教育の推移と現状

　ドイツは日本と同様第2次大戦後、連合国から教育改革を求められた国であるが、戦前の三分岐の複線型を継承した（図1参照）。しかしカリキュラム

や教育内容は戦後、特に社会民主党政権下の1970年代を通じ、歴史教育に代表されるように大きく変わっていった。複線型の制度は社会階層の形成に通じるところもあり、近年PISA等の学力テストを通じて明らかになった成績上位群と低位群の格差や、ドイツ語を母語としない生徒の学業成績の不振等が問題視されるなか、諸改革が進められている。

　大学への進学のためには、高等学校卒業資格（Abitur、アビトゥア、日本の大学入試に相当）を取得せねばならない。同試験の州間相違を問題視する立場からKMKは2016年以降「(ナショナル)スタンダード」に基づきドイツ語、数学、第1外国語（英語またはフランス語）の試験問題を全国的に標準化することで合意した。このような最近の改革の流れは、ヨーロッパ統合の深化とともに文部行政権の各州の独立性に対し、連邦次元での共通性が次第に強くなる傾向を窺わせる。

Ⅲ　学校教育制度

　ドイツの教育制度は既述のように、中等段階が三分岐の複線型である（図1参照）。

　小学校は4年制（州によっては6年制）で、中等段階は大きく3種に分岐する。それらは①「基幹学校」（5-6年制）：主として技能習得をめざし、修了後は現場研修の職業教育と週1-2日学校で一般教育を履修する「二元制教育」に入る、②「実科学校」(6年制)：主として事務系の職能習得を目指し「中級修了資格」取得後、専門単科大学やギムナジウム上級学年（後期課程）への進学も可能、③「ギムナジウム」(8-9年制)：アビトゥア取得を目指し総合大学への進学が可能、の3種である。中等段階への進学後2年間は観察期間である。義務教育は小学校1学年から中等段階前期課程の9-10学年までである。ギムナジウムの後期課程（8年制では10-12学年）は、将来の大学での専攻領域等を考慮した重点科目選択制で修了時にアビトゥアを受験する。後期課程まで担当する教員は、前期課程と異なった資格が必要で待遇も異なる（後述）。

　旧西独では1970年代、16歳での進路選択を可能とする「総合学校」（通常5－10学年）という新学校種が教育改革で導入され、社会民主党系の州では広

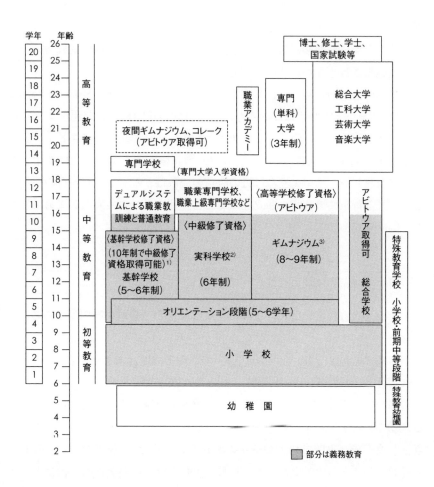

注
1) 基幹学校は9年制が原則。しかし10学年を義務とする州、10学年の成績次第では「中級修了資格」取得や条件を満たせばギムナジウム後期課程への編入可能な州もある。
2) 10学年修了時に「中級修了資格」取得。その後成績や2外国語条件を満たせば、ギムナジウム後期課程への編入が可能。
3) 旧西独州では2003年以降9年制から8年制（前期課程は9学年まで）へ移行中。しかし親の反対等で両者が混在する州や9年制へ戻した州もある。旧東独州は原則8年制。

図1 ドイツの学校教育制度
（KMK『ドイツの教育の基本構造』(2012) より杉谷眞佐子作成）

がりを見せた。総合学校には11－13学年の後期課程が存在し、アビトゥア取得が可能である。8年制ギムナジウムの前期課程は5－9学年であるが、総合学校は5－10学年で1年長い。総合学校の後期課程担当の教員はギムナジウムと同等の資格が要求される。

Ⅳ 教員養成制度

1．教員養成制度の概観――ボローニャ・プロセス以降の特徴

　ドイツの教員養成制度は、EUの統合の深化を象徴する1999年のボローニャ宣言の影響を受け大きく変化している。以下「ボローニャ以降」について述べるが、その改革の特徴は大きく2次に分けて考察できる。第1次はボローニャ・プロセスを受けての大学での履修課程や履修方式自体の改革で、学士・修士制度への移行である。全ての分野で初めて単位制が導入され、3年制の学士課程、2年制の修士課程、さらに博士課程（通常3-4年、欧州単位互換制度に入らない）が設置された。一般に専門課程の履修は修士号取得までを含むと見なされることが多く、学士号のみでの就職の機会は限定されているという。教員養成も学士・修士の2課程制への移行に合わせて、2段階方式へと改革された。学士課程では専門領域を中心に、修士課程では専門と共に教職に重要な教育学関連の諸科目の履修が多く組まれ、教職希望者は多くの州で「教育学修士」(Master of Education, M.Ed)の取得が必修となった。

　第2次の改革は、変化する社会、なかでもPISAの国際比較の結果などにみられた学力平均値の低さや成績上位群と下位群の大きな開きへの対応、移民受入れ社会への対応、より複雑になった学校での教育指導や担当教科の指導、社会で求められる能力の育成を前に教職の専門性の多様化・複雑化に対応するための新しいコンセプトに基づく改革である。その基盤には、KMKの「教育諸科学：教員養成のための「（ナショナル）スタンダード」[2]が象徴的に存在している。それは変化する社会の中で、多様化する生徒の学力指導や教育能力、学校運営や社会的責任への対応力を含んだ複合的な専門性の習得と自己啓発力や研究能力の育成を目標としており、KMKで合意され2004年12月公表された。同スタンダードでは後述のように教育実習が質量ともに

国家試験（旧第2次国家試験）		主要担当機関等
試補勤務	18か月（2015年から12か月へ移行予定）	実践教員養成センター＋受入校

修士課程	4学期（実習を含む）	
1) 専門2教科＋教科教育法 2) 学校種に対応した教育諸科学 3) 教育実習	・実習期間 1学期 「専門実習」	・大学（専門修士課程＋教員養成センター）＋実践教員養成センター＋受入校 ・(M.Ed) 旧第1次国家試験に対応

学士課程	6学期（実習を含む）	
1) 専門2教科＋教科教育法 2) 教育諸科学 3) a.教育実習、およびb.職業実習	実習期間 a.1か月「オリエンテーション教育実習」 b.3週間以上「職業実習」（学校での実習も可能）	・大学（専門学部＋教員養成センター）（＋実践教員養成センター＋受入校） ・学士資格取得後、教職以外の分野での就業や修士課程への進学は可能 ・教職の修士課程を続ける場合は改めてカウンセリング等を課す大学もある

| 「学校体験実習」（適性確認）
・教職希望者は全員必修 | 実習期間:20日（原則として大学入学前。遅くとも修士課程の専門実習前に実施） | ・実践教員養成センター
・ELISE（文部省：オンラインでの申し込み可能）
・出身校以外の初等・中等学校及び類似の教育機関 |

図2　全学校種の教員養成課程：構造と教育実習の概観（NW2009年改革）
二重線内は大学での養成課程（NRW：「2009年養成法」等から杉谷作成）

強化されている。ここには、学習という複雑な心理的過程について評価や学習診断までを含めた学際的な教授・学習の新しい科学的知見や理論を大学で学習すること、および学習したそのような知識を、授業実践の場での指導技法や技能、行動へ移す（手続的知識への移行）力の養成は、大学での学習、およびそれと密接に連動した現場実習というサイクルを繰り返して可能になるという構想がある。この構想はドイツのみならず、EU全体で重視されてきている考え方である。

　2004年M. Kelly他は *European Profile for Language Teacher Education* をEUの「教育・文化総局」に提出しているが、同書でも第1に、大学での理論学習と教育実習での実践が有機的に絡み合う教員養成カリキュラムの重要性が説かれ

ている[3]。ドイツでは各州で、上記の教育諸科学のスタンダードに基づき制度改革が行われた。大学では教員養成課程の主要担当機関として、学士・修士課程を通じて「教員養成センター」が新設・強化され、学部並みの権限と責任を持つことになった。図2は新養成課程の概略を示したものである。試補制度に関しては各地域の「実践的教員養成センター」（旧教員セミナー）が、受入れ校と協力し必要に応じて大学と連絡を取りながら理論と実践の教育を担うことになり、そのカリキュラムも拡充された。また試補になるための前提条件や修了時の能力到達分野と到達目標も明確にされた。第2次改革はドイツの各州で現在も続いており、州により今後も若干の変更があり得ることを予めお断りしておきたい。本章では以下、連邦16州の中で最大の人口を擁しボン、ケルン、デュッセルドルフなどの主要都市を抱えるノルトライン・ヴェストファーレン州（本稿ではNWと略記）の教員養成を中心にその特徴をみていく[4]。NWではKMKの2004年発表の上記スタンダードを受け、2009年教員養成法がさらに改革された。同州では①小学校課程、②前期中等課程（基幹学校、実科学校、総合学校は10学年まで）、③後期を含む中等課程（ギムナジウム、および総合学校後期課程）、④職業専門短期高等学校、⑤特別支援学校の5種の学校に合わせた教員が養成されている。既述のように中等段階の学校種は分かれており、①、②と③では養成条件・待遇は異なる。

2009年養成法は2009-2010年度、遅くとも2010-2011年度から大学での適用が定められている。新養成課程では修士修了試験が旧来の第1次国家試験に相当する。従って養成課程を設置する大学はそのカリキュラム内容等に関し、州政府と大学の専門家による外部評価を受け認定されねばならない。以下、中等段階の教員養成を中心にその特徴を具体的に見ていく。

2．「教員養成法」2009年改革の特徴

NWの2009年養成法の大きな特徴は次の2点にある。第1は上記の①から⑤までの教員の養成期間が同一の5年になったことである。すなわち小学校からギムナジウムまで、教員免許取得のためには3年の学士課程、2年の修士課程、18か月の試補勤務と国家試験が求められるようになった。大学課程での教育実習の強化に伴い、試補期間は短縮され、2011年からは18か月、

2015年から12か月となる予定である。

　第2は教育実習とも関わり、適性診断実習が導入されたことである。EUは欧州評議会（Council of Europe）と協力してオンライン上で適性を判断するためのツールとして「教職キャリアの紹介と自己診断リスト」を提供し、ドイツの各州文部省は適性診断の第1段階としてその利用を勧めている。KMKは大学での養成課程に関する2013年3月7日付の勧告で「教員という職業に要求される諸能力を、教職を目指す学生たちは過小評価することがある。その結果、教職課程の履修が進んだ段階になって初めて『果たして自分は教職に向いているだろうか？』と自問する人も出てくる」と述べ、変化する社会で複雑化する教職への認識を深め、早い段階で教員の世界を経験し、経験者との懇談を通じ適性を熟慮・判断する必要性を強調している。

　適性診断に始まる教育実習全体を通じて、教員としての成長や課題を記録し、継続的に職業人としての専門能力を自律的に開発するツールとして「教職ポートフォリオ」の活用がKMKから提示されたが、NWはその作成を2009年養成法で必修とした。

　次に図2の各教育実習の目標と特徴について述べる。NW文部省は養成課程を構成する各教育実習の意義を、2010年7月14日付『適性を考えるための教育実習——教職志望の学生たちへ』の中で次のように説明している[5]。

　まず「学校体験実習」は志望学生がなるべく入学前に、指導教員の助手として教師の観点から学校生活を20日間体験し、自己の適性を考えることを目標とする。日本と異なり出身校での実習は禁止されており、NW文部省は"ELISE"（「教職への適性を試す」の略語）というポータルサイトを運営、さらに各地区の「実践的教員養成センター」が協力するなどして受入れ先を見つける。公立学校は全て「実習校」とみなされ、専任教員数に応じて実習生を受け入れねばならない。

　学部課程の「オリエンテーション実習」は教職志望の学生が専門教科や教科教育法を受講しつつ、教員養成センターで教育諸科学を履修し、希望する教科・学校種で1か月間行う実習である。学士課程では他に3週間以上の「職業研修」もあり、学校のみならず青少年センターなどの関連機関、あるいは企業等での研修も可能で、自己の適性や進路を検討することが目的である。

修士課程の「専門実習」は、志望学校種や担当教科を特定した学生が1学期間（5か月）行う実習で、実習終了時に大学教員の試験・面談を受け職能適性を再考・確認し、修士修了試験（旧第1次国家試験）を受ける。
　修士修了試験後、試補勤務に入る。大学ではなく地域の「実践的教員養成センター」に所属し、受入れ校との協力による指導のもと18か月の勤務を行う。その後、あるいはその間に国家試験（旧第2次国家試験）を受験する。試補勤務に入るためには外国語条件があり、全学校種・外国語以外の全教科対象に（大学入学要件と同様の）2外国語の運用能力（第1外国語－NWは英語－B2、第2外国語B1）が、外国語担当の場合はC1〜C2が要求される。またギムナジウムおよび総合学校後期課程で担当教科が英語、フランス語、歴史、イタリア語、スペイン語等の場合はラテン語能力証明も求められる。教科「外国語」に含まれる言語は上記の英語、フランス語、スペイン語以外、前期課程でオランダ語、ロシア語、トルコ語、後期課程ではさらにイタリア語、日本語、中国語が含まれ、各言語の教員養成カリキュラムも策定され養成課程も開設された[6]。
　試補期間後の国家試験は、勤務中の教育実習等の評価、授業計画と長期にわたる授業実践に基づく報告を含む論文、試験官による授業評価、諮問委員会のコロキウムの3部から構成され合格すれば免許取得となる。実際の採用は教科の必要度、成績、希望の勤務地、待ち期間等を考慮して決定される。教科の需給に関する情報は重要で、NW文部省は『教員需要度の展望』を定期的に公開し、教員志望学生の判断材料に供している。そこにはたとえば同一の教科でも学校種により将来の需要が異なる事情も紹介されており、2教科の組合せ（後述）を考える際の重要な判断材料となり得る。

3．大学での教員養成カリキュラムの構成
　NW文部省の2008年6月発表の教員養成課程の履修要綱には次のようにある。小学校では「言語教育基礎領域」「数学教育基礎領域」が必修、第3の選択必修分野は英語、理科・社会、教科教育法の深化の3分野から選択する。さらに教育学関連科目、教育実習、学士・修士論文を併せて履修し、総単位数は300単位である（表参照）。

表 学士課程（3年間）/修士課程（2年間）で習得すべき標準単位数[7]

	基幹学校、実科学校、総合学校前期課程	ギムナジウム、後期課程を含む総合学校
第1教科（教科教育法を含む）	80（学士課程59/修士課程22）単位	100（70/30）
第2教科（同上）	80（59/22）	100（70/30）
教育学関連	青少年心理学、社会化論、職業選択指導、経済生活論、ソーシャルワーク、オリエンテーション実習等を含む：81（50/30）	研究方法論、専門基礎領域、オリエンテーション実習等を含む：41（28/14）
「第2言語としてのドイツ語」	6（0/6）	6（0/6）
専門教育実習	25（0/25）	25（0/25）
学士論文及び修士論文	28（12/15）	28（12/15）
総単位数	300（180/120）	300（180/120）

　表が示すように、ドイツやオーストリアなどドイツ語圏の中等教育段階の全学校種では、伝統的に2教科（以上）の免許取得が求められている。この2教科養成制度は現在も継承されており、たとえば歴史をドイツ語と英語で教えるCLIL（内容言語統合型学習）などでその強みを発揮している。

　教育学関連の科目は従来の教育学に心理学や社会学の領域を強化した領域で、前期課程では青少年心理学や社会化論、職業選択指導等に、後期課程ではさらに専門の学術分野への導入等にその特色がみられる。2009年改革では全教科・全学校種対象に「第2言語としてのドイツ語」の6単位が必修化された。学習言語としてのドイツ語運用への専門的な洞察力・対応力が、中等段階の教員にも求められている。

4．教員の待遇・勤務条件等

　ドイツの教員は通常「州公務員」である。連邦統計局によると、2013年のサービス産業全体の税込月収の平均3,665ユーロに対し、教育分野は4,072ユーロである。前期と後期の中等段階では養成内容や公務員としての階層が異なり、後者の場合の平均月収は大学教員に近い。試補勤務はいわば「有期」の扱いでNWの月収は前期課程1,187ユーロ、後期課程1,252ユーロで、

それぞれに扶養手当、児童手当がつく[8]。

1教師に対する生徒数の割合は2005年の統計では小学校18.8人、前期中等段階15.5人、後期中等段階14.3人である[9]。週の勤務時間は平均26授業時数で1時数は45分である。傾向として小学校は28時数、ギムナジウムは25.5時数、基幹学校や実科学校はその間に位置する。

5．外国語教員養成の特徴

以上ドイツの教員養成全体を見てきたが、最後に外国語教育とその教員養成の特徴を概観する。NWでは小学校4年間を通じて第1外国語（同州では英語）が学習される。既述のように2009年改革で初等教育の英語担当教員の養成方法も規定された。中等段階の8年制ギムナジウムでは5学年から第2外国語が、文系では6または7学年から第3外国語が開始され、何れも前期課程修了の9学年まで履修される。10学年からは後期課程で初年度は「導入課程」、11–12学年は「深化課程」と称され英語はCLILが主流になる傾向である。文系では2外国語が後期課程修了まで必修で、さらに第3、第4外国語の選択や継続学習も可能である。

KMKは全国共通の『教員養成における専門科目と教科教育法の内容に関する要求水準』を2008年に発表した[10]。NWもそれに準じ「現代語」に関しては①言語運用力、②言語学、③文学、④文化学、⑤教科教育法の5分野にわたり習得すべき知識・能力が学校種別に挙げられている。たとえば①では社会文化的な適切性、テクストタイプに応じた受容や産出能力など、④では異文化理解研究の主要な理論と方法論、目標文化圏の社会文化事情（ランデスクンデ）、インターネットからの情報分析等が前期課程の教員に求められている。後期課程では各専門領域の深化や歴史的側面の学習が課題である。⑤は前・後期共通で言語学習理論および言語習得理論、言語習得の個人的要因、コミュニカティブな外国語教授法と指導法や評価方法、理論に基づく教材分析、言語学習と異文化学習、目標言語が有する個別の学習困難性とその対応方法、CLILの指導法などが学習対象である。また2009年養成法は、3か月以上の専攻言語圏滞在を明記している。試補勤務では専門教科に関し自律的な教授（行動）能力を習得することや学校運営・業務へ参加能力が求め

られる[11]。

V　日本の外国語教員養成への示唆

　社会の変化と共に学習者や学習内容も変化し、教員に求められる能力も変化する。ドイツのNWでは2009年改革により初等・中等教育の全教員に5年間の学士・修士課程と18（2015年より12）か月の試補勤務という養成課程が確立され、その基盤には教育学、心理学、社会学など、学校の社会的機能を把握し、教授・学習過程に関する教育科学諸研究の専門的知見を取り入れ、自律して行動できる能力が必要であるという認識や、各教科内容と教科教育法に関する比較的詳細な諸規定の制定がみられた。また中等段階の全教科で「第2言語としてのドイツ語」の履修が必修化された。グローバル化の時代教員養成の質向上、および教員個々人の自律的な自己啓発能力の育成を通じて様々な背景を持つ生徒全体の学力向上を目指す方針が見えてくる。

　理論と実践を有機的に結ぶ大学の養成課程は重要で、紙幅の関係で詳述できなかったが、修士修了時に習得すべき能力はCan-Do項目により規定されている。大学のカリキュラムは教育諸科学や専門領域の要請と並び、KMKの規定に基づく各州の諸基準も満たさねばならず、その適切性に関して大学および州政府合同のピアレヴューを受けねばならない。他方でこのような交流を通じて行政の一方的な介入ではなく、「教職の専門性」に対する理解の深まりやその結果が、諸法規に反映されるという関係も窺える。日本でも類似の機関はあるが教育諸科学、教科教育法の専門性が行政に認知され、教員養成諸規定に反映されているのだろうか。外国語はグローバル化が進む社会で重要な教科であるが、教員養成カリキュラムは、異文化間行動力育成などの目標に応じたものであろうか。KMKの現代語に関する『専門教科と教科教育法に関する要求水準』にみられるプロフィールは既述のように、外国語運用力、言語学、文学、文化学、教科教育法と5分野から構成されており、言語学の応用や言語スキルの育成のみが外国語教育であるという認識ではない。ここには外国語でのコミュニケーション能力の捉え方の相違がみられる。

　ドイツの試みが今後どのように展開するかを見るには時間が必要だ。しか

し社会の変化と共に複雑化する教職の専門性を分析し、包括的な教育諸科学と教科教育法および教育実習を重視した専門能力の育成を目指す教員養成は注目に値する試みであると思われる。

注
1 杉谷眞佐子（2004）「ドイツ」国立教育政策研究所編『外国語のカリキュラムの改善に関する研究――諸外国の動向』pp.71-103.
2 KMK: *Standards für die Lehrerbildung: Bildungswissenschaften; Schule NRW.* Jan. 2013. (Amtsblatt des Ministeriums für Schule und Weiterbildung des Landes NRW).
3 M. Kelly/ M. Grenfell (2004). *European Profile for Language Teacher Education. A Frame of Reference.* および *Europäisches Profil für die Aus- und Weiterbildung von Sprachenlehrkräften: ein Referenzrahmen. Endbericht.* EU (Education and Culture).
4 Ministerium für Schule und Weiterbildung des NW (Ed.). *Gesetz über die Ausbildung für Lehrämter an öffentlichen Schulen, Nordrhein-Westfalen, vom 12. Mai 2009, geändert durch Gesetz vom 13.November 2012)* (2009年養成法) 同州文部省の文献に関してはMSW-NWと略記。
5 MSW-NW (2010). *Informationen für Lehrerinnen und Lehrer der Zukunft. Das Eignungspraktikum. Das erste Praxiselement der Lehrerausbildung nach dem Lehrerausbildungsgesetz vom 12. Mai 2009,* およびhttp://www.schulministerium. nrw.de/docs/ LehrkraftNRW/Lehramtsstudium / Reform-der-Lehrerausbildung/Wege-der-Reform/Endfassung_Rahmenkonzept_Praxissemester_14042010.pdf. (2014.04.11) 等参照。
6 http://www.schulministerium.nrw.de/docs/Recht/LAusbildung/Studium/Regelungen-Lehramtsstudium/LZV180609.pdf等参照 (2013.12.10)
7 http://www.schulministerium.nrw.de/docs/LehrkraftNRW/Lehramtsstudium/Reform-der-Lehrerausbildung/Reform/Leistungspunkte.pdf (2013.12.30) (　) 内はケルン大学の具体化例。移行期、あるいは特色を出す理由などから、各領域や課程の単位配分は大学により若干異なる。http://verwaltung.uni-koeln.de/abteilung21/content/studienangebot/studiengaenge_u__abschluesse/lehramtsstudiengaenge_bachelor_master/index_ger.html (2014.12.20)
8 https://www.destatis.de/DE/Publikationen/StatistischesJahrbuch/StatistischesJahrbuch2013.pdf?__blob=publicationFile等参照 (2013.12.10).
9 Bundesministerium für Bildung und Forschung, Berlin (2008) Grund- und Strukturdaten 2007/2008. Daten zur Bildung in Deutschland.p.60等参照。
10 http://www.kmk.org/fileadmin/veroeffentlichungen_beschluesse/2008/2008_10_16-Fachprofile-Lehrerbildungb.pdf (2013.12.10)
11 Saßnick-Lotsch, W., 吉島茂訳（2015）「ドイツの教員養成の変化」吉島茂編著『外国語教育VII――グローカル時代の外国語教育』東京：朝日出版社、pp. 137-152.

20　フランス

松浦京子

はじめに

　フランスの教育政策は、軽快でお洒落な国というイメージとは異なり、歴史的な積み重ねと検証を重視した長期計画のもとに綿密に進められる重厚なものである。また、ここ20年の間に、国内のみを見据えたものから、欧州の一員としての立場のものに質的に変化した。外国語教育が「母語＋2言語」の複言語主義へ転換する出発点となったのは、1989年のジョスパン法であったが、欧州評議会（Council of Europe）の提案を法的に取り入れた2005年のフィヨン法によって、その流れは決定的になった。また、初等教育から高等教育、外国語教育、そして教員養成のシステムへと段階を踏みながら改革を進めている。本稿のテーマである教員養成制度については、まさに改革の最中にあり刻一刻と様相が変わるといっても過言ではない。現在フランスには、20年前とは異なる新しい教育体制が生まれようとしている。

I　フランスの概要と言語状況

　フランスは、西ヨーロッパ最大の国土をもち、海外4県と合わせて人口6,540万人（2012年）が住む国である。ここ30年でフランスの人口は1,000万人増加した。特徴的なことは、先進国の中でも飛びぬけて高い出生率による子どもの数の増加であろう。合計特殊出生率は2011年から4年連続で2.0を上回っている。一方で、フランスの伝統的な結婚率は欧州で最も低いが、家族の形態を問わない積極的な子ども養育支援策に支えられているフランスの例外的な子どもの数の増加は、少子化に悩む各国からも注目されている。

言語に目を向けると、フランス国土の大部分は、古くはケルト系の民族が住む土地であり、多くの地域語が存在する土地であった。古代ローマ軍による支配ののちは、長くラテン語が司法行政・教育用語として使用されていたが、1539年の『ヴィレル・コトレの勅令』によって、パリ周辺の少数者の言語であったフランス語が、ラテン語に代わり公式に採用された。しかしフランス語の普及は容易ではなく、1789年の革命時でさえ、フランス語をまともに話せるのは人口の半分程度であったと言われている。結局この言語の全土的普及は、徴兵制と教育制度の整備を待たねばならず、それは20世紀初頭のことであった。つまり歴史的にみると、フランス語は、その普及のために統制し保護しなければならない言語であった。1992年、マーストリヒト条約の発効をにらみ、憲法への追加条項としてフランス語を「国家の言語」として明記したのは、現在も複数の地域語が存在するフランスにおいては、共和国をまとめる言語としてのフランス語の地位を法的にも明確にしておく必要があったからではないだろうか。事実、地域語については、1999年の国勢調査によれば、アルザス語54万5,000人など、他にもかなりの話者数が報告されているにもかかわらず、1992年の「欧州地域語・少数語憲章」には調印したものの批准を見送った。結局2008年、憲法への追加条項にて、地域語を「フランスの文化遺産」とすることで収拾を図っている。

Ⅱ　フランスの学校教育

1．教育行政・教育の原則

　「一般行政とは異なった教育行政の指揮系統が存在すること、中央集権型的色彩が強いこと」（フランス教師教育研究会, 2004）がフランスの教育行政の特徴である。フランスには地方行政区とは別に、数県からなる26の「大学区」と呼ばれる教育行政区がある。しかし、保育学校から高等学校までの初・中等教育課程においては、教員の採用からカリキュラム等教育課程全般に至るまで全てを中央官庁である教育省が統括している。

　教育の原則については、1881～82年の教育法以来の「公教育の無償」「教育の義務」「ライシテ」が基本にある。「公教育の無償」は、義務教育のみなら

ず、保育学校から大学までが対象となっており、学習教材費購入の補助も行っている。教育関連費は一般予算歳出総額の約25％（2014年）にもなる。「義務教育」は、6歳から16歳までの年齢制であるが、どの学習課程でも留年や飛び級を認めているため、年齢が必ずしも教育課程に一致するとは限らない。「ライシテ」は、「非宗教性」などと訳され、歴史的にはカトリック教会権力の教育への干渉を排除し、代わりに宗教活動の自由を保障することから始まった。憲法にある共和国の定義の1つでもあり、教育においても重要な概念である。

2．初・中等教育課程——保育学校から高等学校まで

　フランスの初等教育には保育学校教育も含まれている。義務教育は小学校課程からであるが、就学前教育が始まる3歳児以降の就学率はほぼ100％である。小学校は5年制で、前半の2年間と後半の3年間の学習期別にカリキュラムが組まれている。最重要科目はフランス語と算数であり、この2科目については、学習期修了学年毎に到達度を判定する全国試験が行われている。小学校から外国語教育が始まっているとはいえ、フランス語の授業時間数は週10時間が確保され、「正しいフランス語の習得」が最大の教育目標である。

　中学校教育は、通常11歳～15歳までを対象とした4年制教育である。教科指導だけでなく2年次からは、社会や将来の職業を意識した職業教育指導も始まる。中学校課程修了に際しては、2005年度から「前期中等教育修了国家免状」（DNB）の取得が義務となったが、高校進学に際しては、伝統的に試験は行われず、話し合いによって進路が決まる。

　高等学校（リセ）は、通常15歳～18歳の生徒が対象の3年制後期中等教育校である。リセには、普通科高校にあたる「普通科リセ」、工業技術または音楽・舞踏の専門技術を学ぶ「技術リセ」、職業訓練を受ける「職業リセ」の3種があり、全て高校卒業資格にあたるバカロレア取得を目指す。2年制の職業リセのみ「職業適任証（CAP）」取得が目標である。

　高校卒業資格試験である「バカロレア」には、それぞれのリセに対応する「一般バカロレア」「技術バカロレア」「職業バカロレア」があり、「一般バカロレア」は、さらに理数系・経済系・文学系に分かれる。同世代のバカロレ

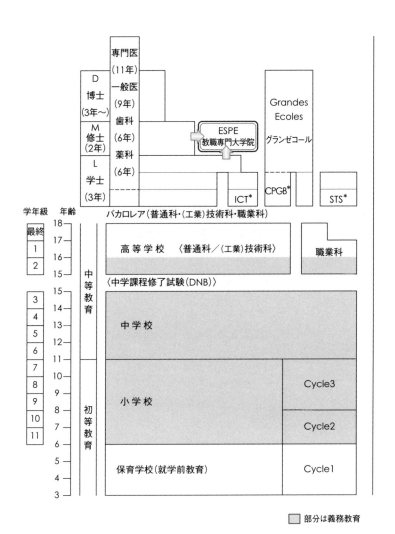

図1　フランスの学校教育制度
（フランス大使館資料に基づき松浦京子作成）

ア取得率は、2011年度に71.6％と大幅に向上し、目標の80％に近づいた。受験者比率は、「一般」約50％、「職業」約30％、「技術」約20％となっており、一般バカロレア取得者のほぼ全員、技術バカロレア取得者の約80％が大学に進学する。フランスでは、このバカロレア取得が一つの教育的ステータスであり、教育水準として重要な意味を持っている。

3．高等教育課程

高等教育においては「機会の平等という問題は常に重視され、フランスの歴代政権は良質の高等教育にアクセスする可能性をすべての人に付与するという配慮を最優先してきた」(フランス大使館資料2012) という伝統から、入試を行う医学・薬学系を除き、一般大学にはバカロレアの資格で入学許可がおりる。しかし一方で、準備級を経て選抜国家試験を突破した学生のみに入学が認められるグランゼコールが存在し、現実的にはフランスの高等教育は「二元的制度を取っている」(上記資料) ことがその特徴ともいえる。グランゼコールは高度専門教育を行う機関であり、その出身者には国家の要職を務める者も多い。一般大学については、ボローニャ・プロセスの合意に基づき、2002年に学士課程（Licence）3年、 修士課程（Master）2年、 博士課程（Doctorat）3年というEU共通のLMDシステムに移行している。

4．フランスの外国語教育

2005年の教育基本法（フィヨン法）によって、フランスの外国語教育には大きな変化がもたらされた。「少なくとも2つの外国語を使えるようになること」が目標に定められ、欧州評議会の『欧州言語共通参照枠』(CEFR) がフランスの外国語教育の基準として法的にも適用された。

必修科目としての外国語学習は、現在、小学校2年次から週1.5時間始まっている。ただし、1.5時間を一度に行うのではなく、30分×週3日など、外国語に触れる日数を増やす工夫をしている。また小学校入学年次から、外国語・文化への興味関心を「喚起する学習」を設定している学校も多い。言語は英語、ドイツ語、スペイン語を始めとする9外国語と、いくつかの地域語から選択できるが、2012年時の調査では93〜95％が英語学習者である。小

学校では「聞く」「話す」力の習得に重点が置かれ、IT機器を使用した活動も広く取り入れられており、最終学年で全国テストが実施されている。到達目標はCEFRのA1レベルである。外国語の授業は基本的に担任が担当するが、外部講師や中学校教員が教える場合もある。

中学校では、小学校からの継続教育が重視され、第1外国語については小学校で学習した外国語を引き続き学習する。中学3年目からは、第2外国語が週3時間必修科目として始まる。第1外国語では英語選択者が圧倒的多数を占め、第2外国語では6割強ほどがスペイン語を選ぶ。中学修了時には、第1または第2外国語のどちらかでB1レベルに達することを目標としている。

高校課程に進むと、第1・第2外国語は必修で、コースによっては第3外国語を選択する。バカロレアの外国語試験ではどの外国語を選んでもよいが、合格にはB2レベル以上の能力が必要である。文学バカロレアの第1外国語の領域によってはC1レベルが必要である。高校課程での外国語の授業は、学年を超えた言語技能ごとの能力別編成が基本で、読み書きに加えて、話す力の養成に力点が置かれている。バカロレアにも2013年から「話す」能力を測る試験が加わった。バカロレアの必修外国語試験には30の言語種、選択外国語試験では50の言語種があり、2013年の報告書によれば、必修外国語試験では22種の外国語、選択科目としての外国語試験では25外国語、8地域語の試験が行われた。英語優位ではあるが、言語選択に多様性が認められる。

さらにフランスは、正規の課程に加え、課外プログラムの運営に乗り出している。2008年度以降、小・中学校においてはスポーツ・芸術、困難な教科への学習支援などに加え、外国語、特に英語を話すための課外プログラムも希望者対象に無料で開かれるようになった。2時間程度の活動が週4日ほど行われ、2010年度の報告では、このような課外プログラム参加生徒の約7％が外国語活動を選んでいる。高校生には、長期休暇中に、毎日3時間程度を5日間連続で行う無料の集中プログラムが提供されている。学年を超えた能力別のグループ編成によるコミュニケーション力を強化のための活動が中心である。

Ⅲ　フランスの教員養成

1．フランスの教員資格試験

　フランスの教員資格には、保育学校から小学校課程までを教える初等教育教員資格、中学・高校課程を教える一般中等教育教員資格、および上級中等教員資格（アグレジェ）の3種がある。一般中等教育教員資格には、普通科校以外に、特別支援教育校、職業課程など校種別に複数あり資格試験も異なる。いずれにしても教員資格を得るには国家試験に合格する必要があり、資格試験は採用試験を兼ねるものでもある。試験の形態は、1次試験（筆記試験）と2次試験（口頭試問）を行う2段階選抜方式である。なお、2010年度より教職志望者には、全て修士号の取得が義務付けられた。

1）初等教員資格試験

　担任が全教科を教えるのが基本であるため、資格試験もそれに対応した形になっている。外国語試験は2006年～2009年まで資格試験の一部として実施されたが、2010年からは外国語に関する能力証明書を事前に提出する形式に変更された。2010年当初は、C1レベル取得が義務とされていたが、高すぎるのとの批判が相次いだためか、2012年にB2レベルに変更された。

2）一般中等教員資格試験

　専門教科ごとに資格試験が実施される。外国語能力については、全ての中等教育教員志望者にB2レベル以上の外国語能力の証明を義務づけている。外国語教員志望者に対しては、国家試験が相応のレベルを要求しているためその限りではない。普通科高校の英語教員資格CAPESの試験内容を例にとると、一次試験が英文学や文化文明論に関する論文試験（英語）と翻訳試験（英仏・仏英）、二次試験が中等教育の学習指導等について（英語、仏語）、学習者が書いた答案等についての試問（仏語）、学校教育に関するビデオ映像を見ての試問（英語）などである。

3）上級中等教員資格試験

　アグレジェになるための国家試験は、他の2つの資格試験とはかなり性格を異にし、修士号取得後に国家試験を受験する。後述するESPEなどの教職専門課程では、アグレジェの養成は領域外である。国家試験は論文試験と口頭試問という伝統的な形式を長く保ち、他の2つの教員資格試験がこれに倣う形で改訂されてきた。試験の出題範囲については、毎年要綱にて事前に準備すべき分野が詳細に設定され、高度な専門試験として位置づけられている。アグレジェは一般中等教員と比べ、担当時間数も少なく給与面でも優遇される。教えることのできる教育機関は、中等教育校に限らず、グランゼコール準備級や短期大学、または大学で教鞭を取ることも可能である。教職以外の就職にも有利な条件となり、上級職タイトルとしての性格が強い。

2．フランスの教員養成機関

1）IUFM（Institute Universaire de Formation de Maître）

　現在に至る流れを捉えるため、教員養成高等教育機関IUFM設立時の状況とその役割から述べたい。IUFMは、ジョスパン法によって1991年に組織化された、学部を修了した学生を対象とした2年制の教員養成研修機関である。ただし、大学院レベルの位置づけながら修士号は授与されず、いわゆる修士課程に相当するものではない。設立の目的は、複線化していた初等教育教員と中等教育教員の養成課程を一元化することにあった。それまでの初等教育教員養成は大学とは別系統の師範学校で行われ、中等教育教員とは給与などの待遇や社会的地位が大きく異なり、それが社会問題化していたからである。初等教育教員の資質、地位、待遇を中等教育教員と同等にまで引き上げることは社会的急務であった。

　IUFMにおける研修は、主に国家試験の準備と現場実習である。また設立当初の目的に加え、学力格差や校内暴力などの現代教育が抱える諸課題に対処できる人材養成、変化する教育環境や情報化への対応、IT技術の授業への活用などが重点化された目標であった。アグレジェも、中等教育校で教鞭をとることを志望する場合は、国家試験合格後、2年目から研修に参加することが義務付けられていた。基本的なカリキュラムは全て教育省によって決

定され、大学区ごとに、区域内の大学と連携しながら具体的なプログラムを提供してきたが、2012年度でIUFMは組織としての幕を閉じ、その役割をESPEに引き継いだ。

2) ESPE（École Supérieure du Professorat de l'Éducation）

　ESPEは、2013年9月にスタートしたばかりの教職専門大学院である。IUFMと似た仕組みだが、幾つか大きな違いがある。ESPEも同じく各大学区に1つ設置されているが、教職課程の大学院プログラムを持つ複数の大学組織の集合体であり、国家資格となる教育修士号MEEFが取得できる。教授陣には大学関係者だけでなく、教育行政や初等・各種中等学校など各方面からの講師が含まれ、教育全般における現状や課題を多角的に学ぶことができる。プログラムの一部は、大学院の2年間を通して共通であり、志望する教員資格に関わらず、全ての学生が保育学校から高校までの教育課程全般を学ぶことも特徴の一つである。また、教員養成以外の専門領域もあり、教員以外の教育分野の専門家の養成も行う他、現職教員への研修も提供する。教育実習には3種類の形態があり、修士課程1年次前期に「観察実習」を2週間、後期に「指導者付実習」を4週間行う。国家試験合格後の修士課程2年次には、研修中の現職教員の交代要員などとして実質的な形態で行う「責任実習」と呼ばれる単独現場実習がある。

　修士課程MEEF入学から、国家試験、採用までの流れは、図2のようになっている。ただし、教職以外の専門領域はこの図から省略した。2015年度から国家試験の受験形態が変わり、修士課程1年次に1次試験と2次試験の両方の受験を終える。修士2年には国家試験合格者のみ進級できる。また修士2年目になると学生であると同時に国家公務員研修生の肩書きが与えられ、フルタイムの給与が支払われる。プログラムは、半日は現場での「責任実習」、半日は大学院での研修を行う交代制となる。修士課程修了後正式採用されるためには、ESPEでの成績、教育実習成績、実習に関する論文の3点の審査が必要であり、審査成績によっては採用が見送られることがある。

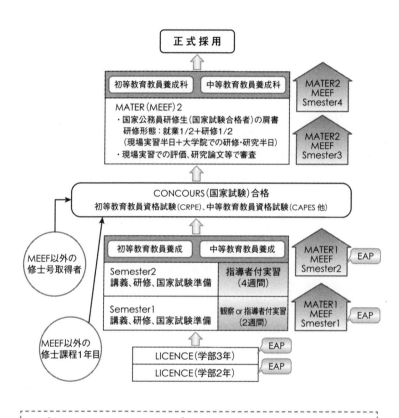

図2　ESPEにおける教育修士課程（MEEF）と採用までの流れ
（フランス大使館資料に基づき松浦京子作成）

3．大学及び大学院での専門教育

　外国語専攻の学部課程は、基本的に2外国語を同時専攻しビジネス系に進む学生を想定した「応用外国語（LEA）」課程と、外国語研究者、通訳士などの語学専門家、外国語教員志望者を想定した「外国語・文学・文明論（LLCE）」課程がある。LLCEでは学部名の通り、言語・文学・文化文明論の3分野を学ぶ構成になっており、外国語専門家としての能力養成を図る。外国語運用能力については、とりわけ「書く」「話す」力の養成を重点的に行う。専門外国語を母語とする国・地域での研修・留学を支えるプログラムも充実している。

　大学院課程では、2013年度現在、LLCEに続く外国語専門修士課程として、多くの大学が研究職のためのコースと教職を目指すコースを並列して置いている。教職を目指す場合、1年次は研究修士と同じ共通科目を学び、2年次に国家試験対策や教育実習を含むプログラムを選択することが多い。しかし2015年度からは国家試験が修士1年目に終了する形態に変更されるため、2014年度入学生からは、教職志望者は全てESPEの教職専門修士課程に統合し、研究修士に入学した場合でも、国家試験に合格すれば、その後は自動的にESPEの提供するMEEFの2年目の課程に所属に変更されることになるようだ。

おわりに

　フランスと日本は政治体制も、とりまく社会の様相も大きく異なる。比較は容易ではないが、まとめとして日本と異なる特徴的なことをいくつか挙げておきたい。

　まず、外国語教員がどのような知識体系や技能を持つべきなのかという点から述べたいと思う。特徴的だと思われることは、フランスでは、外国語の専門家は、同時に当該言語地域圏の専門家でもあるべきだという考え方である。たとえば英語は、あくまで隣国である英国または米国の言語であり、英語教員になるためには、この2国の地理、歴史、政治等についての幅広い知識、著名な文学作品や演劇、映画などについての深い教養を持つことが求め

られ、国家試験にもそうした内容が明確に反映されている。また、国家試験ではこのような背景知識や言語知識・教授法等について、専門外国語で論述する能力が試される。フランスの国家試験は数日かけて行われるのが普通であり、教員資格試験も1次試験では4〜6時間という論文試験が課せられる。2次試験は口頭試問である。つまり、外国語教員が持つべき語学力は、相応に高いレベルである。文学バカロレアの一部がすでにC1レベルであることから、教員としてそれ以上の能力を持つことは当然であろう。つまり、外国語教員が専門外国語を流暢に話せない、書けないなどという事態は想定外であり、そもそもそのようなレベルであれば、国家試験に合格できない。

　次に、どの大学区においても同じシステムが機能し、養成プログラムの基本的な構成が変わらないという点が特徴として挙げられる。もちろん枠組みは同じでも、個々の講義や授業内容は弾力的に運営されている可能性は高いが、外国語教員資格を持つものは、外国語能力はもちろんのこと、教授法や授業運営に関する技術、フランスの外国語教育の目標や目的などにおいて共有できる基盤を持っているという前提が成り立つ。つまり、教員の個性の違いはあろうが、日日の指導において方向性を共有した指導が行いやすいのではないだろうか。

　さらに、フランスの教育政策における改革は、20年の時をまたいでいるが、時々に修正が加えられているにしても、めざす方向がぶれることがない。欧州全体の発展を見据えたEUの共通目標や長年にわたる学問的検証などが基礎となっている綿密な長期計画については、政権が交代しても計画が生まれた背景や歴史をないがしろにせず、改革案の背景にある哲学を引き継いでいるように見える。時々のトレンドに左右されず、1つ1つを法律や条例で規定していき、根拠を与えるのもフランス的である。なぜ外国語を学ぶのかという大義を、EUとしての共通目標に立ち返らせることができるもの大きな利点であろう。

　フランスにおける制度改革については、構造的な着手の方向性が何よりの強みであるように思う。また外国語教育や各教育課程における改革は社会の要請でもある一方、長年に渡る学問的成果と検証を重視した改革でもある。日本でも、外国語教育に関連する諸問題に取り組むのならば、日本の外国語

教育全般を見渡し、綿密な調査・研究と長期的視野に基づいた全体計画の中で行われるべきであろう。

主な参考資料

フランス教師教育研究会(2004)『フランスの教員と教員養成制度Q&A(改訂版)』(3月)
フランス大使館資料(2012)「フランス基礎知識」「フランスの高等教育制度」 http://www.ambafrance-jp.org/ (2013.12)
松浦京子(2010)「フランス」『EUの言語教育政策』くろしお出版
松浦京子(2011)「4日制のフランスの小学校」『小学校の英語教育』明石書店
文部科学省(2011)「フランス」『諸外国の教育動向』文部科学省生涯学習政策局調査企画課編
INSEE http://www.insee.fr/fr/ (2014.1)
Legifrance.gouv.fr http://www.legifrance.gouv.fr/ (2014.1)
Arrêté du 31 mai 2010 fixant les titres, certificats, attestations ou qualifications équivalement attestant des compétences en langues de l'enseignement supérieur Ministère de l'Éducation Nationale http://www.education.gouv.fr/ (2013.12)
"Lancement des Écoles supérieures du professorat et de l'éducation"
"L'enseignement des langues vivantes étrangères dans le système scolaire français" Portail des IUFM http://www.iufm.fr/ (2013.8)

21 イタリア

中村秩祥子

I　イタリアの概要と言語状況

1．国の概要

　イタリア（正式名：イタリア共和国）は総面積が日本の約5分の4にあたる約30万km²で、長靴型でなじみのあるイタリア半島とそのつけ根にあたる北部のフランス、スイス、オーストリア、スロベニアに接した部分と地中海上のサルデーニャ島やシチリア島などから成る。総人口約5,900万人で、その約80％がカトリック教徒である（外務省2014）。国内総生産（GDP）は世界第9位で、EU域内では第3位に位置する。共和制国家であり、行政は首相と内閣が統括する。首相は1～2年ぐらいの期間で交代することが続いており、政権交代ごとに教育改革の関連法律の施行が何度も覆されて一向に進展しない状況が続いた。しかし、ここ10年はEU域内での自由な職業選択競争力をつける必然性から、EU先進国が実施している教育制度へ変更する改革は順調に推し進められている。またイタリア独自の障害者を普通学級に組み入れる統合教育は世界中から注目されている。

　その一方で、2010年に発覚したギリシアの経済危機の影響による財政困難のために、成功している研修プログラムや実験的授業プログラムの実施が余儀なく中止されることもある。しかし以前とは異なり、法案の可決と停止の繰り返しではなく、数年ごとに現状にあわせた新法案や修正法案が次々と実施される試行錯誤的な状態にある。

　このような状況下ではあるが、5年または6年の長期にわたる教員養成制度やオンラインを交えた教員研修や大学で開設されているCLIL教員養成コースは日本の教育制度への参考に値するであろう。

2. 言語状況

　公用語および教育言語は原則イタリア語である。しかし、地理的および地域分断統治の歴史的状況から隣接国の言語を含む多様な地方言語が存在する。これらの地方言語は互いに外国語といえるほどの言語的距離があり、1923年に国を統一するために知識人がよく使っていたトスカーナ地方のフィレンツェ語を標準イタリア語として公用語とした。ところが当初からこの地方語を日常語として使用するのはごく一部で、これが全国的に日常語として普及するのはメディアの発達による1980年代に入ってからである。現在では国境周辺地域などを除くと全国的に標準イタリア語が理解できる状態にある。

　標準イタリア語の普及を推し進める一方で、12の少数言語を1999年の「歴史的少数言語保護法」で公的に認定してその存続に努めている。また、国境近くのフランス語、ドイツ系語、スロヴァキア系語、ラディン語を使用している地域では、各言語が準公用語として認可されている。しかし、上記の法で少数言語として認められなかった多数の地方語が、その維持や公的認可について問題視されている。

　成人の英語力に関しては23か国の欧州内で21位と低いが、平均値は上がってきている。イタリア国内での18歳から50歳までの年齢別では18~19歳の英語力が他の年齢より高い。工業地帯が多い北部は標準レベルに達しているが、農業地帯が多く移民の流入も多い南部は標準以下のレベルという地域格差が生じている（Education First 2014）。

Ⅱ　学校言語教育の推移と現状

　Ⅰ節で述べた国境周辺地域の標準イタリア語が日常言語とされていない少数言語地域では、前期中等教育まで準公用語で授業を行うことができる。少数言語に選択されなかった地域も含めてこれらの地域では、標準イタリア語の授業は子どもにとって外国語感覚に近い学習となる。その状況下では、これらの子どもや移民の子どもにとって初等教育第1学年から必修とされている英語の授業はさらなる負担をかけることになる。

　以前は第2言語学習としてフランス語に人気があったが、中小企業が多い

イタリアでは就職に外国語習得は特に必要とされていなかった。しかしEU統合と市場のグローバル化に伴い、急速に外国語、特に英語の学習熱が高まり始めた。1991年より初等教育の第3学年から外国語学習が必修となり、2003年には初等教育の第1学年から英語を必修にした。また2004年に前期中等教育で、英語と第2外国語（EU加盟国の言語）が必修となった。普通高校では以前はコースにより外国語学習がなかったり最初の2年間までだったりしたが、現在は芸術系コースを除いて、5年間必修となっている。また、ヨーロッパ言語の素地となるラテン語も全コースで必修である。言語系コースでは第3外国語まで学習する。さらに、2014－2015年から外国語で教科内容を教えるCLIL授業が全コースの第5学年で必修となる。言語系コースでは第3学年で第1外国語によるCLIL授業、第4学年で第2外国語によるCLIL授業が開始される。

　大学でも英語による授業の講座がいくつか開講されており、ミラノ工科大学では2014年からほとんどの講座を英語で授業をすると発表している。

Ⅲ　学校教育制度

　3か月の乳児から対象の地方自治体による保育園が存在するが、就学前教育として3歳から6歳までの幼児対象の無償の幼稚園がある。対象年齢の幼児の約97％が入園している。義務教育期間は6歳から11歳の初等教育（小学校）5年間と11歳から14歳の前期中等教育（中学校）3年間と14歳から16歳の後期中等教育の最初の2年間の計10年間である。後期中等教育には、5年制の普通高校、技術校、職業校と3-4年制の職業訓練校と19歳から21歳の技術専門校がある。高校は文系、理系、語学系、人文系、音楽および舞踊系、美術系の6種類が存在する。後期中等教育は最初の2年間で一般教養を学習し、次の3年間で各専門的内容を学習する。

　高等教育には大学、高等芸術専門校、高等職業専門校が存在する。大学と高等芸術専門校は3サイクルに分かれ、第1サイクルの3年の学士課程レベル（Laurea）と第2サイクルの2年の修士課程レベル（Laurea Magistrale）と第3サイクルの3年の博士課程レベルに分かれる。第2サイクルには、実践的ス

300 6．EUの言語教育政策を牽引する国

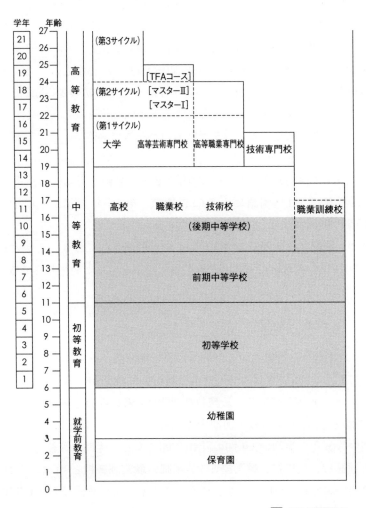

注
1) 初等学校の入学時に5歳であっても当該年度内に6歳になる児童は、保護者の希望があれば入学を許可される。

図　イタリアの学校教育制度
（Eurypedia（2013）に基づき中村秩祥子作成）

キルを身につけることを目的とする1年間のマスターⅠ、さらにその上の1年間のマスターⅡというコースもある。また、大学には修士課程レベルを終えた後に登録可能な1年間の教員養成（TFA：Tirocinio Formativo Attivo）コースや支援教育教員資格コースも含まれる。高等職業専門校は第2サイクルまでである。

　イタリアは障害者も普通学級に組み入れる統合型教育である。障害者には支援教員がつく。支援教員は担当の障害者4人までに対して1人の割合で配置される。支援教員は、クラス担任と相談をしながら障害者およびクラス全体の学習計画を立てていく。

Ⅳ　教員養成制度

　現在すべての教員資格に大学または高等専門校の修士課程レベル（Laurea Magistrale）の修了が要求される。またICT能力とCEFRのB2レベルの英語力も必要条件となっている。

　中等教育教員資格には1999年から各専門科を修了した後、教員養成コースの修了が必須となっている。それ以前は資格取得用の教員養成コースはなかった。教員養成コースはSSIS（Scuola di Specializzazione all'Insegnamento Secondario）の名称にて、1999年から2009年まで290時間の教育実習を含んだ2年間のコースであったが中断され、2012年より1年間のコースで475時間の教育実習を含んだTFAに代わった。

　2011年度より、支援教員資格コースを含めて各教員資格課程および教員養成コースの入学には、必要と見込まれる採用教員数を考慮した配分の入学者数に限定するため、教育省が各大学に毎年入学許可人数を通知している。そのため入学試験を課して選抜が行われている。

　教員として雇用されるには、国家試験に合格すると成績の上位順に雇用となる。ただし、半分の職数は旧制度ですでに国家試験に合格し、候補者リストに掲載されて順番待ちをしている360日以上の教職経験者か、SSISを修了している者に充てられる。現在はこの候補者リスト制度は廃止になっているので、新卒者は採用されなければ毎年受験しなければならない。

正規雇用された場合、最初の1年は試用期間となり、現場の指導教員に評価されて合格すれば国家公務員として正式雇用となる。他に期間限定の臨時教員採用もある。

1. 就学前および初等教育教員資格

1998年以前は、就学前および初等教育の教員資格は高校の教員養成コースを修了することで得ることができた。その後、2010年までは大学の4年制の教員養成課程を修了することが義務づけられた。そして2011年からは、大学の教育学部または相当学部の5年制の課程を修了することに変わった。

入学試験は2時間半にわたる3分野別の80問から成る。言語や論理推論分野が40問、文学、歴史、地理、文化分野が20問、科学、数学分野が20問である。各1点に加え、英語の能力別にB1は3点、B2は5点、C1は7点、C2は10点が加算される。2011年度の試験では60点以上、2012年度は55点以上が合格となり、各年度イタリア全大学の総数で約5,000人が入学許可を与えられている。

教育内容の単位は、全般的教育知識（78単位）と専門的教育知識（31単位）と教科関連知識（135単位）と演習や言語テストや最終試験（32単位）と教育実習（24単位）の計300単位となっている。1単位（CFU）は25時間に相当する。

全般的教育知識は教授法、指導法、心理学、社会学や文化人類学などを含み、専門的教育知識は特別支援教育関連の法や保健や小児神経精神病学などで、教科関連知識は数学、物理学、化学、生物学、イタリア語、イタリア文学、英語、歴史学、地理学、体育、芸術、児童文学の分野を指す。言語テストは英語のB2レベル達成を2単位としている。教育実習（600時間）は、第2学年から学年ごとに行う。たとえばミラノ大学Bicocca校（2014－2015年度）のカリキュラムでは、第2学年で4単位、第3学年で5単位、第4学年で7単位、第5学年で8単位を履修することになっている。

2. 中等教育教員資格

中等教育教員資格取得には6年が必要で、大学の3年制（Laurea：180単位）

の各学部を卒業後、2年制の同じ専攻関連の課程（Laurea magistrale：120単位）を修了し、さらに1年の教員養成コース（TFA：60単位）を修了しなければならない。2年制の課程では受講認定試験が課せられる。芸術や音楽教員資格は高等芸術専門校（Afam）の第2サイクルコースでの教員養成コースを修了しても取得可能である。

　外国語の教員を目指す場合は、外語外国語文学科などを卒業する必要がある。たとえばヴェローナ大学の外語外国語文学科（2014－2015年度）のカリキュラムでは、学士レベルで英語、フランス語、ドイツ語、スペイン語、ロシア語より第3外国語以上を選択して学習することになる。第3選択外国語はB1レベル達成を求められる。授業は各言語とその言語の文学および言語学などが中心である。修士レベルの授業では、上記選択言語の各言語史や各言語学や意味論などが中心である。

　1年の教員養成コース（TFA）も受講認定試験が課せられる。このコースは、支援教育教授法（6単位）を含む教育学（18単位）、各専攻教科の指導法と演習（18単位）と教育実習（19単位：475時間内75時間は支援教育の実習）と教育実習活動に関連したレポート（5単位）の計60単位で構成されている。

　たとえばヴェローナ大学TFAの英語コース（2012－2013年度）では、外国語の指導法（6単位）、英語Ⅰ（6単位）、英語Ⅱ（6単位）、教育学（18単位）、教育実習関連のレポート（5単位）、教育実習（19単位）となっている。

　受講者は資格認定試験を受けなければならない。その受験資格には、70％以上の講義出席と80％以上の教育実習参加が条件となる。この試験は実行された活動全体の評価（30点）、試験委員会によって選択されたテーマによる課題の口頭記述（30点）、受験者の最終レポートに対する討議（10点）で評価される。計70点中50点以上が合格となる。最終成績評価は、この点数に講義と教育実習中の試験で得た平均点を加えたものとなる。

3．特別支援教員資格

　特別支援教員資格には初等教育または中等教育の教員資格を取得した上で、大学の各学校種別の特別支援教員の資格コース（60単位）を修了し、教育実習（300時間）を行う必要がある。

教育内容は、法学、社会学、教育学、心理学、生物学、教育方法論、ノンバーバル・コミュニケーション、イタリア語、倫理学、数学などの科目を含み、あらゆる障害の種類に対応できる能力と学校教育全体の中の一部として障害者教育を組み入れる姿勢の育成を目的としている。

このコースに入るのには受講認定試験が課せられ、コース修了時に最終試験がある。これに合格すると専門学位（Specialization Diploma）を得る。

4．CLIL（内容と言語統合型学習）教員資格

後期中等教育課程でCLIL授業の必修化に伴い、外国語で教科を教えることが可能な教員養成コースを大学に設ける方向にある。このコースは教育実習300時間（12単位）を含む60単位で構成される。学生はCEFRのCレベル以上に相当する外国語能力を育成しながら、CLIL教授法や理論を学習していく。

現在は現役教員向けに大学で研修コースが開講されている（V節2.1および2.2参照）。

V　外国語教員の教育環境と教員研修

1．外国語教員の教育環境

現在、教員養成のカリキュラム改正が急速に推し進められていて、新旧制度で学習内容が異なる。初等教育教員で旧教員養成課程を経た者は、英語能力および英語の指導力が不足している状態で児童に必修科目となった英語を教えなければならない場合がある。それらの教員に対して、国は無料で英語研修コースを提供している。このコースは1年にわたる長期であるが、仕事と両立できるようにオンライン学習を取り入れたコースとなっている。

オンラインでの他の研修コースが以前は政府主体のPuntoEduで提供されていたが、現在、各大学でオンラインを取り入れた研修コースが有料で開設されている。たとえば、初等教育教員向けCLIL指導法コースである。

オンライン以外の研修コースも大学で開設され、中等教育教員向けのCLIL教員資格コースや外国語能力育成コースがある。外国語能力育成コー

スはレベル別となり長期学習期間が設けられている。各講座は大学の授業と同じ単位認定制となっている。

　イタリア政府が開設しているPuntoEduでは、教員が意見交換をできるサイトを開いていたり、教材や資料を提供するサイトを設けていたりしている。現在、初等教育教員向け英語研修コース以外のオンライン研修コースの募集はされていないが、教員はヨーロッパ域内の教員に無料で開設されているオンライン研修コースのThe European Schoolnet Academyが利用できる状況にある。

２．研修コース
1）初等教育教員向け英語研修コース
　旧制度の課程を経ていて英語の指導力が不足している初等教育教員向けに、オンライン学習と現地講習を混合したコース（PuntoEdu Lingue）が政府により2004年から無料で提供されている。

　コースの期間は１年間であるが、研修者の英語能力によっては短縮または延長ができる。コースは、英語学習（Language Training）と英語教授法（Methodology Training）の２分野から成る。各分野内でオンライン学習と現地講習が組み合わされている。オンライン学習では、オンライン上の指導者１人につき25名までの研修者で１クラスを構成する。研修者は指導者とやりとりをしながら１人で文法学習などを行うとともに、クラスの研修者たちと集うヴァーチャルクラスやサイトミーティングやサイトフォーラムに出席して、実際に英語を使用する訓練を行う。これらの会合は、研修者の存在する場所は様々でもオンラインを通して同時刻に一斉に参加することになる。現地講習は各地で開催される実際の講義に出席して学習する。コースを修了するには外部の英語能力試験でB1レベル相当の認定を受ける必要がある。

　英語学習はB1レベルまで英語力をつけることを目的としているため、研修者の英語能力によって開始するレベルを選択できる。A1レベルまでとA1からA2レベルまではオンライン学習40時間と現地講習60時間の計各100時間ずつを、A2からB1レベルまではオンライン学習80時間と現地講習60時間の計各140時間を要する。

英語教授法はA2レベル以上の研修者が受講可能となる。これはオンライン学習（25時間）と現地講習（25時間）で成る。各学習で5時間ずつは自主的学習時間分とされる。

オンライン学習では、5分野（言語学習過程の基礎、言語指導法、指導案と評価、言語と文化、マルチメディアと教材）内にそれぞれ10項目前後の学習項目がある。各学習項目にはイタリア語で記載されている目的や概略説明があるので、それを読んで選択するかどうか決めることができる。研修者は各分野から選択して学習した後、レポートを提出し、評価を受けて認定される。

たとえば、言語指導法分野内の「Total Physical Response（TPR）指導法」（4時間）の場合、339語のTPR教授法が生み出された背景の英文説明文と642語のTPR教授法の英文説明文が提示されていて、英文の関連参考資料サイトの紹介もある。これらを読んだ後、この教授法に関して指示にしたがってA4紙で1枚程度のレポートを作成して提出するように求められている。それは、TPR教授法の目的と言語訓練の面からの定義とTPR教授法を適用した教授計画を記述することで、その教授計画は与えられた項目（日常的規則的活動、学際的テーマに関すること、現代の話、昔話）から選択しなければならない。レポートはイタリア語で記述してよい。

現地講習は、1回3時間ほどの講習を7回に分けて計20時間行われる。上記の5分野の各内容の講義を受け、クラスで演習を行う。最後に担当講師に講義内容に関するレポートを提出し、評価を受けて認定される。

2）中等教育教員向けCLIL指導法研修コース

現在、高校でのCLIL授業必修化に伴い、現役教員対象の資格認定研修コースが大学で開かれている。このコースは、10か月間で教育実習50時間（2単位）を含む20単位で構成される。外国語能力が原則C1レベル以上の教員を対象とするが、B2レベルの教員でもコース修了までにC1レベル以上の語学力を自分で習得することを条件に参加が認められる。コースは、教科横断理論と教授法（9単位）、教科指導法（9単位）および10時間の授業実習を含む教育実習（2単位）で成る。コース最終時には教育実習の経験を含んだ30ページ以内の小論文も課せられる。単位認定には、講義関係の出席は

80％以上、教育実習参加は100％が必要で、全30段階評価中18以上が要求される。トレント大学（2013-2014年）のCLIL教授法コースでは、英語またはフランス語で、科学、情報学、芸術、人文学の各分野での指導法が選択できるようになっている。

また、言語学習用に、B1からB2とB2からC1レベル別に各260時間のコースを設けている大学もある。

3）初等教育教員向けCLIL指導法オンライン研修コース

高校向けだけではなく、いろいろな教科を受け持つ小学校教員に英語を使って教科を教えるCLIL指導法研修コースをベネツィア大学現代言語学科が1年間のオンラインコースとして開設している。2013-2014年度のコースは、オンラインによる5分野の学習（各2単位）とCLIL実施体験に関する小論文（2単位）の計12単位で構成されている。5分野とはCLILに関する（1）教授法、（2）教育活動と方略、（3）教材と資料、（4）指導案、（5）評価である。コースを修了したときに認定証を得ることができる。

VI 考察

イタリアでは約20年前から早期外国語学習の開始を含む教育改革を推進し、特にこの10年間は教員養成カリキュラム改革に力を入れている。しかし、新採用の教員養成だけでなく、現役教員の質向上も考えなければならない状況にある。

2011年において、50歳以上の教員の割合が初等教育で47.6％、前期中等教育で61.0％、後期中等教育で62.5％となっている。少子化や財政難による規模縮小のため、正規雇用ではなく一時的雇用をする場合が増えている。また、正規採用数の半分は、旧制度の採用候補者リストの中で教歴が長い者から採用されているので、正規雇用した教員の年齢が平均41歳という状態になっている。さらに、政府は年金受給資格が、2008年の58歳または35年の勤務期間から、2012年には66歳または男性42年、女性41年の勤務期間に引き上げている。つまり、今後長く旧カリキュラムを経た者が多く現場に残る

状態である。

　初等教育教員で旧カリキュラムを経た者は、大学レベルの教育を受けていないことや英語を習得していない場合が多い。政府はこれらの教員向けに、大学の単位と交換できるように組まれた英語指導研修コースを開設している。このコースは、これらの教員にB1レベル以上の英語力を求め、A1レベルから始める教員に対して長期の語学学習期間を設けている。長期にわたる学習期間ではあるが、オンライン制度を取り入れて、ネット上で決められた時刻に指導者を交えて他の学習者との英語を使った訓練ができるようにしている。一定の語学能力のレベルに達するには長時間の学習が必要とされるので、多忙な現職教員向けに移動時間の節約ができるこのオンライン制度を取り入れた語学研修は日本でも参考にする価値がある。

　世の中の技術発展により、カリキュラム改革が急速に進む中で現職教員の研修はますます必要となっている。日本でもこの現状を踏まえて、2009年より教員免許更新制を開始している。しかし、研修時間は30時間以上が条件で、必修講習科目12時間、選択講習科目18時間が義務づけられているのに過ぎない。

　イタリアでは現職教員研修は義務付けられていないが、現在CLIL教員資格取得のように研修講座を大学で開いて、その内容は大学の単位に換算できるように設定されている。したがって長時間にわたる習得にはなるが、大学の単位の積み重ねができるので、長期間にわたっての大学院修了などの目標を立てたり、あるコースでの資格取得を目指すことが可能になる。日本でも現役教員の自己研鑽の継続的意欲が湧きやすいように、研修内容も大学の単位と互換性がある内容と時間設定にすることも検討するべきではないかと思われる。

謝辞

　本稿を執筆するにあたり、イタリアのRio Crosio小学校教諭および政府認定小学校教員指導教員であるLaura Rosso氏の協力を得、現地の大学、高校の先生方へのインタビューや授業参観ができたことに感謝致します。また協力していただいた現地の各先生方にも厚く御礼申し上げます。

参考文献

Calabrese, R., Dawes, B. (2008). Early language learning and teacher training: A foreign language syllabus for primary school teachers. *Studi di Glottodidattica* 1., pp.32-53.
D'Alessio, S. (2007). Made in Italy: Integrazione scolastica and the new vision of inclusive education. In Barton L., & Armstrong, F. (Eds.) *Policy, experience and change*. Springer.
Education First (2014). Italy–English proficiency developing, but slowly. http://media.ef.com/sitecore/__/~/media/efcom/epi/2014/pdf/spotlights/ef-epi-italy.pdf (2014.6.1)
European Commission (2013). Eurypedia-The European encyclopedia on national education systems: Italy. https://webgate.ec.europa.eu/fpfis/mwikis/eurydice/index.php/Italy. (2014.6.1)
Faez, F. (2011). English education in Italy: Perceptions of teachers and professors of English. *Canadian and International Education*. Vol. 40. Issue 3. Article 4., pp.31-44.
外務省（2014）「イタリア共和国基礎データ」 http://www.mofa.go.jp/mofaj/area/italy/data.html（2014.6.1）
Jokisalo, E. (2013). Free online courses for teachers at European. *Schoolnet Academy. TESOL Newsletter November-December*., p.10.
Montalbano, V., Benedetti, R. (2014). Active learning in pre-service science teacher education. *ICPE-EPEC 2013 Proceedings*., pp.1-8.
中村秩祥子（2010）「イタリア」『EUの言語教育政策』くろしお出版．
Sierp, A. (2008). Minority language protection in Italy: Linguistic minorities and the media. *Journal of Contemporary European Research* Vol.4. No.4., pp.303-321.
Università Ca' Foscari Venezia (2013). Corso di perfezionamento in Didattica delle Lingue Modernebindirizzo: Apprendimento in LS (CLIL) –Scuola Primaria a.a.2013-2014. http://www.unive.it/media/allegato/DIP/Studi_ling_cult _comparati/ladils/formazione/dlm_clil_primaria.pdf (2014.6.1)
Università degli Studi di Trento (2013). Corso di perfezionamento metodologia CLIL. http://web.unitn.it/formazione-insegnanti/34403/corso-di-perfezionamento-metodologia-clil-teacher-training-on-content-and-language-integrated-learni. (2014.6.1)
Università di Milano-Bicocca (2014). Scienze della Formazione Primaria. http://www.unimib.it/go/1892591409/ Home/Italiano/Offerta-formativa/Triennali-e-ciclo-unico /Scienze-della-formazione-primaria (2014.6.1)
Università di Verona (2012). TFA A345 - Lingua straniera: inglese (I grado) http://www.dlls.univr.it/ ?ent=oi&te=N&cs=560&aa=2012%2F2013&lang=it (2014.6.1)
Università di Verona (2014). Laurea in Lingue e letterature straniere http://www.univr.it/main ?ent=offerta&aa=2014%2F2015&cs=351&lang=it (2014.6.1)

7.

近年、PISA などで教育的に注目されている国

22　フィンランド ……………………… 米崎　里

コラム⑤　CAN-DO リストと日本　　　　（杉谷眞佐子）

22　フィンランド

米崎　里

I　フィンランドの概要と言語状況

　フィンランドは、経済協力開発機構（OECD）の国際学習到達度調査（PISA）の好成績により、世界中から注目を浴び、一躍有名になった。2012年の順位はやや落ちたものの、世界各国の教育視察団や授業見学者が後を絶たないため、学校訪問を断る学校も増えてきている（伊東, 2006）。

　フィンランドは、人口わずか約540万人で、1922年以来、フィンランド語とスウェーデン語を公用語としているバイリンガルの国である。フィンランド語母語話者は人口の約91％を占め、スウェーデン語母語話者は約5.4％である。フィンランドではスウェーデン語も公用語であるため、公的表記はフィンランド語とスウェーデン語の両語が併記される。

　一方、フィンランドの北部の先住民である少数民族のサーミ語にも法的な地位が1995年の憲法改正により与えられている。日本の学習指導要領にあたるフィンランドのナショナル・コア・カリキュラムでは、サーミ語が母語として教えられることも認めている。同様に少数民族であるロマ語による授業言語も認められている。

　フィンランドの人口は主要民族であるフィンランド人により占められているが、昨今、外国語話者の人口が増えてきている。その数は1995年では約8万6,000人で人口の1.7％にとどまっていたが、2012年で約26万7,000人にのぼり、人口の4.9％に増加した（Statistics Finland, 2013）。現在、約120言語がフィンランドで話されており、この20年フィンランドでは首都周辺を中心に外国語話者が急速に増えてきている（Leppänen et al., 2011）。

　フィンランド人は一般的に外国語に堪能である。たとえばEuropean

Commission (2012) の調査によると、フィンランド人の75％が「会話をするのに十分なレベルの外国語が少なくとも1つある」と答えており（同調査のEUの平均は54％）、さらに48％が少なくとも2か国語以上あると答えており（EUの平均は25％）、26％が3か国語以上あると答えている（EUの平均は10％）。英語においては「会話をするのに十分なレベルである」とフィンランド人の70％が答えており、EUの平均の38％を大きく上回っている。

II 言語教育の推移と現状

1．外国語教育の歴史と推移

フィンランドでは1918年に英語が女子用の中等教育学校（secondary school）で主要科目（core subject）として教えられていた。1941年、英語は男子校および中等教育学校で制度化された現代外国語（institutionalized "modern language"）となった。1940－60年代は、英語が選択科目として都市部の学校で提供されるようになり、ドイツ語に代わり最も人気の高い外国語となった（Leppänen et al., 2011）。

1960年代になると外国語学習がより一般的になり、小学校3年生からすでに学習されるようになった。1963－64年度は63％の生徒がスウェーデン語を学び、スウェーデン語が最も学習されている外国語であった。しかしながら、1967－68年度になると74％の生徒が英語を学び、英語が最も学習される外国語となった（Leppänen et al., 2011）。

1970年代には総合学校（comprehensive school）の体制の確立とともに（1972－77年）、2つの公用語（フィンランド語とスウェーデン語）と少なくとも1つの外国語学習が必修となり、多くの場合英語が選択されるようになった。

1990年代には英語を基にした教育が増加し、10校のインターナショナル・バカロレアスクールが設立され、外国語で教える授業が総合学校、中等学校で提供されるようになった。同時に、英語による授業を提供する大学も増えた。

フィンランドでは多くの児童・生徒が英語を選択している。外国語を選択する比率は、2008年において英語が91％、ドイツ語が1.2％、フランス語が

0.8％、ロシア語が0.2％となっている (Leppänen *et al.*, 2011)。

2．外国語教育の枠組み

フィンランドでは学校教育で以下5種類の外国語学習が可能である。
　A1：総合学校低学年で始める必修外国語
　A2：総合学校低学年で始める選択外国語
　B1：総合学校高学年で始める必修外国語
　B2：総合学校高学年で始める選択外国語
　B3：高等学校で始める選択言語

図1はフィンランドにおける外国語教育の枠組みを表したものである。フィンランドでは、全ての子ども達に、A言語1つとB言語1つを履修することが義務づけられている。さらにこれらのいずれかはフィンランドの第2言語（スウェーデン語あるいはフィンランド語）でなければならず、9年間の総合学校の過程の中で3年間学ばなくてはならない。

フィンランドでは、通常小学校3年生から第1外国語学習（A1）が始まり、小学校4年生あるいは5年生から第2外国語学習（A2）が始まる。外国語学習の開始時期は学校の裁量により、小学校1年生から提供することも可能である。フィンランドでは小学校の時点で2つの外国語を履修することが可能

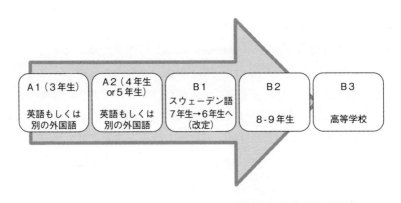

図1　フィンランドにおける外国語教育の枠組み
(Helminen (2013) に基づき米崎里作成)

である。英語以外の外国語を学ぶことができるが、児童の多くは英語を第1外国語として選択している。なお、フィンランドの小学校の授業時間は1時間につき45分で、英語の授業は週2時間である。授業は少人数制をとっており、一クラス10人から15人である。

Ⅲ　学校教育制度

　図2はフィンランドの学校教育制度である。義務教育は日本と同じで小学校1年生から中学校3年生までで、この段階の学校を総合学校（comprehensive school）と呼んでいる。通常7歳で就学し、16歳で修了するが、本人の希望によりさらにもう1年在籍することができる。フィンランドでは教育は福祉の一環という観念から特別支援授業の制度が設けられており、補習が必要な子どもには少人数で通常の授業と並行して行われる（飯田・米崎, 2010）。総合学校では少人数の授業の中にさらに補助教員がつくこともある。9年間の義務教育の中で約30％の児童・生徒が何らかの形で特別支援授業を受けている（Hancock, 2011）。義務化された標準テストはフィンランドにはない。唯一あるのは、高等学校修了時に卒業試験と大学進学試験をかねた大学入学資格試験（matriculation examination）だけである。

　総合学校卒業後は、高等学校もしくは職業専門学校のどちらかに進学する。フィンランドでは高等学校は397校、職業専門学校は128校ある（FNBE, 2010）。日本と違い職業専門学校に進み、資格を取り、手に職をつけたいと考えている生徒も多く、その職種は160にも及ぶ（飯田・米崎, 2010）。2007年における基礎教育課程修了後の一般の高等学校への進学率は55％、職業専門学校へは39％となっており、約3％がもう1年基礎教育を受けている（Vossensteyn, 2008）。

　高等教育機関として、いわゆる大学（university）と高等職業専門学校（polytechnic）がある。高等教育機関の統合の結果、現在フィンランドの大学の数は14校、高等職業専門学校は24校となっている。高等教育（大学もしくは高等職業専門学校）への進学率は66％となっておりEU諸国の中では一番高い進学率である（Hancock, 2011）。しかしながら、フィンランドの大学の数が

316　7．近年、PISAなどで教育的に注目されている国

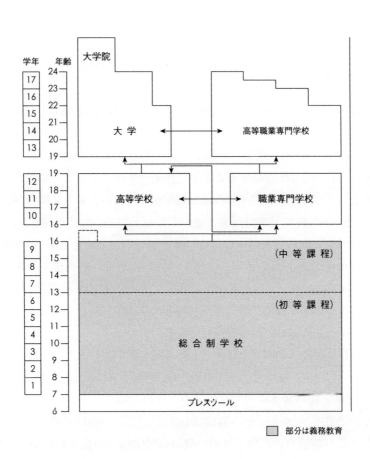

注
1）義務教育期間は9年間であるが、本人の希望があればもう1年進学準備として総合学校に在籍することが可能である。
2）フィンランドでは、図2の矢印にあるように流動的な進学が可能である。

図2　フィンランドの学校教育制度

(FNBE (2004) に基づき米崎里作成)

少ないため、高い競争率を経て入学しなくてはならない。2006年において
は、高等学校修了後にストレートで大学に入学した学生の割合は37.9％と
なっており、大学に入ること自体が狭き門となっている。

IV 教員養成制度

1．教員養成課程入学への高い競争率

　フィンランドの大学は14大学しかなく、前節で述べたように大学に入る
こと自体高い競争をくぐり抜けなければならない。フィンランドでは教員に
なるためには大学の教員養成課程に入学し免許を取らなくてはならない。教
員養成課程を備えている大学は8つしかなく、さらに教師の職業は人気が高
いため、教員養成大学への入学は大変狭き門となっている。フィンランドで
は毎年、志願者のわずか8－10％しか教員養成プログラムを受けることはで
きないと言われている。2011－12年度ヘルシンキ大学の教育学部教員養成
学科で120人の枠に1,789人の受験生が応募したといわれる（Richardson, 2012）。

2．教員へのルート

　フィンランドでは1979年以降、小学校、中等教育学校の教員になるため
には修士課程の修了が義務化した。また2005年8月1日以降、ボローニャ・
プロセスを受けて新たな学位制度を採用している。小学校、中等学校の教員
になるためには300ECTS（European Credit Transfer System：欧州単位互換制度）が
必要となる。第1段階の学位である学士号には180単位（ECTS）が必要で、3
年課程となっている。第2段階の学位である修士号には120単位（ECTS）が
必要で2年課程となっている。したがって、フィンランドで教員資格を得る
ためには5年が必要である。
　教員志望者は、教育学部教員養成学科に在籍し、基本的にはクラス担当教
員資格を取るための教育学関連科目を履修する。また教科担当資格（たとえ
ば小学校で英語を教える）を取ろうと思えば副専攻と呼ばれる教科分野の科目
を履修しなくてはならない。フィンランドでは2教科の担当資格取得の意味
ではなく、通常、主専攻と副専攻の両方が要求される。

3．外国語教員へのルートとカリキュラム

図3は伊東（2014, p.125）が示した小学校教員、あるいは中・高等学校教員になるためのルートである。外国語教員になるためには3つのルートがある（図3で色を付けた部分）。1つ目は小学校のクラス担当資格を取り、さらに教科（外国語）担当資格を取るルートである（ルート1）。2つ目は中・高等学校の教科担当資格を取り、そのまま中学校か高等学校で教えるルートである（ルート2）。3つ目のルートは2つ目のルートと同様に教科担当資格を取るが、小学校で教科担当として教えるルートである（ルート3）。ルート2とルート3はクラス担任を持たず教科を教えるだけの教員であるのでsubject teacher（以降ST）と呼ばれている。

フィンランドでは初等教育法（the Basic Education Decree）により、初等教育の児童はクラス担当教員によって各教科を教えられ、7年生から9年生（日本の中学校1年生から3年生）はSTによって教えられると規定されている。しかしながら、1990年終わりにはすでに外国語は初等教育でもSTが教えるよう推奨していた（Hilden & Kantelinen, 2012）。したがって、フィンランドの小学

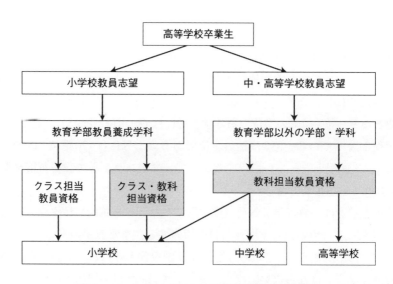

図3　フィンランドにおける外国語教育の枠組み

出典：伊東（2014）

校では外国語はSTが教えていることが多い。

　フィンランドで外国語教員になるためにはどのようなカリキュラムを履修しなくてはならないかを見てみよう。たとえばタンペレ大学の場合、教育学部に入学し、すべての学校の英語教科担当教員の資格を取りたい（ルート2ならびにルート3）場合、①コミュニケーション科目とオリエンテーション（communication studies and orientation）、②教育学基礎科目（basic studies in education）、③教育学中級科目（intermediate studies in education）、④副専攻教科（minor subject studies）⑤教育学上級科目（advanced studies in education）⑥選択（optional studies）が必要である。④の副専攻教科で英語の専門授業を取らなくてはいけない。

4．学部連携の制度

　英語の教師になるための上記の履修科目は教育学部だけで行われるのではなく、学部間との相互協力で行われる（伊東，2014）。つまり、上記の英語の科目の一部はタンペレ大学の言語・翻訳・文学学部（school of language, translation and literary studies）での英語専攻の学生が取る授業を履修しなくてはならない。小学校の英語教師になるためにも、言語・翻訳・文学研究科の学生と同じ授業をとり、より専門的な知識を身につけなくてはならない仕組みになっている。

　一方、他学部から教科担当資格を取る場合、たとえば、言語・翻訳・文学研究科から英語の教員の資格を取ろうとする場合、副専攻で教育学部が提供する教育学基礎科目と教育学中級科目を履修しなくてはならない。ただし、日本のように他学部から教員資格を誰もが取れるわけではなく、事前（入学時）に教育学部からの試験が課され、合格した者でなければ履修できないことになっており、その人数は教育学部が採用人数を決める仕組みになっている（伊東，2014）。

5．臨床的な教育実習

　Niemi（2012）によると、フィンランドの教育実習の目的は、「教育実習生に自分の教授（teaching）や学習過程（learning process）を研究・開発し、評価することができる専門的な技術を身につけるよう支援すること。また教育実

習生に、自分の実習や社会スキルに関して批判的に内省できるようにさせること」としている。フィンランドでは教科教育法といった授業はなく、教育実習の中で臨床的な指導を受ける（伊東, 2008; Niemi, 2012）。教育実習の単位は約20単位（ECTS）となっており、フィンランドでは教育実習は基本的に教育学部に併設されている大学附属学校（Normal schools）で実施される。

フィンランドでは大学1年生の早い時期から学校の生活や教員の視点から生徒を観察することが求められている。通常教育実習は2回あり、1回目は大学の附属校での実習、2回目は大学の附属校、もしくは公立学校で行う。タンペレ大学の教育実習の枠組みは、以下のようになっている。

（1）学士レベル
大学附属校の訪問、授業の観察（2単位）
（2）修士レベル
①大学附属校にて
　－Basic teaching practice（5単位：9月中旬～11月まで）
　－Advanced teaching practice（5単位：2月～4月まで）
　－Teacher as a researcher（3単位：2月のある時点から4月まで
　　Advanced teaching practiceに組み込む）
②大学附属もしくはmunicipal schoolあるいはその他の機関にて

　－Specializing / Expanded teaching practice（5ECTS）

フィンランドの教育実習期間は約半年となっており、複数の学校での実習が原則である。日本のように1回きりの実習ではなく、何回かに分けて実習を行う。その間、大学側のスーパーバイザー、教育実習校の教師（メンター）が実習生を支え指導する。特に大学附属の教師は重要な役割をしており、彼らは一般的な教師であると同時に実習生を専門的に指導するメンターと二重の役割を担っている。大学附属の教員の多くは、教材開発など研究に対して非常に熱心である（Niemi, 2012）。

V　外国語教員の教育環境と教員研修

フィンランドでは教師の給料自体はそれほど高くはないが、社会的地位は高く、尊敬と信頼を得ている職業である。教師は医師や、弁護士と同じように専門職とみなされ、信望の高い職業だとみなされている（Sahlberg, 2010）。

前節でも述べたように、教員養成の入学志願者は高い競争率を潜り抜けなくてならないため、フィンランドの中で最も優秀な一握りの生徒だけがこの職業に就くことができる。外国語教員に関しては、たとえば、日本では英語が堪能であれば研究職や民間企業などの職業に就きがちであるが、フィンランドでは教師になろうとする人が多い。

　フィンランドの教員は研修をうけることは教師としての特権であるとみなし、そのため各研修には積極的に参加している（FNBE, 2013）。教員研修においては、小学校、中学校、高等学校の監督者として地方自治体が、必要に応じて教員に研修機会を提供する責任がある（Sahlberg, 2010）。実際は、地方自治体の要請を受けて、主に大学が研修を提供する。フィンランドの外国語教員研修は、EU諸国とパートナーシップで行っているものもあれば（たとえば、ユバスキュラ大学のROMEOプログラム）、フィンランド単独で行っているものもある（たとえばタンペレ大学のEVALANG現職教員トレーニング）。2016年度の新ナショナル・コア・カリキュラムでは、教科横断言語（cross-curricular language）がより強調されており、"Every teacher is（also）a language teacher" "All teaching is（also）language teaching" をうたっているため、昨今はCLIL（Content and language integrated learning）の研修が活発化している。

　フィンランドでは、教師は、毎年最低3日間研修やトレーニングに参加することが義務付けられている。また教師は研修やトレーニングを受ける権利を持っている。2007年度における教師の平均研修時間は7日であった（Sahlberg, 2010）。また小学校、中高等学校の3分の2の教師は何らかの形で専門分野の研修やトレーニングに参加したと答えている（Sahlberg, 2010）。

　現在、フィンランドでは年間国家予算のおよそ3,000万ドルを教師や学校長の研修に費やしている。教育省は新カリキュラムの導入（2016-17年度より）にも向けて自治体と協力し、2016年までに教員研修のための公的予算を2倍にすることを計画している（Sahlberg, 2010）。

VI　考察

　フィンランドの教育の成功の要因として次の5点があげられる（Niemi,

2012)。①国家的意思、②教育制度により平等性を意図的に促進するための努力、③質の高い教員養成、④教師の専門的、道徳的責任、⑤教育者への社会の信頼。

　本章ではこの中で③フィンランドの外国語教員への教員養成を中心に概観し、フィンランドの外国語教員養成の特徴として以下のことを明確にした。

i 教育学部への志願者は高い競争率を潜り抜けた優秀な人材である
ii 小学校教員として外国語を教える場合でも修士課程の資格を必要とする
iii フィンランドで外国語教員になるためには、教員養成課程に入学しなくてはならない。仮に他学部から教員の資格を取るには、教育学部が人数を決め事前に試験が課される。
iv 主専攻と副専攻の組み合わせにより幅広い知識を備え、かつ授業は学部間の連携が取られている。
v 臨床的な教育実習が行われる。

　本章では紙幅の関係で詳細に述べなかったが、フィンランドの教員養成の特徴として、上記以外に

vi 研究者としての教師を目指すリサーチ推進能力の重視（伊東, 2014）
vii EU諸国間での国境を越えた単位の互換、資格の取得などがあげられる。

　フィンランドと比較し、日本の教員養成に関して最後に所感を述べたい。フィンランドの教員養成では、たとえ小学校の英語教師になるためにも、人文学部の学生と同じ授業をとり、専門的な知識を身につけなくてはならない。一方、日本では小学校で英語を教える場合、学級担任が中心となりALTなどの外部人材とのティーム・ティーチングという方向性をとっている。外国語学習の入門期は、児童にとって大事な時期である。英語に対するその児童のイメージを植え付ける時期であり、将来の英語学習を左右する。多少研修は受けているとしても、英語の専門性を備えていない学級担任が指導することは、他国と比較してどうだろうかと思う。何よりも学級担任中心という体制の下で英語の必修化は、学級担任への大きな負担であると考えられる。

　2点目は、教育実習期間の延長である。フィンランドでみられるような高い質の教員を確保するための一つの解決策として、日本で見られるような誰もがとりあえず教職資格を取れる風土をなくし、本気で教師を目指す学生の

みに対して門戸を広げるべきではないだろうか。そのためには、教育学部以外の学部からの人数制限も1つの方法であるが、教育実習期間を延長し、フィンランドに見られるような学校現場中心の臨床的な教育実習が望まれる。筆者もかつて現職教員の1人であったが、実習に来た学生を指導する際、「とりあえず教職は取っておこうと思って」という実習生の言葉ほどがっかりするものはない。

　教育は次世代の育成につながる。その中心となるのが学校、そして教師である。教師の質は教育の成功を左右する。今後、日本は「何を大事にするか」ということを念頭に置き、教育の核となる教員養成の改革に着手することを願う。

参考文献

European Commission (2012). *Europeans and their languages*. http://ec.europa.eu/public_opinion/archives/ebs/ebs_386_en.pdf (2013.10.10)

FNBE (Finnish National Board of Education) (2004). *National core curriculum for basic education 2004*. Helsinki：Author.

FNBE (Finnish National Board of Education) (2010). *Vocational education and training in Finland*. http://www.oph.fi/download/131431_vocational _education_and_training_in_ finland.pdf (2013.9.9)

FNBE (Finnish National Board of Education) (2013). *Teacher education*. http://www.oph.fi/english/education_system/teacher_education (2013.12.6)

Hancock, L. (2011). *Why are Finland's schools successful?* http://www.smi thsonianmag.com/innovation/why-are-finlands-schools-successful-49859555/ (2013.9.18)

Helminen, L. (2013). *Aspects of language teaching and training – example of Finland - Workshop for language teacher trainers in Budapest*. projektek_2013_TANDEM_WP5_nyelvtanarkepzws_aspects_of_languageteachingand training_hu.pdf (2013.12.10)

Hilden, R., & Kantelinen, R. (2012). Language education – foreign languages. In H. Niemi, A. Toom & A. Kallioniemi (Eds.) *Miracle of education,* pp. 161-176. Rotterdam: Sense Publisher.

飯田依子・米崎里 (2010)「フィンランド――教育は福祉の一環、絶対に見捨てない！」大谷泰照（編）『EUの言語教育政策』東京：くろしお出版．

伊東治己 (2006)「フィンランドにおける小学校英語教育の実態調査－学校訪問とアンケート調査の結果から－」『日本教科教育学会紀要』第29巻第3号, 39-48.

伊東治己 (2014)『フィンランドの小学校英語教育』東京：研究社．

Leppänen, S. *et al.* (2011). *National survey on the English language in Finland: Uses, meanings and attitudes*. http://www.helsinki. fi/varieng/series/volumes/05/evarieng-vol5.pdf (2013.9.18)

Niemi, H. (2012). The social factors contributing to education and schooling in Finland. In H. Niemi, A. Toom, & A. Kallioniemi (Eds.), *Miracle of education*, pp. 19-38. Rotterdam: Sense Publisher.

Richardson, J. (2012). *Finland's secret sauce: Its teachers.* http://blogs.ed week.org/edweek/transforming_learning/2012/11/finlands_secret_sauce_its_teachers.html (2013.11.15)

Sahlberg, P. (2010). *The secret to Finland's success: educating teachers.* Stanford Center for Opportunity Policy in Education Research Brief. Stanford CA: Stanford University School of Education. http://edpolicy. stanford.edu/sites/default/files/publications/secret-finland%E2%80%99s-success-educating-teachers.pdf (2013.9.9)

Statistics Finland (2013). *The share of foreign-language speakers in 2012 population growth was 87 per cent.* http://www.stat.fi/til/vaerak/2012 /vae rak_2012_2013-03-22_tie_001_en.html (2013.12.1)

Vossensteyn, H. (2008). *Higher education in Finland. IHEM Country report.* http://www.utwente.nl/mb/cheps/research/higher_education_monitor/2008%20countryreportfinland.pdf (2013.11.4)

コラム⑤

CAN-DOリストと日本

　外国語を使い異文化間でのコミュニケーションを行う力はどのように捉えられるのだろうか。文部科学省は平成25年3月「各中・高等学校用の外国語教育における『CAN-DOリスト』の形での学習到達目標設定のための手引き」を公開した。同手引きや会議の関連資料ではCEFRが参照されているが、CEFRはコミュニケーション能力を複合的に捉える。それはまず大きく「一般的能力」と「コミュニケーション言語能力」に分けられ、後者には言語能力、社会言語能力、言語運用能力などが含まれる。もちろん言語行動に関わる文化知識も含まれる。

　注目したいのは「一般的能力」で、そこには知識、技能、実存的能力、学習能力等が含まれている。すなわち外国語でのコミュニケーション能力には、社会・文化に関する知識や学習する力も含まれるということだ。社会・文化知識の学習を外国語教育の構成要因とみなすことは、コミュニカティブ・アプローチ以降、多くのEU諸国で定着している。たとえばドイツの学習指導要領では「実践的言語運用能力」「異文化対応能力（事項的知識と異文化間行動力）」「学習能力」の3分野に分けて能力育成が図られ、それぞれに2学年単位で到達目標が明記されている。たとえば英語は「国際共通語」としてあたかも無国籍語とみなされるのではなく、イギリス、アメリカの社会・文化・歴史の学習と統合され、政治機構、政党、移民社会など主要な政治的・社会的特徴が学習対象とされている。題材はオーストラリア、インドなどの英語圏へ広げられ、上級学年で「国際語として使用される際のプラス・マイナス面」について考えさせる。

　日本から高校生がドイツへ留学する際「英語なら大丈夫」と考えるようだが、「内容があまりにも違うので戸惑う」という声も聞かれる。英語の文法、語彙、発音は同じでも、教科として教える内容や到達目標は大きく異なる。もちろん言語距離の問題もあるが、同時に「英語を使い、何ができるようになるべきか」という学習目標やコミュニケーション能力に対する基本概念の相違は否定できない。この違いは教員養成の相違にも通じる。氷山の水面下を充分に分析しないで、水面上のCAN-DOリストのみをCEFRに準じて作成することは可能だろうか。

（杉谷眞佐子）

8.

本研究を通して、教員養成体制の改善を検討しようとする国

23 日 本 ……………………………… 林　桂子
　　　　　　　　　　　　　　　　　杉谷眞佐子
　　　　　　　　　　　　　　　　　橋内　武

23 日 本

林 桂子、杉谷眞佐子、橋内 武

I 日本の概要

　グローバル化の進む社会の中で、世界の国々の外国語教育もまた様々な課題に対峙している。欧州では、教育の質の向上と移動性の保障を求めて、高等教育の改革が進んでいる。日本では、2012年12月、自由民主党が政権につくと、第2次安倍晋三内閣の下、成長戦略の1つとして外国語教育に関しても様々な施策が打ち出されている。

　文部科学省では国際化に対応するために、2013年現在、中央教育審議会や教育再生実行会議を経て、小学校英語教育、学習指導要領の改訂、英語力向上のための5つの提言や具体的施策、これからの大学教育の在り方などが検討されている。その主な内容は、世界大学ランキングを意識した大学改革、大学入試や卒業認定におけるTOEFL、TOEICなどの外部検定試験の活用、留学生の増大、外国人教員採用の推進などである（文部科学省, 2013a）。

　こうした提言および具体的施策は、国際競争力強化、留学推進、外国人教員雇用を中心としたものが目立つが、外国語教育の根幹となる教員養成制度の見直しや個人の能力・特性を生かした目標などについての検討はあまり見えてこない。英語力の指標としては、TOEFLやTOEICが活用され、国際的な比較で日本の低さが指摘されているが、英語力の測定には様々な要素を考慮する必要があろう。海外との国際業務、外交官、研究職など多様な職種でそのために必要な英語力は、専門分野の知識・経験、言語分析力・解釈力など個々人の必要性と資質に負う部分も大きい。

　日本の外国語教育の問題点は既に様々な視点から指摘されているが、その問題の1つは、教育目標や指導法が必ずしも明確でないところに起因すると

考える。またその問題と深く関わる要因として、教員養成のあり方が指摘できよう。すなわち、外国語教育の改善のためには、指導法をはじめ教員養成カリキュラムや教育実習などに関して根本的な改革が求められると考える。そこで、本章では、日本の外国語教育政策を歴史的に顧みながら、世界の外国語教員養成制度を参考に、①外国語教育の目標と指導法および学習者の動機、②大学院での教員養成、③教育実習と教員研修の3点に焦点をあて、日本の現在の外国語教員養成のあり方を検討する。

II 学校制度における言語教育の推移と現状

1. 複数の外国語教育から英語教育一辺倒へ[1]

日本の学校制度における外国語教育は表1が示すように、伝統的に複数の言語教育が実施されていた。その基本は、江戸時代における蘭学のためのオランダ語の普及、イギリス船フェートン号の長崎寄港以来の外交、国防軍事のための英語、ロシア語、フランス語の語学伝習所の開設、さらに明治時代の洋学輸入のための西欧諸語の教育という特徴が指摘できる。中国語、朝鮮語、ロシア語等の近隣諸語は相互交流というよりは、商業上、あるいは軍事上の観点から教授されていた事実も否定できない。第2次世界大戦後はしかし、複数外国語から英語への一極集中への流れが特徴的である。

ところで戦前においても、複数外国語教育が廃止された事例がある。たとえば1894年、第2外国語が削除され、その理由として「省令説明によれば、実績に照らしてみて、第1外国語だけでも数年の学習をもってしても習熟の困難な生徒が多数であり、したがって、第2外国語を削って第1外国語の時数を増したほうがよい」(文部省, 1981)と、今日と変わらない理由が挙げられている。

第2次世界大戦中、英語は敵国語として制限されたが、敗戦と共に1947年、GHQ（連合国総司令部）の指示により、学習指導要領英語編（試案）が作成され、英語学習を望まない者も考慮して、中学・高校の選択科目として開設された。

しかしながら、実質的には英語学習が促進され、1951年から1972年まで

8．本研究を通して、教員養成体制の改善を検討しようとする国

表1　複数の外国語教育から英語教育への集中一辺倒への変遷

時代・時期		事項
明治	明治19年（1886年）	・中学校令（第1外国語は英語、第2外国語はドイツ語またはフランス語とし、第2外国語と農業のいずれかを選択）
	明治27年（1894）	・第2外国語削除
	明治34年（1901）	・「中学校令施行規則」（英語、ドイツ語、フランス語を外国語として教授）
昭和	昭和12-14年（1937-1939）	・中学校および高等女学校での外国語教育は、英語、ドイツ語、フランス語、その他の外国語のいずれかを選択履修とし、時代の状況と実用性に応じて、英語以外の外国語も導入。
	昭和22年（1947）	・GHQ（連合国総司令部）の指示により、学習指導要領英語編（試案）が作成され、中学校・高校における英語は選択科目として履修。
	昭和26-47年（1951-1972）	・中学校の外国語教育においては英語が主流であったが、英語やその他の外国語を一つ選択履修させることが原則。希望者には、第3学年で175単位時間以上の履修も推奨された。
	昭和35年（1960）	・高等学校での外国語が必修教科となる（昭和38年度入学生より昭和46年度まで実施）。「英語A」（9単位）は実業高校、「英語B」（15単位）は普通高校向けとした。
	昭和43年（1968）	・外国語は選択教科に改訂（第3回改訂）されたが、「初級英語」「英語会話」も設けられた。 ・指導語数は中高総語数3,600-4,850語。 ・学校によってドイツ語、フランス語、その他の科目（各15単位）も設けられていたが、英語に重点が置かれていた。
	昭和52年（1977）	・第4回改訂では、「ゆとりと充実」を教育目標に、外国語の授業時数は週3時間となり、英語中心の科目を増設し、選択履修とした。 ・中高指導総語数は2,300-2,800語にまで削減。
平成	平成3年（1991）	・大学設置基準の大綱化により、授業科目の科目区分が廃止された結果、第2外国語の履修を減らす大学も出現。
	平成11年（1999）	・中学校・高等学校において、外国語必修化となったが、英語履修が原則。 ・指導語数は2,200語。
	平成14年（2002）	・ゆとり教育開始、指導語数や授業時間数が大幅に削減。 ・英検、TOEFL、TOEICの数値目標設定。
	平成20年（2008）	・外国語の教育目標は「積極的なコミュニケーションを図ろうとする態度の育成」となる。 ・外国語活動として小学校5学年から英語の授業を週1回実施開始。 ・中学校の英語授業時数も週1時間増えて、140時間となる。 ・指導語数も中高総語数3,000語となるが、英語履修が原則となっている。
	平成25年（2013）	・「2020年の東京オリンピック・パラリンピックを見据え、グローバル化に対応した英語教育改革実施計画」を発表。 ・英語教育の高度化を目指し、授業を英語で行うことを基本とする。 ・検証法は英検、TOEFLなど。

の中学校では1外国語の選択履修が原則であったが、英語以外の外国語はわずかしか教えられていなかった。英語教育課程の目標は、個人が自ら十分な発達を遂げるために、中等教育の3つの目標（個人的能力、社会的市民的能力、職業的能力）から派生し統合されるものとして、一般目標、教養上の目標、機能上の目標に分けられていた。この教育目標は、英語に重点を置きながら、個人の能力・適性を引き出し、個性を最大限に発達させるという統合的な発達の観点におかれていた。

高等学校の外国語は1960年告示から必修教科となり、1968年の改訂で選択教科となった。当時、学校によってドイツ語、フランス語、その他の科目も設けられていたが、英語に重点が置かれていた。

第3回改訂では、受験戦争の過熱化から能力主義がもたらす弊害が考慮され、第4回改訂（1977年告示）より「ゆとりと充実」を教育目標に、「個性や能力に応じた指導」を教育内容とする教育政策に基づき、外国語の授業時数は週3時間となり、英語中心の科目が増設され選択履修となった。「国際理解」という目標も消え、中高指導総語数は2,300–2,800語にまで削減された。1999年、中高において外国語が必修となったが、英語履修が原則で、指導語数は2,200語となる。2002年には本格的なゆとり教育が始まり、完全週5日制のもと、指導語数や授業時数は大幅に削減される一方で、「『英語が使える日本人』の育成のための戦略構想」では、英検、TOEFL、TOEICの数値目標が設定された。2008年には、外国語活動として小学校5学年から英語の授業が週1回導入され、中学校の英語授業時数も週1時間増え140時間となり、指導語数も中高総語数3,000語となる。英語必修の原則は続く。

戦後日本では伝統的に、複数外国語教育は主に大学で実施されていたが、1991年の大学設置基準の大綱化により科目区分は廃止され、総単位数124単位のみの規定にとどめられた（文部省, 1991）。その結果、多くの大学で、従来英語以外の外国語教育の場であった第2外国語の履修条件が削減・緩和されていく。大学院の語学系博士論文でも、本文は英語、もしくは学習外国語、要約は第2外国語および日本語の3言語で書くことが一般的であったが、今日では日本語だけでもよしとする大学が多い。その原因として、「英語だけでも学習困難であるのに、第2、第3外国語で書くことは困難である」とす

る1894年の中学校令と同じ見解が多くみられる。

　しかしながら、今日のグローバル化の社会における言語や文化の多様性を理解し、異文化へ対応する能力を育成するためには複数言語教育は欠かせない。たとえばEUは「母語＋2言語」という「EU市民の3言語主義」を掲げ、複数外国語（言語）教育を推進し、異言語・異文化への対応能力の育成を図っている。

　他方、既述のように英語力育成を重視する文科省は、2013年12月13日「グローバル化に対応した英語教育改革実施計画」(2013d) を発表した。そこには授業を英語で行うこと等が挙げられているが、外国語学習に対し、より内発的な動機づけを育成する等の視点は見受けられない。継続学習の観点からも諸外国では、内発的動機づけを重視する教育政策や人材育成が目指されている。

　たとえば、英語学習の動機に関する欧州中等教育3年生12,000人を対象とした調査で、「英語は好き」という割合はスウェーデン96.1％、デンマーク90.2％、フィンランド89.6％に対し、日本の中学生16,000人を対象とした2003年度の調査では、「英語の勉強が好きでない」は51.5％である。その理由は「文法が難しい」(78.6％)、「テストで思う点数がとれない」(72.7％) である（林, 2011b：9-12）。また、大学生の英語学習の目的（河合, 2004）[2] は、中国では「専攻分野の研究」(59.1％)、「希望する職業」(38.9％)、「欧米の大学留学」(21.4％) とあり、韓国では「希望する職業」(59.3％)、「専攻分野の研究」(20.5％)、「英語の資格試験」(8.9％) となっている。しかし日本では「特にない」(38.3％)、「希望する職業」(30.5％)、「英語の資格試験」(21.6％) であり、学習者の動機づけの相違が著しい。学習動機は能力育成の重要な要因であるため、小学校から大学までの発達段階に応じた目標設定や、それに応じた外国語指導法について考察する必要がある。

2．教育目標と指導法

　日本での外国語指導法に関しては、1922年には、パーマー (H. Palmer) による実用的なオーラル・メソッドが、1947年には、フリーズ (C. C. Fries) のパターン・プラクティスを強調するオーディオ・リンガル・メソッド（いわ

ゆるオーラル・アプローチ）が、中学校の英語教授法に取り入れられた。福原麟太郎（1948）や渡部昇一（1975）は、外国語を通してその国民性や文化を学び、批判的考察力をもって自己の文化や国民性をより深く理解し、知性を練磨すべきであるとして、オーラル・メソッドを批判した（佐藤, 2002参照）。しかしパーマーの文法観は、文法の要を話しことばの基底にある文型にあると考えるもので、主要な文法構造を文型に分類したものである。それが後に、教科書作成者の初級英語文型の基本的参照文献となり、オーラル・アプローチは「外国語としての英語」教育の展開に貢献したとされる（Richards & Rogers, 2001：37-38参照）。他方で文法の学習をどのように行うかは、現在でも議論が続く課題である。

　今日の日本の教育目標のキーワードは、1989年の学習指導要領で明記された「コミュニケーションへの意欲」や高校の教育課程で取り入れられた「オーラル・コミュニケーションA, B, C」以降の「コミュニケーション能力の育成」である。その教育目標を実現すべく策定された学習指導要領、および言及されている指導法について、問題点を明らかにしておきたい。

①学習指導要領には、聞く、話す、読む、書くの技能（以下、4技能と称す）および文法項目の言語活動については細かく述べられているが、具体的にコミュニケーションとは何か、その能力育成のためにどのような指導が求められるか、などに関しては述べられていない。そのため、上述のオーラル・アプローチとの相違も明確ではない。周知のようにCEFRはコミュニケーションを「社会的行動」と捉えているが、その理論は1970年代に開発されたThreshold Level（後述）から展開している。このようなコミュニケーションの概念規定やそこから導かれる4技能を越えた複雑なコミュニケーション能力の観点、その育成のための指導法への言及が見られない。

②「コミュニケーション」の概念規定やその指導法のコンセプトが曖昧なせいか、現実の外国語指導では教育目標とは対照的に、文法構造に焦点をあてた一文訳読式が多く、4技能に関する学習方略や、たとえば読解力育成と深く関わる速読・多読の実践的指導は少ない（林・正木・時岡, 2003）。

③学習目標と実際の教育指導法の乖離の原因として、上記の問題と共に、大学など教員養成機関における英米文学や英語学等の「専門分野」と、英語

教育学の「専門分野」との連携がないことが指摘できる。文法訳読の時代には、伝統的に語学の応用領域として外国語教育が位置づけられていたが、上記のように社会的行動力としてのコミュニケーション能力育成のためには、より複合的な能力の育成が求められている。本書の欧州諸国における教員養成の実態からも明らかなように、多くの国々では、特にボローニャ・プロセス以降の改革で、グローバル時代に対応するより複合的な能力育成が、教員養成改革に求められている。

④文部科学省は、外国語教育学に対し1990年代までは博士号の学位を認めて来なかった。外国語の語学・文学分野に対し、外国語教育の専門性への認識が低かったと言えよう。その結果、今日でも教職の専門性を認める基盤が弱く、専門性育成のための研究の体系化や蓄積は少なく、英語以外の外国語では、その基盤さえ制度的に整っていないところもある。単に経験年数という要因を越えた「教員養成者」の資格認定条件も不明確である。

⑤社会的行動力としてのコミュニケーション能力育成のためには、言語学以外にも学習心理学や言語習得論、教育研究のための統計学、あるいは社会・文化を扱う分野など重要な関連領域がある。④と関連し、そのための諸科目をそろえた教員養成のために、標準カリキュラムを策定すること自体が緊急の課題であるように思われる。

外国語指導法は、文法構造の知識伝達を越えた外国語運用力の育成に欠かせない重要な領域であり、欧米においても長期に亘る論争が続いている。英語に関しては第2言語習得研究と外国語習得研究が共に議論され、アメリカのTESOL（Teachers of English to Speakers of Other Languages）学会では100を超える世界の国々から毎年数千人の会員が参加し、国際応用言語学会（International Applied Linguistics Association：AILA）には3年に一度、これも数千人が参加し、言語獲得に関する研究成果や言語と思考の問題などに関し、時代の要請や学際的研究成果に基づく指導法のあり方について討論している。今日ではグローバル社会のなかで、異文化共存や複数外国語学習など新しい課題が論じられている。

3. 外国語としての英語力の捉え方——TOEFLおよびCEFR

1）TOEFLで英語力測定は可能か

既述のように2002年「『英語が使える日本人』の育成のための戦略構想」で、学習者や英語教員に求められる英語力として英検、TOEFL、TOEICの目標値が設定された。その結果多くの学校ではTOEFLやTOEICが授業カリキュラムに加えられている。教育再生実行本部（2013）は、大学入試や卒業認定、キャリア官僚の採用試験にTOEFLを導入する方針を固め、大阪府教育委員会は、府立高校の入試に2017年春からTOEFLや英語検定試験を活用する方針を決めた（朝日新聞, 2013b, c）。

政府は世界トップレベルの大学を目指して、アベノミクスの「3本の矢」の概念を教育改革にも採り入れ「数学・科学」「IT教育」に加え、「英語力」を強化目標に挙げている。しかし問題は「英語力をTOEFLで測定すること」ができると思い込んでいることにある。なぜならば、国際社会で活躍する者に必要なのは、北米の大学に留学するための英語運用力を測るTOEFLの得点ではなく、異言語・異文化理解に伴う認知能力、問題解決能力、論文作成能力等であるからだ。

2）言語能力・英語能力の測定

言語力・英語力の測定に欧州では、欧州言語共通参照枠（Common European Framework of Reference for Languages：CEFR）が使用されており、日本でも多くの研究者が日本人用のものを検討している（例：荒木, 2010；投野他, 2012）。CEFRは、欧州評議会（Council of Europe：CoE）が開発した言語学習のための「ツール」である。CEFRの導入に関しては次のような基本的な問題を考慮すべきであろう。

戦後の復興と共に政治・経済・社会生活での交流・相互依存が高まるヨーロッパでは、欧州評議会の文部大臣会議で諸問題が議論された。1961年のハンブルク協定では、現代語教育方法の包括的な改善を国境を越えて共同で促進する決議が採択された。その委託を受けたWilkinsやvan Ek等が中心になり、1975年、まず英語学習者用にThreshold Levelが開発された。それはヨーロッパ諸語の「コミュニカティブ・アプローチ」の成立を促すが、理論

的基盤として、従来のオーディオ・リンガル・メソッド等のように文法構造や言語構造を中核とするアプローチではなく、言語の「伝達機能（function）と概念（notion）」を中核とするアプローチである。すなわち、言語運用を社会的行動とみなす全く新しい構想と理論的枠組みがあり、その「（複数）言語運用のための能力観」（コンピテンシー・モデル）が、「コミュニケーション」概念の基盤にある。

その経験を基に、統合が進むヨーロッパで約30年をかけて開発されたCEFRは、第1章「政治的および教育的背景」で、言語学習者を多文化・多言語社会での「社会的行動者」（social agent）と定義し、外国語能力を複合的に捉えている。その上でCEFRは言語運用を「受容」「産出」「やりとり」の観点から5領域に分け、A1, A2, B1, B2, C1, C2の6段階で「～ができる」（Can-do）という様式で定義している。CEFRに例示された「自己評価表」と異なり、実際はさらに口頭・書式での「仲介」という言語活動もある。CEFRを採用した欧州諸国の学校教育では、7領域での言語行動力育成が教育目標・評価対象となっている（吉島・大橋, 2004参照）。

以上概観したように、言語運用力を測定する際の能力をどのように分析的に捉えるかは、多文化共存の時代に入り、文法構造の知識を越え大きく異なってきている。アメリカで中心的な「第2言語習得研究」の蓄積の上に成立したモデルでもない。CEFRは単に言語的次元のみではなく、社会文化的要因、さらには、周知のように「ヨーロッパ言語ポートフォリオ」（European Language Portfolio：ELP）で代表されるような学習能力の育成までをも含めており、欧州各国の外国語の学習指導要領にはそれが反映されている。

本章では紙幅の関係上、CEFRの能力モデルについては論じないが、今後日本の外国語教育でCEFRによる評価を導入するのであれば、外国語能力をどのように定義するのか、という問いから初め、その評価を考えるべきではないだろうか。この問題は、教員養成でどのような能力が育成されるべきか、という問いにも深く関わる。

4．小学校英語活動と小中連携

日本の外国語教員養成に関しては、小学校の英語教育の導入と共にその養

表2　小学校英語活動の歴史

時期	事　項
2002年	・「総合的な学習の時間」の新設に伴い、地域人材の活用も含めて実施開始。 ・拠点校認定やチーム・ティーチングの実践的な取組。
2011年	・小学校5－6学年に週1回の英語指導が必修化。 ・実施時数は年間35.4時間、業務委託契約のALT活用総時数は39.8％にとどまる（文部科学省, 2012c）。
2013年	・小学校英語開始時期を、中学年・3年生から活動型週1-2コマ程度、小学校高学年から教科型週3コマ程度に増加する。 ・上記の事柄は2020年度から実施予定（文部科学省2013d）。

成が緊急の課題とされている。小学校英語活動の歴史を概略すると、表2のようになる。

　小学校英語活動は自治体によって異なり、小中一貫教育を進める自治体では学習指導要領に頼らない独自のカリキュラムや教材を作り、小中学校間で教員が行き来して授業を実施し、市教育委員会から追加予算の配分を受ける場合もある。全国48市区のうち、独自の教員を採用している学校は21件、正規教員はわずか3件である。学校選択制を導入することによって授業格差が拡大していることも事実である（AERA, 2013）。モデルとなる拠点校や特例校を指定することで授業格差も生じている。

　以上の事柄に関して、教育政策・教育制度的には下記のような課題が考えられ、早急に取り組まれるべきであろう。

①小中一貫した到達目標の設定および小中連携の明確な方針の確立。今日、小中連携のない学校では、小学校で何をどこまで学んだかを教員は把握できず、中学校での授業に戸惑いを感じている。小学校児童の発達年齢に応じた指導、教育目標、および文字・文法指導などを明確にすべきである。

②「英語で授業」ではなく、内容言語統合型学習（Content and Language Integrated Learning：CLIL）や教科横断型指導（二五, 2013）、ディベート（Hayashi, 2001）、多重知能理論（林, 2011b）などによる指導ができる専科教員の養成が求められる。

　文部科学省は、専科教員の確保は急務としながらも、教員養成については

明確にしていない。日本の小学校ではチャンツやゲームを取り入れた指導が多く、読み書き指導が少ない。それゆえに、中学校で文法や読み書きなどの文字化が導入されると、文法が難しい（78％）、英文を書くのが難しい（72.6％）とする生徒が増えている。小学校5学年で「英語の勉強が好き」は74.2％であったものが、中学校1年で60.5％、3年になると48.7％になる（国立教育政策研究所, 2003; Benesse, 2009; 林, 2011b：12参照）。

　したがって文部科学省は、学習心理学的基盤を持ち十分な教育実習を積み、小学生の年齢に応じて、自信をもって指導できる教員養成のための制度やカリキュラム策定を早急に実現すべきであろう。特に小学生の英語指導においては、コミュニケーション能力育成や、継続的に言語力を伸ばすという観点からも、母語（日本語）教育との関係を適切に扱うことができる専門性も求められる（注5参照）。

5．高校学習指導要領改訂と中高大連携

　2009年12月に改訂された高校学習指導要領を円滑に進行させ、所期の目的を達成させるためには、さまざまな準備と配慮が必要である。まず、指導要領の要点（1）④では「中学校における学習との円滑な接続を図る科目として「コミュニケーション英語基礎」を新たに設ける」（文部科学省, 2009）としているが、高校で躓かないように中学校で特別クラスを編成するなど、中学校の教育現場との連携が必要である。大学でも近年補習授業（remedial education）が行われているが、先延ばしの指導は目標達成を遅らせ、精神的にも悪影響を及ぼす可能性がある。英語など言語は、元来、コミュニケーションの手段であるため、早めに対応する必要がある。

　教育目標に応じて「コミュニケーション英語Ⅰ，Ⅱ，Ⅲ」「英語表現Ⅰ，Ⅱ」が設けられており、ディスカッションやディベートによって「複雑な文構造を用いて正確に内容的なまとまりのある多様な文章を書けるようにする」（改訂の趣旨、イ）などが記載されている。しかしその目標達成には、伝達機能を重視した相互行為としての言語運用を指導できるための教師側の多様な授業技能と、生徒自らの学習上の努力が前提になるであろう。また、大学入試で「訳すこと」が中心となっている大学側にも、発想の転換と改革を要請

する必要がある。

「授業を英語で行う」ことにも賛否両論がある。たとえばフィリピンの場合、アメリカの植民地時代以来、数学、理科などは英語で授業が行われ、国語、音楽、体育などは国家言語のフィリピノ語で行われた。その結果、英語はクレオール化し、フィリピノ語による読み書き能力や学業達成度は著しく低下し、学力育成に不十分な母語や英語の影響が懸念されている（林, 2000; 河原, 2014）。Stoter（2009）によれば、目標言語で指導するよりも、母語と目標言語を用いて指導するCLILの方が理解を促進する。それゆえ、教員はCLILの指導法を充分心得ておくべきである。

結論として、小学校、中学校、高等学校、大学での教育目標と教員の連携、および4技能の統合的指導を各年齢段階で実施できる教員養成の必要性が指摘できる。要するに、学習者の好奇心や特性を生かして学習意欲を高め、積極的な学習態度を養うことが求められ、教員側には専門性を持った指導力が求められるのである。

III 学校教育政策と学校教育制度

1．学校教育政策

日本の学校教育制度・政策は、教育基本法（昭和22年以降、平成24年3月30日最終改正）に基づき、文部科学大臣の諮問に応じ、中央教育審議会で調査審議された提言が閣議決定により成立する。

外国語教育に関していえば、たとえば「英語力検定にTOEFLを導入」する案（2013年）は、政府の産業競争力会議で楽天社長ら民間委員が提案している。英語を小学校正式教科としたのは、教育再生実行委員会（座長・鎌田薫早稲田大学総長）の提言による。中央教育審議会委員や教育再生実行委員の多くは、外国語教育の専門家ではないが、彼ら「有識者」の主張によってこの国の外国語教育政策が決められている。

ヨーロッパでは、文部大臣会議やEUの「欧州教育・文化委員会」等で各国の代表が集まり「教育の質」などを討議した結果を踏まえ、高等教育を含めた制度改革が行われている。各国では、グローバル化する社会において外

国語教育の重要性・専門性への認識が高まり、大学での専門講座の開設や授業履修の必修化、カリキュラムの改訂等を通じて改革が進められている。しかし日本においては、非専門家集団が、学校教育の本来のありように配慮するよりも、目先の「実用」にとらわれた教育技法に偏った政策を提言することが目立つ。

　歴史的に過去の外国語教育政策の検証を行うこともあまり見られず、その結果今までの誤りを顧みることも少なく、教育現場の声を聴くことも、一部を除き少ない。このことは、不毛な政策と教育目標の改訂を繰り返すことにも通じる。

2. クラス・サイズと授業時数

　外国語教育の成果は、クラス・サイズと授業時数に大きく左右される。このことは、1947年および1951年の学習指導要領でも取り上げられており、①1学級の生徒数は30名以上になることは望ましくないこと、②外国語の授業時数は、毎日1時間、週6時間が理想で、週4時間以下では効果が極めて減ること、などが指摘されている。大谷（2013：166）は「言語教育成功のための要諦として、教師とクラス・サイズと授業時数」の3条件を挙げている。ドイツでは母語/学習言語のドイツ語力・英語力の相関関係を明らかにすべく大規模調査DESIが実施され、その際も英語の授業の質に関する要因としてクラス・サイズ（30人前後の「大クラス」）の問題が指摘されている（杉谷2010：67）。

　日本では2013年現在、義務教育の学級編成基準は、いまだに40人である。さらに大学での一般教養の外国語のクラス・サイズは50人を超えるもの、教員養成の英語科教育法のクラスは100人を超える大学もある。欧米の小中高においては、クラス・サイズの平均は20-25人で、30人を超えることはほとんどない。英語話者と接触する機会が少ない日本のEFL環境で英語力を向上させるには、クラスの少人数化とならび印欧言語圏の数倍の授業時数が必要であることは覚悟しなければならない。

3. 学校教育制度

日本の学校教育制度、教科、時間配当、教科書、指導法は、1871年以来、文部省（今日の文部科学省）によって統括されてきた。今日の6-3-3-4制の学校制度（義務教育年限は、9年の単線型）は、1947年、GHQの占領・管理下において、学校教育法が制定され教育の機会均等が実現し、確立された。2011年に改正された学校教育法に基づく学校教育制度（図参照）には、幼稚園、小学校、中学校、高等学校、中等教育学校、特別支援学校、大学および高等専門学校がある。学校は、国（国立学校）、地方公共団体（公立学校）、学校法人（私立学校）が設置する。就学前教育は満3歳から幼稚園で行われるが、満4歳児の2年保育、満5歳の1年保育を主としている。義務教育は、小学校の6年間（満6歳−満12歳）、中学校の3年間（満13歳−満15歳）の9年間である。

高等学校は、3年間（16歳−18歳）である。2013年現在、94.1％の学習者が全日制高校へ、3.7％が定時制・通信制高校へ進学している。高校進学率は、韓国の98.7％より低いが、欧米より高い。中等教育学校は前期課程3年と後期課程3年に区分されているが、中・高等学校は一貫教育を施すことができる。短期大学・大学への進学率は2010年現在54.3％である（文部科学省, 2011a）。

IV 外国語教員養成制度

1. 教員養成制度の変遷[4]

学制発布以前の日本では、近代化のために採用した欧米の先進教科の指導者は外国人教師であった。これについては文部省（1981、1992）に詳しいが、以下、今後の教員養成を考えるためにも、過去の教員養成の歴史を概観したい。

明治5年（1872年）、東京をはじめ、全国各大学区に小学校教員養成の師範学校が設置され、各府県に伝習所、講習所が設置された。大学南校の米国人スコットは、師範学校教師として招聘され、アメリカの師範学校にならって教員養成を開始した。アメリカの小学校で使用していた教科書・教具・機械などを取り寄せ、ペスタロッチ教育法の原理に基づいて、実物の提示、問答

342　8．本研究を通して、教員養成体制の改善を検討しようとする国

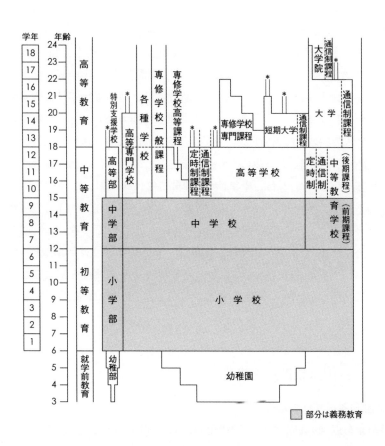

注
1) ＊印は専攻科を示す。
2) 特別支援学校は「盲学校」「聾学校」「養護学校」に区分されていた制度が2007年4月1日から一本化された。特別支援学校には、小学部、中学部のほか、幼稚部又は高等部のみを置くことができる。
3) 高等学校、中等教育学校後期課程、大学、短期大学、特別支援学校高等部には修業年限1年以上の別科を置くことができる。

図　日本の学校教育制度
（文部科学省「諸外国の教育統計」平成26（2014）年版に基づき林桂子作成）

教授法を行った。

外国語教員養成に関しては、大正11年（1922年）に臨時教員養成所が設置された。英語科は、東京高等師範学校、広島高等師範学校、大阪外国語学校に設置された。昭和24年（1949年）に教員の慢性的不足および無資格教員の解消を図るため「教育職員免許法」を施行し、「教員免許制度」を創設、教員養成系大学以外の一般大学と短期大学でも教員資格を取得できるいわゆる開放制を採用し「教育公務員特例法」を制定した。

2．外国語教員養成の単位数と大学院での教育養成

平成24年（2012年）度の「教育職員免許法」は、昭和24年（1949年）（法律第147号）のものを基に改正された。**表3**は免許状の種類と最低単位数である。

中学校および高等学校の教員免許状は、各教科について授与される。平成元年（1989年）、普通免許状の種類は学位取得に応じて、専修免許状（大学院修士）、一種免許状（大学学士）、二種免許状（短期大学士）の3種に区分された。ドイツ語、フランス語、中国語の免許状に関しては英語と同じ種類と単位数で授与される。しかし付与される言語の種類に関しては、「外国語（英語、ドイツ語、フランス語その他の外国語に分ける。）」とあり、大学入試センターで外国語科目として認定されている英、独、仏語以外の中国語、朝鮮語に関しては特に明記されていない（「教育職員免許法」平成24年度改正）。

教員養成については、本書の各論が示すように欧州各国では制度的改正が

表3　日本の小学・中学・高校教員普通免許状の種類と単位数

	小学校			中学校			高校	
	専修	1種	2種	専修	1種	2種	専修	1種
教科に関する科目	8	8	4	20	20	10	20	20
教職に関する科目	41	41	31	31	31	21	23	23
教科又は教職に関する科目	34	10	2	32	8	4	40	16
その他＊	8	8	8	8	8	8	8	8
合計単位数	91	67	45	91	67	43	91	67

＊その他は、文部科学省令で定める科目として8単位（日本国憲法2単位、体育2単位、外国語コミュニケーション2単位、情報機器2単位）を含む。

（教育職員免許法最終改正2012年8月22日法律第67号に基づく）

行われ、時代の変化とともに、専門教科や教科教育法の改革が見られる。諸外国と比べ、日本の教員養成には次のような5つの問題が指摘できよう。

1) 総単位数と小・中・高校教員免許取得単位数

　日本の教員養成課程で履修されるべき総単位数は非常に少ない。また小・中・高校教員免許の単位数は同じである。ところが、たとえばヨーロッパでは、年間60単位で1,600時間を要する国々もめずらしくはない。初等教育は240単位（4年間）、前期中等教育270単位（4.5年間）、後期中等教育300-330単位（5年間）、そのうち専門教科と指導法は後期中等教育で120単位の修得が義務付けられている。初等教育から高等教育へと段階を経て必要単位数は増えている。学年が上がるごとに指導内容も高度になり、指導者自身がより深い知識と言語力を身につけて、自信をもって指導するためには、授業時数を多くし、熟練した養成者によるより長期の実習指導が不可欠である。

2)「教科に関する科目」

　日本の「教科に関する科目」（英語の場合、英語学、英米文学、英語コミュニケーション、異文化理解それぞれ1単位以上計20単位）の単位数は、グローバル化の時代へ向けての外国語能力育成のためには、あまりにも少ない。4技能は、4年間で各技能わずか6単位であり、一般の卒業必要単位数とほぼ変わらない。特に問題なのは、将来の教員として活躍を求められる教員志望学生の英語力育成のための履修単位数も少ないことである。他の一般教育の履修単位を越えた専門的な外国語運用力の育成は不可欠で、そのためには、目標言語圏での一定期間の滞在を義務付けることも考えるべきであろう。たとえば英語に関しては、英語圏と近い言語を母語とするドイツなどヨーロッパ諸国でさえ、最低3か月の滞在を、教員養成課程法で義務付けている。目標言語と言語距離が遠い日本では、特に早急に検討すべき課題ではないか。

3)「外国語・英語科指導法」

　「教職に関する科目」（31単位）には、教育原理や教育法規など教職の意義や教育の基礎理論に関する科目、そして教科指導法、教育実習が含まれる。

「英語科指導法」は、合計6-8単位という少なさである。ヨーロッパなどにおいては、総単位数が多く、英語教授法だけで30単位の修得が義務付けられているほどである。日本では既述のように「外国語教育の専門性」への認知が低い歴史の影響が否定できない。より複合的なコミュニケーション能力育成のためには、今後外国語指導法は質・量ともに拡充すべき領域であろう。

4) 教育実習の単位数および期間

　教育実習の単位数および期間も少ない。特に、高校教員の実習期間が中学校より少ないのは問題である。本書でも示されているように、諸外国では教育実習に1-4年をかけて、単位取得後、1年間の実践指導を経て、教員免許状を取得するところも少なくない。教育実習では、授業観察、省察、報告を繰り返し行い、大学での養成課程で学習した諸理論と、教育現場での実践経験の有機的関連付けが目指される。またそのような複数のサイクルを通じて、教育指導への自信も体得させる。「コミュニケーション能力の育成」という指導力が求められるなか、日本の現行制度では、語学力育成の機会が少なく、実習期間も短く、さらには現場経験も浅い教員の養成制度が実質的に続いている。新しい教育目標に応じて、実習校と大学の教育課程を責任をもって関連付けるような教育実習制度の確立が求められよう。

5) 修士課程までの教員養成

　現在日本でも大学院「修士レベルの教員養成課程の改善に関するワーキンググループ」などで、教員の資質能力の向上が検討されている。具体的に外国語教員養成が今後どのように展開するのか不明な点もあるが、グローバル化の時代、教育への要請は一般により高く複雑になっており、教員の専門的な知識と資質を高めるには大学院までの教員養成が不可欠であるという認識は国際的に共有されている。

　ボローニャ・プロセス後、欧州各国では教員資格は修士課程修了を前提としており、国によっては小学校教員にも同様の基礎能力が要請されている。フィンランドでは教員の力量が高く、能力別編成ではなく、生徒一人ひとり

にあった教育を施しながら、協同学習を実施していて、児童・生徒間の格差は小さい。こうした教員の能力育成は、大学院までの系統的な養成課程で可能になる。

　日本の場合、新学習指導要領改訂版では、骨子として「英語で授業」、「4技能の統合的指導」を掲げているが、指導に必要な語学力、指導法、専門教科の授業時数、教育実習の重要性が考えられているとは見えない。語学力を向上させ、効果的な外国語指導法を実践するためには、教員養成の専門教科の充実と授業時数を増やす徹底的なカリキュラム改革を行い、小学校英語の専科教員も含めて大学院で本格的に教員養成を行う制度を早急に設ける必要があろう。

V　外国語教員の教育環境と教員研修

1．外国語教員の教育環境

　1971年、優れた教職人材を確保するために、中央教育審議会は、次の3点を提言した。
①義務教育の教員の初任給を一般の公務員より3-4割上げる、
②採用後1年程度の期間、実地修練を行う制度の開設、
③教職経験豊かな教員が2年間高度な教育の勉強ができる大学院の設置。
　この提言を受けた「学校教育の水準の維持向上のための義務教育諸学校の教育職員の人材確保に関する特別措置法」（1974年2月25日法律第2号）の制定により、教員給与の画期的改善が実現した。
　こうした教育職員の人材確保法は、オランダの教員資質・能力の向上に効果をあげている方法と類似している。しかし、研修について大きく異なる点がある。オランダでは学校側と教職員側が話し合い、いかなる教員も研修によって報酬を得る制度となっているのに対し、日本では「教職における優れた実績に基づいて任命権者が推薦した現職者に対して、研究修練を行わせるもの」（文部省,1992）としている。任命権者による推薦方式を採っており、教員本人の意思を尊重した、より公平な機会提供に至らないことが危惧される。また大学での教員は免許を必要とせず、教員同士で指導法などについて

話し合う機会も少ない。

　第三者評価の外部評価に際しては審査基準の点検だけではなく、各大学で熟練した専門家が教職科目を担当しているかどうかを見極めるべきである。この点で、2013年10月15日文部科学省より公開された「大学院段階の教員養成の改革と充実について」（「教員の資質能力向上に係る当面の改善方策の実施に向けた協力者会議」主査：村山紀昭北海道教育大学名誉教授）の報告には、興味深い提言が含まれている。たとえば、教職課程を置く大学は情報を公開すべきとしており、それには次のような項目が含まれている（同報告書「3教職課程に関する情報の公表：公表の義務付け」参照）。

　・教員養成の理念や具体的な養成する教員像
　・教職指導に係る学内組織等の体制
　・教員養成に携わる専任教員の経歴、専門分野、研究実績等
　・教員養成に係るカリキュラム、シラバス等
　・学生の教員免許状取得状況
　・教員への就職状況
　・その他教員養成の質の向上に係る取り組み

　教員養成に関してこのように具体的なカリキュラムや担当教員の専門分野、研究業績等が公開されれば、教職志望者もそれを参考に、自己の職能形成を考えやすくなると思われる。

2．教員の現職教育

　教職員の資質向上教育は、1946年に始まった。全国の教員養成諸学校長および地方視学官の参集を求めて「新教育方針中央講習会」を開催し、「個性の完成を目標とし、そのために自由を尊重し、画一主義的な教育方法を打破し各教育機関および教員の自主的、自発的な創意工夫によるべきものである」という新教育の理念と方法を教職員に徹底した「教育委員会法」（1948年）が制定され、全国的な講習が実施された。1950年には「教育指導者講習」と改められ、大学に委託して実施されている。

　現在の「免許状更新講習」は、2007年6月「教育職員免許法」の改正により実施されている。免許状には、効力を有する期間が定められており、授与

の翌日から起算して10年（臨時免許状は3年）となっている。免許状更新には、有効期間満了日までの2年以上の期間内に、文部科学省令で定める免許状更新講習の課程を修了しなければならない。

　免許状更新講習の時間は、30時間以上、そのうち「教育の最新事情などの必修領域（共通）」を12時間以上、「教科指導、生徒指導などの選択領域（教科）」を18時間以上受講・修了することになっている。教科指導は、夏休みのわずか18時間に試験なども含むが、そのような短時間で十分な指導法を学ぶことはできない。講師は、文部科学大臣が第16条の3第4項の政令で定める審議会等に諮問して免許状の授与の所要資格を得させるために適当と認める課程を有する大学において、教授、准教授または講師の職にある者が担当することになっている。しかし教員免許状を持たず、さらに外国語教授法を専門としない大学教員が担当する場合もある。教育の専門性を考慮し、適切な講師に担当させるべきである。

　小学校外国語活動のための教員研修は、中央研修（指導者養成研修）、中核教員研修（都道府県教育委員会の指導主事が各学校から1名ずつ選出された中核教員による研修）、校内研修（中核教員は自身の学校で校内研修する）の3段階で実施されている。校内研修は2年間で合計30時間である（文部科学省, 2007）。

　小学校教員は英語を使うことに慣れていない。英語教育の専門家でない指導主事や校長などから間接的に短時間の研修を受けるだけでは、自信をもって指導することは難しい。教員一人ひとりが積極的に内外の研修会や学会に参加して、指導法に取り組む体制が必要である。

　2013年度予算（案）主要事項として、若手英語教員を米国の大学に100名派遣する事業を取り上げているが（文部科学省, 2013c）、まずは自国の教員養成制度そのものを見直すことが先決である。

Ⅵ　考察・所感

1．外国語教育目標と外国語指導法

　外国語指導法については明治時代より論争が絶えないが、現在もなお、実用的な話しことば中心か、あるいは「解読」を中心とする文法訳読式かが問

題となっている。一方、学習指導要領では「積極的なコミュニケーション」という教育目標が掲げられるが、既述のように、1970年代のThreshold Levelの開発や30年以上を経て開発されたCEFRの理論的・社会的実践を充分に考慮することなく、Can-Do Statementの「応用」ばかりが議論されるなど、問題も少なくない。

そのため、単一文毎の翻訳や音声メッセージの交換という次元を超えた指導方法が容易に根付かない嫌いもある。このような中で、「英語で授業」だけが強調されているように思われる。

小学校低学年から英語を導入する際はゲームや歌にとどまらず、絵本や童話などの物語を通して文字指導を行い、児童が好んで多読する環境を作り、中学校での文字嫌いや文法嫌いをなくすための小中連携が必要である。また、外国語とその他の教科を統合した教科横断型やCLILによる指導は、個人の特性や意欲を引き出し、言語能力を伸ばす契機となり得る。適切な外国語指導のためには、言語獲得理論や学習心理学、発達心理学、記憶理論など関連基礎理論を専門として周知しておく必要がある。それと同時に適性や発達段階に応じて4技能を伸ばす指導法も実践できなければならない。教員養成のためには、外国語教育研究の専門領域に基づくカリキュラム策定や専門的指導が求められる。

文部科学省は、2006年「言語力育成協力者会議」を開催し、母語の日本語の言語力育成について検討しており、第1回の議題は「児童生徒の発達段階に応じた各教科等を横断した言語力育成について」であった。小学校からの英語教育実施のための指導法等を検討するに当たり、このような審議や知見はどのように活かされたのであろうか。

その審議過程でも、当然ながらコミュニケーション能力をどのように捉え、その育成をどのように考えるか議論されている。そこでも教科横断的な言語力育成や、単一文を越えたテクスト次元での物語や説明・描写、報告等、異なった種類の文章作成へと指導する方法が議論されている[5]。

今後、小学校から中学、高校へと外国語教育を系統的に進めるためには、特に小学校の段階で、母語教育にも通じる言語力育成の観点を取り入れた指導が求められるだろう。

2．外国語教員養成と大学院教育の充実

　教員免許は日本では学部段階で取得されるが、既述のように欧州諸国では、次第に大学院段階に移りつつある。本書の各国の事例が示すように、学部3年制、修士1-2年制で、欧州共通単位制（ECT）が設けられている。教育実習30単位は、学部1学年から実施され、実践を通して卒業論文を書くなどのカリキュラム構成は大変重要である。

　単位の基礎となるのは学習量であるが、日本の教員免許取得に必要な単位数は他国と比較にならないほど少ない。授業観察、授業外での生徒との対応の機会もない。現行のままでは、小、中、高校生を指導するための外国語能力や指導法を身につけ、教育実習を行い、卒業論文を書くに至るには無理がある。外国語の教員養成には既述の関連諸理論のほか、自律的な専門書読解や自己の授業改善のための調査研究能力も求められる。他にも教育実習の拡充、実践力を重視した修士論文の指導は不可欠である。同時に言語能力の維持・向上も欠かせない。

　既述の「大学院段階での教員養成の改革と充実」に関する2013年の報告書が、今後どのように実践に移されるか、期待されるところである。英語の教員採用選考との関わりでTOEFLやTOEIC、英検などの導入が言及されているが、これに関しては、日本の学習指導要領と外部検定試験の英語能力モデルとの整合性を検討すべきであろう。

3．外国語教育政策の問題点

　日本の外国語教育政策は、文部科学省に設置された中央教育審議会で討議されてきている。学習指導要領、指導語数、授業時数、クラス・サイズ、教員免許更新制などは改訂されているが、いずれも、いわば微調整程度である。2013年度の英語教育の改革の3大事項は、①「英語力検定にTOEFLを活用」、②「グローバル・リーディング・ハイスクールを各都道府県に配備し、支援する」、③「授業の半数以上を英語で実施、留学生交流促進を行う大学を重点的財政支援校に指定する」である。これらの提言は、結果として競争・留学を煽り、外国人留学生数が多い大学や選ばれた一部の学生や学校のみが優遇される嫌いもある。国の教育費のより効果的な活用のためにも、諸外国の

事例を参考にし、同時に、わが国の長年の教育的経験の蓄積から将来の改革のための教訓を汲み取ることが重要であろう。そのためには、本章ではあまり議論できなかったが、相互依存が進む世界で、いわゆる「英語プラス」という複数外国語教育への実質的な取組みも進められるべきであろう。

注

1　文部省（1981）『学制百年史』、および文部省（1992）『学制百二十年史』.
2　宮原文夫他（1997）『このままでよいか大学英語教育――中・韓・日3か国の大学生の英語学力と英語学習実態』松柏社、河合忠仁他（2004）「第2章どちらを向いているの、日本の英語教育」『日本の学校英語教育はどこへ行くの？――英語教育の現状リサーチにもとづいて』松柏社.
3　語数はSeijo（2013）英語力判定試験レベル相関表参照. www.seijo.ac.jp/files/www.seijo.ac.jp/univ/students/.../level（1）pdf（2013.8.30）
4　教員養成制度の変遷は、文部省（1981）および（1992）参照.
5　コミュニケーション能力のためには複合的な「言語力」が必要で、その育成は母語教育で学年段階を通じて系統的になされるべきこと、また教科横断的指導が有益であること等が論じられている。「報告書案」には、外国語を含めた具体案が含まれている（文部科学省2006-2007）。

参考文献

AERA（2013）「授業格差が拡大・公立の小学校」東京：朝日新聞出版（2013.7.1）
朝日新聞（2013a）「全学年35人学級、断念文科省、自民意向受け白紙に」（2013.1.26）
朝日新聞（2013b）「官僚試験にTOEFL」（2013.5.5）
朝日新聞（2013c）「府立高入試にTOEFL活用」（2013.9.21）
荒木史子（2012）「情動がコミュニケーション力に及ぼす影響――CEFRと外国語学習者の情動についての国際比較」広島女学院大学博士論文.
Benesse（2009）「第1回中学校英語に関する基本調査（生徒調査）速報」 http://benesse.jp/berd/center/open/report/chu_eigo/seito_soku/index.html.（2009.8.22）.
Brasor, P. (2013). Media weighs in on LDP's English education plan. *The Japan Times. News*. (2013.5.5).
ETJ (2013). English Teachers in Japan Digest No. 4724. *Yes, I do. No, I don't*. "japangumby" japangum (2013.7.25).
European Commission (2006). Directorate General for Education and Culture and Directorate General Press and communication. Special Eurobarometer 243/Wave64.3-TNS. Opinion & Social. Europeans and their Languages.
林桂子（2000）「フィリピンの英語教育の歴史」関西外国語大学教育研究報告第1号.
Hayashi, K. (2001). The effectiveness of collaborative learning. *The Japanese Learner*. Oxford, England: University of Oxford.

林桂子・東眞須美・宮崎祐治（2004a）「第1編第6章日本」『世界の外国語教育政策・日本の外国語教育の再構築に向けて』東京：東信堂．

林桂子（2004b）「第2編第4章オランダ」『世界の外国語教育政策・日本の外国語教育の再構築に向けて』東京：東信堂．

林桂子（2007）「第3章第7節　外国の事例からみた小中連携のあり方」『小学校英語と中学校英語を結ぶ』松川禮子・大下邦幸編著．東京：高陵社書店．

林桂子（2010a）「スウェーデン——ヴァイキングから社会福祉の国へ」『EUの言語教育政策——日本の外国語教育への示唆』大谷泰照・杉谷眞佐子・脇田博文・橋内武・林桂子・三好康子編著．東京：くろしお出版．

林桂子（2011a）「スウェーデン、オランダ、日本の教員養成」『小学校の英語教育』河原俊昭・中村秩祥子編著．東京：明石書店．

林桂子（2011b）『MI理論を応用した新英語指導法——個性を尊重し理解を深めあう協同学習』東京：くろしお出版．

林桂子・正木美知子・時岡ゆかり（2003）「大学における英作文指導のあり方——英作文実態調査の報告：第7次（2001-2003）JACET関西支部研究プロジェクト」『英語におけるライティング指導の課題——実践研究の報告（5）』第6号, 1-18.

河原俊昭（2014）「フィリピンの外国語教員養成」JACET関西支部海外の外国語教育研究会発表資料.2014.3.30.

国立教育政策研究所（2003）「英語教育に関する学習状況」『平成15年度小・中学校教育課程実施状況調査』．www.nier.go.jp（2013.9.6）

国立教育政策研究所（2007）学習指導要領データベース「学習指導要領英語編（試案）昭和22年度（1947）・文部省、学習指導要領外国語科英語編I（試案）昭和26年（1951）改訂版・文部省——平成15年度」http://www.nier.go.jp/guideline/（2013.9.6）

文部省（1970）『我が国の教育水準』（昭和45年度）「第3章1（1）a」http://www.mext.go.jp/b_menu/hakusho/html/hpad197001/hpad197001_2_058.html（2013.9.16）

文部省（1991）「第II部第4章第2節1大学設置基準等の大綱化と自己評価」『我が国の文教政策』（平成3年度）http://www.mext.go.jp/b_menu/hakusho/html/hpad199101/hpad199101_2_150.html（2013.5.18）

文部科学省（2002）『「英語が使える日本人」の育成のための戦略構想の策定について』http://www.mext.go.jp/b_menu/shingi/chousa/shotou/020/sesaku/020702.htm（2013.7.4）

文部科学省（2006-2007）「言語力育成協力者会議」（2015. 1. 5.）
第1回配布資料等　http://www.mext.go.jp/b_menu/shingi/chousa/shotou/036/shiryo/06061520.htm
第8回配布資料、　報告書案等　http://www.mext.go.jp/b_menu/shingi/chousa/shotou/036 /shiryo/07081717.htm

文部科学省（2007）「小学校における英語活動等国際理解活動推進プラン（拡充）」http://www.mext.go.jp/a_menu/hyouka/kekka/07110104/002/005.pdf（2013.7.4）

文部科学省（2008）『中学校学習指導要領解説・外国語編』平成20年7月．

文部科学省（2009）『高等学校学習指導要領解説・外国語編・英語編』平成21年12月．

文部科学省（2011a）「高等学校教育の現状」http://www.mext.go.jp/component/a_menu/

文部科学省（2011b）「学校教育法」http://law.e-gov.go.jp/htmldata/S22/S22HO026.html
文部科学省（2012a）「言語活動の充実に関する指導事例集——思考力，判断力，表現力等の育成に向けて（高等学校版）」平成24年6月．
文部科学省（2012b）『教員職員免許法』最終改正：平成24年8月22日法律第67号．
文部科学省（2012c）「平成23年度公立小・中学校における教育課程の編成・実施状況調査（B票）の結果について」http://www.mext.go.jp/a-menu/
文部科学省（2013a）「これからの大学教育等の在り方について（第三次提言）（教育再生実行会議, 平成25年5月28日）http://www.kantei.go.jp/jp/singi/kyouikusaisei/pdf/（2013.7.7）
文部科学省（2013b）「大学入試制度の抜本的改革について（論点メモ）」http://www.kantei.go.jp/jp/singi/kyouiku/goudoubunka/dai4/siryou01.pdf（2013.7.7）
文部科学省（2013c）「平成25年度予算（案）　主要事項」http://www.mext.go.jp/component/b_menu/other/__icsFiles/afieldfile/2013/02/05/1330426_03.pdf（2013.11.30）
文部科学省（2013d）「グローバル化に対応した英語教育改革実施計画」http://www.mext.go.jp/b_menu/houdou/25/12/1342458.htm（2014.4.14）
文部科学省（2014）『諸外国の教育統計 平成26年版』
二五義博（2013）「算数の計算を活用した教科横断型の英語指導——小学校高学年児童を対象とした英語の数の学習を事例として」*JES Journal* Vol.13, pp.84-100, March 2013.
大谷泰照（2013）『異言語教育展望——昭和から平成へ』東京：くろしお出版．
Richards, J.C. & Rogers, T.S. (2001). *Approaches and methods in language teaching* (2nd ed.) U.K.: Cambridge University Press.
佐藤義隆（2002）「日本の外国語学習および教育の歴史を振り返る——日本の英語学習および教育目的論再考」『岐阜女子大学紀要31号』http://libwww.gijodai.ac.jp/newhomepage/kiyo2002/5-2002.pdf（2013.5.6）
酒井邦嘉（2008）「英語力アップ・長期学習カギ　脳の部位に働き」大阪：朝日新聞.2008.11.6
Stoter, M. (2009). The direct method in foreign language teaching in the Netherlands. Unfversistelt Utrecht Master thesis. http://dspace.library.uu.nl/handle/1874/31758（2014.3.2）
杉谷眞佐子（2010）「ドイツ——『外国語能力の複合性』と新学習指導要領」『EUの言語教育政策——日本の外国語教育への示唆』大谷泰照ほか編著．東京：くろしお出版．
投野由紀夫他（2012）CEFR-J開発の動機.2008-2011年度科研基盤（A）　文部科学省資料7-1 www.mext.go.jp/b_menu/shingi/chousa/1325972-2-1.pdf（2014.5.1）
Wilkins, D. A (1976). *Notional syllabuses*. Oxford: Oxford University Press
吉島茂・大橋理枝（訳・編）（2004）欧州評議会『外国語の学習・教授・評価のためのヨーロッパ共通参照枠』朝日出版社．

国際的動向から何を学ぶか
―― 「あとがき」に代えて ――

学校教員養成の動き

　明治5年（1872年）の学制の制定以来、長らくわが国の学校教員養成を担ってきたのは、基本的には教員養成専門学校としての師範学校（小学校教員養成）と高等師範学校（中等学校教員養成）であった。しかし戦後は、その師範学校の閉鎖的な性格に対する反省から、幅広い視野と高度の専門的知識・技能を兼ね備えた人材の育成のために、わが国のすべての段階の学校教員の養成は、教員養成専門学校を離れて大学に移り、しかも、いわゆる「開放制」の大学において行われることになった。

　この決断を下したのが、文部省の影響を排除するために内閣総理大臣直属の審議機関として設けられた教育刷新委員会であった。昭和22年（1947年）、敗戦2年目のことである。当時は、米軍の空襲によってわが国の都市の多くが焼け野が原となり、家を失った屋外生活者たちのなかには、路上で凍死・餓死するものもめずらしくなかった。ヤミ米を口にすることを潔しとしなかった堺職裁判官の山口良忠判事や保科徳太郎判事らが、結局は、命をつなぐ糧もなく餓死するに至ったのもこの時期である。国民の多くがその日その日を生きのびるために文字通りのどん底生活にあえぎ、大学進学率はわずか3％というこの時代に、教育刷新委員会の南原繁委員長（東京帝国大学総長）らは、焼土と化したこの国の国づくりに必要なのは人づくりであり、人づくりのカギはすぐれた教員の養成以外にはないという教育に対する高い志を失わなかった。

　これは、さらに80年をさかのぼる明治元年（1868年）、例の米百俵で知られる長岡藩の大参事小林虎三郎の志に通じるものであった。長岡藩は戊辰戦

争に敗れ、長岡城は落城し、城下は焼け野が原となった。飢えに苦しむ藩民のために、友藩から見舞いとして贈られた米百俵を、小林は人々の口へは入れずに我慢を強いた。小林には、米を売った金で学校をつくり、時代の要請に応えるすぐれた藩民を育成するという高い理想があった。「教育で腹がふくれるか」とつめよる藩士たちに、小林は「国が興るのも、街が栄えるのも、ことごとく人にある」と屈することなく明日の教育を優先した。後年、長岡藩からは新生日本を背負う多くの人材が生まれた。学界の小野塚喜平（東京帝国大学総長）であり、政界の小原直（司法大臣）であり、海軍の山本五十六（海軍元帥）たちである。

　前大戦直後の南原繁らの意欲的な教育改革もまた、後世に大きな足跡を残すことになった。この改革は、実はわが国の教員養成を、当時、世界でもほとんど類をみない最高の教育水準に引き上げる画期的なものであった。今日、この事実に気づく教育関係者は決して多くはない。

　たしかに戦後の相当の期間、大学出身教員で占められた日本の学校教育の水準の高さは、国の内外でも等しく認められるまでになった。1970年代から1980年代になると、わが国の教育学の第一線の研究者たちが、異口同音に「日本は、世界の「教育大国」であると言われる」（中嶋博・仙崎武, 1981）、「わが国の教育水準が、国際的にみて、きわめて高いところに位置することは疑いのないところである」（新堀通也, 1981）などと評するまでになった。諸外国からは、日本に学ぼうとする教育視察団の来日が相次いだ。その結果は、たとえばイギリスでは、Leonard J. Schoppa. *Education Reform in Japan*（Routledge, 1991）や教育科学省出版の Her Majesty's Inspectorate. *Aspects of Upper Secondary and Higher Education in Japan*（DES, 1991）などとなって広く注目を浴びた。

　事実、欧米では、教員養成、とりわけ初等教育段階の教員の養成は、戦後もなお戦前そのままに、一般には中等教育機関で行われ続けた。日本の戦後の教育改革に深く関わったアメリカでさえも、すべての教員養成を大学で行っていたのは当時の48州のうちで、わずか17州にすぎなかった（佐藤学, 2007）。そんな諸外国で、教員養成課程が大学レベルに移行するのは、やっと1970年代になってからのことであった。

日本の「ゆとり教育」

ところが1980年代に入ると、世界に先駆けて「大学での教員養成」を実現したわが国では、教員養成の高度化によって教育水準の向上を図ろうとする諸外国の動きとは反対に、教育課程を大きく改訂して、いわゆる「ゆとり教育」に転じることになった。2002年には、義務教育の学習内容および授業時数の実に3割にも及ぶ大幅な削減を行い、週完全5日制の実施に踏み切った。その結果、たとえば小学校の算数は142時間、中学校の数学は70時間も削減されることになり、数学教育協議会の調査によれば、算数・数学の授業時間数としては世界でも最低の水準になったという。

今日からみると、たしかに当時のわが文部省は、諸外国の教育の動向について、あまりにも無関心でありすぎたと言われても仕方がない。教員にも、児童・生徒にも、世間一般にも、一見魅力的にひびく「ゆとり教育」自体が、実は「ゆとり教育」の本家本元のアメリカやイギリスで、すでに完全に行き詰まっているという事実に気づいていなかった。アメリカ教育省の全国民向け報告書 *A Nation at Risk*（1983）や *What Works*（1986）、イギリスの初等中等段階の教育政策 National Curriculum（1988）は、いわば彼らの「ゆとり教育」の完全な破産宣言であるとさえ言える。アメリカでは、1日の授業時間数を7時間に延長し、年間授業日数も増やし、宿題を大幅に増やすこと、イギリスでは、年間授業日数を42週（日本は35週）にまで増やして、そのうち6週間は専らテストを行うという厳しく窮屈なカリキュラムを、それぞれの政府が本気で督励するところまできていた。

このような海外の動きにもかかわらず、わが国の教育を逆に「ゆとり教育」へと大きく舵を切らせたものは何か。おそらく、その背景には、日本の教育に対する日本人自身の過信があったことは否めそうもない。学習内容や授業時数を3割程度削減しても、「教育大国」日本の教育は毫も揺らぐものではないという慢心がなかったとは言い切れない。たとえば、その頃、後に教育課程審議会会長に就く三浦朱門は、IEA国際数学テストの中学2年生の成績を「世界のトップクラスである」と手放しに持ち上げて「大成功の日本の教育」と題する論文（『中央公論』1982年4月）を発表している。文部省も、その『我が国の初等中等教育』（1985）で、自信満々に「我が国は国際的にみ

て、教育水準の維持向上の面で成功を収めている例として注目されている」と自賛している。経済企画庁もまた、その『国民生活白書』(1988) の巻頭で、「日本の中高生の学力は世界の中でも非常に高い水準にある」と高らかに謳いあげている。現職の中曽根康弘首相にいたっては、「[アメリカ人の] 知識水準は日本より非常に低い」(1986) という「世紀の妄言」まで平然と公言する始末であった。

ケルン憲章の背景

G8のケルン・サミットが開催されたのは、このような日本人の「教育大国」意識がいまだ根強い1999年のことであった。すでに「この国の教育的熱意——「まえがき」に代えて」でも触れたとおり、G8の首脳は一致してケルン憲章を定め、新時代の教育の最優先事項は教員問題であり、教育の質的向上のためには資質の高い教員の養成が喫緊の課題であることを広く世界に訴えた。このようなケルン憲章は、決してケルン・サミットの場で唐突に湧いて出たアイデアではなかった。

アメリカでは、すでに1980年代から、学校教育のレベルの低下が大きな社会・政治問題となっていた。これを文字通り「国家の危機」と考え、教育改革の緊急性を広く国民に訴えた連邦政府の衝撃的な報告書 *A Nation at Risk* が出るほどであった。これはやがて、「落ちこぼれを1人も作らない」教育を目指す落ちこぼれ防止法 (No Child Left Behind Act, 2002) の制定につながる。ヨーロッパでもまた、ヨーロッパ高等教育圏を確立し、「知のヨーロッパ (Europe of knowledge)」を目指すボローニア・プロセス (1999年発足) を生み出した教育改革の大きなうねりがあった。世界で最も競争力ある知識基盤社会としてのEUの実現を掲げるリスボン戦略 (2000) にとっても、ヨーロッパ全般の教育水準の向上は、決定的に不可欠な条件であった。

当然、今世紀に入って、欧米圏における教育改革、とりわけ教員養成体制の改革には目を見張るものがある。国際化、情報化が進み、さらには多文化複合社会に対応するためのグローバルな教育が求められる教職は、かつてなく広い視野と高い専門性を備えた教員の養成を必要とする。そのためには、いまや従来の「教育技能者としての教育者」よりも「研究者の目をもつ教育

者」が求められ、「質の高い教員でなければ質の高い教育は得られない」ことが当然のことと考えられるようになった。今日では、アメリカやヨーロッパの教員養成は、明らかに教員養成学校や大学学部から、より高度の大学院へ移行して、initial teacher training から initial teacher education に変貌した。大学学部が教員養成基礎課程であるとすれば、教員養成専門課程はいまや明らかに大学院である。ケルン憲章起草の背景には、少なくともこのような欧米の大きな教育的潮流があった。

大学院での教員養成

アメリカやヨーロッパの今日の教員養成の目標は、幼児・初等・中等教育のすべての学校教員を、少なくとも大学院修士課程修了者とすることである。これは、いわばプロ（専門職）の一層高度のプロ化（専門職化）を目指すものである。今日、EU加盟28か国および周辺4か国、合計32か国（平均）と、韓国、台湾、および日本の教員の大学院修了者の割合を示せば表１の通りである。「21世紀は教育の世紀」であり、新時代の教育の最優先課題は教員養成問題であると宣言したケルン憲章の宣言国の１つでありながら、わが国は、自らの国の教員養成の高度化については、いかに冷淡であるかがよくわかる。世界に先駆けて「大学での教員養成」を実現した終戦直後のわが国の強い教育的熱意からは、ほとんど考えられもしない現状と言わなければならない。

なお、EU加盟・周辺国計32か国の中学・高校教員についてみると、大学入学後、教職就任までに要する修業年数は表２の通りである（European Commission, 2012）。最も長いものは７年を要する。専門職としての教員のため

表１　現職教員のうち大学院修了者の割合（%）

国・地域　　　　　　　学校	小学校	中学校	高等学校
EUと周辺国（平均）(2013)[1]	38.7	50.0	71.0
韓　国　(2012)[2]	25.6	35.8	39.0
台　湾　(2013)[3]	42.3	41.5	60.5
日　本　(2007)[4]	2.6	4.5	11.1

1　European Commission (2013)　　2　中央教育審議会 (2012)
3　相川真佐夫 (2015)　　4　日本学術会議 (2007)

表2　大学入学以後、教職就職までの修業年数

修業年数	国　名
7	ドイツ、ルクセンブルク、ルーマニア
6.5	オーストリア
6	エストニア、アイルランド、イタリア、ポルトガル、クロアチア、トルコ
5.5	ハンガリー、スロベニア
5	ベルギー、チェコ、デンマーク、スペイン、フランス、オランダ、ポーランド、スロバキア、フィンランド、スウェーデン、イギリス、アイスランド
4	ブルガリア、ギリシア、キプロス、ラトビア、リトアニア、マルタ、アイスランド、ノルウェー

― European Commission. *Key Data on Education in Europe 2012*.

の教育年数は、同じ専門職の医師や弁護士の教育に迫るものである。

教員の地位と給与

　UNESCOはすでに1966年に、優れた教員養成の重要性について、あらためて注意を喚起する有名な『教員の地位に関する勧告』(*Recommendation concerning the status of teachers*) を発表している。その中で強調されているのは、優秀な人材を教職に惹きつけ、優秀な教員が他職に転出することを防ぎ、教職の高い地位を維持するための決定的な要因は給与であるという事実である。教員の給与は、教職の社会的な重要性を十分に反映したものでなければならないと勧告している。同様の勧告は、その後もOECD（OECD, 2005）やEU（European Commission, 2007）などにより、様々な調査・研究の結果に基づいて、繰り返し行われてきた。

　教員養成の一層の高度化を図る近年の欧米諸国では、当然、教員給与の改善にも見るべきものがある。OECD加盟の統計可能な32か国の高校教員の給与については、すでにコラム③「教員の給与」に述べたとおり、2000年から2010年までの10年間に19％ものアップがみられる。ところが、そんな圧倒的な国際的動向にもかかわらず、実に驚くべきことに、経済大国と言われた当時のわが日本では、教員給与はこの10年間に逆に8％ものダウンとなっている。教員養成の高度化に意欲を示そうとしない国は、教員の待遇そ

表3　OECD30か国の対GDP教育関係予算（％）（日本：30か国中30位）

国名	デンマーク	フィンランド	フランス	日本	韓国	スウェーデン	イギリス	アメリカ	OECD平均
割合	7.6	6.4	5.8	3.6	4.8	6.3	5.9	5.1	5.4

― OECD. *Education at a Glance 2013.*

のものの改善にも意欲を示そうとはしないものなのであろう。

　さらに、「この国の教育的熱意――「まえがき」に代えて」でも述べたように、GDPに対する教育への政府財政支出の割合でも、わが国はOECD加盟の統計可能な30か国中でも最下位の第30位、それも並外れての最下位（3.6％。4％未満は、他にはチリ（3.9％）ただ1国のみ）という熱意のなさである（表3）。しかも、この傾向は、少なくとも、過去20年以上もの間、一貫して変わってはいない。

外国語教員の職場環境

　国の教育的熱意のバロメーターとみられる教育予算は、当然、有能な人材を教育界に迎え入れるための重要な要素である教員給与に大きな関わりをもつが、あわせて教職を働き甲斐のある職場環境に整備するために欠くことのできない重要な条件でもある。

　欧米では、教育の質的向上のために、クラス・サイズと教育効果の関わりについての研究が、20世紀の始めから、すでに1世紀以上にわたって積み上げられてきた。なかでも、クラス・サイズと教育効果の相関を示してよく知られるグラス・スミス曲線については、コラム④「教育的熱意のバロメーター」で述べた。とりわけ個別指導が欠かせない外国語教育にとって、クラスの規模は決して過小評価してはならない。

　当然、欧米では、教育を軽視しない国ならば、国の経済状況に関わらず、一般に25人を越えるクラスを組むことはめずらしい。しかし、わが国では、昭和55年（1980年）以来、すでに3分の1世紀以上もの間、義務教育の学級編成基準の40人は揺らぐことはない。

　また、教員の職場環境として無視できないのが労働時間である。OECDの

最新の国際教員指導環境調査によれば、中学の教員の週当たりの勤務時間は、調査参加の加盟34か国のなかで、わが日本が最長であって、53.9時間である。参加国平均が38.3時間であるから、日本の教員はOECDの他の国々よりも、毎日、実に3時間ものより長時間の勤務状態におかれていることが分かる（OECD, 2014）。

今日の世界の学校外国語（異言語）教育の現状を、20年昔の20世紀末当時の状況と比べてみると、すぐに気がつく大きな違いが、少なくとも、3点ある。①外国語教育開始年齢の早期化　②学習外国語の多様化　③外国語学習の必修化、である。

世界の主要46か国・地域についての筆者の調査結果によれば、そのうち現在、小学校1年生から外国語教育を始める国・地域は過半数の25、2年生からが1、3年生からが8、4年生からが3、5年生からが4、6年生からが1、そして中学1年生からが4か国・地域である。しかし、20年昔の1994年当時、小学校1年生から外国語を教え始める国は、そのうちわずか7か国にすぎなかった。日本の外国語開始学年は、20年昔は中学1年、そして現在も小学校5年生であるが、これは国際的にみれば、国内で考えられているほど「早期」の外国語教育であるとは決して言えないことが分かろう。

学校教育における学習外国語の多様化も見落とせない特徴である。欧米諸国だけではない。近隣の韓国は、英語以外に7外国語、台湾は3外国語、シンガポールでも少なくとも7外国語を教えている。取り上げた46か国中、事実上、英語一辺倒で、それ以外の外国語には見向きもしないのはフィリピンとわが日本ただ2か国だけであることを忘れてはならない。このような偏った言語・文化志向の人間を、国際的には一般に、「グローバル人材」などとは呼ばない。

わが国の中学校では、戦後半世紀以上もの間、外国語は国民教育にとって不可欠な教科とはみなさない1選択科目の扱いにすぎなかった。そして、われわれには、こんな状態が、この多文化複合的世界の中でいかに異常な姿であるかという自覚さえも乏しかった。今日、あらためて46か国を眺めてみると、外国語を学校教育において必修としない国は、英語国のニュージーランドただ1国にすぎない。さらに、1言語のみを必修としている国・地域も、

46か国・地域中、日本を含めてわずか13か国・地域にすぎない。

　しかも、日本の中学校の場合、全授業時数に対する外国語の授業時数の割合は10％で、OECDの統計可能な28か国中の24位である。OECDの平均時間数は14％であり、日本よりも時間数の少ない国は、メキシコ（9％）、チリ、イギリス（ともに8％）、カナダ（7％）の、いわば「国際語」のスペイン語と英語を主要言語とする4国だけである。

　さらに、特にEUの28か国の場合には、英語を主要言語とするイギリス、アイルランドを含めて、すべての国が「母語＋2外国語」習得をハイスクール卒業までの目標とする。そしてそのためには、単に学校教育だけでなく、ソクラテス／エラスムス計画などの国際交流計画によって、外国語学習や異文化交流の実習の場をもっていることは、わが国の教育・学習環境では考えられないことである。

　わが国の外国語教員の養成は、このような環境のもとで行われるという事実を常に念頭におく必要がある。

フィンランドの教育

　近年、OECDのPISA調査で高い評価を受けるフィンランドを、新しい時代の教育モデルとみる考え方が、わが国の文部科学省内部にも見られる。しかし、話題になるのは、とかくカリキュラムや教材や授業のあり方など、いわば単なる学科目の技術的な教育手法であることが多い。しかし、フィンランドの教育の本当の特徴はもう少し別のところにあることが、いささかでも国際的な目で見ると見えてくる。

　まずフィンランドでは、教職は医師や弁護士並みの専門職とみなされ、常に高校生の「就きたい職業」のトップである。教育系大学院入学の倍率は10倍を超え、国の最も優秀な学生が教職に就くといってもよい。そんな教職人気は、その多くを国の教育政策に負っている。

　フィンランドの教育はすべて無償であり、一般に家庭の経済状態によって教育の機会が左右されることはない。フィンランドで特に重視されるのが教育機会の「平等」と教育の「質」であって、地方と都会で生徒の学力に格差はほとんど認められない。PISA 2006年調査では、参加56か国・地域中、学

校間格差が最も小さい（56位）のがフィンランドであった。格差の大きい（11位）日本とはまさに好対照である。

　PISA 2006年の同じ調査では、フィンランドは生徒間の格差も世界では最も小さい国である。低学力生徒の学力の底上げが徹底して行われる。そのために、教科担当教員以外に特別補助指導を行う特別補助教員もおかれていて、落ちこぼれは何としても防ごうとする。

　そんなきめ細かい指導のために不可欠なのがクラス・サイズの縮小化である。フィンランドの小学校のクラス・サイズの上限は一般に20人、中学・高校は16人が標準で、外国語クラスでは、これをさらに細分することもある。すべての学科目のクラスが40人という学級編成基準をもつ日本との大きな違いである。確かに、フィンランドの国家予算に占める教育関係費は16％であるのに対して、日本はわずかに5.7％（2014年）にすぎない。

　さらに、このように先進的な教育政策をとるにフィンランドでは、当然のことながら、すでに1979年から、すべての教員資格の取得には、約20週の教育実習をつみ、修士の課程を了えることが求められる。この教員養成の改革が、フィンランドの教育改善に大きな役割を果たしたことは広く認められている（ETUCE, 2008）。フィンランドでは、教師は基本的に高い専門性をもち、独自の判断で教育ができる存在であり、学校、教員の裁量も国によって大きく認められている。その上、教師の本務は授業そのもので、授業以外の負担は最小限にとどめられ、授業に専念できることが保障されている。生徒の生活指導、進路指導、課外活動の指導は、すべて別の専門の教員があたる。

　なお、印欧語族が圧倒的なヨーロッパで、めずらしく非印欧語族（ウラル語族）のフィンランドがTOEFLに異常に高い得点を挙げることが話題になることが多い。同じく非印欧語圏の日本の英語教育にとって、こんなフィンランドは見習うべき格好のモデルであるという説まで飛び出す。しかし、フィンランド語自体は確かに非印欧語ではあるが、フィンランドは歴史上、650年間の印欧語国スウェーデンの支配を受け、続く100年間は同じく印欧語国ロシアの支配下にあったという事実を忘れてはならない。それはちょうど、370年間、印欧語国スペインの支配を受け、続いて50年間は英語国アメリカの支配下にあったフィリピンでは、非印欧語を母語としながらも、国民

の多くが容易に印欧語（英語）を身につけるのと同断であろう。同じアジアでも、欧米の植民地経験をもたないタイなどとは、明確に区別して考える必要がある。いやしくも外国語教育の専門家であれば、心して惑わされてはならない事柄であろう。

国際的にみた日本の教育体制

広く諸外国の教育事情を見た目で見直してみると、わが国の教育状況自体もまた、従来気づかなかった全く新しい姿に見えてくる。

国際的に眺めると、わが国の教育に対するGDP比の政府財政支出の圧倒的な少なさが際立っている。これは、国民の税負担の差による結果とする説明では説得力をもちにくい。特に今世紀に入って、EU28か国を始めとする諸外国では、軒並みに国の教育関係費を増大しているなかで、わが国は年々確実に教育関係費を削減し続けている稀有の国であることが分かる。何よりも、圧倒的多数の諸外国では、今世紀に入って、教員の給与は年々上昇を続けているのに対して、わが国の教員給与は、これまた年々確実に減少を続けていて、それが有能な教員の採用の障害になっている数少ない国であることも見えてくる。

さらに国際的にみると、わが国の学校のクラス・サイズの大きさがあらためて明らかになるし、教員の勤務時間の過酷さもはっきりと浮き彫りになる。フィンランドでは、到底、想像もできない教育環境であることもはっきりする。

外国語教育に限っても、いまさらながらわが国の英語一辺倒の異常さを思い知らされる。それでいて、総授業時数に占める外国語授業時数の少なさは、とりわけ日本語との言語的距離の大きい印欧語教育の場合には、これまた異常と映らないはずはない。

国際的にみるまでもなく、わが国の外国語教育にとって、今日、最も深刻で緊急を要する問題は教員養成の問題であろう。すでに「この国の教育的熱意──「まえがき」に代えて」でも述べた通り、特に今世紀に入って、教員養成の高度化、言い換えれば高度の専門職としての教員の一層の専門化が問われているその時代に、これに真っ向から逆行して、専門職であるはずの教職の組織的な非専門化が国主導で大手を振って進行している。英語教育には

ずぶのアマチュアのALTや学級担任や地域の住民が英語の教壇に立ち、教育経験のない民間人が、全校の児童・生徒の教育に責任を負う学校長職までもつとめる。これは、明らかに、日本自身も国際的責任の一端を負うケルン憲章に対する冒涜であり、教職の一層高度の専門職化を目指す世界の圧倒的多数の国々の教育改革の努力を愚弄するものでさえある。そして、まず何よりも、モルモット同然に、素人「教師」による英語教育の実験台にされる児童・生徒の人権に関わる深刻な問題であるという自省が、いま日本人には必要ではないのか。

「大学の国際化」と「グローバル人材の育成」は、いまやわが国政府のお得意のスローガンである。しかし、その声高なスローガンと教育政策の実態との乖離の大きさは、この国の「国際感覚」と「グローバル意識」そのものを、あらためて広く国際的な目で問い直す必要をわれわれに突きつけているように思われる。

さらにわれわれには、歴史の教訓に学ぶ自らの姿勢を厳しく質す責任もありそうである。飢餓の時代に生きた小林虎三郎や南原繁らの教育に対するあの高い志と、この飽食の時代に生きるわれわれの教育的熱意の希薄さとの落差の大きさを、いったいどのようにみるべきかという問題である。

新しい時代のわが国の教員養成の問題を考えるためには、少なくとも、以上のような国際的視点と歴史的視点の2つの基本的な視点を欠くことはできないと思われる。

本書の出版にあたっては、最近の厳しい出版事情にもかかわらず、東信堂社長下田勝司氏の特別のご配慮を煩わせた。データ類の整理など、面倒な作業もお願いすることになった。いつもながらの同氏のご厚意に、あらためてあつく御礼を申し上げる。

（大谷泰照）

注・参考文献
相川真佐夫（2015）「台湾」『国際的にみた外国語教員の養成』東信堂.

中央教育審議会 教員の資質能力向上特別部会（2012）「教職生活の全体を通じた教員の資質能力の総合的な向上方策について（答申）」中央教育審議会．p.21．
ETUCE (2008). *Teacher education in Europe.* ETUCE. pp. 20-21.
European Commission (2007). *Improving the quality of teacher education.* Publications Office of the European Union. pp.9-10.
European Commission/Eurydice/Eurostat (2012). *Key data on education in Europe 2012.* EACEA. p.112.
European Commission/EACEA/Eurydice (2013). *Key data on teachers and school leaders in Europe 2013 edition. Eurydice report.* Publications Office of the European Union. pp.26 & 28.
Gene V Glass *et al.* (1982). *School class size.* Sage. pp.46-50.
中嶋博・仙崎武（編）(1981)『世界の学校教育』福村出版．
日本学術会議（2007）「これからの教師の科学的教養と教員養成の在り方について」日本学術会議．p.3．
OECD (2005). *Teachers matter：Attracting, developing and retaining effective teachers.* OECD. p.199.
OECD (2006). *PISA 2006: Science competencies for tomorrow's world.* OECD.
OECD (2013). *Education at a glance 2013: OECD indicators.* OECD.
OECD (2014). *Teaching and learning international survey.* OECD.
佐藤学（2007）「教員養成に必要とされるグランド・デザイン――教師の教育基盤をアップグレードするために」*BERD*, No. 10.
新堀通也（編）(1981)『日本の教育』東信堂．
UNESCO (1966). *Recommendation concerning the status of teachers.* UNESCO, p.11.

索引

あ

アーサー・ケストラー	22
朝青龍	22
安倍晋三	viii, 328
阿片戦争	123
アメリカ2000年計画	iii
アメリカ再生再投資法（American Recovery and Reinvestment Act）	224
移行学年	145
「いじめ」	10
伊藤整	15
イマージョン教育	154
移民の輸入国	141
移民輸出国	141
ヴィレル・コトレの勅令	285
運営費交付金	i
「英語＋1言語」	24
英語イマージョン	175
英語が使える日本人	17, 331, 335
「英語信仰」	10, 11
英語専業学生的試験	→TEM
「英語道具論」	10
エドウィン・O・ライシャワー	22
欧州委員会	153, 180, 182, 189, 194, 201
欧州言語共通参照枠	→CEFR
欧州石炭鉄鋼共同体（ECSC）	205
欧州単位互換制度（European Credit Transfer and Accumulation System：ECTS）	171, 187, 198, 275, 317
欧州地域語・少数語憲章	285
欧州評議会	143, 202, 278, 284, 288, 335
オーラル・アプローチ	333
オーラル・メソッド	332, 333
小野塚喜平	355
小原直	355
小渕恵三首相	17

か

カーター	iii
外交官試験	16, 17
外国語指導助手	→ALT
『外国語の学習：すべての国民が、生涯を通して』（*The National Languages Strategy 'Languages for All: Languages for Life'*）	24
開放制	48, 74, 354
学校教育制度図	
アイルランド	144
アメリカ	223

イギリス	237		210, 238, 239, 241, 242, 264, 290-292, 295, 301-304, 308, 317, 319, 343, 345, 363
イタリア	300		
オーストラリア	249		
オランダ	184	教員の給与	63, 105, 107, 190, 212, 216, 220, 224, 359, 364
韓国	35		
シンガポール	87	『教員の地位に関する勧告』(*Recommendation concerning the status of teachers*)	137, 359
スイス	172		
スウェーデン	197	教科横断言語 (cross-curricular language)	321
タイ	61		
台湾	47	教師教育資格認定協議会 (Teacher Education Accreditation Council)	229
中国	73		
ドイツ	274	「教師の地位指数」報告書	38
日本	342	教師の日	79, 81
ニュージーランド	260	教職大学院	iv, 96, 137
フィリピン	113	教職ポートフォリオ	278
フィンランド	316	許可教師	128
フランス	287	國松善次	21
ベルギー	156	クラス・サイズ	88, 89, 182, 195, 269, 340, 350, 360, 363, 364
香港	127		
マレーシア	103	クリントン	iii, 220, 269
ルクセンブルク	208	グローバル人材	8, 85, 361, 365
河合隼雄	17	ゲール同盟 (Gaelic League)	142
韓国教育課程評価院	39, 40	「ケルトの虎」('Celtic Tiger')	141
『危機に立つ国家』	iii, 219, 224	ケルン憲章	iii, iv, 357, 358, 365
菊池寛	14	ケルン・サミット	iii, 357
教育言語微調整政策	125	原因療法	ix
教育再生実行本部	335	言語教授・研究情報機構 (Centre for Information on Language Teaching and Research：CILT)	234
教育刷新委員会	354		
教育水準局	ii, 236		
教育達成度国家資格　→NCEA		言語スティ	174, 176
教員資格 (Qualified Teacher Status：QTS)		言語戦争	152
49, 74, 78, 91, 128, 131, 146, 147, 149, 160, 173, 175, 185-187, 198, 200, 201,		言語復活委員会 (Board for Language Restoration)	143

小泉首相　*iii*
高等師範学校　*343, 354*
語学能力試験（The Language Proficiency Assessment for Teacher：LPAT）　*132-134, 160*
国際応用言語学会（International Applied Linguistics Association：AILA）　*334*
国際日本語能力試験（JLPT）　*22*
『国民生活白書』　*357*
国家言語教育改革計画　*24*
国家防衛教育法（NDEA）　*24*
小錦　*22*
小林虎三郎　*354, 365*
コミュニカティブ・アプローチ　*325, 335*
コメニウスプログラム　*162*

さ

サッチャー首相　*ii*
サラダ・ボール（salad bowl）　*219*
3言語併用状況（triglossia）　*207*
「三流外交」　*16*
シェイクスピア　*7, 9-11, 14, 50*
悉皆研修　*78*
師範学校　*60, 71, 74, 75, 79, 104, 137, 291, 341, 354*
熟達教員　→NBCTs
常設文部大臣会議　*272*
「素人外交」　*16*
シングリッシュ（Singlish）　*85, 101*
「人種のるつぼ」（melting pot）　*219*
人民行動党　*84, 85, 107*
スイス教育報告書　*168*

数学教育協議会　*356*
『成果のとき』（*Time for Results*）　*220*
正規登録教員に求められる基準（Registered Teacher Criteria）　*264*
世界大学ランキング　*i, 328*
前期中等教育修了国家免状（DNB）　*286*
全国統一カリキュラム　→National Curriculum
全米教育専門職スタンダード委員会　→NBPTS
全米教師教育機関資格認定審議会　→NCATE
ソクラテス／エラスムス計画　*148, 362*
卒業時の教員基準（Graduating Teacher Standards）　*264*

た

大学進学適性テスト（SAT）　*87, 220*
対症療法　*ix*
高野紀元　*16*
高見山　*22*
『知恵の力』（*Strength through Wisdom*）　*iii, 24*
知のヨーロッパ（Europe of knowledge）　*357*
中核教員　*38, 348*
中核となる教員（core teacher）　*120*
中等教育修了試験（GCSE）　*236, 238, 250*
頂点への競争（Race to the Top：RTTT）　*225, 229*
「敵性語」　*11*
出口英語試験　*79*
テニュア（身分保障）制度　*226*
伝達機能（function）と概念（notion）　*336*
登録教師（Registered Teachers：RT）　*128*

ドナルド・キーン 14

な

内容言語統合型学習 →CLIL
直山木綿子 v
中曽根康弘 20, 357
ナショナル・カリキュラム 235, 236, 248
南原繁 354, 355, 365
2言語併用主義 (bilingualism) 143
『21世紀の外国語学習基準』(Standards for Foreign Language Learning in the 21st Century) 24
二重国籍 204
「2000年の目標：アメリカ教育法」(Goal 2000: Educate America Act) 220

は

パーマー (H. Palmer) 332, 333
バイリンガル教育 167, 170, 177, 180, 182, 190, 219
バカロレア 87, 286, 288, 289, 295
白豪主義 (White Australian Policy) 245, 246
白鵬 22
フィリピノ語 109-111, 114, 115, 117, 339
複言語主義 (plurilingualism) 219, 233, 284
福原麟太郎 333
藤原正彦 21
「不戦共同体」 8, 205, 212-214
普通話 69, 70
ブッシュ iii, 220, 221, 224
ブッシュ Jr. iii
ブミプトラ優遇政策 99, 100, 106, 107
フランドル運動（文化復興運動） 152
フリーズ (C. C. Fries) 332
ブレア ii, 63
『文芸春秋』 14
「ベネルックス3国協定」 205
法眼健作 16
「母語＋2言語」 8, 155, 219, 284, 332
保科徳太郎 354
ポリテクニック (Polytechnic) 87-92, 102
ボローニャ宣言 171, 275
ボローニャ・プロセス 180, 187, 198, 275, 288, 317, 334, 345

ま

マレー人優遇政策 99, 106
三浦朱門 356
「民間人」校長 vii
メージャー首相 ii
メンター教師制度 226
『桃太郎』 5-8, 10, 12, 17

や

山口良忠 354
大和資雄 13
山本五十六 355
ゆとり教育 330, 331, 356
ユネスコ勧告 216
養成教育を受けた大学卒業者 (All Trained, All Graduate) 132
ヨーロッパ言語ポートフォリオ (European Language Portfolio：ELP) 148, 168, 174, 336
吉田健一 15

リー・クアンユー	18, 84
リスボン戦略	357
レーガン	iii, 20
歴史的少数言語保護法	298
ロベール・シューマン	205

わ

『我が国の初等中等教育』	356
渡部昇一	333
ワロン運動	152

欧　字

2012 English Speaking Year	63
AILA　→国際応用言語学会	
All Trained, All Graduate　→養成教育を受けた大学卒業者	
ALT（外国語指導助手）	iv, vi, 5, 322, 337, 365
American Recovery and Reinvestment Act　→アメリカ再生再投資法	
A Nation at Risk	219, 356, 357
Board Examination	214
Board for Language Restoration　→言語復活委員会	
Can-Do Statement	349
CAN-DO リスト	325
CEFR（Common European Framework of Reference for Languages：欧州言語共通参照枠）	51, 157-161, 170, 174, 176, 186, 210, 234, 235, 288, 289, 301, 304, 325, 333, 335, 336, 349
'Celtic Tiger'　→「ケルトの虎」	
Centre for Information on Language Teaching and Research（CILT）　→言語教授・研究情報機構	
CLIL（Content and Language Integrated Learning：内容言語統合型学習）	154, 155, 158, 160, 161, 169, 170, 175-177, 180, 182, 186, 190, 194, 202, 280, 281, 297, 299, 304, 306-308, 321, 337, 339, 349
Comenius in Service Training	189
Common European Framework of Reference for Languages　→CEFR	
Content and Language Integrated Learning　→CLIL	
core teacher　→中核となる教員	
DNB　→前期中等教育修了国家免状	
echo seminar	120
École Supérieure du Professorat de l'Éducation　→ESPE	
ECSC　→欧州石炭鉄鋼共同体	
ECTS　→欧州単位互換制度	
Educational Testing Service　→ETS	
ELP　→ヨーロッパ言語ポートフォリオ	
ENL（English as a Native Language）	257
ESPE（École Supérieure du Professorat de l'Éducation）	291-294
ETS（Educational Testing Service）	23, 107
EU	viii, 8, 141, 143, 147, 153-155, 160, 162, 163, 183, 192, 195, 204, 205, 207, 209, 211-214, 219, 233, 272, 275, 276, 278, 288, 295, 297, 299, 313, 315, 321, 322, 325, 332, 339, 357-359, 362, 364

European Commission　*180, 193, 201, 312, 358, 359*
European Credit Transfer and Accumulation System　→欧州単位互換制度
European Language Portfolio　→ヨーロッパ言語ポートフォリオ
Europe of knowledge　→知のヨーロッパ
'Foreign Children'　*9*
Gaelic League　→ゲール同盟
GCSE　→中等教育修了試験
Global Test of English Communication　→卒業時の教員基準
Goal 2000 : Educate America Act　→「2000年の目標：アメリカ教育法」
GPA (Grade Point Average)　*226*
Graduating Teacher Standards　→卒業時の教員基準
GTEC　→卒業時の教員基準
Hi, friends!　*4, 5, 8, 11, 12*
Institute Universaire de Formation de Maître　→IUFM
International Applied Linguistics Association　→国際応用言語学会
IUFM (Institute Universaire de Formation de Maître)　*291, 292*
JLPT　→国際日本語能力試験
KICE　→韓国教育課程評価院
KMK　*272, 273, 275, 277, 278, 281, 282*
Korea Institute for Curriculum and Evaluation　→韓国教育課程評価院
LOTE (Languages other than English)　*250*
LPAT　→語学能力試験

Manglish　*101*
melting pot　→「人種のるつぼ」
National Board Certificate Teachers　→NBCTs
National Board for Professional Teaching Standards　→NBPTS
National Certificate of Educational Achievement　→NCEA
National Council for Accreditation of Teacher Education　→NCATE
National Curriculum（全国統一カリキュラム）　*ii, 9, 24, 356*
National English Ability Test　*40*
NBCTs（National Board Certificate Teachers：熟達教員）　*227, 228*
NBPTS（National Board for Professional Teaching Standards：全米教育専門職スタンダード委員会）　*227, 228*
NCATE（National Council for Accreditation of Teacher Education：全米教師教育機関資格認定審議会）　*228, 229*
NCEA（National Certificate of Educational Achievement；教育達成度国家資格）　*261*
NCLB　*221, 222, 224, 227, 229, 230*
NDEA　→国家防衛教育法
No Child Left Behind Act　*357*
"no fail policy"　*64*
NOVA 09　*173*
OECD　*i, ii, viii, 20, 30, 38, 105, 141, 180, 182, 192, 193, 211, 212, 216, 269, 312, 359-362*
Permitted Teachers (PT)　*128*

PGCE（Post-Graduate Certificate in Education） 238-242
PISA　20, 86, 180, 183, 193, 273, 275, 312, 362, 363
plurilingualism　→複言語主義
Polytechnic　→ポリテクニック
Post-Graduate Certificate in Education →PGCE
QTS（Qualified Teacher Status）　→教員資格
Race to the Top　→頂点への競争
Recommendation concerning the status of teachers　→『教員の地位に関する勧告』　359
Registered Teacher Criteria　→正規登録教員に求められる基準
Registered Teachers　→登録教師
Robert Louis Stevenson　9
salad bowl　→サラダ・ボール
SAT　→大学進学適性テスト
RT　→登録教師
RTTT　→頂点への競争
Singlish　→シングリッシュ　85, 101
Standards for Foreign Language Learning in the 21st Century　→『21世紀の外国語学習基準』

Strength through Wisdom　→『知恵の力』
TALIS　105, 189
Teacher Education Accreditation Council →教師教育資格認定協議会
Teaching of English to Speakers of Other Language　→TESOL
TEM（Test for English Majors）　77, 79
TESOL（Teaching of English to Speakers of Other Language）　251, 263, 334
The Language Proficiency Assessment for Teacher　→語学能力試験
The National Languages Strategy 'Languages for All: Languages for Life'　→『外国語の学習：すべての国民が、生涯を通して』　24
The World University Ranking　i
Threshold Level　333, 335, 349
Time for Results　→『成果のとき』
TIMSS　18-21
TOEFL　17, 19-23, 51, 107, 328, 330, 331, 335, 339, 350, 363
TOEIC　17, 328, 330, 331, 335, 350
triglossia　→3言語併用状況
What Works　20, 356
White Australian Policy　→白豪主義
World Teachers' Day　81

執筆者の分担・現職

◎編集代表　○編集

◎大谷泰照	（この国の教育的熱意、外国語教師とは何か、アイルランド、ルクセンブルク、国際的動向から何を学ぶか、コラム①③④、全体の校閲、編集）	大阪大学名誉教授／滋賀県立大学名誉教授
○杉谷眞佐子	（ドイツ、日本、コラム⑤、編集）	関西大学名誉教授
○橋内　武	（シンガポール、日本、コラム②、編集）	桃山学院大学名誉教授
○林　桂子	（オランダ、スウェーデン、日本、編集）	元和歌山大学教授／元広島女学院大学教授
相川真佐夫	（台湾、中国）	京都外国語大学教授
石川有香	（アメリカ）	名古屋工業大学教授
植松茂男	（タイ、マレーシア）	京都産業大学教授
岡戸浩子	（ニュージーランド）	名城大学教授
奥(金田)尚子	（ベルギー）	龍谷大学非常勤講師
河原俊昭	（フィリピン）	京都光華女子大学教授
中村秩祥子	（イタリア）	龍谷大学非常勤講師
二五義博	（スイス）	海上保安大学校教授
橋西ヘイゼル	（香港）	近畿大学非常勤講師
濱嶋　聡	（オーストラリア）	名古屋外国語大学教授
松浦京子	（フランス）	京都産業大学付属中高等学校教諭
山本元子	（韓国）	常磐会学園大学准教授
米崎　里	（イギリス、フィンランド）	福山大学准教授

[編集委員紹介]
編集代表
大谷泰照（おおたに　やすてる）
大学英語教育学会（JACET）顧問、など。
専攻：言語教育政策、異文化理解教育。
著書：『日本人にとって英語とは何か』（大修館書店, 2007）；『時評 日本の異言語教育』（英宝社, 2012）；『異言語教育展望』（くろしお出版, 2013）、など。

編集
杉谷眞佐子（すぎたに　まさこ）
専攻：ドイツおよびEUの外国語教育政策、異文化コミュニケーション論。
論文等：Als kritisch erlebte Interaktionssituationen in der japanisch- deutschen Begegnung (2002) In: Th. Hauschild/B.J. Warneken (eds.) Inspecting Germany. Münster；「ドイツ」「ポーランド」他 大谷泰照他編著『EUの言語教育政策』（くろしお出版, 2010）；「「コミュニケーション能力育成」と外国語教育における社会文化の扱い」吉島茂編著『グローカル時代の外国語教育』（朝日出版社, 2015）、など。

橋内　武（はしうち　たけし）
専攻：談話分析、英語教育、言語政策。
著書：『パラグラフ・ライティング入門』（研究社, 1995）；『ディスコース―談話の織りなす世界』（くろしお出版, 1999）、など。

林　桂子（はやし　けいこ）
博士（英語学）
専攻：言語獲得、英語教授法、言語教育政策。
著書：『外国語学習に影響を及ぼす親と子のコミュニケーション』（風間書房, 2004）；『MI理論を応用した新英語指導法』（くろしお出版, 2011）、など。

国際的にみた外国語教員の養成　定価はカバーに表示してあります。

2015年5月20日　初版第1刷発行　〔検印省略〕

編集代表©大谷泰照
編集　杉谷眞佐子　橋内武　林桂子　発行者　下田勝司　印刷・製本 中央精版印刷株式会社

東京都文京区向丘1-20-6　郵便振替00110-6-37828
〒113-0023　TEL (03)3818-5521　FAX (03)3818-5514　発行所 株式会社 東信堂
Published by TOSHINDO PUBLISHING XO., LTD.
1-20-6, Mukougaoka, Bunkyo-ku, Tokyo, 113-0023 Japan
E-mail : tk203444@fsinet.or.jp　　http://www.toshindo-pub.com
ISBN978-4-7989-1299-8 C3037　　©OTANI, Yasuteru

東信堂

国際的にみた外国語教員の養成	大谷泰照編集代表	三六〇〇円
オーストラリアの教員養成とグローバリズム——多様性と公平性の保証に向けて	本柳とみ子	二六〇〇円
オーストラリアの言語教育政策——多文化主義における「多様性」と「統一性」の揺らぎと共存	青木麻衣子	二八〇〇円
一貫連携英語教育をどう構築するか	鳥飼玖美子編著	一八〇〇円
英語の一貫教育へ向けて——「道具」としての英語観を超えて	立教学院英語教育研究会編	二八〇〇円
近代日本の英語科教育史——職業系諸学校による英語教育の大衆化過程	江利川春雄	二八〇〇円
現代教育制度改革への提言 上・下——二一世紀の方向性を探る	日本教育制度学会編	各二八〇〇円
現代日本の教育課題	村田翼夫・上田学編著	一八〇〇円
バイリンガルテキスト現代日本の教育	村田翼夫・山口満編著	二八〇〇円
日本の教育経験——途上国の教育開発を考える	国際協力機構編著	二八〇〇円
現代アメリカの教育アセスメント行政の展開——マサチューセッツ州(MCASテスト)を中心に	北野秋男編	四八〇〇円
アメリカ公民教育におけるサービス・ラーニング	唐木清志	四六〇〇円
現代アメリカにおける学力形成論の展開——スタンダードに基づくカリキュラムの設計	石井英真	四二〇〇円
ハーバード・プロジェクト・ゼロの芸術認知理論とその実践——内なる知性とクリエティビティを育むハワード・ガードナーの教育戦略	池内慈朗	六五〇〇円
アメリカにおける学校認証評価の現代的展開	浜田博文編著	二八〇〇円
アメリカにおける多文化的歴史カリキュラム	桐谷正信	三六〇〇円
メディア・リテラシー教育における「批判的」な思考力の育成	森本洋介	四八〇〇円
多様社会カナダの「国語」教育(カナダの教育3)	関口礼子・浪田克之介編著	三八〇〇円
「学校協議会」の教育効果——「開かれた学校づくり」のエスノグラフィー	平田淳	五六〇〇円
現代ドイツ政治・社会学習論——「事実教授」の展開過程の分析	大友秀明	五二〇〇円

〒113-0023 東京都文京区向丘1-20-6
TEL 03-3818-5521　FAX 03-3818-5514　振替 00110-6-37828
Email tk203444@fsinet.or.jp　URL:http://www.toshindo-pub.com/

※定価：表示価格（本体）＋税

東信堂

比較教育学事典	日本比較教育学会編	一二〇〇〇円
比較教育学の地平を拓く	森山肖子編著	四六〇〇円
比較教育学	山田稔也著	三六〇〇円
比較教育学──越境のレッスン	馬越徹著	三六〇〇円
比較教育学──伝統・挑戦・新しいパラダイムを求めて	馬越・ブレイ編、大塚豊監訳	三八〇〇円
国際教育開発の研究射程──比較教育学の最前線	北村友人著	二六〇〇円
国際教育開発の再検討──途上国の基礎教育普及に向けて	小川啓一・西村幹子・北村友人編著	二四〇〇円
発展途上国の保育と国際協力	浜野隆編著	三八〇〇円
トランスナショナル高等教育の国際比較──留学概念の転換	杉本均編著	三六〇〇円
中国教育の文化的基盤	顧明遠著、大塚豊監訳	二九〇〇円
中国大学入試研究──変貌する国家の人材選抜	大塚豊著	三六〇〇円
中国高等教育独学試験制度の展開	南部広孝著	三二〇〇円
中国の職業教育拡大政策──背景・実現過程・帰結	劉文君著	五〇四八円
現代中国高等教育の拡大と教育機会の変容	王傑著	三九〇〇円
現代中国初中等教育の多様化と教育改革	楠山研著	三六〇〇円
文革後中国基礎教育における「主体性」の育成	林初梅著	二八〇〇円
「郷土」としての台湾──郷土教育の展開にみるアイデンティティの変容	林初梅著	四六〇〇円
戦後台湾教育とナショナル・アイデンティティ	山﨑直也著	四六〇〇円
ドイツ統一・EU統合とグローバリズム──教育の視点からみたその軌跡と課題	木戸裕著	六〇〇〇円
教育における国家原理と市場原理──チリ現代教育史に関する研究	斉藤泰雄著	三八〇〇円
中央アジアの教育とグローバリズム	川野辺敏編著	三二〇〇円
インドの無認可学校研究──公教育を支える"影の制度"	小原優貴著	三二〇〇円
バングラデシュ農村の初等教育制度受容	日下部達哉著	三六〇〇円
オーストラリアのグローバル教育の理論と実践	木村裕著	三六〇〇円
開発教育研究の継承と新たな展開	青木麻衣子・佐藤博志編著	二〇〇〇円
[新版]オーストラリア・ニュージーランドの教育──グローバル社会を生き抜く力の育成に向けて	青木麻衣子・佐藤博志編著	四七〇〇円
マレーシア青年期女性の進路形成	鴨川明子著	

〒113-0023 東京都文京区向丘1-20-6　TEL 03-3818-5521　FAX 03-3818-5514　振替 00110-6-37828
Email tk203444@fsinet.or.jp　URL:http://www.toshindo-pub.com/

※定価：表示価格（本体）＋税

東信堂

大学の自己変革とオートノミー —点検から創造へ—	寺﨑昌男	二五〇〇円
大学教育の創造—歴史・システム・カリキュラム	寺﨑昌男	二八〇〇円
大学教育の可能性—評価・実践・教養教育・FD・	寺﨑昌男	二五〇〇円
大学は歴史の思想で変わる—FD・評価・私学	寺﨑昌男	二八〇〇円
大学改革 その先を読む	寺﨑昌男	二三〇〇円
大学自らの総合力— 理念とFD そしてSD	寺﨑昌男	三〇〇〇円
高等教育質保証の国際比較	羽田貴史編	二八〇〇円
主体的学び 創刊号	主体的学び研究所編	一八〇〇円
主体的学び 2号	主体的学び研究所編	一六〇〇円
主体的学び 3号	主体的学び研究所編	一六〇〇円
「主体的学び」につなげる評価と学習方法—カナダで実践される—CEモデル	S.ヤング&R.ウィルソン著 土持ゲーリー法一訳	六〇〇〇円
ポートフォリオが日本の大学を変える —ティーチング/ラーニング/アカデミック・ポートフォリオの活用	土持ゲーリー法一	二五〇〇円
ティーチング・ポートフォリオ—授業改善の秘訣	土持ゲーリー法一	一〇〇〇円
ラーニング・ポートフォリオ—学習改善の秘訣	土持ゲーリー法一	一五〇〇円
大学教育を科学する—学生の教育評価の国際比較	山田礼子編著	二八〇〇円
学士課程教育の質保証へむけて —学生調査と初年次教育からみえてきたもの	山田礼子	三二〇〇円
学生支援に求められる条件 —学生支援GPの実践と新しい学びのかたち	大島真夫 清野雄多司	三六〇〇円
大学生の学習ダイナミクス—授業内外のラーニング・ブリッジング	河井亨	四五〇〇円
アクティブラーニングと教授学習パラダイムの転換	溝上慎一	二四〇〇円
「学び」の質を保証するアクティブラーニング —3年間の全国大学調査から	河合塾編著	二〇〇〇円
「深い学び」につながるアクティブラーニング —全国大学の学科調査報告とカリキュラム設計の課題	河合塾編著	二八〇〇円
アクティブラーニングでなぜ学生が成長するのか —経済系・工学系の全国大学調査からみえてきたこと	河合塾編著	二八〇〇円
初年次教育でなぜ学生が成長するのか—全国大学調査からみえてきたこと	河合塾編著	二八〇〇円

〒113-0023 東京都文京区向丘1-20-6　TEL 03-3818-5521　FAX 03-3818-5514　振替 00110-6-37828
Email tk203444@fsinet.or.jp　URL:http://www.toshindo-pub.com/

※定価：表示価格（本体）＋税